THE
FOURTH
AGE

2050년 슈퍼지능사회,
인류 대혁명의 네 번째 전환기가 오고 있다!

The
Fourth
Age

바이런 리스 지음 | 이영래 옮김

제4의 시대

쌤앤파커스

가까운 미래에 로봇과 AI가 인간의 모든 일자리를 빼앗을 것인가? 아니면 더 많은 일자리를 만들어낼 것인가. 기술의 발전으로 사회 전체가 혜택을 받을 것인가, AI를 가진 자들만 혜택을 누릴 것인가. 인간은 의식을 가진 컴퓨터를 만들 수 있는가? 그것들이 의식을 가진다면 권리 또한 갖게 될 것인가? 그 존재로 인해 인간은 어떤 미래를 맞이하게 될 것인가. 이 책은 이렇듯 AI가 더 깊숙이 자리할 미래에 우리가 겪게 될 다양하고도 철학적인 질문들을 제시한다. 그 과정 속에서 AI에 대한 선입견을 깨줄 뿐만 아니라 우리가 누릴 미래를 재미있고 매력적으로 그렸다!

_뉴욕 타임스The New York Times

기술이 그간 인류 문명을 어떻게 변화시켜왔는지 지난 10만 년 인류 역사의 여정을 되짚으며 핵심만을 서술했다. 또한 그 기술의 하나인 인공지능과 로봇공학의 발전이 앞으로의 미래를 어떻게 바꿀 것인지도 흥미롭게 그려낸 미래 가이드북이다. 기술과 사회, 일이 어떻게 연결되어 있는지 알고 싶은 사람이라면 반드시 읽어야 할 책이다.

_대린 오두요예Darin Oduyoye, JP 모건JP Morgan 최고 커뮤니케이션 책임자

저자는 우리가 지금껏 인공지능과 로봇공학에 대해 생각했던 것보다 훨씬 더 가치 있는 사실들을 알려준다. 또 우리 문명을 바꾼 기술에 대해 생각하는 법과 이 기술들이 세상을 어떻게 바꿀 수 있는지 생각하는 법도 알려준다. AI 혁명에 대한 책을 한 권만 읽어야 한다면 단연코 이 책이다!

_존 맥키John Mackey, 홀 푸드 마켓Whole Foods Market CEO

바이런 리스는 이 책에서 10만 년 인류 역사를 토대로 인공 일반 지능, 로봇, 의식, 자동화와 같은 주제를 깊이 있게 탐구한다. 그러면서 우리가 더 나은 세상을 만들려면 기술을 어떻게 사용해야 하는지 스스로 생각하고 선택하게 끔 심도 깊은 질문을 던진다. _로버트 메트칼프 Robert (Bob) M. Metcalfe, 쓰리콤(3Com) 창립자

시의적절하고, 매우 유익하며, 우리가 맞이할 미래가 얼마나 낙관적인지 알려 준다.

_북리스트Booklist

차 례

I. 인류 역사의 대변혁을 일으킨 3가지 변화

- 인간에게 불을 준 프로메테우스

II. 인공지능이 인간의 미래를 위협한다는 착각

- 증기 드릴과 겨룬 최초의 사나이, 존 헨리

인류는 미래에
어떤 모습으로 존재할 것인가?

로봇, 일자리, 자동화, 인공지능, 스스로 의식하는 컴퓨터, 초지능, 풍요, 일자리 없는 미래, 쓸모없는 인간, 결핍의 종말, 창의적인 컴퓨터, 로봇의 지배, 무제한의 부, 일의 종말, 영구적 하층계급….

이런 말이나 개념들은 매일같이 우리의 뉴스피드에 등장한다. 긍정적이고 미래에 대한 희망으로 가득 찬 글들이 있는가 하면, 공포심을 심어주는 반이상향적 글들이 등장하기도 한다. 이런 이분법적 의견들은 사람들을 어리둥절하게 만든다. 다양한 주제를 다루는 전문가들이나 지성과 정보로 똘똘 뭉친 사람들이 **조금** 다른 의견을 내는 것이 아니라 극적으로 다르고 서로 정반대인 미래를 예측하기 때문이다.

가령 일론 머스크, 스티븐 호킹, 빌 게이츠는 인공지능을 **공포**의 대상으로 바라본다. 그들은 가까운 미래에 인공지능이 인류의 생존을 위협할 것이라고 걱정한다. 반면 마크 저커버그, 앤드류 응Andrew Ng, 페드로 도밍고스Pedro Domingos 등 그들 못지않게 저명한 전문가들은 이런 의견이 너무도 억지스러워서 반박할 가치조차 없다고 말한다. 저커버그는 이런 암울한 시나리오를 퍼뜨리는 사람들을 "매우 무책임하다."라고 평가한다. 인공지능 분야의 최고 지성이라는 앤드류 응은 그런 우려는 "화성의 인구 과밀을 걱정하는 것과 같다."라고 말한다. "인공지능은 인류 문명의 존재 자체를 위협하는 근본적인 위험이다."라는 일론 머스크의 말에 저명한 인공지능 전문가인 페드로 도밍고스는 "한심하다."라고 트윗을 올려 반박했다. 이처럼 각 영역의 전문가들은 확신에 찬 어조로 자신의 의견을 피력하면서도 상대의 말에는 코웃음을 친다.

로봇과 자동화를 주제로 했을 때도 마찬가지다. 전문가들의 의견을 들어보면 좁혀지지 않는 간극이 존재한다. 어떤 사람들은 우리의 **모든** 일자리가 자동화 때문에 사라질 것이라고 우려한다. 모두 사라지지 않더라도 우리가 영구적인 대공황에 들어설 때 로봇의 노동력과 경쟁할 수 없는 부류가 반드시 존재할 것이며, 첨단 미래에 필요한 직업을 얻어 풍요로운 삶을 살게 될 부류는 일부에 그칠 것이라고 주장한다.

그러나 다른 주장을 내세우는 이들은 이런 우려가 어이없다는 듯 자동화가 노동자의 생산성과 임금을 **높인** 그동안의 긴 실적을 증명한다. 이들은 대놓고 대립하진 않지만, 상대를 깔보는 독설들은 넘쳐난다.

컴퓨터가 의식을 갖는 문제에 대해서도 전문가들의 의견은 합치되지 않는다. 어떤 이들은 의식이 있는 컴퓨터가 곧 생겨난다고 믿지만, 다른 한편에서는 어리석은 미신에 불과하다고 믿는다. 미신이라고 믿는 이들은 컴퓨터와 생물이 완전히 다른 존재라고 주장한다. 따라서 '살아 있는 기계living machine'라는 말 자체가 모순이라고 단호하게 지적한다.

이런 상반된 주장을 지켜보는 우리에게 남는 것은 결국 혼란과 불신이다. 우리는 이런 주장들이 만들어내는 불협화음에서 어떤 답을 얻기를 깨끗이 포기한다. 기술 분야의 일선에 있는 전문가끼리도 의견이 일치하지 않는다면, 나머지 분야에 종사하는 사람들에게서도 어떠한 희망을 얻을 수 없다고 생각해서다. 그러면서 이런 문제에는 본래 해답이 없다고 판단하고 미래에 대해 두려움과 공포를 느낀다.

과연 이 불확실하고 답이 없는 미래가 주는 공포에서 빠져나올 길이 있을까? 나는 그렇다고 생각한다. 우리가 한 가지 오해하는 것이 있다. 전문가들이 의견 합치를 보지 못하는 것은 그들이 서로 다른 것을 **알고** 있기 때문이 아니라 서로 다른 것을 **믿고** 있기 때문이다. 우리는 이 사실부터 깨달아야 한다. 예를 들어 가까운 미래에 스스로 의식하는 컴퓨터가 생겨난다고 믿는 사람들은 컴퓨터가 의식하고 자각하는 방법에 대해 다른 사람들이 모르는 것을 **알고** 있어서 그렇게 주장하는 것이 아니다. 이들은 **인간이 근본적으로 기계라고 믿는 것이다.** 그래서 결국 기계 인간도 만들어낼 수 있다고 생각한다. 하지만 반대로 기계는 절대로 의식의 영역에 도달할 수 없다고 생각하는 사람들에게 이 주장은 전혀 먹히지 않는다.

이 책에서 내가 말하고 싶은 것도 바로 이것이다. 로봇, 일자리, 인공지능, 의식을 주제로 한 다양한 견해들을 뒷받침하는 핵심 신념을 해체하는 것 말이다. 이 책의 목표는 이 골치 아픈 사안에 대해 전문가들이 그토록 열정을 불태우고 자신 있게 공언하는 모든 주장의 기본 전제를 분석하는 것이다. 이 책에 등장하는 문제들을 논할 때 특정한 입장을 주장하진 않겠지만, 그렇다고 어떤 견해를 뒷받침하는 신념을 숨기려 의도적으로 노력하지도 않을 것이다. 왜냐하면, 그 신념들은 당신이 이 책을 어떻게 읽는지에 거의 영향을 주지 않을 것이기 때문이다. 이 책의 목표는 당신이 전문가들의 견해 중 한 가지를 따르는 것이 아니라, 이 문제에 있어서 **당신의** 신념이 당신을 어디로 이끄는지 확실히 이해하고 이 책을 덮도록 만드는 것이다. 그렇게 되면 실리콘밸리의 거물이나 저명한 교수, 노벨상 수상자가 로봇과 일자리, 인공지능에 대한 어떤 주장을 내놓을 때마다 그것에 휘둘리지 않고 그들이 주장하는 바에 깔린 신념을 바로 이해하게 될 것이다.

자, 그럼 이런 여정은 어디서부터 시작해야 할까? 먼 과거, 그러니까 언어가 발명된 시점까지 거슬러 올라가는 아주 먼 과거에서부터 시작해야 한다. 우리가 이 책에서 논의하려고 하는 문제들은 트랜지스터나 뉴런, 알고리즘 등에 대한 것이 아니다. 현실, 인간성, 정신의 본질에 대한 것이다. "로봇이 인간에게 빼앗아갈 직업은 무엇일까?"라는 질문에서 시작한다면 혼란만 일어날 뿐이다. 그보다 "인간이란 무엇인가?"라는 질문에서 시작해야 한다. 이 두 번째 질문에 답을 구할 때까지는 첫 번째 질문에 의미 있는 답을 할 수 없다.

이제부터 10만 년에 걸친 인류 역사로의 여정에 당신을 초대하고자 한다. 그 과정에서 중요한 문제들을 논의하고 다가올 미래를 탐구할 것이다. 그 여행에 당신이 함께해주어서 정말 고맙다.

텍사스 오스틴에서, 바이런 리스

우리의 궤적을 바꿀
네 번째 변화

지난 100년을 돌아보았을 때 가장 눈에 띄는 특징은 엄청난 양의 변화가 일어났다는 것이다. 수백까지는 아니어도 수십 가지의 진전이 우리 삶에 대변혁을 일으켰다. 그 변화들은 자동차, 비행기 여행, 텔레비전, PC, 인터넷, 휴대전화 같은 것들이다. 변화는 어디에나 있다. 우리는 원자를 이용했고, 우주로 진출했고, 항생제를 발명했고, 천연두를 없앴고, 게놈의 배열 순서를 밝혀냈다.

하지만 인류 전체의 역사를 놓고 보면 지난 5,000년 동안 변한 것이 거의 없다. 5,000년 전에 살았던 사람들과 마찬가지로 우리에게는 엄마, 아빠, 아이들, 학교, 정부, 종교, 전쟁, 평화가 있다. 우리는 여전히 새 생명의 탄생을 축하하고 누군가의 죽음을 애도한다. 인류의 문화를 보면 보편적으로 스포츠, 결혼식, 춤, 보석, 문신, 패션, 소문, 사회적 계층,

공포, 사랑, 즐거움, 행복, 희열 등이 함께한다. 이런 관점에서 보면 그동안 변한 것이 정말 없다.

우리는 아침이면 여전히 일하러 나간다. 다만 일하러 가는 방법만이 변화했을 뿐이다. 고대 아시리아의 아이들은 바퀴가 달린 작은 나무로 된 말에 끈을 묶어 끌고 다녔다. 고대 그리스의 남자아이들은 줄다리기를 하며 놀았다. 고대 이집트는 화장품으로 유명했고, 수만 년 전 페르시아인들은 우리가 하는 것과 아주 비슷하게 파티와 선물, 특별한 디저트로 생일을 축하했다.

여기서 말하고자 하는 눈에 띄는 변화는 눈에 보이는 변화가 아니다. 우리 눈에 **보이지 않는** 변화다. 우리의 모습은 선조들과 놀라울 정도로 비슷하다. 예를 들어 고대 로마에서도 광고가 있었다. 검투사들은 경기 시작 직전에 검을 선전해주고 돈을 받기도 했다. "그건 내가 안티니우스의 검을 쓰기 때문이지. 이보다 더 나은 검을 찾지는 못할 거야."라고 하면서 말이다. 또 지금과 똑같이 명예를 위해서라면 기꺼이 극단적이고 파멸적인 행동을 하는 사람들도 있었다.

기원전 356년 7월 21일, 헤로스트라투스Herostratus라는 방화범은 세계 7대 불가사의 중 하나인 에베소*의 아르테미스 신전을 불태웠다고 전해진다. 그 행동이 가져다줄 영원한 명성을 얻기 위해서 말이다. 방화범의 의도대로 그의 이름을 입에 올리는 것을 범죄로 규정하는 법이 실제로 통과되었고 헤로스트라투스는 확실하게 자신의 바람을 이룰 수 있었다.

---

* Ephesus, 소아시아 서부의 옛 도시.

만약 당신이 5,000년 전 결혼식에 참석한다면 쌀을 뿌리면서 부부의 행운을 비는 결혼식 파티에 동참하게 될 것이다. 고고학자들이 납으로 된 고대의 새총 탄알에 '잡아봐'라는 단어가 새겨져 있었다고 밝혔을 때, 그 말에 담긴 유머는 지금 읽어도 이해할 수 있다.

이렇게 보면 고대 사람들은 우리와 다를 것이 없었다. 2,300년 전 테오프라스토스Theophrastus가 쓴 《캐릭터》라는 책만 보더라도 인간의 본성이 변하지 않았다는 것을 확실히 알 수 있다. 인간을 풍자한 그는 사람을 아첨꾼, 시골뜨기, 수다쟁이 등 30가지 유형으로 분류했다. 만일 끼니마다 음식 사진을 찍어서 SNS에 포스팅하고 아내 자랑, 전날 밤 꾼 꿈 이야기, 저녁 식탁에 올라온 요리 등에 대해 끊임없이 이야기한다면 그런 사람은 '시끄러운 사람'에 속한다. 또 연극을 보러 갔다 잠이 들어 빈 극장에 혼자 남아 있는 사람, 한밤중에 술에 취해 반쯤 깬 정신으로 돌아오다 집을 잘못 찾아 이웃집 개에 물리는 사람은 '어리석은 사람'이다.

이렇듯 인류 전체의 역사를 놓고 보면 지금이라고 해서 예전보다 특별할 것이 없다는 것을 알게 된다. 사실 나는 인류 역사에서 **진정한** 변화는 단 세 번뿐이었다고 생각한다. 그 세 번 모두 기술이 불러온 변화였다. 단일한 기술이 아닌 서로 밀접하게 연관된 일련의 기술들, 우리를 근본적이고 영구적으로 바꾸고, 심지어 생물학적인 방식마저 변화시킨 그런 기술 말이다. 그리고 이 책에서 나는 우리에게 찾아온 네 번째 변화를 이야기할 것이다.

I

인류 역사의
대변혁을 일으킨
3가지 변화

인간에게 불을 준 프로메테우스

프로메테우스 이야기는 적어도 3,000년은 된, 어쩌면 그보다 훨씬 더 오래된 고대의 이야기이다. 타이탄족(고전 올림피아 신들 이전에 세상을 다스렸던 신의 종족)인 프로메테우스와 그의 형제 에피메테우스는 지상의 모든 생물을 만들라는 임무를 받았다. 형제는 진흙으로 생물들을 만들었고, 에피메테우스는 제우스가 나누어주라고 한 특성도 생물마다 하나씩 넣었다. 이렇게 해서 어떤 동물은 교활해졌고, 어떤 동물은 위장술을 쓸 수 있게 되었고, 어떤 동물은 사나운 엄니를 가지게 되었고, 어떤 동물은 날 수 있게 되었다.

반면에 프로메테우스는 주의 깊게 일했다. 그는 많은 시간을 들였고, 신의 형상을 하고 서서 다니는 단 하나의 생물인 '사람'을 만들었다. 하지만 그보다 만드는 속도가 빨랐던 동생이 동물들에게 이미 모든 재능을 나누어주었다는 것을 그는 일을 마치고 난 다음에서야 알았다. 프로메테우스가 재능이 든 상자가 빈 것을 보면서 동생에게 "정말 하나도 없어?"라고 말하는 모습이 쉽게 그려지지 않는가. 프로메테우스는 고민 끝에 금지된 일을 하기로 마음먹었다. 그것은 인간에게 '불'을 주는 것이었다. 이 선물 때문에 그는 끔찍한 대가를 치러야 했다. 제우스가 그를 돌에 묶어 평생 독수리에게 간을 파먹히도록 형벌을 내린 것이다. 파먹힌 간은 매일 밤 새로 자랐고, 다음 날이면 다시 독수리에게 파먹혔다. 이 벌은 헤라클레스가 그를 풀어줄 때까지 아주 긴 시간 동안 이어졌다.

1장
—
제1시대:
커다란 두뇌와 언어를 선물해준
'불'

인간이 처음으로 불을 사용하게 된 때가 언제인지는 아무도 모른다. 하지만 10만 년 전쯤 인간이 일상에서 자주 불을 사용했다는 상당한 증거들이 있다. 그로부터 많은 시간이 흐른 후에 등장한 그리스 프로메테우스 신화를 보면 불이 얼마나 극적으로 우리를 변화시켰는지 쉽게 알 수 있다. 불은 처음부터 여러 기능을 가진 기술이었다. 인간에게 조명을 제공했고 불을 무서워하는 동물들로부터 안전하게 지켜주었다. 휴대성도 뛰어나 더 추운 곳으로 이주해도 불의 온기와 함께할 수 있었다. 그러나 가장 큰 혜택은 음식을 조리할 수 있다는 것이었다.

이것이 왜 중요할까? 불로 음식을 조리한 덕분에 인간은 음식을 섭취해서 얻는 열량을 크게 늘릴 수 있었다. 고기는 익히고 나니 씹기가 편해졌고, 그 덕에 고기 안에 든 단백질을 쉽게 분해해서 소화가 더 잘

되었다. 불을 사용하기 이전에는 먹을 수 없었던 여러 가지 식물도 별안간 식량원에 편입되었다. 소화가 잘되지 않는 식물 내의 섬유소와 전분도 불로 익히면 쉽게 분해되었기 때문이다. 이처럼 불은 우리가 좀더 효과적으로 음식을 소화할 수 있도록 그 과정의 일부를 '아웃소싱' 할 수 있게 했다. 자, 지금 인간에게 필요한 많은 열량을 날음식으로만 섭취해 얻어야 한다고 생각해보라. 무척 힘들 것이다. 섭취한 음식 대부분이 제대로 소화되지 않은 상태에서 더 많은 음식을 먹어야 할 테니 말이다.

그러면 인간은 새로 얻게 된 더 많은 열량을 어떻게 사용했을까? 두뇌를 유례없이 복잡하게 키우는 데 사용했다. 비교적 짧은 시간 안에 고릴라나 침팬지보다 3배가 많은 뉴런을 발달시킨 것이다. 하지만 그런 두뇌는 이탈리아산 슈퍼카와 비슷하다. 이런 초고성능 자동차들은 눈 깜짝할 사이에 정지 상태에서 시속 약 100km까지 속도를 높이지만 그 과정에서 엄청난 연료를 소모한다. 다른 생물의 경우 머리를 쓰는 데 섭취 열량의 10%를 사용하는 반면, 인간은 섭취하는 열량의 20%를 두뇌를 진보시키는 데 사용한다. 생존의 관점에서 보면 이것은 굉장히 대담한 도박이다. 인간이 두뇌에 '전부를 걸었다'라고 해도 과언이 아니다. 하지만 그 조치는 좋은 성과를 냈다. 전보다 강력해진 인간의 두뇌가 또 다른 새로운 기술을 탄생시킨 것이다. 그 새로운 기술이란 바로 언어이다. 언어는 인간에게 엄청난 도약이었다. 20세기를 대표하는 역사가 윌 듀런트William J. Durant는 "언어가 우리를 인간으로 만들었다."라고 말했다.

불은 우리가 오늘날까지도 기술과 더불어 이루어가고 있는 대단한 모험의 시작이었다. 이 책 전체에 걸쳐 내가 말하는 기술이란, 지식을 물품, 과정, 기법에 적용하는 것을 의미한다. 그렇다면 기술은 무엇을 위한 것인가? 일차적으로는 인간의 능력을 향상하기 위한 것이다. 기술은 우리가 이전에 할 수 없었던 것을 할 수 있게 해주거나, 우리가 해왔던 것을 더 잘할 수 있게 해준다.

틀림없이 불 이전에도, 그러니까 200만 년 전에도 인간은 단순한 기술들을 이용했을 것이다. 하지만 불은 그것들과 비교도 되지 않을 정도로 특별하다. 지금도 우리는 캠핑을 즐기는 밤이면 모닥불을 가운데 두고 둘러앉아 그 비현실적인 불의 움직임에 빨려 들어갈 듯 사로잡히게 되는 마법 같은 순간을 경험하지 않는가.

언어라는 훨씬 더 강력한 기술은 사람들끼리 서로 정보를 교환할 수 있게 해주었다. 당신은 자신이 배운 지식, 예를 들어 "호랑이는 꼬리를 잡아당기는 것을 싫어한다."라는 사실을 언어로 요약할 수 있다. 언어는 이렇듯 직접 경험한 지식을 아주 먼 곳에 있는 사람에게 효과적으로 전달할 수 있게 해준다. 특히 언어는 서로 힘을 합칠 수 있게도 해주는데, 이는 인간이 가진 두드러진 특징 중 하나이다. 언어가 없다면 사람 10여 명이 함께 있어도 털북숭이 매머드 한 마리를 당해낼 수 없을 것이다. 하지만 언어가 있으면 사람들은 서로 협력하여 무적이 될 수 있다.

이러한 언어는 큰 두뇌 덕에 생겨났다. 그리고 선순환이 일어나 언어는 다시 두뇌를 더 크게 만들었다. 언어가 없다면 생각할 수 없는 종류의 사고가 있기 때문이다. 언어는 생각을 표현하는 기호이며, 우리는 그 생각을 회화라는 방식으로 통합하고 수정할 수 있다.

언어가 우리에게 선사한 또 다른 선물은 바로 이야기이다. 인간성의 핵심이자 인간의 상상에 형태를 만들어주는 이야기는 진보의 첫 번째 요건이다. 오늘날 우리가 듣는 발라드, 시, 힙합 음악의 시조인 구전 민요는 말할 수 있게 된 인간이 만들어낸 최초의 창작물이었다. 운율이 있는 것이 그렇지 않은 것보다 기억하기 좋은 데는 이유가 있다. 산문보다 노래 가사가 더 잘 기억나는 것도 같은 이유에서다. 그래서《일리아드》나《오디세이》같은 작품도 글이 만들어지기 전에 구술 형태로 보존될 수 있었다.

미국의 시트콤 '길리건의 섬', '비버리 힐빌리즈', '브래디 번치'의 시작을 알리는 주제가가 사람들의 기억에 영원히 아로새겨져 있는 것도 그런 이유에서다. 가사에 '스토리'나 '이야기'라는 말이 담겨 있는 그런 노래들 자체가 이야기라는 데 주목해야 한다. 길가메시* 서사시 같은 옛이야기들은 문자가 발명되어 글로 기록되기까지 수천 년을 구술의 형태로 존재했을 것이다.

오늘날 우리가 사용하고 있는 언어를 통해 유추할 수 있는 것 외에 우리는 초기 언어에 대해서는 많이 알지 못한다. 인간이 처음 구사한 말은 그 뒤를 이은 많은 형태의 말과 같이 오래전에 사라졌다. 우리는 현재 언어들을 조어祖語에서 파생된 어족語族으로 분류한다. 프로토-인도-유러피안Proto-Indo-European 어족이 그런 어족 중 하나로 현재 445개의 언어가 그 계통을 잇고 있다. 여기에는 힌디어, 영어, 러시아어, 독일어, 펀잡어가 포함된다.

---

* Gilgamesh, 수메르와 바빌로니아 신화의 영웅.

언어학자들은 여러 언어에 걸친 단어들 사이의 유사성을 관찰하며 조어祖語를 연구한다. 2013년 영국 리딩 대학의 연구자들은 이런 식으로 분석해서 우리가 사용하는 가장 역사가 오래된 단어들을 찾았다. 그들의 연구는 1만 5,000년 전과 거의 비슷한 소리를 내는 23개의 '초보존ultraconserved' 어휘를 찾는 것이었다. 이는 프로토-인도-유러피안 어족이 존재하기도 전에 생겨난 조어까지 거슬러 올라갔다는 뜻이다. 엄청나게 긴 역사를 가진 어휘에는 '사람man', '엄마mother', '둘two', '셋three', '다섯five', '듣다hear', '화산재ashes', '벌레worm' 등이 있다. 매우 다양한 언어에서 엄마라는 단어가 아기들이 가장 먼저 발음하는 ㅁ소리로 시작한다는 것을 고려하면 가장 오래된 단어는 아마도 '엄마mama'였을 것이다.

흥미롭게도 그 이후 사람들은 언어학적 유례가 없는 것처럼 보이는 언어, 어디에서도 비롯되지 않은 것 같은 언어도 쓰고 있다. 스페인과 프랑스 사이의 산지에 사는 사람들이 쓰는 바스크어가 바로 그 예다. 많은 사람이 바스크어를 프로토-인도-유러피안어보다 오래된 언어라고 생각한다. 바스크인들 사이에는 아담과 이브가 에덴동산에서 사용했던 언어가 바스크어라는 전설이 있다. 언어는 놀라운 다양성과 복잡성을 보인다. 오늘날 영어에는 100만 개에 달하는 특유의 단어가 있다. 우리 대부분이 단 2만 5,000단어만을 사용하기는 하지만 말이다. 거의 매시간 새로운 영어 단어가 만들어지는 셈이다. 하지만 그 속도는 점점 느려지고 있다. 과거 셰익스피어는 아침 식사 전에 3개의 단어를 만들어냈다고 했다. 최근 새로운 단어가 만들어지는 속도가 감소하는데 가장 크게 영향을 끼친 것이 자동 문법 교정기라는 것이 주된 이론이다. 자동 문법 교정기는 그런 종류의 말장난을 참아내지 못한다. 당신이 구사한 단어에 붉은 밑줄이 잔뜩 그어진 이메일을 보내고 싶은 것이 아니라면 이미 허용된 목록에 들어 있는 것들을 사용하는 편이 나을 것이다.

제1시대(인간이 언어와 불을 가진 수렵 채집인으로 살았던 약 10만 년)의 삶은 어떤 것이었을까? 총인구수가 약 20만 명으로 멸종 위기는 아니었지만 인류의 생존은 확실치 않았다. 생활 방식이 대단히 다양했던 것만은 틀림없지만 사람들 대다수가 주로 계급이 없는 집산주의 사회에 살았다. 1,700년 전이라는 비교적 최근까지 지구상에는 5,000만 명 이상의 수렵 채집인들이 있었기 때문에 우리는 '현대' 수렵 채집인을 직접 관찰한 결과를 많이 가지고 있다. 가장 정확도가 높은 추정에 의하면, 오늘날에도 문명과 접촉하지 않은 100개 이상의 수렵 채집인 부족이 있으며 그 인구는 총 1만 명이 넘을 것이라고 한다.

현대 수렵 채집인의 사례가 농경 이전의 삶을 보여주는 것이라고 가정하면, 당연히 생명이 유지되었다고 볼 수는 없고 어떤 사람이라도 며칠만 병을 앓으면 곧바로 죽음을 맞았을 것이라는 사실을 유추할 수 있다. 그래서 일반 집산주의는 남을 돕는 데 강제적이고 자기 본위적인 동인을 가진 개인에게서 나왔을 것이다. 사회에서 가장 강한 힘을 가진 구성원조차 도움이 필요한 때가 있기 때문이다. 따라서 공유 체제의 집단들은 이기적인 동포들보다 회복력이 강했을 것이다. 그렇다면, 부를 축적하는 이유는 무엇이었을까? 그날 먹을거리 이상의 부는 **존재하지 않았고**, 있다 해도 그것을 비축할 방법이 없었다. 인간은 추운 겨울 날씨나 광포한 맘모스 한 마리로도 불시에 죽음을 맞을 수 있는 빈약한 존재로 근근이 삶을 이어가며 하루살이처럼 살았다.

오늘날 루소 추종자들은 낭만주의의 장밋빛 안경 너머로 이 시대를 돌아보는 경향이 있다. 사람들은 현대 세계의 여러 가지 덫에 오염되지 않고 자연과 조화를 이루며 살았던 더 단순한 시대에 귀를 기울인다. 만약 시간을 되돌려 그 시대를 직접 살아내야 한다면 과연 사람들은 그 때가 호시절이라고 말할 수 있을까? 아마 그런 결론은 쉽게 내리지 못할 것이다. 무엇보다 그 시절의 환경은 폭력적이었다. 하버드 대학의 심리학과 교수 스티븐 핑커Steven Pinker는 고대 인간 유물의 연구를 기반으로 고대 수렵 채집인 6명 중 1명이 다른 인간의 손에 폭력적인 결말을 맞았다고 추정한다. 두 번의 세계대전을 거친 '피로 물든' 20세기에 그런 죽음을 맞은 사람이 30명 중 하나라는 것과 비교해보라. 그래서 우리는 고대 수렵 채집인의 삶이 짧고, 고통스럽고, 가혹했다고 자신 있게 말할 수 있다. 하지만 이것은 인류의 실험장이었고 우리는 언어를 통해서 오늘날로 우리를 데려다준 길에 들어섰다.

2장
—
제2시대:
노동의 분배와 부의 축적을 일으킨 '농업과 도시'

약 10만 년 동안 인간은 쉴 새 없이 떠들면서 사냥과 채집으로 하루하루를 연명해왔다. 그런데 인간과 사회를 다시 한번 크게 변화시킨 극적인 일이 일어났다. 바로 인간이 농업을 시작한 것이다. 제2시대는 1만 년 전부터 시작되었다. 당시 지구상에 있는 인구는 약 400만 명으로, 현재 미국 로스앤젤레스 인구보다 약간 많았다. 그사이 9만 년 동안 우리는 네다섯 번에 걸쳐 인구를 2배로 늘리는 데 성공했지만, 여전히 존재의 불확실성을 명백히 보여주는 형편없이 빈약한 성장이었다.

농업은 언어와 마찬가지로 기술이고, 많은 진전을 불러왔다. 그 첫 번째 진전이 바로 도시이다. 농업을 하면서 인간은 한곳에 정주해야 했고, 그래서 도시가 생겨났다. 이런 관행은 완전히 새로운 것이었다. 차탈 후유크Çatal hüyük, 예리코Jericho, 아부 후레이라Abu Hureyra 같은 초기

도시들은 물과 비옥한 농경지에 접근하기 쉬운 강 주변에 위치하는 경우가 많았으며 그곳에는 시장과 가옥, 신전이 있었다. 우리가 아편을 사용하고, 주사위로 게임을 즐기고, 화장을 하고, 금으로 만들어진 장신구를 하기 시작한 것이 제2시대부터였다.

도시들은 상업과 아이디어를 더 활발히 교환하도록 도와주었지만, 한편으로 우리를 완전히 그리고 돌이킬 수 없는 정주 상태에 있도록 만들었다. 설비와 시설을 갖춘 가옥을 지어 한곳에 머물게 했으며, 둑을 쌓고 도로를 내고 울타리를 세웠다. 죽은 사람에 대한 경의를 표하고자 그 위치를 표시하기도 했다. 이런 수십 가지 관습들은 방랑하는 우리의 본성을 억누르는 대못이 되어 돌이킬 수 없게 되었다.

농업에 수반된 두 번째 기술적 진전은 노동의 분배였다. 얼핏 보기에 노동의 분배가 그리 복잡한 아이디어 같지는 않지만, 그 영향은 인류 역사에 중요한 **이정표**가 되었다. 개인이 생존에 필요한 모든 일을 하는 대신 노동의 분배로 한정된 과제에 집중하게 되면서 효율이 높아졌고 엄청난 경제적 성장을 이루게 되었다.

하지만 엄밀히 말하면 노동의 분배는 농업이 가져다준 이점이 아니다. 농업은 우리에게 도시를 선사했고 그 도시가 노동의 분배를 선사했다. 노동의 분배는 많은 사람이 가까이 모여 살 때 가장 효과가 좋다. 예를 들어 이웃과 멀리 떨어져 사는 농부들은 '전문화', 즉 분업을 할 수 없다. 어쩔 수 없이 모든 일에 손을 대야 한다. 그래서 그 어떤 분야에서도 전문가가 되지 못한다. 당신이 썩 잘하는 지금의 일 대신에 옷을 만드는 일부터 비누를 만드는 일까지 모든 일을 혼자서 해내야 한다고 생각해보라. 얼마나 생산성이 낮겠는가. 고대 도시에서 얻은 고고학적 증거들은 제2시대 초부터 여러 가지 다양한 직업이 존재했다는 것을 보여준다. 인간은 다른 많은 사람들과 가까이 살기 시작한 순간부터 '전문화'라는 엄청난 경제적 이점을 얻었다.

노동의 분배는 사람들 사이의 협동을 선택적인 것에서 필수적인 것으로 바꾸어 놓았다. 경제학자 레오나르드 리드Leonard Read는《나는 연필입니다》에서 연필을 만드는 방법을 아는 사람이 아무도 없는데도 여전히 연필이 만들어지는 이유를 설명한다. 수백 가지 분야에 있는 수천 명의 사람이 서로 만나지 않아도 연필을 만드는 과정에서 각각의 작은 부분들을 담당하기 때문이다. 노동의 분배는 오늘날 우리가 가지고 있는 거의 모든 것을 얻게 해주었다. 이것이 없었다면 우리는 살아남지 못했을 것이다.

조직적 전쟁에 필요한 무기도 도시로 인해 나타난 기술이다. 부가 집중된 도시에는 방어할 만한 무언가가 필요했고 이 때문에 무기가 만들어졌다. 초기 도시들은 주로 성벽을 쌓아 올렸는데, 엄청난 노력과 비용을 들여 만들었어도 침입의 위험에 노출되었다. 무기가 만들어졌다는 건 사람들이 그런 위험을 인식했다는 것을 암시한다.

농업과 도시로 인해 처음으로 사적 토지 소유권도 생기게 되었다. 세력권 보호 본능이 있는 인간들은 항상 자기 것이라고 여기는 지역을 방어해왔다. 그런 지역이 이전에는 대략 정해졌다면, 제2시대부터는 그 경계가 명확하게 규정되는 경우가 많았다는 고고학적 증거들이 남아 있다. 루소는 이런 관행을 근대 세계의 시작으로 보았다. 그는 "땅 위에 울타리를 두르고 '이건 내 거야'라고 말하면 순진한 사람들이 그 말을 믿어준다는 것을 알게 된 첫 번째 사람이 있었다. 그 사람은 시민

사회의 진정한 창시자였다."라고 말했다.

농업과 사유 토지는 제1시대가 이룬 경제적 평등에 종말을 고했다. 능력, 출생, 운과 같은 타고난 불평등이 부의 불균등한 축적으로 이어졌다. 당시 현대적인 의미의 화폐제도는 존재하지 않았지만, 부라는 개념은 확실히 있었다. 사람들은 토지, 가축, 곡식을 쌓아둘 저장고를 소유할 수 있었다. 사람들이 얼마나 부유해질 수 있는가에 대한 상한 없이 부는 무한히 축적될 수 있었다. 경작을 할 수 있고, 가축은 재생산이 가능해 초기의 부는 수익을 창출했다. 이에 따라 보유한 부는 점점 늘어났고, 여러 세대에 걸쳐 더 많이 축적되고 늘어났다.

안타깝게도 인간의 노예화 관행이 시작된 것도 제2시대였다. 부가 존재하지 않았고, 있다 해도 그 수명이 매우 짧아 하루나 이틀에 불과했던 수렵 채집 사회에서는 노예제도가 필요치 않았다. 하지만 도시, 토지 소유, 부의 저장으로 우리의 선천적인 소유욕에 불이 붙기 시작했고 긴 궁핍의 시간에 대한 기억도 사라져버렸다. 적어도 일부 사람들은 부에 대한 무한한 갈증을 느끼는 듯하다. 지금 있는 돈을 100년도 안되는 시간에 다 쓰지 못할 거란 사실을 뻔히 알면서도 돈을 더 벌려고 애쓰는 사람들을 보면 알 수 있다.

인권이나 개인의 자유 같은 개념이 존재하지 않는 세상에서는 노예제도가 윤리적으로 문제 될 일이 없었지만, 이후 문명이 진보하고 나서 이 제도의 비도덕성이 확연히 드러나게 되었다.

시간이 흐르고 일부 사람들은 다른 사람들보다 더 많은 토지와 자본을 모으게 되었고, 사회가 부유해짐에 따라 더욱 복잡하게 변했다. 교역은 더 정교하고 세련되어졌다. 기술은 발전하고 도시는 성장했다. 이 모든 것은 개인이 축적할 수 있는 부의 상한을 높여주었다.

농업 혁명은 의도치 않은 결과를 낳았다. 수렵 채집인들의 세상에서는 불가능했던 일이 도시가 생기고 농업을 하면서 가능해졌다. 더 많은 식량이 생산되었지만 모든 사람에게 똑같이 돌아간 것은 아니었다. 힘 있는 사람들은 음식을 손에 쥐고 나누어주지 않았으며, 음식의 분배를 자신의 반대편에 선 사람들의 입을 막거나, 그들을 복종시키는 방법으로 사용했다. 이는 현재도 여전히 일어나고 있는 일이다.

이런 배경에 따라 사람들은 지배자와 피지배자로 나뉘게 되었고 왕족과 귀족이 등장했다. 지배계급은 자신들이 지배하는 사람들이 특정 유형이나 색상의 옷을 입거나, 특정한 음식을 먹게 했다, 아즈텍 종족의 경우 특정 유형의 꽃향기를 풍기는 것을 금지하는 관행을 채택했다. 제2시대는 2가지 가치, 즉 자유와 평등 사이의 긴장이 처음으로 눈에 띄게 된 시대이기도 했다.

역사학자 윌 듀런트가 지적했듯이, 2가지 모두를 가질 수는 없기에 필연적으로 1가지를 선택해야 한다. 진정으로 자유로운 사람들은 불공평해지고 평등을 강요받는 사람들은 자유롭지 못하다. 이런 줄다리기는 오늘날에도 여전히 계속되고 있다.

진보의 첫 번째 필요조건이 상상이라면, 농업은 우리에게 진보의 두 번째 필요조건을 주었다. 곡식을 심고 거두는 데는 사냥과 채집할 때와는 다른 방식의 계획이 필요하다. 따라서 농업의 발명은 미래에 대한 생각의 발명이라고 생각할 수도 있다. 미래에 대한 생각은 진보의 두 번째 필요조건이다.

3장

—

제3시대:

인류 역사의 중요한 분기점이 된
'글과 바퀴'

불은 인간이 음식을 조리할 수 있게 해주었고, 우리는 큰 두뇌를 얻게 되었다. 큰 두뇌 덕에 우리는 언어를 쓰게 되었고, 협업하고 추상적인 생각을 하고 이야기를 창작할 수 있게 되었다. 1만 년 전, 농업은 우리가 정주해서 도시를 만들고 부를 축적하게 했다. 도시는 경제적 성장과 혁신을 낳는 노동 분배의 온상이었다.

제3시대가 시작된 것은 겨우 5,000년 전의 일이다. 현재로 따지면 이라크 남부에 살던 수메르인들이 이때 처음 글을 발명한 것으로 짐작된다. 이집트와 중국도 각각 비슷한 시기에 글을 발전시켰던 것으로 보이며, 중국인에게 '최초의 글'을 만들었다는 영광을 돌리는 학자들도 있다. 이후 지금의 멕시코 지역에서도 따로 글이 만들어졌다. 글은 인류를 변화시켰다. 한 사람이 알고 있던 것을 사후에도 완벽하게 보존할 수 있게 되었기 때문이다. 다시 말해 지식을 흠 없이 복제해서 전 세계에 보낼 수 있었다. 아이디어가 인간의 정신 바깥으로 나오게 된 것이다.

하지만 이런 혜택들 때문에 글이 발명된 것은 아니었다. 초기 형태의 글은 순전히 자산과 거래를 기록하려고 만들어졌다. 거기에서 차츰 법률 기록, 법제, 종교 경전으로 확대되었고, 이후 연극과 시 같은 창의적 글쓰기도 가능하게 되었다.

누구나 짐작하겠지만, 지구상에 있는 1,000만 명의 사람 중 처음에는 극소수만이 글을 읽을 수 있었다. 글쓰기에는 비용이 많이 들었기 때문에 글을 읽고 쓰는 능력이 퍼지는 속도는 매우 느렸다. 글을 읽고 쓰는 것은 배우는 데 엄청난 시간을 투자하는 일인 데다 종이로 쓸 만한 것이 파피루스나 구운 점토판, 대리석 등 다루기 어렵고 값비싼 재료였기 때문이다.

하지만 글이 가진 힘은 생활 전반으로 빠르게 확장되었고, 그 과정에서 글은 세상을 바꾸어 놓았다. 글이라는 기술 없이 현대 사회에서 존재할 수 있는 것이 있을까? 글은 인류 역사의 중요한 분기점이다. 제1시대와 제2시대를 역사 이전이라고 정의한다면 진짜 역사는 5,000년 전인 제3시대부터 시작된다.

모든 사람이 글쓰기를 좋게 본 것은 아니었다. 플라톤은 다음과 같이 글을 발명한 신을 원망하는 왕에 대해 이야기했다.

글의 발명은 사람들의 머릿속에 망각을 낳을 것이다. 기억하려 하지 않을 테니 말이다. 당신은 기억하지 않고 상기하는 묘약을 발명해서 제자들에게 진정한 지혜가 아닌 지혜의 겉모습만을 내놓고 있다.

플라톤이 옳았다. 불은 소화 과정의 일부를 아웃소싱 하게 해주었고, 글은 기억하는 일을 아웃소싱 할 수 있게 해주었다. 그러나 글은 우리의 기억력을 손상시킨다. 우리의 기억력이 더 좋았던 때에 대해 알 수 있는 고대의 역사 자료는 거의 남아 있지 않다. 하지만 분명한 것은 글이 존재하기 전에는 무언가 알고 싶다면 그것을 반드시 기억해야 했다는 것이다. 현대에는 지식을 얻고 싶으면 대부분 구글에서 검색하면 되기 때문에 갈수록 사람들의 기억력이 감퇴하고 있다. 나도 요즘은 현금 출납기 비밀번호도 잘 기억하지 못한다. 그러나 글이 발명되었다고 해서 우리 기억력이 바로 저하된 것은 아니다. 글로 기록한 책은 흔치 않은 물건이었기 때문이다.

우리가 탐구한 다른 중추적 기술들과 마찬가지로, 글에는 그것이 일으키거나 초래한 동시 발생적 기술들이 있다. 그 첫 번째가 5,000년 전 글과 같은 시기에 생긴 '바퀴'였다. 바퀴와 글은 땅콩버터와 잼처럼 한 쌍으로 어우러져서 교역을 확대하고 정보의 흐름을 원활하게 하여 여행을 촉진시켰다. 글은 통치자들이 법전을 만들 수 있다는 의미였고, 이런 법전을 더 널리 퍼뜨리고 집행할 수 있게 하는 것이 바퀴였다.

초기 법전은 매우 빈약해서 통치자가 집권하기 전에 모든 법을 암기할 정도였다. "무지를 이유로 항변할 수 없다."라는 법언은 이 시기에 비롯된 것이다. 법 규정이 워낙 적었기 때문에 알지 못했다는 변명을 할 수 없었다. 반대로 수백만 페이지에 이르는 법 규정이 있는 국가에서는 무지가 썩 괜찮은 변명이 될 수 있다. 4,000년 전 우르남무 법전Code of Ur-Nammu 같은 초기 법전은 살인, 강도, 유괴, 강간, 위증, 폭행, 이웃의 밭을 물에 잠기게 하는 것, 임차한 밭의 경작을 포기하는 것,

다른 사람의 밭을 몰래 경작하는 것 등 토지 소유권과 관련된 다양한 범죄의 구체적인 처벌을 명시하고 있다. 그보다 불과 몇백 년 뒤에 쓰인 함무라비 법전Code of Hammurabi은 282개의 조항 안에 이 모든 기본적인 사항은 물론 계약, 제품 생산물에 대한 책임, 상속에 관한 규정까지 추가했다.

돈 역시 제3시대에 등장했다. 우리가 현재 사용하는 각인된 주화는 제3시대가 시작되고 한참 후에야 개발되었다. 제3시대 초기 전에는 금과 은, 조개껍질과 소금 같은 10여 가지 형태의 돈이 등장했다. 금속은 이상적인 교환 수단으로 그 가치가 폭넓게 인정되었다. 나눌 수 있고 내구성이 있고 휴대할 수 있었기 때문이다. 야금학 자체가 제3시대 초에 시작되었고 인간들은 곧 주석과 구리를 합치면 이 두 금속보다 우수한 청동이란 금속을 만들 수 있다는 것을 배웠다.

동시에 등장한 글과 바퀴, 돈으로 민족국가와 제국을 만드는 데 필요한 기본 성분들이 갖추어졌다. 바로 이때가 최초의 거대 문명들이 거의 동시에 세계 전역에서 일어나 꽃피우기 시작한 시기이다. 중국, 인더스 유역, 메소포타미아, 이집트, 중앙아메리카가 크고 단결된 그리고 번창하는 국가의 본거지가 되었다. 어떻게 이런 문명들이 서로 접촉한 적 없는 여러 장소에서 거의 동시에 등장하게 되었는지는 아무도 모른다. 글도 마찬가지다. 5만 년 전 혹은 2만 년 전 일부 지역에 글, 바퀴, 농업이 탄생하게 된 이유는 무엇일까? 그 답을 아는 사람은 없다.

이렇게 인류의 역사가 시작된 시점에 이르러 우리는 언어, 상상력, 노동의 분배, 도시, 미래에 대한 의식과 함께 글과 법전, 바퀴, 계약, 돈도 가지게 되었다. 그리고 이것들 덕분에 이후 수천 년 동안 비교적 빠르게 기술을 발전시킬 수 있었다.

우리가 사는 세계는 최근까지 제3시대에 머물러 있었다. 그 과정에서 증기기관의 발전, 전력의 이용, 가동 활자의 발명 같은 믿기 힘들 정도의 혁신이 있었다. 그러나 언어와 농업, 글이 그랬듯이 인간을 근본적으로 변화시키지는 못했다. 제3시대의 특징이라고 할 만한 혁신들은 혁명이라기보다는 진화였다. 폄하하려는 의도가 아니다. 인쇄는 세상을 엄청나게 변화시켰지만, 우리가 이미 할 수 있었던 어떤 일을 좀 더 값싸고 효율적으로 할 수 있게 해주었을 뿐이다. 복엽비행기의 상세한 도면은 레오나르도 다빈치에게나 의미 있는 것이었다. 새로운 시대에 접어들었다고 말하려면 우리를, 또 우리가 사는 방법을 철저하게 영구적으로 변화시키는 어떤 것이 나타나야만 한다. 우리 종족의 궤적을 바꾸는 무엇인가가 말이다.

그리고 우리를 제4시대에 접어들게 한 이야기는 제3시대의 마지막 몇 세기에 기원을 두고 있다.

4장

—

제4시대:
인간의 정신과 행동을 위탁하게 해줄
'로봇과 AI'

우리는 급속한 기술 발전에 익숙하지만, 인류 역사의 99.9% 이상은 그렇지 못했다. 가장 오래된 도구인 아슐리안 주먹도끼는 100만 년 동안 변화 없이 사용되었다. 오늘날의 기술은 무척 빠른 속도로 발전하고 있지만 사실상 불과 몇백 년 동안 벌어진 일일 뿐이다. 일부 역사학자들은 모든 것을 알고 있었던 마지막 사람이 레오나르도 다빈치였다고 말한다. 문자 그대로 레오나르도 다빈치가 모든 지식을 가지고 있었다기보다 그가 과학의 발생 초기, 즉 한 사람이 그동안 알려진 모든 것에 대한 실제적 지식을 가질 수 있는 때에 살았음을 뜻하는 말이다.

레오나르도 다빈치가 유명을 달리한 1519년부터 상황은 바뀌기 시작했다. 16세기 중반, 니콜라우스 코페르니쿠스는 《천체의 회전에 관하여》에서 우주의 법칙을 재정비했다. 그 직후 프랑스의 철학자 장 보댕Jean Bodin은 과학을 발전의 길로 보는 사람 중 하나였다. 보댕은 과거에 황금시대가 존재했다고 생각지 않았다. 그는 "인쇄의 힘이 세상을 진보시킬 것이며 과학은 영원히 고갈되지 않는 보물을 담고 있다."라고 믿었다.

1600년대쯤 일이 본격적으로 진행되었다. 1609년 독일의 천문학자 요하네스 케플러Johannes Kepler는 갈릴레오 갈릴레이에게 편지를 보내 미래의 우주선에 관해 이야기했다. "천상의 공기에 적합한 배와 돛이 있어야 합니다. 그렇게 되면 사람들도 삭막한 우주의 광대함에 움츠리지 않게 될 것입니다."

1620년 프랜시스 베이컨 경은《신기관》을 출간했는데, 이 책은 지금 우리가 과학적 방법이라고 부르는 것의 시초로 여겨진다. 베이컨은 자료를 주의 깊게 관찰하고 기록하는 방식으로 자연을 직접 연구할 것을 강조했다. 결론은 그렇게 얻은 자료, 오로지 그 자료에서 얻어야 했다.

우리가 오늘날 과학적인 방법이라고 생각하는 것과 정확히 일치하지는 않지만, 관찰해서 체계적으로 지식을 습득하는 방법을 제안했다는 것이 중요하다. 그것은 세상을 바꾸는 대단한 아이디어이다. 바퀴가 비유적으로도, 문자 그대로도 되풀이해서 여러 번 재발명되었듯이, 이때까지 진보는 단속적으로 이루어졌다. 하지만 과학적인 방법을 이용하면 한 사람이 수집한 자료와 결론을 이후 다른 사람이 이어받아 지식을 더 발전시킬 수 있다. 이로써 과학적 지식의 기하급수적 성장이 가능해졌고 덕분에 우리는 오늘에 이르게 되었다.

오늘날 과학적 방법은 여러 사람이 지식을 보완하고, 다시 그것을 기반으로 지식을 성장시켜 획득하고 퍼뜨리는 일련의 공인된 기법이다.

이 방법은 측정이 가능한 대상이나 현상에만 적용된다. 객관적인 측정은 다른 사람이 연구자의 발견을 복제할 수 있게 하고, 또 반대로 반복하지 않게 해준다. 무엇보다 과학적 방법이 적절하게 작용하려면 저렴한 인쇄술이 중요했다. 과학적 방법이 인류 역사에서 더 일찍 개발되지 않은 이유도, 인쇄비용이 떨어지고 나서야 과학이 더 빠르게 발전한 이유도 모두 그 때문이었다.

고대인들은 놀랍고도 많은 기술적 발전을 이루었다. 하지만 그에 대한 정보를 발표하고 전파할 기술이나 절차가 없었기 때문에 그런 뛰어난 기술들은 빠르게 잊힐 수밖에 없었다. 그 한 가지 예가 안티키테라 메커니즘Antikythera Mechanism이다. 2,000년 전 그리스에 존재했던 이 기계장치(사실상 컴퓨터)는 천체의 움직임을 예측하고, 식蝕이 일어나는 때를 계산하는 데 사용되었다. 우리가 이 장치의 존재를 알게 된 것은 난파선에서 문제의 장치를 발견했기 때문이다. 만일 오늘날이었다면 이 혁명적인 장치를 설명할 글과 사진이 넘쳐날 것이며, 세계 유수 대학들이 장치를 발전시키는 경쟁에 나설 것이다. 또 기업가들은 안티키테라 메커니즘을 더 싸고, 더 작고, 더 빠르게 만들려고 자금을 조달할 것이다.

기술은 이렇게 발전한다. 다른 사람들이 이루어놓은 것을 점진적으로 개선해서, 다시 말해 아이작 뉴턴이 거인의 어깨에 올라서서 더 먼 곳을 본다고 표현한 그런 절차를 거쳐서 말이다. 1687년 뉴턴(우리는 계속 그의 어깨에 올라서 있게 될 것이다)은 만유인력과 운동 법칙을 설명한 《자연철학의 수학적 원리》를 출간했다. 뉴턴은 단 몇 개의 공식으로 행성들도 직접적이고 기계적인 법칙을 따른다는 것을 보여주었다.

급속한 기술 발전의 모든 공로를 과학적 방법에 돌리는 것은 지나친 단순화일 것이다. 그것은 복잡한 퍼즐의 마지막 조각이었을 뿐이다. 이미 지적했듯이 우리에게는 무엇보다 상상력, 시간 감각, 글이 필요했다. 그 외에도 훨씬 많은 것들이 있다. 그 목록에는 지식을 퍼뜨리는 저렴한 방법, 글을 읽고 쓰는 능력의 광범위한 전파, 법의 지배, 몰수하지 않은 과세, 개인의 자유, 기꺼이 위험을 감수하는 문화를 추가해야 한다.

인쇄기의 발명과 광범위한 사용은 문맹률을 낮추고 정보를 더 자유롭고 활발히 주고받을 수 있게 했다. 이것은 17세기 근대가 시작된 주요 촉매제였다. 그리고 같은 시기에 유럽에서 일어난 다른 일들로 인해 근대성은 예기치 못한 동력을 얻었다. 새롭게 도입된 커피는 맥주 대신 온종일 홀짝이는 음료가 되었고 병에 담긴 물이 음료로 격상되었으니, 우리는 의도치 않게 새로운 암흑시대로 돌아가고 있는지도 모르겠다. 그래도 수분만은 충분히 섭취하게 되지 않을까 싶다. 아니면 역으로 스타벅스가 세상을 구하게 될까?

과학적인 방법은 기술적 발전을 엄청나게 증대시켜서 모든 종류의 기술이 가진 본질적이면서 신비한 특성, 즉 일정 시간에 걸쳐 계속해서 능력을 반복적으로 배가시키는 특성을 드러냈다. 기술이 가진 이런 심오하고 신비로운 특성의 발견은 겨우 50년 전, 인텔의 설립자 중 한 명인 고든 무어가 집적회로 속의 트랜지스터 수가 약 2년마다 2배가 된다는 흥미로운 사실을 알아차리면서 시작되었다. 그는 이 현상이 상당 기간 지속되어 왔다는 것을 알아차렸고, 이후 10년 동안 계속될 것이라고 추측했다. 그의 이런 관찰은 '무어의 법칙'으로 알려지게 되었다.

집적회로에 담긴 트랜지스터의 수가 2배가 되면 컴퓨터의 성능도 배가된다. 그것이 이야기의 전부라면 그리 심각하거나 흥미로운 일도 아니다. 하지만 컴퓨터과학자 레이 커즈와일Ray Kurzweil이 관찰한 결과 놀라운 사실을 발견했다. 컴퓨터는 트랜지스터가 발명되기 훨씬 전부터 그 성능이 배가되어왔다는 것이다.

1890년부터 단순한 기계장치들이 미국 인구조사를 돕는 데 사용되었다. 커즈와일은 이 컴퓨터의 처리 능력을 그래프로 그릴 경우, 기반 기술과 관계없이 2년마다 배가된다는 것을 발견했다. 이 문제를 생각해보라. 컴퓨터의 기반 기술은 기계적인 것에서 계전기를 사용하는 것으로 다음에는 진공관을, 다음에는 트랜지스터를, 다음에는 집적회로를 사용하는 것으로 발전해왔으나 그사이에도 무어의 법칙이 적용되지 않는 때는 없었다. 어떻게 이럴 수가 있었을까?

간단하게 답하면 아무도 모른다. 그것을 알아내는 사람이 있다면 노벨상을 받을 수 있을 것이다. 어떻게 추상적 관념, 장치의 속도가 그런 엄격한 규칙을 따르는 것일까? 아무도 답을 모를 뿐 아니라 그에 대한 아이디어조차 많지 않다. 어떤 경지에 이르려면 일정량의 기술이 필요하고, 거기에 이른 후에는 그 기술을 이용해서 기술을 배가시킬 수 있다는 일종의 우주 법칙이 존재하는 것 같다.

무어의 법칙은 그가 지속될 것이라고 짐작했던 10년을 훌쩍 넘어 오늘날까지도 계속되고 있다. 몇 년마다 '무어의 법칙은 종말을 맞는가?'라는 뉴스 제목을 만나고는 하지만, 이 모든 질문에 대한 답은 "아니오."이다. 현재 양자 컴퓨터에서 단일 원자 트랜지스터, 완전히 새로운 재료에 이르기까지 이 법칙을 지속시킬 만한 다양한 후보들이 존재하고 있다.

하지만(여기가 가장 흥미로운 부분이다) 컴퓨터뿐 아니라 거의 모든 유형의 기술은 무어의 법칙을 따른다. 일정한 기술은 2년마다 2배가 되는 것이 아니라 n년마다 2배가 된다. 노트북이나 디지털카메라, 컴퓨터 모니터를 샀던 적이 있는 사람이라면 누구나 이것을 직접 경험해 보았을 것이다. 하드 드라이브의 저장 용량은 늘어나고, 메가픽셀은 계속 증가하며, 스크린 해상도는 늘어난다.

다세포 생물들 역시 이런 식으로 매 3억 7,600년마다 2배로 증가한다고 주장하는 사람들도 있다. 유전학자 리차드 고든Richard Gordon과 알렉세이 샤로프Alexei Sharov가 내놓은 이 흥미로운 가설은 다세포 생물이 100억 년의 역사를 갖고 있어 지구보다 오래되었다고 받아들인다. 이는 모든 종류의 것, 인간의 생명조차 우주의 어딘가에서 비롯되어 이런저런 방법으로 여기까지 왔다는 것을 암시한다.

기술적 역량이 2배가 된다는 사실은 사람들이 짐작하는 것보다 더 중요한 문제이다. 인간은 지속적인 배가의 중요성을 지나치게 과소평가한다. 인간 삶의 그 어떤 것도 그런 식으로 반응하지 않기 때문이다. 아이는 둘이었다가 넷이 되었다가 다음에는 여덟, 그다음에는 열여섯이 되지 않는다. 우리의 통장 잔고는 매일 100달러에서 200달러, 400달러, 800달러로 늘어나지 않는다.

무언가가 반복해서 2배로 늘어나는 게 얼마나 커지는 것인지를 이해하려면 체스의 발명 이야기를 생각해보면 된다. 약 1,000년 전 인도에 살던 한 수학자는 그가 만든 것을 통치자에게 가져오라는 명령을 받았고, 통치자에게 체스 게임이 어떻게 진행되는지 보여주었다. 깊은 인상을 받은 통치자는 그 수학자에게 보상으로 무엇을 원하는지 물었다. 수학자는 자신은 소박한 사람이기 때문에 필요한 것이 많지 않다고 대답했다. 그는 체스판의 첫 번째 사각형에 쌀 한 톨을 놓아달라고 청했다. 그리고 두 번째 사각형에는 2개, 세 번째 사각형에는 4개, 이런 식으로 사각형마다 쌀이 2배로 늘어나도록 청했다. 그가 요구한 것은 64개의 사각형을 채울 수 있는 쌀이 전부였다.

이 쌀이 모두 얼마나 될 것 같은가? 당신은 직전에 내가 한 이야기 때문에 상당한 양이라고 짐작할 것이다. 그렇다면 쌀의 양이 얼마나 될지 상상해보라. 쌀통을 채울 정도일까? 아니면 창고 하나 채울 분량일까? 그 양은 인류의 역사 전체를 통틀어 그간 재배했던 쌀보다 많은 양이었다. 이를 알게 된 통치자는 수학자를 사형에 처했다. 그러니 여기에는 또 다른 삶의 교훈이 있다.

도미노 랠리에 대해서도 생각해보라. 도미노를 줄지어 세워두고 하나를 밀면 그것이 옆에 있는 도미노를 밀고, 그것이 또 옆에 있는 도미노를 민다. 각각의 도미노는 그 자체보다 50%가 큰 도미노를 밀 수 있다. 그렇다면 각각 앞에 있는 것보다 50%씩 큰 도미노를 32개만 세우면 마지막 도미노는 102층에 달하는 엠파이어 스테이트 빌딩을 넘어뜨릴 수 있다. 증가율은 단 50%이다. 2배가 아니다.

오늘날 우리가 정말로 놀라운 기술적 진전을 보고 있다고 생각한다면, 안전벨트를 단단히 조이는 것이 좋겠다. 은유적으로 표현하자면, 우리는 체스판의 60번째 혹은 61번째 사각형 위에 있다. 무슨 일인가를 해야 하는데 컴퓨터의 처리 능력이 부족하다면 2년만 기다려보라. 그때는 처리 능력이 2배가 되어 있을 것이다. 당신의 책상 위에 컴퓨터를 올려놓기까지 수천 년이 걸렸다. 하지만 단 2년만 지나면 그보다 성능이 2배로 좋아진 컴퓨터를 갖게 될 것이다. 그리고 또 2년 후면 성능은 다시 2배 더 좋아질 것이다. 주판이 아이패드로 발전하는 데는 거의 5,000년이 걸렸지만, 지금부터 25년 후면 우리는 아이패드보다 앞선, 주판과 아이패드의 격차만큼 앞선 어떤 것을 갖게 될 것이다. 그것이 무엇이 될지는 상상할 수도, 헤아릴 수도 없다.

과학적 방법과 무어의 불가사의한 법칙이 조합된 결과, 새로운 기술이 폭발적으로 증가했다. 이 조합은 우리에게 로봇, 나노 기술, 유전자 편집기술 크리스퍼-Cas9*, 우주여행, 원자력 등 수백 가지 기적들을 선사했다. 새로운 기술이 빠른 속도로 나타나는 것이 거의 일상이 되어버려서인지, 우리는 그런 기술 발전 속도에 무감각한 상태다. 우리는 지구상의 거의 모든 사람과 바로 소통할 수 있는 '슈퍼컴퓨터'를 주머니에 넣고 다닌다. 이 컴퓨터는 너무 흔해서 어린이들도 가지고 다닐 정도이고 가격도 매우 저렴해서 2년 약정이면 공짜로 얻는다. 또 우리는 아주 먼 곳에서 벌어지는 사건을 보는 등 과거에는 신의 영역이라 믿었던 힘을 가지게 되었다. 손가락을 사용해 아주 작은 움직임만으로도 앉아 있는 방의 온도를 바꿀 수 있고, 지상에서 약 10km 떨어진 상공을 음속으로 날 수 있다. 그것도 통계적으로 한 사람이 매일같이 10만 년 이상을 비행해야 사고를 당할 정도로 안전하게 말이다. 우리는 이렇게 안전하고 편안하게 비행하면서 기내에 칠면조 랩이 떨어져서 콥샐러드를 먹어야 하는 정도의 불편을 느낀다.

고대에는 어려운 문제에 대한 답을 알고 싶을 때, 신탁의 성지인 델

---

*   CRISPR-Cas9, 3세대 유전자 가위로 이용하고자 하는 특정 염기서열을 인식하여 절단하고 편집하는 기술.

포이의 현자를 만나려고 순례를 떠났다. 여러 가지 역경이 가득한 길고 험난한 여정 끝에 현자를 만나 질문을 던지면 그는 수십 가지 다른 방식으로 해석될 수 있는 불가해한 답을 줄 뿐이었다. 지금의 구글과 비교해보라. 당신이 질문의 내용을 타이핑하면 구글은 0.25초 만에 500억 개의 웹 페이지를 순위별로 나열해 보여준다.

제3시대 막바지에 등장한 모든 기술 중에 단연코 1등 자리를 차지하는 것은 '컴퓨터'이다. 컴퓨터는 단순한 도구가 아닌 철학적으로도 의미 있는 장치이다. 왜 이렇게 이야기하는 것일까? 컴퓨터는 아주 특별한 일을 하기 때문이다. 바로 컴퓨팅이다. 어이없을 정도로 당연하게 들린다는 것을 나도 알고 있다. 하지만 계산은 우주의 박동이며 우주 시계의 움직임이다. 계산은 너무나 기본적이고 핵심적이라 **모든 것**이 컴퓨팅이라고 믿는 사람들도 있을 정도이다. 당신의 두뇌, 세상, 우주, 시간, 의식 그리고 삶 자체, 이 모든 것이 말이다.

물리학자이자 수학자인 스티븐 울프럼Stephen Wolfram도 같은 생각이다. 그는 《새로운 종류의 과학A New Kind of Science》에서 1,200페이지에 걸쳐 이에 관한 생각을 밝혔다. 그는 단 한두 줄에 불과한 아주 간단한 규칙이 엄청난 복잡성을 낳는다는 것을 보여준다. 그러면서 전 우주를 만드는 데 필요한 코드도 단 몇 줄에 불과하다고 추측했다. 그의 이 도발적인 가설을 많은 사람이 지지하고 있다.

어쨌든 우주의 대부분은 컴퓨팅이다. 허리케인과 DNA는 눈송이나 모래 언덕과 마찬가지로 컴퓨팅이다. 놀라운 사실은 물리적 세계에서 일어나는 컴퓨팅의 결과가 우표 1장 크기의 컴퓨팅 장치 안에서 모형화될 수 있다는 것이다. 이 사실에 대해 잠깐 생각해보자. 사람을 달에 보내는 데는 로켓과 추진체, 중력에 대한 엄청나게 복잡한 계산이 수반된다. 이 모두가 실제 세상의 것이다. 이것을 아주 작은 프로세서 안에서 0과 1을 통해 그대로 표현할 수 있다. 이는 컴퓨터 안에서 모형화할 수 있는 것은 어떤 것이든 컴퓨팅을 통해서 실제 세계에서도 구현할 수 있다는 심오한 사실을 시사한다. 달리 말해 아폴로 11호의 발사는 컴퓨팅이다. 단순히 아폴로 11호의 발사에 컴퓨팅이 포함된 것이 아니라, 아폴로 11호 **자체가** 연산이고 아폴로 11호가 수행하는 임무 전체가 컴퓨팅이다.

문제는 극단으로 갔을 때 흥미로워진다. 우리는 컴퓨팅인가? 우리의 정신은 아폴로 11호가 따른 것과 같은 기본적인 규칙을 따르는 거대한 태엽인가? 이것은 컴퓨터의 한계(혹 존재한다면)를 파악하기 위해 우리가 답해야 하는 질문들이다.

이 때문에 컴퓨터가 철학적으로 의미 있는 장치라고 말한 것이다. 망치는 못을 박고, 톱은 나무를 자른다. 하지만 컴퓨터는 물리적 세상에서 일어나는 수십억 가지 일들을 그대로 복제할 수 있다. 우리는 아직 컴퓨터의 형이상학적 함의를 이해하지 못한다고 말하는 것이 맞다. 우리는 컴퓨터가 미묘하면서도 극적인 방식으로 세상을 변화시켰다는 것을 알고 있다. 이것은 명백한 사실이다. 하지만 더 많은 일이 벌어지고 있다. 저명한 교수이자 철학가인 마샬 맥루한Marshall McLuhan은 이미 수십 년 전 이렇게 말한 바 있다. "컴퓨터는 인간의 기술적 피복 중에 가장 비범한 것으로 우리 중추신경계의 확장이다. 그에 비하면 바퀴는 훌라후프에 불과하다." 컴퓨터는 새로우면서 동시에 어디에나 있다. 앞으로 100년 후, 아니 100년까지는 생각할 것도 없이 10년 후 컴퓨터가 어떤 일을 할 수 있을지는 겨우 상상만 할 수 있을 뿐이다.

이 장치는 어디에서 비롯되었을까? 어떻게 이런 장치를 만들기로 마음먹었을까? 아니, 그런 장치가 가능하다는 짐작을 어떻게 하게 되었을까? 컴퓨터가 만들어지고 나서 오늘에 이르는 역사는 대단히 짧다. 이 책의 목적에 맞추자면 단 4개의 이름을 언급하는 것으로 족하다. 나열해보면 첨단 법률 회사의 이름처럼 보인다. 배비지Babbage, 튜링Turing, 폰 노이만von Neumann, 섀넌Shannon. 이들의 아이디어를 하나씩 살피고 그것을 합치면 현대 컴퓨팅의 정수를 알 수 있다.

이야기는 1821년 영국의 수학자 찰스 배비지부터 시작한다. 당시는 산업혁명이 진행 중이었고, 과학과 수학은 대학과 연구실에서 공장으로 이동했다. 계산하는 기계가 생기기 전에는 온갖 표로 이루어진 두꺼운 책이 출판되었고 복잡한 계산을 하는 사람들은 이 책에 담긴 표를 지름길로 이용했다. 이 책에는 대수, 천문학적 계산 등 산업과 과학에 필수적인 다수의 데이터가 담겨 있었다. 문제는 이 책에 담긴 모든 수가 사람이 계산한 것이어서 오류가 많다는 데 있었다. 잘못된 숫자 하나가 배를 항로에서 벗어나게 하고, 은행 기록에 오류를 일으키고, 기계의 잘못된 생산을 유발할 수 있었다. 이런 오류들에 불만을 느낀 배비지는 "증기가 이런 계산을 해주기를 신께 기도한다."라는 말을 남겼다.

이 진술은 심오했고 극히 현대적이었다. 이 말 안에는 기계적인 것이 유기적인 것보다 더 일관되고 믿을 만하다는 뜻이 담겨 있다. 증기로 구동되는 기계들은 엄격한 기준에 맞추어 주의 깊게 만들어졌다. 그런 기계들은 높은 품질의 제품을 꾸준히 생산하며 지치지 않고 과제를 수행한다. 배비지의 천재성은 이로 하여금 증기가 톱니를 만들 수 있다면 대수도 계산할 수 있을 것이라는 생각을 떠올리게 했다.

그는 완벽한 계산 기계를 구상했고 그것을 만들려고 노력했다. "해석 기관(Analytical Engine, 배비지가 고안한 자동 계산기)이 존재하기만 하면, 과학의 미래는 그 기계가 인도할 것이 분명하다."라고 말한 것으로 보아 그는 이 기계의 중요성을 완벽하게 이해하고 있었다. 불행히도 그는 연구하는 데 드는 자금을 다 써버렸고 더 이상 진행할 수 없었다. 당시에도 신생 기업들은 지금과 다를 바 없는 운명이었던 것 같다. 그러나 2002년 런던 과학박물관이 배비지가 고안한 1만 파운드짜리 기계를 만들었고 기계는 흠 없이 잘 돌아갔다. 증기가 컴퓨팅 기계에 동력이 될 수 있다고 생각했던 배비지의 이야기는 여기에서 줄이자.

그다음은 앨런 튜링의 이야기다. 때는 1936년, 우리가 지금 튜링 머신Turing machine이라고 부르는 것을 그가 처음으로 표현한 것이 바로 이때였다. 튜링은 복잡한 수학 문제를 푸는 가상의 기계를 생각했다. 이 기계는 이론상 무한히 길고 가느다란 모눈종이로 만들어져 있다. 모눈종이 위에는 언제나 1개의 활성 셀이 있고, 헤드는 그 셀 위를 맴돈다. 헤드는 종이를 읽고 종이 위에 쓸 수 있으며, 수신하는 명령이나 운영하는 프로그램을 기반으로 조금씩 움직인다.

튜링 머신의 요점은 "이렇게 컴퓨터를 만든다."가 아니라 "이 간단한 상상의 장치가 엄청나게 다양한 계산 문제를, 거의 모든 계산 문제를 해결할 수 있다."라는 것이었다. 사실 이론적으로는 지금의 컴퓨터가 할 수 있는 모든 일을 튜링 머신도 할 수 있다. 튜링은 이 기계만 구상한 것이 아니라 이 모든 것을 알고 있었다. 단 네댓 개의 부품으로 이루어진 간단한 장치를 상상해보라. 아폴로 11호를 달로 발사했다가 복귀시키는 데 필요한 모든 것들을 튜링 머신에 프로그래밍할 수 있고, IBM 왓슨이 할 수 있는 모든 일을 튜링 머신에 프로그래밍할 수 있다. 이 작고 보잘것없는 장치가 그런 모든 일을 할 수 있다는 것을 누가 짐작이나 할 수 있었겠는가? 물론 튜링은 할 수 있었다. 하지만 다른 사람들은 그런 생각을 전혀 하지 못했다.

이제 존 폰 노이만의 이야기를 해보자. 우리는 그를 현대 컴퓨팅의 아버지라고 부른다. 1945년 그는 폰 노이만 컴퓨터 구조를 개발했다. 튜링 머신이 컴퓨터가 **해결할 수 있는** 문제의 틀을 정하려고 고안된 순전히 이론적인 기계에 불과했다면, 폰 노이만이 말하는 기계의 구조는 실제 컴퓨터를 만드는 **방법**에 관한 것이었다. 그는 프로그램과 자료를 모두 보유할 수 있는 컴퓨터 메모리와 내부 처리 장치를 제안했다. 컴퓨터 메모리 외에도 당장 필요치 않은 자료와 정보를 담는 외부 저장소도 있었다. 입력 장치와 출력 장치를 포함하면 폰 노이만이 말한 기계 구조가 완성된다. 이 글을 읽으면서 당신은 머릿속으로 컴퓨터의 CPU, 메모리, 하드 드라이브, 키보드, 모니터를 떠올렸을 것이다.

1949년 마침내 클로드 섀넌이 〈체스를 하는 컴퓨터 프로그래밍Programming a Computer for Playing Chess〉이라는 논문을 썼다. 여기에서 그는 체스를 컴퓨터로 수행할 수 있는 일련의 계산으로 만들었다. 이것이 컴퓨터 역사의 4개의 봉우리에 섀넌의 이름을 올릴 정도는 아닌 것처럼 보일지도 모르겠다. 하지만 그 때문에 처음으로 그리고 실제적이고 현실적인 방식으로 컴퓨터가 수학적 계산만을 하는 기계가 아니라는 인식이 생겼다. 섀넌은 컴퓨터가 체스 말이 이동하는 데 필요한 정보를 추상적인 수준에서 처리할 수 있게 했다. 이렇게 생각해보라. 1949년

이전의 컴퓨터는 물리학 강의실에서 필요한 종류의 프로그램 설정이 가능한 계산기였다. 1949년 이후 컴퓨터가 언제 어떤 주식을 사야 하는지 제안할 수 있는 장치로 인식되었다. 튜링을 비롯한 많은 사람이 컴퓨터가 할 수 있는 일을 머릿속으로만 알고 있었다면, 섀넌은 그것을 실제로 구현한 것이다.

배비지는 기계가 수학을 할 수 있다는 것을 깨달았고, 튜링은 컴퓨터가 프로그램을 실행할 수 있다는 생각을 추가했으며, 폰 노이만은 하드웨어를 구축하는 방법을 알아냈고, 섀넌은 컴퓨터가 수학적 계산만을 하는 기계가 아니라는 것을 보여주었다.

이렇게 해서 우리는 오늘날에 이르렀다. 변한 것은 컴퓨터가 훨씬 빠르고 훨씬 저렴해졌다는 점뿐이다. 이 현상을 관찰하는 한 가지 방법은 1초당 10억 회의 부동 소수점 연산을 할 수 있는 능력을 갖춘, 즉 기가플롭gigaflop 단위로 속도를 측정할 수 있는 컴퓨터 가격을 점검해서 기가플롭 당 비용을 계산하는 것이다. 1961년에는 그런 컴퓨터가 존재하지도 않았다. 하지만 2년간 미국의 국민총생산GNP을 당시 가장 빠른 컴퓨터를 개발하는 데 사용한 뒤 그 컴퓨터들을 연결하자 1기가플롭에 가까워지게 되었다.

1984년에 그 가격은 엄청나게 높았다. 기가플롭 컴퓨터, 즉 크레이Cray의 '슈퍼컴퓨터' 가격은 아주 좋은 민영 제트기의 가격과 맞먹었다. 하지만 2년간의 미국 GNP와 비교하면 엄청나게 싼 가격이었다. 1997년 독일제 스포츠카 한 대 가격이면 기가플롭 컴퓨터를 살 수 있었다. 2013년에는 기가플롭 당 가격이 25센트까지 떨어졌고, 슈퍼컴퓨터는 '소니 플레이스테이션 4'라고 불리게 된다. 오늘날의 컴퓨터는

1만 기가플롭 성능을 가지고 있으며 가격은 몇백 달러에 불과하므로 1기가플롭 당 비용은 약 5센트이다.

1기가플롭 당 가격은 곧 1센트 이하로 떨어질 것이고 거기에서도 계속 빠르게 하락할 것이다. 현재 슈퍼컴퓨터는 더 이상 기가플롭으로 성능을 측정하지 않는다. 지금은 테라플롭(teraflop, 1,000기가플롭)도 아닌 페타플롭(petaflop, 100만 기가플롭)을 사용한다. 2018년 기준으로 가장 빠른 컴퓨터는 중국에 있고, 두 번째로 빠른 컴퓨터도 마찬가지다. 이들 컴퓨터는 거의 100페타플롭(1억 기가플롭) 속도로 작동한다. 하지만 곧 100페타플롭을 넘어서는 컴퓨터들이 미국, 일본, 그리고 분명히 다른 곳에서도 만들어질 것이다. 게다가 5개 이상의 기업들이 몇 년 안에 엑사플롭(exaflop, 1,000페타플롭) 속도를 가진 기계를 만들 것이라 예고하고 있다. 가까운 장래에는 좀처럼 이 경쟁이 누그러질 것 같지 않다.

이런 모든 일이 어떻게 가능했던 것일까? 가격이 어떻게 이렇게까지 떨어질 수 있을까? 1960년에는 트랜지스터 하나를 약 1달러, 지금 돈으로 8달러가 조금 넘는 가격에 살 수 있었다. 12만 5,000개의 트랜지스터가 필요할 경우 지금의 돈으로 100만 달러가 필요했던 것이다. 하지만 생산량이 급격히 치솟으면서 가격은 극적으로 하락했다. 2004년 제조된 트랜지스터의 숫자는 지구상에서 재배된 모든 쌀알의 수를 넘어섰다. 단 6년 후인 2010년에는, 1960년에 100만 달러에 달했던 12만 5,000개의 트랜지스터를 쌀 한 톨과 같은 가격에 살 수 있었다.

기술은 집요하고 가차 없으며 멈추는 법 없이 더 나아지고 더 싸진다. 많은 컴퓨터과학자들이 (인공 일반 지능이나 기계 의식같이, 우리가 이 책에서 다루게 될 주제들과 같은) 미래의 컴퓨터 성능을 이야기할 때 기반으로 삼는 것이 바로 이 같은 사실이다.

컴퓨터는 우리의 생활 전반에 얼마나 깊숙이 들어와 있을까? 전 세계에 얼마나 많은 컴퓨터가 돌아가고 있는지는 아무도 모른다. 컴퓨터는 생산되는 전체 전력의 약 10%를 사용하고 있는 것으로 보인다. 말 그대로 컴퓨터 없이는 살아갈 수 없다. 컴퓨터가 아니면 현재의 생활수준을 유지할 수 없는 생활 영역이 너무나 많다. 물류에서 수질 관리에 이르는 모든 것을 컴퓨터가 관리하고 있어서 그들을 제거하거나 그 능력을 박탈할 경우, 엄청난 수의 사람들이 존재 자체를 위협받는 상황에 이를 것이다. 대도시의 경우는 특히 더 그렇다. 스티브 워즈니악은 이렇게 말했다.

"우리는 갑작스럽게 많은 통제력을 잃었다. 우리는 인터넷을 끌 수 없고, 스마트폰을 끌 수 없고, 컴퓨터를 끌 수 없다. 과거에 우리는 똑똑한 사람들에게 질문했다. 지금 당신은 누구에게 질문을 던지는가? go로 시작되는 것이다. 신이 아니다."

1960년대와 1970년대에 우리는 서로를 연결해서 거대한 네트워크를 형성할 만큼의 컴퓨터를 만들게 되었다. 우리는 이 네트워크를 인터넷이라고 부른다. 1989년 팀 버너스-리Time Berners-Lee는 멀리 있는 컴퓨터에서 서버의 문서에 접근할 수 있는 HTTP라는 프로토콜을 만들었다. 우리는 이것을 월드 와이드 웹World Wide Web이라고 한다. 현재 우리는 컴퓨터뿐 아니라 데이터에 의해서 구동되는 모든 기기를 연결하고 있다. 현재로서는 300억 개 정도의 장치가 연결되어 있고, 그 숫자는 2030년까지 5,000억 개로 늘어날 전망이다.

이렇게 해서 우리는 제3시대라는 수백 년의 퇴조기를 지나 제4시대의 문 앞에 이르렀다. 우리는 새로운 시대마다 기술이 물리적 혹은 정신적 삶의 기능들을 외부에 위탁해서 강화하는 것을 목격했다. 우리는 불을 이용해서 소화를 잘하게 되었고, 글을 써서 기억을 증대시키고, 바퀴를 이용해서 우리의 등과 다리를 편안하게 움직일 수 있게 되었다. 지금에 와서는 기계적 두뇌 장치를 만들었다. 이 장치는 무한한 수의 문제를 해결하도록 프로그래밍할 수 있을 정도로 다재다능하다. 현재 우리는 이 장치가 스스로 구동할 수 있도록 한 인공지능을 개발하고 있다. 로봇공학의 힘을 이용해 이 장치에 기동성을 부여하고 물리적인 세계와 상호작용하는 길을 마련하기 시작했다. 우리는 컴퓨터와 로봇을 이용해서 가능한 한 더 많은 생각과 행동을 아웃소싱 하게 될 것이다. 이것이야말로 진정한 변화이며 새로운 시대, 제4시대의 여명을 알리는 표지이다.

그런데 이러한 전환 단계에서 심각한 의문들이 제기된다. 바로 인간적이라는 것이 어떤 의미인지에 관한 심오한 의문들이다. 과연 기계가 사람처럼 생각할 수 있을까? 기계가 의식을 가질 수 있을까? 모든 인간적 활동을 기계화할 수 있을까? 우리는 단순한 기계일 뿐인가? 이 책의 궁극적인 목적은 이런 문제들을 탐구하는 것이다. 즉 정신적, 신체적 인간 활동을 얼마만큼 기계에 넘겨줄 수 있는지, 그런 변화가 세상에 의미하는 바는 무엇인지 알아내는 것이다.

제4시대는 아직 시작되지 않은 것 아닐까? 몇몇 인간이 농사짓는 법을 배우거나 몇몇 다른 장소에서 글을 개발했을 때, 그것이 새로운 시대의 시작이거나 이전 시대의 끝을 알리는 표지였을까? 우리가 어디에

선을 긋는가는 그리 중요하지 않다. 클로드 섀넌이 컴퓨터가 체스를 하도록 프로그래밍하는 법을 설명한 수십 년 전부터 새로운 시대가 시작되었든, 컴퓨터가 인간과 자연스러운 언어를 이용해서 복잡한 대화를 할 수 있게 되는 몇 년 후에 시작되든, 이런 사소한 부분을 따지는 일은 별로 의미가 없다. 이런 이행은 1950년 이후에나 시작되어 2050년 전에 끝날 것이라고 말해두기로 하자. 그 사이 어딘가에 선을 그어도 좋고, 그 전체 기간에 이행이라는 이름을 붙여도 상관없다.

새로운 시대가 언제 시작되었는지는 그리 중요한 문제가 아니다. 반드시 이해해야 할 중요한 문제는 이 시대가 정말로 시작되면 급속한 변화가 일어난다는 점이다. 바퀴가 발명되고 인류가 달에 발을 딛기까지 5,000년이 필요했다(흥미롭게도 인간은 짐 가방에 바퀴를 달기 전에 달에 도착했다). 그러나 2,500년 전만 해도 달까지 이르는 길의 절반도 가지 못했다. 그와는 거리가 한참 멀었다. 우리가 음속의 벽을 부순 것은 인간이 달에 처음 발을 내딛은 때에서 겨우 20년 전이었다. 공기보다 무거운 비행기를 날리겠다고 생각한 것은 불과 60년 전이었다. 바퀴를 발명한 뒤 4,940년 동안 우리는 지구 표면에 굳건히 붙어 있었다. 그로부터 60년 후 우리는 나는 데에서 그치지 않고 달에 갔다가 돌아왔다. 잦은 극적 변혁을 통해 이 네 번째 변화의 시대가 우리에게 달려드는 속도도 그 정도일 것이다. 비행기가 착륙 직전에 대부분의 난류 상태를 경험하는 것과 마찬가지로, 이 시점 이후 우리의 여정도 부침이 심할 것이다.

우리는 앞으로 50년간 우리가 지난 5,000년 동안 보았던 것보다 더 많은 변화를 목격하게 될 것이다. 블라디미르 레닌이 말했듯이 "아무 일도 일어나지 않는 수십 년이 있는가 하면, 수십 년에 걸쳐 일어날 일이 단숨에 벌어지는 몇 주도 있다." 제4의 시대가 동력을 얻으면 인공지능과 로봇공학의 혁신은 점점 더 빨라질 것이다.

수백만 년 전부터 우리는 기술을 이용했고, 10만 년 전부터 언어를 사용했다. 몇천 년 전부터 우리는 우주와 그 안에서 우리가 차지하는 위치에 대한 심오한 질문을 던지기 시작했다. 몇백 년 전부터 과학의 체계를 만들었고, 상상하지 못했던 번영을 일구었다. 몇십 년 전부터 기계 두뇌를 만들기 시작했고, 단 몇 년 전부터 우리는 그런 기계 두뇌의 능력을 높이는 극적이고 새로운 방법들을 배웠다. 바로 지금, 이 순간이 역사의 가장 중요한 변곡점인 듯하다.

지금 우리는 제4시대의 문턱에 도착했다. 그런데 우리가 정확히 어떤 것을 만들었는지, 정확히 어디로 가고 있는지에 대한 합의는 보지 못하고 있다. 지금 우리가 만들고 있는 기술들은 몇 가지 아주 오랜 질문들에 대한 우리의 대답을 재검토할 수밖에 없도록 만들 것이다.

5장
—
인간에게 주어진
3가지 근원적 질문

제4의 시대가 코앞에 와 있는 지금 우리는 로봇, 일자리, 인공지능, 의식이 있는 컴퓨터 등의 문제를 해결할 준비를 해야 한다. 그러려면 먼저 이 장에서 다루는 3가지 근본적인 질문을 생각해보아야 한다. 이 질문들은 앞으로 이 책에서 반복적으로 언급될 것이다. 그것들은 수천 년 동안 우리가 스스로 던져왔던 아주 오래된 질문이기도 하다.

그렇다면 이 질문들이 왜 중요할까? 우리가 논의하려는 많은 것이 이 질문에 영향을 받는다. 여기에는 인공지능이 무엇을 할 수 있을지, 컴퓨터가 의식을 가질 수 있을지, 로봇이 우리의 일자리를 모두 빼앗을 지의 문제들이 포함된다. 이 책에서 기술적 부분을 상세히 다룰 것이라 기대하는 사람이 있을지 모르겠지만 그것은 이런 질문에 접근하는 좋은 방법이 아니다. 의식이 있는 컴퓨터(생각하는 기계들과 인간의 모든 능력을 복제하는 로봇)가 가능하다면, 기술의 점진적인 발전으로 우리는 결국 그런 컴퓨터와 로봇을 만들어낼 것이다. 하지만 실제로 그것이 가능할지는 전적으로 이 3가지 질문에 어떻게 답하느냐에 달려 있다.

그것들은 기술적인 질문이 아닌 철학적인 질문이다. 그래서 반드시 AI나 로봇공학 전문가일 필요는 없다. 역사적으로 이 질문들은 실현 가능성이 없는 일들에 대한 것으로, 주로 학문적으로 접근하면서 늦은 밤 대학 친구들과 논의할 법한 종류의 질문들이었다. 그런데 상황이 바뀌었다! 제4의 시대 여명에서 그들은 갑자기 엄청나게 현실적인 문제들이 되어버렸다. 이 3가지 질문에 대한 대답은 말 그대로 우리의 미래와 운명을 결정할 것이다. 다시 한번 말하자면, 수천 년 동안 그저 추상적이었고 많은 사람과 관련이 없던 철학적 사유가 이제는 우리 시대의 주요 쟁점이 된 것이다. 그 답을 안다면 미래는 훨씬 명확해진다. 심오한 철학적 문제를 다루는 것이 부담스럽게 느껴지는가? 그것들이 선다형 문제라면 조금 위안이 되겠는가?

우주는 무엇으로 이루어져 있는가?

첫 번째 질문은 우주의 구성, 실재의 본질(현실의 속성)에 대한 것이다. 이 질문에 대한 대답은 컴퓨터가 의식을 가질 수 있는가, 진정한 인공지능이 만들어질 수 있는가를 판단하는 데 큰 도움이 된다. 이 질문에 관한 생각 중 가장 주요한 것은 고대 그리스에서 찾을 수 있다. 같은 내용이 중심이 되는 논쟁이 2,500년간 계속되는 상황은 대단히 이례

적이지 않은가? 수천 년이 지났음에도 우리의 추론은 고대 그리스인보다 크게 나아지지 않았다. 따라서 그리스 시대로 돌아가 오래전 그들이 어떤 생각을 했는지 살펴보면서 이 첫 번째 질문에 부딪혀보기로 하자.

우주는 무엇으로 이루어져 있는가? 이 질문에 대해서는 2가지 학설이 있다.

첫 번째는 우주의 모든 것이 단일한 물질, 즉 원자로 이루어져 있다는 것이다. 이것을 일원론monism이라고 한다. 이 말은 '하나'를 뜻하는 그리스어 모노스monos에서 비롯된 것으로, 일원론자들은 우주의 모든 것이 동일한 일련의 물리 법칙의 지배를 받는다고 믿었다. 이 법칙들은 오늘날 우리에게도 대부분 알려져 있다. 우주 안에서는 궁극적으로 물리학으로 정리되지 않는 어떤 일도 벌어지지 않는다. 물리학은 모든 것의 가장 위에 있다. 물리학은 화학을 설명하고, 화학은 생물학을 설명하고, 생물학은 생명을 설명하고, 생명은 의식을 설명한다. 일원론은 유물론이나 물리주의라고도 불리는데, 데모크리토스Democritus는 이 입장을 대표하는 고대 그리스 철학자이다. 존재하는 유일한 것은 물질과 빈 공간이라고 생각한 그는 다른 모든 것을 단순한 의견으로 분류했다. 그는 이렇게 말했다.

관례상 단것은 달고, 쓴 것은 쓰고, 뜨거운 것은 뜨겁고, 차가운 것은 차갑고, 빛깔은 빛깔이다. 하지만 실제로 그들은 원자atom와 허공void이다. 즉 지각하는 대상은 현실로 상정되며 그것을 현실로 여기는 것이 관례이다. 하지만 실제로는 그렇지 않다. 원자와 허공만이 현실이다.

영국의 생물학자이자 현대의 일원론 지지자인 프랜시스 크릭Francis Crick은 "당신, 당신의 행복, 눈물, 당신의 기억, 야망, 정체성, 자유의지에 대한 의식은 사실 신경세포와 그것에 관련된 분자의 방대한 조합으로 이루어진 행동에 지나지 않는다."라는 놀라운 가설을 내놓았다. 대부분의 과학자들이 그의 관점에 동의하며 이를 지극히 당연한 것으로 받아들인다. 하지만 많은 사람을 불안정하게 하는 이 3가지 이유도 이해하고 있다.

첫째, 단순한 인과관계의 세계에는 자유의지를 끌어들이기가 어렵다.

둘째, 그것은 우리가 걸어 다니는 화학적, 전기적 자극의 합 이상은 아니라는 것을 의미한다. 어머니의 말씀과 달리, 당신에게는 전혀 특별할 것이 없다. 당신은 아이폰, 순무, 허리케인과 동일한 기본적인 '대상'일 뿐이다.

셋째, 그런 관점에서는 보편적인 도덕률을 끌어내기가 어렵다. 사람을 죽이는 일과 돌을 박살 내는 일의 도덕적 결과가 크게 다를 것이 없다.

물론 여기에도 그럴듯한 답들이 존재하고, 또 그 답에는 제법 훌륭한 이의가 제기된다. 그리고 바로 여기에서 논쟁이 시작된다.

이원론이라고 알려진 다른 학설이 있다. 이원론자들은 우주에 2가지(혹은 그 이상), 즉 원자도 있지만 다른 것들도 있다고 생각한다. 이런 입장은 정신적인 의미로 해석하고, 일원론을 합리적이고 현대적인 입장으로 보고 싶은 유혹이 있는 것도 사실이다. 신이나 영혼, 귀신, '생명력'을 믿는 사람들이 이원론자인 것은 분명하지만, 이원론의 범위는 대단히 넓어서 영적인 것을 기피하는 여러 입장까지 아우른다. 무신론과 유신론은 신에 국한되어 있지만, 일원론과 이원론은 실재의 본성에 관한 입장이다.

그렇다면 원자 이외의 실체는 무엇일까? 이를 생각하는 방식에는 2가지가 있다. 하나는 물리적인 것과 영적인 것이 있다고 생각하는 것이다. 예를 들어 원자가 있고 영혼이 있다는 식이다. 이것은 종교적인 색채가 짙은 이원론이다. 다른 한 가지는 어떤 종교적 함의도 없으며 우주는 오직 물리적인 것과 정신적인 것으로 이루어져 있다고 생각하는 것이다. 정신적인 것에는 희망과 후회, 사랑과 미움 등이 포함된다. 이런 것들은 두뇌의 물리적 작용으로 유발되기는 하지만 그에 대한 **경험**은 물리적이지 않다. 그 차이는 미묘하지만 중요하다.

이원론을 주장한 고대 그리스인으로는 플라톤이 대표적이다. 세상에는 우리가 원이라고 부르는 것들이 있지만 그것은 **진짜** 원이 아니라는 것이 그의 생각이다. 하지만 완벽한 원의 형태, 이상적인 원이 분명히 존재하며 그 '원형'이야말로 물리 법칙의 지배를 받지 않는 실체이다. 정신을 통해서 철학을 정관함으로써 완벽한 형태가 있는 세상을 만날 수 있다. 고등학교에서 배우는 기하는 어떤 의미에서 플라톤식 이원론의 훈련이다. 기하학적 증거는 완벽한 형태에 의존한다. 하지만 실제로는 진정한 원, 선, 면이 존재하지 않는다. 기하학적 증거는 우리의 현실과 비슷할 뿐이다.

현대의 플라톤주의자들은 이렇게 말할 것이다. "아이디어가 무엇인지 알고 있지 않은가? 그것은 명사이다. 당신에게 아이디어가 **있다**면 그것은 실재하는 것이다." 그렇다면 여기에서 문제가 제기된다. 아이디어는 물리 법칙을 따르는가? 어떤 이들은 그렇다고, 아이디어는 두뇌에 있는 뉴런의 패턴이라고 말할 것이다. 두뇌 안에서 아이디어는 엔트

로피*를 나타낸다. 하지만 어떤 이들은 아니라고, 아이디어는 물리 법칙의 영향을 받지 않는다고 말할 것이다. 아이디어는 어느 시간, 어느 장소에서나 생겨나서 퍼지고 그들의 환경에 영향을 준다. 하지만 아이디어는 물리학의 지배를 받지 않는다.

현대에서 이원론을 가장 잘 표현하는 것은 철학자 프랭크 잭슨Frank Jackson이 만들어낸 '메리의 방Mary's room'이다. 메리는 색에 대한 **모든 것을 아는** 가상의 인물이다. 색의 과학뿐 아니라 광자가 어떻게 눈에 이르는지, 추상체와 간상체는 무엇을 하는지까지 말이다. 그들이 하는 일은 물론이고 원자 상태에서 무슨 일이 일어나는지도 알고 있다. 즉 그녀는 색상에 대해서 알려진 모든 것을 빠짐없이 알고 있다. 하지만 그녀는 흑백의 방에서 흑백 스크린으로 색에 관한 내용을 읽으면서 평생을 보냈다. 그녀는 실제로 색상을 본 적이 없다. 그러나 그녀는 색에 대한 모든 것을 **알고 있다.**

어느 날 그녀가 방에서 나와 처음으로 색을 본다. 이제 중요한 문제가 발생한다. 그녀는 색에 관해 무엇인가 더 알게 되었을까? 색을 본 후에 무엇인가를 배웠을까? 그렇다고 생각한다면, 즉 무엇인가 경험하는 것을 그것에 대해 아는 것과 다르다고 생각한다면 당신은 이원론자이다. 그녀가 **무언가** 새로운 것을 배웠다면 그것은 물리적 세계를, 단순히 그것에 관해 아는 것을 넘어 경험에서 일어나는 어떤 것이 있다는 의미이다. 메리가 색을 처음 보았을 때 색에 대해 무엇을 배웠든 그것은 물리학의 영역 밖에 있는 것이다. 그것은 무엇인가? 그것을 방정식

---

* entropy, 자연 물질이 변형되어 다시 원래의 상태로 환원될 수 없게 되는 현상.

으로 어떻게 표현하겠는가? 그것을 말로는 어떻게 표현하겠는가? 이러한 믿음을 갖고 있다는 것은, 컴퓨터가 할 수 있는 일과 할 수 없는 일이 무엇인지 생각하는 데 큰 영향을 미칠 것이다.

현대의 또 다른 이원론 지지자는 "나는 생각한다, 고로 나는 존재한다."라는 말로 유명한 르네 데카르트이다(우리는 400년 전에 태어난 사람을 현대에 포함시킬 만큼 아주 오래된 문제를 다루고 있다). 데카르트는 모든 것을 의심하는 데서 출발했다. 2 더하기 2는 4인가? 어쩌면 그럴지도 모른다. 시궁쥐는 호박 파이 같은 맛이 날까? 누가 알겠는가? 그는 물질계 전체가 일종의 악마가 그에게 거는 장난일 수도 있다는 생각으로 세상 전체를 의심했다. 이 모든 의심의 결론은 자신이 모든 것을 의심하고 있다는 점 이외에는 아무것도 모른다는 것이다. 따라서 "나는 의심한다. 고로 나는 존재한다."라는 말이라면 그의 최종적인 결론을 더 잘 표현할 수 있을 것이다. 데카르트는 전형적인 이원론자였고 정신을 의식의 근원으로, 두뇌를 단순한 사실이 존재하는 곳으로 보았다. 따라서 그의 견해에서는 의식은 정신적이며 지식은 물리적이다. 두뇌와 정신의 차이는 이후에 탐구할 것이다.

전통적으로 이원론에 맞서는 이들은 이런 질문을 던진다. 물리적인 세계와 정신적인 세계가 존재한다면 그 둘은 어떻게 상호작용할까? 샌드위치를 먹고 싶다는 정신적 욕구가 어떻게 물리적인 몸을 일으켜 샌드위치를 만들게 할까? 갈망이 신체에 영향을 줄 수 있다는 사실은 둘 다 모두 물리적이라는 것을 시사한다. 무슨 골치 아픈 소리인가 싶겠지만 이것은 예를 들어 컴퓨터가 통증을 '느낄' 수 있을까와 같은 문제를 제기할 때 매우 중요한 관련이 있을 것이다. 온도를 감지할 수 있는 컴퓨터가 과연 고통도 경험할 수 있을까?

이제 우리의 첫 번째 질문에 대한 결론을 내려보자. 당신은 일원론자인가, 이원론자인가? (둘 다 아니라고 생각한다면 편의를 위해서 이원론자로 생각하자. 여기서는 당신이 일원론자가 아니라는 것이 중요하다.)

우리는 무엇인가?

다음 질문은 '우리는 정확히 무엇인가'이다. 이것 역시 기계인지, 동물인지, 인간인지 3가지 선택지가 있는 선다형 문제다.

첫 번째, 우리가 '기계'라고 답했을 때를 따져보자. 이 선택지는 가장 단순하고도 간단한 답이다. 우리는 함께 움직여서 어떤 목적을 달성하는 한 무리의 부품들이다. 우리는 동력원과 배기통을 가지고 있으며, 자체 복구가 가능하고 재프로그래밍을 해서 다양한 과제를 처리한다.

이런 선택지를 택한 사람들은 '기계'라는 표현을 경멸하지 말라고 경고한다. 그들의 주장에 따르면 우리가 단순히 기계라고 해도 우리는 지구상에서 아니, 우주에서 가장 놀랍고 강력한 기계다. 당신의 본질은 시계가 달린 라디오와 같을지 모르지만, 당신의 형태는 순전히 학문적인 의미를 제외하고는 그런 비교가 우스꽝스러울 정도로 놀라운 수준이다. 이렇게 믿는 사람들은 우리 몸에서 일어나는 모든 일이 기계론적이라고 주장한다. 의미상으로는 맞는 말이다. 심장이 계속 뛰는 것은 기적도, 마법도 아니다. 우리 몸에서 일어나는 것은 자립적인 화학반응에 불과하다. 두뇌의 비밀(아직 완전히 파악된 것은 아니지만)도 속속 드러나고 있다. 이미 연구실에 있는 촬상 장치로 당신의 생각을 일부 읽을 수 있다. 당신의 원자 하나하나를 복제할 수 있다면, 그 복제품은 당신을 대신해 내일 아침 도시락을 챙겨서 사무실에 출근할 수도 있다. 그리고 당신은 회사 뒷문으로 슬쩍 빠져나와 낚시하러 갈 수 있다. 당신의 복제품이 당신이 할 일을 똑같이 할 테니 말이다. 반대로 당신이 사무실에 갈 것을 알기 때문에 오히려 복제품이 땡땡이치고 낚시를 하러 가지는 않을까?

이런 입장은 철학자 데릭 파핏Derek Parfit의 사고실험을 떠올리게 한다. 당신도 아마 이와 비슷한 생각을 한 번쯤 해보았을 것이다. 미래에는 순간 이동 장치가 있다. 발을 들이면 그 장치가 당신의 세포 하나하나를 스캔해서 고통 없이 당신을 세포 단위로 분리한다. 이 세포에 관한 데이터는 이와 반대되는 일을 하는 비슷한 장치가 있는 화성에 전송되고, 화성의 장치가 모든 면에서 당신과 동일한 세포를 가진 사람을 만든다. 그 사람은 장치 밖으로 나와서 "정말 쉬운데."라고 말한다.

당신이라면 그런 장치에 들어가겠는가? 대다수 사람은 화성에 있는 그 복제품을 자신으로 생각하지 않고 섬뜩한 도플갱어쯤으로 여길 것이다. 이를 인정하지 않는 사람들은 고해상도 3D 스캐너가 잡아낼 수 없는 속성이 무엇인지 정확히 설명해야 할 것이다. 하지만 자신이 기계라고 여기는 사람들에게는 그런 장치가 철학적인 문제를 야기하지 않는다. 순간 이동 장치로 걸어 들어가면 되는데 왜 꼭 막힌 도로에서 시간을 보내야 하느냐고 의문을 갖는 사람들은 인간의 삶도 단순한 기계론적 과정이라고 생각한다. 의식도 마찬가지다. 이들에게는 이 모든 일이 지극히 명백해서 이 문제에 대한 커트 보니것Kurt Vonnegut의 생각을 알아챈다 해도 눈 하나 깜빡하지 않는다.

모든 인간에게 신성한 것은 없다는 결론에 이르렀다. 우리는 모두 기계이다. 내가 품고 있는 신성함은 폰티액*, 쥐덫, 사우스 벤드 레이드**보다 나을 것이 없다.

두 번째 선택지는 우리가 '동물'이라는 것이다. 이 견해는 생물학적 세계와 기계적인 무생물 세계를 완전히 다르게 본다. 생명은 우리를 기계와 구분 짓는다. 우리의 몸이 기계일지는 모르겠지만, '우리'의 존재 자체는 그런 기계에 서식하는 동물이다.

이 선택지를 택한 사람들은 생명에는 전기화학적인 것 이상의 무엇이 있다고 주장한다. 생명이 오로지 전기화학적인 것에 불과하다면, 배터리 몇 개와 발전된 화학실험 용품으로 생명체를 만들 수 있을 테니 말이다. 생명은 생기를 주는 힘이며, 과학을 넘어서지는 못한다 해도 기계를 넘어서는 불가사의한 속성을 가지고 있다. 새로운 별들이 태어나고, 수정은 자라고, 화산은 죽는다. 이런 대상들이 생명의 특성을 보여줌에도 불구하고 우리는 그들이 살아 있다고 생각지 않는다. 기계도 마찬가지다. 생명체와 닮아 있지만, 생명이 없는 것이다.

살아 있는 동물과 생명이 없는 기계 사이의 차이는 당연하고 명백하다. 우리는 기계를 인격화해서 "배터리가 **죽어서** 차가 **출발하려 하질 않**네."라는 식으로 이야기하지만 무참하게 스러져간 배터리의 생명을 애

---

*   Pontiac, GM의 자동차 브랜드.
** South Bend Lathe, 금속 가공 선반의 브랜드명.

도하거나 자동차를 치료하려고 하지는 않는다.

생명은 우리가 완전히 이해하지 못하는 대상이다. 생명이 무엇인가에 대한 합의된 정의조차 없다. 우리가 살아 있어서 동물이고 기계와다르다고 생각하는가? 그렇다면 컴퓨터가 살아 있을 수 있는가? 완전히 기계적인 어떤 것이 생명의 불꽃을 얻을 수 있을까?

마지막 선택지는 우리가 '인간'이라는 것이다. 여기에는 모두가 동의하지만 내가 여기에서 말하고자 하는 것은 그보다 더 나아간 이야기이다. 이 선택지를 택한 사람들은 우리의 몸은 기계이지만, 우리는 당연히 동물처럼 살아 있다고 말한다. 그리고 다른 기계나 동물과 구분되는 무엇인가가 있다고 주장한다. 우리를 완전히 다른 존재로 구분 짓는것 말이다. 우리는 지구상의 최상위 포식자이자 가장 출중한 동물에 불과한 존재가 아니다. 우리는 근본적으로 다른 존재이다. 그렇다면 우리를 다르게 만드는 것은 무엇인가? 많은 사람들은 우리에게 의식이 있고 영혼이 있기 때문이라고 말할 것이다. 우리는 복잡한 도구를 만들어 사용하고, 복잡한 언어를 구사하고 추상적으로 사유하기 때문에 근본적으로 다르다고 말하는 사람들도 있을 것이다. 인간성은 우발적인것, 우리 두뇌의 복잡성에서 나온 부산물인지도 모른다. 아리스토텔레스는 우리를 인간으로 만드는 것은 우리가 '웃는다'는 사실이라고 말했다. 달라이 라마는 이렇게 표현했다. "인간은 기계가 아니다. 우리는 그보다 나은 존재이다. 우리에게는 감정과 경험이 있다. 물질적 위안만으로는 우리를 만족시키지 못한다. 우리에게는 더 깊이 있는 무엇인가가필요하다. 그것은 바로 인간의 정이다."

우리는 식물을 비롯해 지구상의 모든 살아 있는 것들과 엄청난 양의

DNA를 공유하고 있다. 작가 매트 리들리Matt Ridley는 이 심오한 개념을 단 한 문장으로 아주 적절하게 표현했다. "모든 생명은 하나다." 이런 통합의 개념을 넘어 게놈의 99%가 인간과 동일한 동물이 있다. 바로 침팬지이다. 기계이자 인간인 우리와 침팬지는 놀라울 만큼 비슷한데, 차이라고 해봐야 반올림해서 겨우 1% 정도 수준이다. 하지만 다른 렌즈로 보면, 우리는 침팬지와 완전히 다르다. 그 렌즈가 어떤 것이든 그것이 우리를 인간으로 만든다. 동물과 약간의 **차이**가 있다는 사실만으로 우리가 동물이 아니라고 할 수는 없다. 식별 요소들은 우리의 본질적 자아를 변화시키는 것이어야 한다. 예를 들어 인간은 요리하는 유일한 생물이다. 하지만 그런 차이만으로 동물이 아닌 다른 것이 되지는 않는다. 보르네오섬에서 게를 불에 떨어뜨린 다음 되찾아서 먹는 까치를 갑자기 발견한다고 해도 까치에게 '인간성'을 부여하지는 않을 것이기 때문이다. 하지만 같은 까치가 글을 쓰고 5행시를 짓기 시작하면 그 문제를 고려해보아야 할 것이다. 여기에서 '우리를 더 이상 동물이 아니라고 판단할 만한 어떤 것이 존재하는가?'라는 문제가 도출된다.

흥미롭게도 몇몇 그리스인들은 현실 세계를 3개의 범주로 나누기도 했다. 그들은 식물에 영혼이 있다고 생각했다. 식물은 분명히 살아 있으며, 영양분을 흡수하고, 성장하고, 재생산하며 죽기 때문이다. 동물에게는 두 개의 영혼이 있는데, 식물과 같은 영혼 외에 목적의식이 있는 영혼이 하나 더 있다는 것이다. 마지막으로 인간에게는 3개의 영혼이 있다. 식물의 영혼과 동물의 영혼, 사유하는 영혼이다. 인간만이 사유할 수 있기 때문이다. 자, 이제 결정의 시간이 왔다. 우리는 기계인가, 동물인가, 인간인가?

당신의 '자아'는 무엇인가?

이제 마지막 질문에 이르렀다. 당신의 '자아'는 무엇인가? 거울 앞에서 자신의 눈을 바라보면 거울에 비친 나 자신을 인식하게 된다. 당신의 눈에 보이는 것은 무엇인가? 머릿속에서 당신에게 이야기하고 있는 목소리는 무엇인가? "아, 나도 알겠어."라고 말할 때 '나'라는 말이 의미하는 것은 무엇인가?

'자아'가 머릿속에 살고 있다고 느끼는 것은 어떤 생물학적 이유가 아니라, 오늘날 우리가 '나'를 두뇌와 결부시키기 때문이다. 하지만 두뇌로 생각하고 있다는 것을 느낀다는 감각은 아마도 환상일 것이다. 우리가 어떻게 그것을 알 수 있겠는가? 근대에 들어서기 전에 사람들은 두뇌를 신체와 다른 부분이라고 생각한 듯하다. 예를 들어 이집트인들은 미라를 만들 때 내생에 필요하다고 생각해서 사람의 모든 신체 부분을 보존했지만, 뇌는 피를 차갑게 만드는 끈적끈적한 물건일 뿐이라고 여겨 내버렸다고 한다. 아리스토텔레스도 두뇌의 기능에 대해 같은 의견을 가지고 있었다.

다른 문화권에서는 자아가 심장에 살고 있다고 생각해서 인지가 심장(마음, **heart**)에서 일어난다고 믿었다. 우리는 무엇인가를 암기할 때 '마음으로 배운다.'라고 하고 누군가에게 고백할 때 '마음을 다해' 사랑한다고 표현한다. 생명에서 심장이 차지하는 중심적 역할을 고려하면 일리 있는 생각이다.

다른 시대, 다른 장소의 해부학자들은 간이 신체의 다양한 체계에서 맡는 중심적 역할을 파악하고 그곳에 자아가 있다고 보았다. 어떤 것을

'직감적으로' 안다거나 '본능적으로' 반응한다고 하는 등 우리의 말에도 그 자취가 남아 있다.

선택지를 고르기 전에 이 문제를 더 자세히 탐색하고 싶다면 무엇이 당신을 이루는지 자문해보라. 자신의 어린 시절 사진을 봤을 때, 그 사진 속 인물이 어떤 의미에서 나라고 할 수 있는가? 무슨 근거로 아침에 일어났을 때 내가 전날 밤의 나와 같은 사람이라고 할 수 있는가? 기억으로 증명할 수 있을까? 그렇다면 기억상실증인 사람은 더 이상 존재하지 않는 것인가? 물리적 형태의 연속성이 당신을 만드는 것일까? 그런 가능성이 제기될 때마다 테세우스Theseus의 배(그리스 신화에 등장하는 역설) 이야기가 떠오른다. 그 내용을 간략히 소개하면 이렇다.

박물관에 유명한 배가 하나 있다. 수 세기를 거치면서 배의 여러 부분이 부식되어 교체했다. 이런 일이 너무 잦아 결국 처음에 배를 구성하고 있던 요소들이 하나도 남지 않게 되었다. 그렇다면 그것은 이전의 것과 같은 배인가? 문제를 좀 더 복잡하게 만들어보겠다. 부식된 모든 부분이 창고에 보존되어 있고, 누군가가 그 조각들을 다시 이어 붙여서 테세우스의 배 형태를 재연했다고 가정해보자. 그렇다면 우리는 뭐라고 해야 할까? 테세우스의 배는 두 척이 있는 것일까? 이 모든 이야기의 요점은 명백하다. 당신은 살아 있는 테세우스의 배이다. 당신의 세포가 스스로 교체된다는 것을 고려하면 당신은 10년 전의 당신과 같은 상태가 아니다. 그것이 당신일까? 두뇌의 세포가 재생되지 않거나 비교적 적게 재생된다면 당신은 스스로 당신의 두뇌 세포라고 부르고 싶을 것이다. 그렇지만 두뇌 세포는 재생하지 못하는 대신 서로의 관계를 끊임없이 변화시킨다. 그래서 '당신'이 무엇인지 정확히 집어내기는 어렵다.

왜 이 질문이 우리가 다루는 문제에서 중요한 것일까? 당신의 '자아' 가 무엇이든 그것은 의식과 불가분의 관계에 있다. 자아가 없이 의식을 생각하기는 어렵다. 이어지는 장들에서는 컴퓨터가 '자아'를 가질 수 있는지 더 꼼꼼하게 살펴볼 것이다. 그전에 이 마지막 질문의 3가지 선택지를 다시 따져보자. 질문은 이것이었다. 당신의 '자아'는 무엇인가? 여기에 답할 수 있는 선택지는 두뇌의 교활한 트릭, 창발적 정신, 영혼 이렇게 3가지이다.

첫 번째 선택지는 '두뇌의 트릭'이다. 대부분의 뇌과학자들은 이렇게 믿고 있다. 여기에서의 '트릭'은 속임수가 아닌 "머리카락에 붙은 껌을 떼어내는 트릭을 알고 있다."와 같이 영리한 해법을 의미한다.

그렇다면 트릭이란 무엇인가? 트릭은 다시 두 부분으로 나뉜다. 첫째, 당신의 두뇌는 모든 유형의 감각에서 정보를 얻는다. 당신은 눈으로 상(像)을 받아들이고 피부로 온도를 감지하고 귀로 듣는다. 하지만 당신은 그런 식으로 현실을 인지하지 않는다. 그런 다양한 감각 자료를 의식적으로 통합시킬 필요가 없다. 당신의 두뇌는 그런 자료들을 하나의 정신적 경험으로 엮어놓을 수 있는 멋진 트릭을 알고 있다. 두뇌는 자료들을 모두 결합한다. 당신은 장미를 보면서 동시에 장미의 향기를 맡는다. 모습과 향기는 두뇌에서 완전히 다른 부분이지만 그것은 모두 통합된 경험이 된다. 그것이 트릭의 절반이다.

이번에는 나머지 절반에 해당하는 부분이다. 이런 일이 진행됨과 동시에 두뇌의 다양한 부분은 견실하게 각자의 일을 해나간다. 어떤 부분은 위험을 경계하고 다른 부분은 수학을 하면서, 또 다른 부분은 노래 가사를 외우려고 노력하는 등 이런 것들 말이다. 그리고 두뇌는 이 모든 소음을 처리하는 최선의 방법이 한 번에 두뇌의 한 부분만 '발언 권을 갖도록' 하는 것임을 알고 있다. 따라서 커피숍에 홀로 앉아 '루이, 루이Louie, Louie'의 노래 가사를 암기하려는 와중에 일진이 나빠 보이는 회색 곰이 눈에 들어오면 갑자기 위험을 경계하던 두뇌의 한 부분이 "곰이다! 곰이다!" 하고 외치기 시작한다. 두뇌의 그 부분이 발언권을 갖고 무기나 출구를 찾아 공간을 살피면 킹스맨The Kingsmen의 노래 가 사 따위는 잠시 제쳐둔다. 초점을 옮기는 능력은 바로 두뇌 트릭의 나 머지 절반, 두 번째 부분이다. 이렇게 두뇌의 다른 부분들이 교대로 '말' 을 하면 당신의 머리에서는 컴퓨터가 일을 인계받기 전에 뉴욕증권거 래소에서 일어나는 대혼란 같은 불협화음이 흘러나오지 않는다. 그 대 신 질서 정연한 하나의 목소리만 들린다.

기억하려고 노력하던 어떤 것이 몇 시간 후에 갑자기 머리에 떠오르 는 경험을 한 적이 있는가? 그것은 기억하려는 두뇌의 그 부분이 그 일 을 중단하지 않았기 때문이다. 뒷전으로 물러나 있다가 결국 기억이 완 성되었을 때 발언권을 잡는 것이다. 이 전부가 '당신'이다. 당신의 두뇌 는 모든 감각을 종합해서 하나로 표현하고 한 번에 한 부분만이 목소 리를 내도록 한다. 이 2가지가 합쳐져 '당신'이라는 환상을 만들어낸다.

이 과정이 내가 설명한 대로라면, 두뇌의 어느 부분이 당신의 의식 을 관장하는 것처럼 보일 것이다. 그 부분은 누구에게(어떤 부분에) 발언 권을 줄 것인지, 당신이 무엇을 보게 할 것인지 선택한다. 그리고 바로 그 부분이 '당신'이다. 하지만 대부분의 뇌과학자들은 뇌에 그런 부분 은 존재하지 않는다고 생각한다. 두뇌는 자율 규제 체제이다. '당신'을 관리하는 존재는 없다. 큰 칵테일파티라고 생각하면 된다. 여기저기에서 담소가 이어지고 있다. 그러다 갑자기 한 여자가 "내 드레스에 불이 붙었어!"라고 소리를 지르면 그곳에 있던 모든 사람의 시선이 그녀에게 쏠린다. 한 남자가 화병을 집어 들고 꽃을 뽑은 후 그녀에게 물을 붓는다. 한편 다른 손님은 재킷을 벗어서 불을 끄려고 한다. 이 소동이 가라앉을 즈음 다른 누군가가 "저기 밖에 엘비스 아냐?"라고 목소리를 높이면 모든 사람이 밖을 보려고 창가로 다가간다. 이 경우에 책임을 지는 사람은 아무도 없었다. 상황을 지휘하는 사람도 없었고, 각각의 다른 과정들이 주의를 끌었을 뿐이다.

당신의 '자아'를 이런 식으로 보면 당신은 머릿속에서 "여자의 드레스가 불타고 있다."라고 말하는 목소리에 이어 "저 사람이 정말 엘비스일까?"라는 목소리를 듣게 된다. '두뇌의 트릭'이 선택하는 것에 따라 그것이 당신 '자아'의 전부가 되는 것이다.

두 번째 선택지는 당신의 자아가 '창발적 정신'이라는 것이다. 창발emergence은 대단히 흥미로운 현상이다. 간단하게 말해 이는 각각의 사물들이 모여 상호작용할 때, 그 사물들이 모인 하나의 집합(전체)은 각각의 사물들이 가지지 못한 특성을 얻게 되는 현상이다.

인간은 명백히 창발적인 존재이다. 당신은 40조 개의 세포로 이루어져 있다. 그 세포들은 모두 일을 한다. 인간이 결혼하고, 아이를 낳으면서 일상적인 일들을 바삐 할 때 세포도 그 역할을 하다가 죽는다. 그 과정에서 세포들은 당신이 존재한다는 것을 전혀 모르며, 그들이 다른 것의 일부라는 것도 알지 못한다. 당신 그리고 당신의 모든 능력과 속성은 단일 세포가 40조 개로 증식되어 이루어진 것이 아니다. 당신은 단순히 생물학적 과정의 누적 결과가 아니며 개별적 부분들의 단순한 합이 아니다. 40조 개의 세포 중 그 어느 것도 유머 감각을 갖고 있지 않지만 당신에게는 유머 감각이 있다. 각자의 일을 하는 40조 개 세포의 모든 활동에서 생겨나는 '나'가 존재한다. 우리는 그것을 '창발'이라고 부른다. 우리는 그런 일이 일어나고 어떤 면에서 그것이 우주에 동력을 공급한다는 것을 알고 있지만, 그것이 **어떻게** 일어나는지는 알지 못한다.

빛을 내며 창발적 속성을 보이는 커다란 꿀벌이 있다. 그들은 집단으로 모여 아주 명민하게 일한다. 누군가에게 최면을 걸려고 만화에서 항상 사용하는 회전 나선 패턴을 떠올려보라. 또 한 무리의 꿀벌들이 어두운 배 부분을 적시에 돌려서 식사용 접시 크기의 패턴을 만드는 것을 상상해보라. 경기장에서 파도타기 응원을 하는 것과 비슷하게 말이다. 이 반짝이는 패턴은 1초에 몇 차례의 속도로 만들어진다. 꿀벌이 다른 꿀벌의 움직이는 모습을 보고 "이번엔 내 차례군." 하고 생각하는 것이 결코 아니다. 회전하고 또 하면서 말벌이 이 모습에 겁을 먹고 달아나게 만드는 것뿐이다. 이때도 다른 꿀벌들에게 이런 변화를 지시하는 책임을 맡은 꿀벌 따위는 없다.

이번에는 개미 군락을 예로 들어보자. 개미는 벌보다 지능이 떨어지지만, 개미 군락은 보금자리를 만들고, 터널을 파고, 날씨의 변화에 반응하는 등 놀라운 일들을 해낸다. 여기에는 개미들이 해야 하는 다양한 일들이 있다. 각각의 개미는 한 가지 일을 끝내면 다른 일을 맡는다. 후방에 남아 군락을 지키는 개미와 밖으로 나가 식량을 구하는 개미 사이에는 균형이 존재한다. 근처에서 음식을 구할 수 있으면 일부 개미들이 하던 일을 놓아두고 식량을 더 구하는 일에 투입된다. 이때도 역시 책임자 개미는 없다. 여왕개미도 알을 낳는 역할을 할 뿐 책임자는 아니다. 어떤 개미도 다른 개미에게 무슨 일을 하라고 지시하지 않는다. 따라서 군락 **자체**가 창발적 정신을 가진다고 생각할 수 있다.

이 선택지는 이전의 것과는 크게 다르다. '두뇌의 트릭'을 선택한 사람들은 우리가 기본적으로 두뇌의 기능을 이해하고 있고, 두뇌의 기능이 상당히 간단하다고(주의할 점이 많기는 하지만) 믿는다. 당신의 머릿속 목소리는 마이크를 잡은 두뇌의 다른 부분에서 나오는 것일 뿐이다. 반면에 창발적 정신을 선택한 사람들은 당신의 두뇌에서 훨씬 이해하기 힘든 일이 일어나고 있다고 본다. 두뇌의 기본적 부분에서 창발된 당신의 정신은 '두뇌의 트릭'을 따르는 견해처럼 단순하게 설명되지 않는 특질을 띤다. 두뇌를 아주 놀랍기는 하지만 단순한 기계로 보는 견해에 저항이 생기지 않는다면 '두뇌의 트릭'이라는 견해에 가장 마음이 끌릴 것이다. 그런 견해가 창의성을 고려하지 않는 것이 마음에 걸리거나, 지배력을 가진 진짜 자신이 존재한다고 믿고 싶은 사람이라면 창발적 정신 쪽이 더 마음에 들 것이다.

마지막 선택지는 '자아'가 내 영혼이라고 믿는 것이다. 아마 사람들 대부분이 이 견해를 믿는 것 같다. 나는 왜 그렇게 말하는 것일까? 종교적 믿음은 보편적이진 않지만 확실한 기준이다. 여론조사를 해보면 사람들이 압도적인 비율(75% 이상)로 신, 악마, 천국, 지옥, 기적, 영혼을 믿는다는 결과가 나온다. 미국만큼 높은 비율은 아니지만 다른 나라도 마찬가지로 신을 믿는 사람의 비율이 과반수다. 세계적으로 75% 이상이 신을 믿으며, 15%는 불가지론자, 10%는 무신론자이다.

한편, 신의 인도를 받지 않은 다윈의 진화론을 믿는 사람들의 비율은 19%에 불과하며 이 사실은 그들에게 상당한 혼란과 좌절을 유발한다. 인간에게 영혼이 있다는 믿음이나 느낌은 완전히 사적인 경험이다. 경험한 사람에게는 전적으로 현실이지만, 다른 사람에게는 보이지 않는 것이기 때문에 과학이 다루기 어려운 문제이다. 언젠가 과학이 두뇌가(이 장의 앞부분에서 내가 설명한 방식으로) 작동하는지 판단하고 창발에 대해서 더 잘 이해하게 되겠지만, 영혼은 물질세계의 물리학 밖에 존재하기 때문에 과학적 검열을 통과하는 증거의 대상도, 반증의 대상도 아니다. 물론 문제가 될 여지는 없다. 이것을 읽는 거의 모든 사람이 자신에게 영혼이 있는지 이런저런 견해를 가지고 과학적 저널이 내놓는 의견을 기다리고 있지는 않기 때문이다.

그렇다면 당신의 본질적인 '자아'는 무엇인가? 두뇌의 트릭인가? 창발적 속성인가? 당신의 영혼인가? 이런 선택지들이 상호 배타적으로 보이지 않는다는 점을 지적해야겠다. 창발적인 정신을 믿으면서, 두뇌가 한두 가지 근사한 트릭을 갖추고 있으며, 자신에게 영혼이 있다고 믿을 수도 있다. 문제는 그런 것들이 존재하느냐 여부가 아니라 그들 중 어떤 것이 '당신'이냐이다.

II

인공지능이
인간의 미래를
위협한다는 착각

증기 드릴과 겨룬 최초의 사나이, 존 헨리

19세기 민간에 전해지는 이야기를 보면, 존 헨리는 바위에 철제 망치를 박아 넣는, 일명 '돌에 구멍을 내는 사람'으로 묘사된다. 돌에 폭발물을 삽입할 구멍을 내는 일이었는데, 이 폭발물들이 새로운 철도를 놓는 데 방해되는 것을 없애주었다. 존 헨리는 그일을 가장 잘하는 사람이었다. 그런데 어느 날 같은 일을 하는 증기 드릴이 발명되었다. 기계에 일자리를 빼앗기는 것을 용납할 수 없었던 존 헨리는 상사에게 이렇게 말했다. "남자는 남자답게 행동해야죠. 증기 드릴이 나를 이기는 꼴을 보느니 차라리 손에 망치를 들고 죽겠습니다." 이렇게 해서 그는 증기 드릴과 솜씨를 겨루게 되었다. 막상막하의 대결이었지만 결국 존 헨리가 승리했다. 하지만 너무 힘을 쓴 존은 대결이 끝난 직후 그 자리에 쓰러져 손에 망치를 쥔 채 죽음을 맞았다. 모든 사람이 입을 모아말했다. "존 헨리는 남자답게 죽었어."

6장
—
로봇공학의 현주소,
내로우 AI

  인공지능이란 정확히 무엇인가? 다루기 쉬운 문제는 아니지만, 시도는 해보기로 하자. 그러려면 먼저 이 말의 기원을 찾아 거슬러 올라가야 한다.

  인공지능이 실제적인 과학이 되기 시작한 것은 1955년 무렵이다. 다트머스 대학의 수학 교수 존 맥카시John McCarthy는 '인공지능'의 가능성과 한계를 탐구하는 프로젝트를 준비하기로 결심했다. 이 용어는 한 해 전에 그가 만든 것이었다. 그의 목표는 '기계가 언어를 사용하고, 추상적 개념과 관념을 형성하고, 지금은 인간에게 유보된 유형의 문제들을 해결하고 스스로 개선하도록 만드는 방법을 찾는 것'이었다. 그는 이미 생각하는 기계를 구상하고 있었던 4명의 컴퓨터과학자로 팀을 꾸렸다. 그 자신과 마빈 민스키Marvin Minsky, 너대니얼 로체스터Nathaniel

Rochester, 앞서 체스 하는 최초의 컴퓨터 프로그램을 이야기할 때 언급했던 클로드 섀넌이 그들이었다. 그들의 제안서에는 대단히 '낙관적인 (1955년이었다는 것을 고려하면 특히 더)' 예측이 덧붙여 있었다. "신중하게 선정된 과학자들이 여름 동안 이 문제들을 연구한다면 그중 한 가지 이상의 분야에서 상당한 진전을 볼 수 있으리라고 생각한다."

맥카시는 이후 이 개념을 설명하는 데 '인공지능'이라는 용어를 사용한 것을 후회했다. 기준을 너무 높게 설정한 느낌이 들었기 때문이다. 그는 인공지능 대신 '컴퓨터 지능'이라는 말을 썼더라면 좋았겠다고 생각했다. 업계의 많은 사람이 그의 생각에 동의하면서 '인공지능'이라는 용어에 거리를 두려고 한다. 개척이라고 할 만한 AI의 새 영역을 다루는 일을 하는데도 불구하고, 그들의 동기가 사업적으로 보이는 경우가 많기 때문이다.

그러나 나는 '인공'이라는 단어와 '지능'이라는 단어 이 2가지 문제만 제외한다면 '인공지능'이라는 용어가 매우 훌륭하다고 생각한다. '인공'이라는 단어는 2가지 다른 의미를 지니고 있다. 다만 어떤 의미로 쓸지 명확하지 않아 문제가 되는 것이다. 예를 들어 '인공 잔디' 같은 말을 쓸 때 그 '인공'을 뜻하는 것인지, 아니면 인공지능이 함의하는 인간의 진짜 지능이라는 의미로 받아들여야 하는지, 그것도 아니면 '천연'과 같은 말의 반대 의미로 생각해야 하는지 명확하지 않은 것이다. '지능'이라는 말 역시 문제가 된다. 지능이 무엇인지 그 정의에 대한 구체적인 합의가 없어서, 믿을 수 없을 정도로 넓은 범위의 능력이 지능에 속하게 된다.

하지만 "파티에서는 나를 데려온 사람과 춤을 추어야 한다."라는 옛 말이 있듯이 인공지능은 우리를 여기까지 데려온 용어이다. 차이니즈 체커Chinese checker가 중국에서 비롯된 것도, 체커에서 비롯된 것도 아니며 아라비아 숫자가 인도에서 만들어졌고, 코알라 베어가 사실은 곰이 아니라는 것을 고려하면 인공지능이라는 말을 쓰는 것도 문제가 없을 것 같다.

인공지능에 대한 가장 폭넓은 정의는 자료나 환경에 반응하는 기술이다. 예를 들어 비 내리는 양을 알려주는 우적 감지기가 장착된 스프링클러도 일종의 AI로 볼 수 있다. 가장 좁은 의미의 정의는 어떤 환경에서 학습하는 기술이다. 좁은 의미에서 보면, 당신이 좋아하는 방의 온도를 학습하는 온도조절장치는 AI이지만 스프링클러는 AI가 아니다.

그런데(이것은 정말로 중요한 문제이다) 오늘날 사람들이 인공지능을 이야기할 때 여기에는 완전히 다른 2가지 의미가 포함되어 있다. 하나는 '내로우 AInarrow AI'이고 다른 하나는 '제너럴 AIgeneral AI'이다. 현재 우리가 가지고 있는 AI는 약한 인공지능weak AI이라고도 하는 내로우 AI이다. 이것은 우리가 현재 만드는 방법을 알고 있는 유일한 종류의 AI이며 엄청나게 유용하다. 내로우 AI는 특정한 종류의 문제를 풀고 특정한 과제를 수행하는 컴퓨터 능력을 말한다. 제너럴 AI는 강한 AIstrong AI, 인공 일반 지능artificial general intelligence, AGI으로도 불린다. 이 용어는 서로 바꿔서 사용할 수도 있지만, 이 책에서는 지금부터 똑똑하고 재주가 많은 인공지능을 AGI라고 부를 것이다.

로봇 청소기 룸바Roomba, 시리Siri, 자율주행차는 내로우 AI에 의해 움직인다. 식기세척기를 사라지게 만들 수 있는 가상의 로봇도 내로우 AI를 이용할 것이다. 하지만 맥가이버 로봇을 원한다면 거기에는 AGI가 필요하다. 맥가이버는 이전에 고려해보지 못한 상황에 대응해야 하기 때문이다. AGI는 현재 존재하지 않으며 어떻게 만들어야 하는지, 그것이 가능한지에 대한 합의조차 이루어지지 않았다.

지금 당장은 오로지 내로우 AI에 초점을 맞출 것이다. 내로우 AI는 약해보이는 것 같지만 정말로 놀라운 기술이다. 절대로 '쉬운' AI가 아니다. AI에 쏟은 땀과 돈 대부분이 이 내로우 AI에 들어갔다. 지금부터 이 책에서 AI라고 부르는 것은 모두 내로우 AI이다.

AI는 하루에도 몇 번씩 우리 생활에 관여할 정도로 발전했다. AI의 진전은 지난 몇십 년에 걸쳐 몇 차례 위기를 맞았다. 발전이 느리다는 실망감 때문에 기술 투자 역시 메말랐기 때문이다. 이런 투자 가뭄 시기를 'AI 겨울'이라고 한다. 이 기간은 새로운 기술이나 기법이 AI에 대한 열의에 다시 불을 붙일 때까지 지속되었고, 그런 사이클은 몇 차례나 이어졌다. AI는 이제 너무나 많은 영역에서 그 능력을 입증해서 다시는 'AI 겨울'을 맞지는 않을 것 같다. 이런 빠른 진척 덕분에 IBM의 CEO 지니 로메티Ginni Rometty는 2021년까지 "인지 AI가 모든 의사 결정에 영향을 줄 것."이라고 예측했다.

그렇다면 AI는 어떻게 작동하는가? 간추려 말하면, AI를 만드는 방법에는 3가지 다른 접근법이 있다. 농부들에게 언제 파종해야 하는지 알려주는 AI를 만들고 싶다고 가정해보자. 첫 번째 접근법은 '전형적인 AI'이다. 전형적인 AI라고 부르는 이유는 AI 연구 초창기에 과학자들이 가장 효과가 좋다고 생각한 접근법이었기 때문이다. 전형적인 AI는 모든 요소(토양의 유형, 작물, 강우 등)를 면밀하게 생각하고, 이들 요소가 포함된 모델을 구축하고, 그 장단점들을 따져본 후 제안한다.

두 번째 접근법은 '전문가 시스템'이라고 불린다. 전문가 시스템은 최고의 농부 100명을 선정해서 그들이 파종에 대해 알고 있는 모든 규칙을 적게 하는 것이다. 그 규칙들은 누구든지 관련 변수를 입력할 수 있는 방식으로 정리하며, 시스템은 그 규칙들을 기반으로 제안한다.

세 번째 접근법은 '머신 러닝machine learning'이다. 머신 러닝은 사람들이 언제 파종하며 산출량은 얼마인지에 관련된 모든 자료를 취합한 뒤 컴퓨터가 산출을 극대화했던 규칙들을 만들게 하는 과정을 말한다. 머신 러닝에서 까다로운 문제점은 제안이 효과를 가져올 수 있지만, 사람들에게는 이해할 수 없는 제안으로 받아들여질 수 있다는 점이다. 머신 러닝 AI가 "3월 12일에 옥수수를 심으세요." 하고 말했을 때 우리가 "왜?"라고 되묻는다고 가정해보자. 여기에 많은 요인이 작용하고 있다면 답을 알아내기 힘들 것이다.

최근 AI의 발전을 불러온 것은 이 마지막 영역, 즉 머신 러닝의 발전 덕분이다. 보통 '빅 데이터'라고 불리는 거대한 양의 데이터가 강력한 컴퓨터와 정교한 알고리즘과 결합하여 다시 AI에 대한 열기에 불을 붙이고 최근의 성과를 이끌었다.

AI가 발전하는 속도는 더 빨라질 것이다. 칩 디자이너들은 제품의 생산 속도가 무어의 법칙이 예상하는 것보다 더 빠르게 증가할 것이라고 말하고 있다. 양자 컴퓨터는 무어의 법칙에 속도를 더할 것이다. 양자 컴퓨터는 공상과학소설에 나오는 이야기가 아니다. 구글의 하트무트 네벤Hartmut Neven은 양자 컴퓨터만이 AI를 발전시키는 어려운 과제를 수행할 것이고, 지금 우리가 가지고 있는 기계들은 VCR처럼 시대에 뒤떨어진 것들이 될 것이라고 생각하고 있다. 매일같이 생산되는

25억 기가바이트의 깊이 있는 데이터와 향상된 정보처리 역량이 만나 AI를 훈련시키는 데 사용되면, 상상하기 힘들 정도로 빠르게 처리할 수 있는 구성 요소들이 갖추어진다.

이 3가지 기본적 접근법에는 온갖 종류의 이형異形이 있는데 그 각각에는 위와 같은 모델을 만들거나, 전문가에게 묻거나, 데이터를 연구하는 일이 포함된다. 하지만 그 어떤 것도 AI를 실행하는 '최적'의 방법은 아니다. 각각의 문제에는 다른 것에 비해 적합한 접근법이 존재하기 때문이다. 이 3가지 방법 모두가 AI를 만드는 적절한 방법이기는 하지만, AGI를 만드는 데에는 완전히 다른 접근법이 필요할 수도 있다. AGI는 완전히 다른 것을 하려고 하기 때문이다. 달리 말해, 존재하지 않는 문제도 풀 수 있는 AGI를 만드는 일은, 좁게 정의된 문제만 해결할 수 있는 AI를 만드는 일과 철저하게 다를지도 모른다. 아무도 확실하게 아는 사람은 없다. 전문가들도 이 문제에서는 의견이 엇갈린다.

AI는 본래 물질계와 상호작용하는 능력을 주는 기계로 로봇 안에 자리한다. 사실 일부에서는 기술이 실제로 구현되고 세상과 상호작용함으로써 학습할 수 있지 않는 한, AI가 어느 선 이상은 발전할 수 없기 때문에 AI에게 로봇이라는 집은 필수적이라고 말한다. 더 나은 로봇을 만드는 우리의 능력은 새로운 합금, 더 효율적인 배터리와 운동 방법, 더 나은 감지기의 개발과 함께 느리지만 꾸준히 발전하고 있다. 우리가 로봇공학 분야에 다시 관심을 높인 것은 그런 발전들이 우리가 만들고 있는 더 강력한 인공지능과 결합될 것이라는 전망 때문이다. 그 조합이 우리의 물질계에 실제로 존재하고, 실제 세상과 상호작용할 수 있는 AI 로봇을 가져다줄 것이다. 이런 로봇이 우리가 다음으로 살펴볼 대상이다.

7장

—

인간을 도울 것인가, 위협할 것인가?

열 살 때 나는 돌에 구멍을 내는 사람, 존 헨리의 이야기를 알게 되었다. 여름캠프 때 배운 노래를 통해서였는데 어린 나는 그 이야기가 말이 안 된다고 생각했다. 존 헨리는 왜 증기 드릴을 사용하는 일자리를 구하지 않았을까? 그는 그 일에 가장 적격인 사람이었고 보수도 좋았을 테고 일도 훨씬 쉬웠을 텐데 말이다. 바위에 쉽게 구멍을 뚫는 기계를 사용할 수 있는데 왜 직접 에너지를 쏟는 무모한 선택을 했을까? 이런 그의 죽음을 높이 사는 것이 어린 마음에도 터무니없게 여겨졌다. 인간의 근력이 기계의 힘보다 앞선다는 것을 증명하기 위해 목숨까지 잃다니 말이다. 하지만 존 헨리 역시 도구를 사용했다. 죽어가면서도 손에 망치를 쥐고 있었으니까. 그는 왜 증기 드릴에 저항했던 것일까?

벽돌을 보관하는 곳에서 지게차를 쓰려고 하는데, 직접 지게를 지고 벽돌을 옮기던 사람이 지게차를 사용하지 않겠다면서 지게차와 경쟁에 나선다고 생각해보라. 악마 같은 계산기를 사용하느니 계산자를 쥐고 죽는 편을 택하겠다는 수학자가 있다면? 존 헨리의 이야기는 노동력을 아끼는 장치와 인류가 오랫동안 이어온 복잡한 관계를 한 편의 이야기로 압축해서 더없이 효과적으로 보여주고 있다.

로봇이 우리를 위해 일하도록 만들겠다는 욕구는 전혀 새로운 것이 아니다. 굳이 고대 문헌을 살펴보지 않아도 많은 사례를 발견할 수 있다. 아리스토텔레스는 《정치학》에서 다이달로스*가 만든 조각상을 언급했다. 이 조각상들은 계속 움직였기 때문에 돌아다니지 못하도록 사슬로 벽에 묶어놓아야 했다. 호메로스Homeros에 따르면, 헤파이토스**는 혼자서 올림푸스 산을 오르내렸다고 한다. 몇몇 기록에는 이 헤파이스토스가 낮 동안에 프로메테우스의 간을 쪼아 먹는 청동으로 된 기계 독수리를 만들었다고 한다. 아리스토텔레스는 이 책에서 인간이 자신들 대신 모든 일을 할 수 있는 장치를 발명한다면 노예제도가 사라질 것이라고 말했다. 그러나 지금 우리는 기술이 노동자에 대한 수요를 없앨 것인가 하는 질문을 안고 있다.

전 세계 고대신화에는 인조인간들이 넘쳐난다. 크레타섬을 수호하는 청동 인간 탈로스Talos도 그중 하나이다. 그들에게 생기를 불어넣는 것은 기계장치가 아닌 마법으로, 그들의 인조 신체는 의지로 채워져 있으며 특정한 과제에 맞게 만들어져 있다.

---

*   Daedalus, 미노스 왕의 미궁(迷宮) 라비린토스를 만든 전설적인 장인.
**   Hephaestus, 그리스 신화의 올림포스 12신 중 하나. 야금술, 금속공예, 수공업, 조각 등을 관장하는 대장장이 신.

과학의 시대에 들어서자 대중문화에 등장하는 로봇들은 더 이상 마법으로 움직이지 않고 점차 현대적인 수단을 통해 동력을 얻게 되었다. 메리 셸리Mary Shelley가 쓴 소설《프랑켄슈타인》에서 이 로봇은 금속이 아닌 인간의 신체로 만들어졌고 과학을 통해 생명을 얻었다.

현대로 오면서 상황은 더욱 흥미로워졌다. 1859년 다윈의《종의 기원》이 출간되고 이것이 뉴질랜드에 있는 목양업자 겸 작가 새뮤얼 버틀러Samuel Butler의 손에 들어갔다. 그는 촛불 아래에서 이 책을 탐독하면서, 다윈의 이론을 기계에 적용하면 건초도 진화해서 의식을 갖고 지구상에서 인간을 대체하지 않을까 하는 생각을 했다. 그가 〈프레스〉 편집인에게 1863년에 보낸 '기계들 사이의 다윈'이라는 제목의 편지를 보면, 이런 가능성에 흠뻑 도취되어 있는 모습을 엿볼 수 있다.

> 궁금한 점이 있어서 문의드립니다. 어떤 종류의 생물이 인간 다음으로 지구의 패권을 물려받게 될까요? 우리는 우리 손으로 우리의 후계자를 만들고 있는 것 같습니다. 세월이 흐르면 우리 자신은 열등한 종이 될 것 같습니다. 힘과 자제력이라는 덕성 면에서 열등한 우리는, 그들을 가장 현명한 최고의 인간도 감히 목표로 삼지 못할 절정에 있다며 떠받들게 될 것입니다. 어떤 사악한 열정도, 질투도, 탐욕도, 불결한 욕망도 그 영예로운 생물이 가진 청량한 힘을 방해하지 못할 것입니다.

이런 결과의 바람직함에 대해 버틀러와 이야기를 나누고 싶을 정도이다. "악덕이 없는 사람은 미덕도 없다."라는 에이브러험 링컨의 말을 인용하는 것으로 대화를 시작할 수 있을 것이다. 단점도 없고 불결한 욕망도 없는 기계는 고결함이나 연민도 없다.

1872년 새뮤얼 버틀러는 《에레혼》이라는 소설을 발표했다. 소설에서 그는 자신의 생각을 한층 넓혀갔다. 이 소설은 기계의 지배를 피하고 싶다면 의지할 수 있는 수단은 단 한 가지라는 결론을 내린다. 그들 모두를 마지막 하나까지 남김없이 없애는 것이다.

20세기까지 로봇은 전적으로 과학의 산물이었다. 로봇이라는 말은 노예를 뜻하는 슬라브어에서 비롯된 것으로, 체코 출신의 작가 카렐 차페크Karel Capek가 1920년 《R. U. R》*이라는 자신의 희곡에서 만들어 냈다. R. U. R이란 '로숨의 만능 로봇Rossum's Universal Robots'을 의미한다. 이 희곡에서 로봇을 발명한 해리 도민Harry Domin이라는 인물은 지금 기술 낙관론자들이 한 세기 후에 한 예측과 비슷한 예측을 한다.

10년 내에 로숨의 만능 로봇들이 더 많은 옥수수와 더 많은 옷감, 더 많은 모든 것을 생산할 것이며 따라서 모든 것의 가격이 사실상 0이 될 것이다. 그렇게 되면 가난이 없어질 것이며 모든 일은 살아 있는 기계들이 하게 될 것이다. 결국 모든 사람들은 걱정에서 해방되고, 노동이라는 수모에서 자유로워질 것이다. 그리고 오로지 스스로를 완성하기 위해 살아갈 것이다.

이 희곡 속 로봇들은 생화학을 이용해서 제조되었고, 인간이 하고 싶어 하지 않는 힘들고 단조로운 일들을 가리지 않고 수행하도록 고안되

---

* 국내에서는 《로봇: 로숨의 유니버설 로봇》으로 출간.

었다. 그들의 영혼은 이런 일 때문에 손상되지 않는다. 그들은 어떤 종류의 영혼이나 감정, 열정도 없이 만들어졌기 때문이다. 결국 인간은 어떤 일도 하지 않게 되고 로봇이 모든 것을 한다. 로봇이 마침내 세상을 장악하고 모든 인간을 죽이기로 결심할 때까지 말이다.

현대의 이야기에서 대부분의 로봇은 인간의 조력자나 그들을 돋보이게 하는 재미있는 조연의 역할을 했다. '블레이드 러너'의 복제 인간들과 모두가 좋아하는 프로토콜 안드로이드 C-3PO에 이르기까지 로봇은 어떤 역할이든 해내는 픽션의 대들보이다. 당신은 '우주 가족 젯슨The Jetsons'의 집에 하녀 로봇 로지Rosie가 있었던 것을 기억할 것이다. 흥미로운 점은 1962년에 만들어진 그 프로그램의 배경은 2062년으로, 지금 우리는 작품이 만들어진 당시보다 배경이 되는 시대에 더 가까워졌다. 하지만 아직 로지가 나타날 기미는 보이지 않는다. 그렇긴 해도 우리가 지금 가지고 있는 로봇들은 어떤 면에서 로지보다 더 놀랍다. 우리는 인간의 손으로 만들 수 없는 수천 가지의 것들에 의지하며 그것을 즐기고 있다. 컴퓨터에 있는 CPU가 하나의 예다. 로봇이 우리를 위해 하는 많은 일들은 로봇이 아니었다면 이루지 못했을 일들이다. 인간의 능력을 뛰어넘는 일이기 때문이다.

로봇에 대한 우리의 욕구 때문에 우리는 오랫동안 3D에 속하는 일, 즉 더럽고dirty, 위험하고dangerous, 지루한dull 일을 하는 로봇을 만들었다. 여기에 또 다른 4D, 환영받지 못하는disliked, 모욕적인demeaning, 진이 빠지는draining, 혐오스러운detestable을 추가할 수 있다. 우리는 이런 일들을 꺼리지 않고 하는 로봇들에게 모두 맡기고 싶어 한다.

어떤 이들은 모든 일을 로봇에게 넘기기를 원한다. 이런 미래에서는 공장이 스스로 돌아가고 생활에 필요한 모든 것이 사람의 노동력을 전혀 빌리지 않고도 이루어진다. 이런 세상에서는 기술에 의해서 많은 부가 창출되어 '살기 위해 일한다'라는 개념이 더 의미를 갖지 못하고 오래전부터 해오던 일과 생존의 관계가 깨질 것이다.

많은 사람들은 우리가 우리의 일상생활을 돕고 우리의 조력자가 될 로봇을 만들게 될 것이라고 기대하고 있다. 일본의 도요타는 수명이 길어지고 출생률이 낮아짐에 따라, 인간 간병인의 부족 현상이 초래될 것을 예상하고 노인을 돕는 로봇을 만드는 데 수십억 달러를 투자하고 있다. 소니는 인간의 감정에 공감하는 로봇을 만드는 일에 매달리고 있다. 이러한 장치들은 사람들에게 자급자족의 능력을 부여함으로써 인간의 존엄성을 강화할 수 있다. 재난을 겪는 지역에 배치해 사용할 수 있는 재난 구조 로봇에 기대를 거는 사람들도 있다.

그렇다면 우리가 로봇에 대해 갖는 두려움에는 어떤 것이 있을까? 주된 두려움은 로봇이 인력시장에서 우리와 경쟁하고 일자리를 빼앗는 것이다. 지금까지 로봇은 인간을 단순한 일에서 해방시켜 더 복잡하고 가치 있는 일을 하게 하는, 경제적으로 요긴한 존재로 받아들여졌다. 하지만 그런 식으로 계속 진행되면 마지막에 어떤 일이 일어날까? 로봇이 대부분의 일을 인간보다 더 잘하게 될 때는 어떤 일이 일어날까?

제조업의 본질적 특성으로 인해 상황은 악화될 것이다. 시간이 흐르면 생산되는 물건의 질이 좋아지면서 가격은 떨어진다. 따라서 로봇도 더 발전하고 가격은 더 싸질 것이다. 어느 시점에는 로봇의 노동이 인간의 노동보다 비용은 적되 질은 높아지게 될 것이다. 우리가 두려워하는 것이 바로 이런 상황이다. 그렇다면 비숙련 노동자들은 노동시장에서 영원히 진입하지 못하게 되는 것일까? 패스트푸드 로봇의 가격이 1만 달러라면 회사는 과연 인간에게 시급 15달러(혹은 10달러, 얼마가 되었든 최저 시급)를 지급하는 편을 택할까? 막대한 규모로 이루어지는 이런 유형의 퇴출은 경제력이 노동으로부터 로봇을 소유한 사람들에게로 이동하는 극적인 양상의 표본이 되는 것일까?

광범위하게 퍼져 있는 또 다른 두려움은 애니메이션 영화 '월-E'에서와 같은 미래에 벌어질 일에 대한 가능성이다. 그런 세상에서 우리는 더 이상 일할 필요가 없어지면서 영원히 활동하지 않게 될 것이다. 우리의 두뇌까지 위축될 것이다. 기계가 모든 일을 할 뿐 아니라 스스로 유지, 보수하는 일까지 하기 때문이다.

어떤 이들은 인간이 로봇과 정서적으로 강한 애착 관계를 형성해서 그것이 인간들 사이의 유대를 대체하게 되지 않을까 염려한다. 할머니를 보살피는 친절하고 세심한 도우미 로봇이 있다면, 우리가 꼭 할머니를 뵈러 가서 챙길 필요가 없을 것이다. 로봇 동반자는 실제 배우자의 적합한 대체물이 될 수 있을 것이고, 로봇 친구들은 여러 친구들보다 믿음직할지도 모른다. 하지만 이런 공포를 모든 사람이 느끼지는 않는다. 오히려 적지 않은 사람들이 이런 미래가 하루빨리 펼쳐져서 우리가 로봇들과 상호작용하게 되기를 기대한다.

물론 가장 궁극적인 두려움은 로봇의 반란이다. 분명 우스갯소리로 하는 이야기지만, 로봇 자체가 인간의 악의나 기술적 오류 또는 예기치 않은 창발적 행동을 통해 적이 되는 여러 가지 시나리오가 있다. 현재 전 세계의 군대가 점점 더 나은 살인 로봇을 만들기 위해 노력하고 있는 것도 사실이다.

8장

—

맥락과 창의성을
학습할 수 있는가?

내로우 AI와 실제 로봇의 조합은 단순히 둘을 합친 것보다 큰 효과를 낸다. 이 둘이 결합되면 독자적으로 행동할 수 있는 똑똑한 대리인이 생긴다. 기대도 두려움도 여기서부터 시작된다. 로봇 기술자들은 내로우 AI를 탑재한 점점 더 많은 로봇을 만들고 배치하기 시작했다. 이런 로봇을 처음 본 사람들은 대부분 그들을 어떻게 받아들여야 할지 확신을 갖지 못한다. 새로운 기술이기 때문에 그 한계를 알 수 없고, 따라서 그것이 초래할 결과도 파악할 수 없다. 우리는 이런 장치들이 궁극적으로 어떤 일을 할 수 있게 될지 알지 못한다.

이 기술과 관련된 기대나 두려움, 궁금증은 장래에 그들로 인해 일어날 일에 뿌리를 두고 있다. 우리가 이룬 AI와 로봇공학에서의 엄청난 진전에도 불구하고, 이런 기술과 일상적으로 상호작용을 하는 사람들

눈에 이들의 두드러진 결점들이 확연하게 들어오는 것도 앞날을 알 수 없기 때문이다. 그럼 이들이 가진 단점은 무엇일까.

AI 로봇의 첫 번째 문제는 시각이다. 로봇에 좋은 카메라를 장착할 수는 있다. 하지만 그것은 단순히 데이터만 제공할 뿐이다. 로봇이 그 모든 자료를 정리해야 한다. 예를 들어 찬장 문을 열면 우리는 여러 가지 물건이 쌓여 있다고 인식하지만 로봇은 픽셀로만 인식한다. 수백만 가지 빛과 색으로 이루어진 만화경을 보는 것과 마찬가지다. 로봇은 무엇이 상자인지, 선반인지, 모서리인지 알지 못한다. 미분화된 점들만 잔뜩 볼 뿐이다. 그럼 로봇이 이것을 어떻게 이해할 수 있을까? 많은 자료 가운데서 어떻게 하면 "저게 돼지고기와 콩으로 된 통조림이구나." 하고 알 수 있을까? 대단히 어려운 일이다. 찬장을 들여다볼 때 우리의 머릿속에는 복잡한 많은 것들이 떠오른다. 두뇌가 그런 자료들을 정리하는 기적 같은 방법을 설명하려면, 다각형과 원뿔과 층에 대한 여러 장의 과학기술 용어가 필요하다. 집의 건축양식을 알아보고, 날고 있는 비둘기를 알아보고, 쌍둥이를 구분하는 것 같은 일을 별다른 노력 없이 해내는 당신의 능력은 AI 프로그래머들이 꿈꾸는 경지에 있다.

만일 당신이 이 문제를 해결했다고 가정해보자. 이제 로봇은 찬장 안에 있는 모든 물건을 인식할 수 있다(물론 현재로는 그 근처에도 이르지 못했지만, 그런 능력을 갖추게 되었다고 상상하기로 하자). 그래도 그들은 자신들이 '보는' 것을 전혀 **이해**하지 못한다. 로봇에게는 맥락을 이해하는 능력이 없기 때문이다. 운전하고 가는 길에 강아지가 있고, 아기가 강아지를 향해 걸어오고 있고, 성인 여자가 아기를 향해 미친 듯이 달리고 있는 것을 보면 우리는 어렵지 않게 그들을 조합해서 상황을 파악한다. 하지만 컴퓨터가 볼 때 그것은 색상이 변화하는 픽셀 무더기일 뿐이다. 다시 말해 그것은 0과 1로 이루어진 숫자 무더기에 불과하다는 것이다. 주어진 사진에서 어떤 일이 일어나고 있는지 알아내는 것이 우리에게 얼마나 쉬운지 생각해보라. "춤을 추는 사진이구나.", "깜짝 파티를 위해 사람들이 숨어 있네요.", "부모님이 졸업 파티에서 찍은 사진이군." "피아노 연주회, 학예회, 세례식 사진이네." 사진을 보고 이렇게 쉽게 알 수 있는 것은 우리가 그것을 해독할 수 있는 문화적 배경을 갖추고 있기 때문이다.

이제 이론상 컴퓨터도 같은 일을 하도록 **훈련시킬** 수 있다고 가정해보자. 컴퓨터에 춤추는 사진을 충분히 보여주면 컴퓨터는 그 춤을 인지하는 데 능숙해질 것이다. 사실 인간보다 더 나을지도 모른다. 삶이 이런 정지된 사진으로만 이루어져 있다면 말이다. 하지만 삶은 동적이다. 맥락은 이런 일련의 정지된 이미지들 사이에서 발생하는 차이 때문에 생겨나며, 거기에는 셀 수 없이 많은 변형이 일어난다. 그러나 이런 종류의 정보를 교육시킬 만한 방법은 얼마 되지 않는다.

당신은 이웃에 사는 젊은 부부가 지나쳐 가는 걸 본다. 남편과 만삭의 아내가 차로 급히 가고 있는데, 아내는 배를 부여잡고 있고 짐 가방을 든 남편은 걱정스러운 표정이다. 이런 장면을 보면 당신은 쉽게 무슨 일이 일어나고 있는지 알아차린다. 그러나 컴퓨터는 쉽게 이해하지 못한다. 조금 더 어려운 상황을 예로 들어보겠다. 당신은 이웃집 부부가 황급히 나가는 것을 보지 못했고, 오늘은 그들이 집에서 나가고 이틀이 지난 시점이다. 그러나 그 집 마당에 신문이 2개 놓여 있고 차가 없는 것을 발견하면 당신은 무슨 일이 일어났는지 바로 짐작한다. 고민

할 필요도 없다. 당신은 건성으로 아내에게 "여보, 옆집 애가 태어났나 봐." 하고 말을 건넨다.

곧 열여섯 살이 되는 아들을 둔 또 다른 이웃집이 있다. 그 아이가 집마다 다니며 잔디를 깎으라고 권한다면 당신은 아이가 차를 사고 싶어 한다고 추리할 수 있다. 이런 직관적 도약을 할 수 있도록 컴퓨터를 훈련시키는 것은 대단히 어려운 과제이다.

AI를 훈련시켜서 춤, 임신한 아내, 열여섯 살 소년으로부터 문맥상의 단서를 끌어낼 수 있게 만들었다고 가정하자. 하지만 상황은 크게 나아지지 않는다. AI는 오로지 그 일들만 할 수 있기 때문이다. 우리는 학습을 전이시키는 법을 어떻게 가르치는지 모른다. 학습을 전이시킨다는 것이 무슨 말일까?

내가 당신에게 물건 하나를 보여준다. 약 30cm 높이의 작은 매 조각상이다. 그 후 내가 당신에게 12장의 사진을 보여주고 그중에서 매를 찾으라고 하면 당신은 어떤 어려움도 없이 매의 사진을 찾아낼 것이다. 매가 나무에 가려지거나, 물속에 있거나, 거꾸로 있거나, 옆으로 누워 있거나, 머리에 땅콩버터가 범벅이 되어 있어서 명확히 보이지 않을 경우에도 말이다. 머리에 땅콩버터가 범벅이 된 매의 조각상을 본 적이 없어도 여전히 매를 찾아낼 수 있는 까닭은 물건에 가려져 있거나, 물속에 있거나, 땅콩버터 같은 물질로 뒤덮여서 명확지 않은 물건들을 보아온 일생의 경험을 통해 얻은 지식을 새로운 과제에 적용하기 때문이다. 이것이 전이 학습transfer learning이다. 우리는 컴퓨터에 이 방법을 가르치기는커녕 우리가 어떻게 이렇게 할 수 있는지조차 알지 못한다.

우리가 이 문제도 해결했다고 가정하자(해결한 적도 없고 빠른 시간 안에 해결할 수 있을 것 같지도 않지만, 어쨌든 우리가 문제를 해결했고 AI가 한 영역에서 배운 것을 다른 곳에 적용할 수 있게 되었다고 상상하는 것이다). 그래도 여전히 갈 길이 멀다. AI는 임시변통하는 법을 모르기 때문이다. 기술이 어떤 단계에 있든 모든 사람은 기계와는 거리가 먼 방식으로 임시변통할 수 있다. 예를 들어 우리가 문을 열려고 손잡이를 잡았는데 갑자기 그것이 떨어졌다. 생각지도 못한 상황에 당황할 수는 있지만, 그렇다고 어떻게 해야 할지 몰라 마냥 그 자리에 얼어붙어 있지는 않을 것이다. 우리는 문을 열 방법을 알아내려고 노력할 것이고 결국 방법을 찾아낼 것이기 때문이다. 마찬가지로 거센 바람이 불어서 우산이 날아가면 우리는 어떻게 하라고 배운 적이 없어도 우산을 쫓아갈 것이다. 반면에 컴퓨터는 볼 수 있고, 자신이 본 것을 이해할 수 있고, 거기에서 맥락을 유추할 수 있고, 그것을 다른 영역에서 사용할 수 있더라도 창의적이지 못하다. 우리는 AI가 하는 것처럼 세상을 수동적으로만 받아들이지 않는다. 우리는 전이 학습을 뛰어넘는 방식으로 반응한다.

이들 외에도 우리가 고려해야 할 감각은 4가지가 더 있다. 청각을 예로 들어보자. 우리는 매우 발달된 현대에 살고 있다. 그런데도 항공사에 전화를 걸어 내가 자주 타는 비행편을 말할 경우, 자동 시스템 기계는 두 번 중 한 번은 내 말을 잘못 알아듣는다. 발화를 인식하는 것은 대단히 어려운 문제로 밝혀졌다. 대부분 언어에서 사람이 말하는 문자나 숫자가 몇십 개밖에 없는데도 말이다. 지역에 따른 억양이나 어조의 차이를 고려하면, 컴퓨터가 듣기에 당신이 발음하는 'H'는 내가 발음하는 'eight(8)'과 아주 흡사하다. 전화에 잡음이 섞였거나, 누군가 아래층에서 진공청소기를 돌리거나, 말하는 사람이 감기에 걸린 경우라면 문제는 더 심각해진다. 이번에도 역시 문제는 데이터가 아니다. 데이터의 처리가 문제인 것이다. 진공청소기의 소음을 분리하는 것은 정말로 어려운 문제이다. 우리는 특정한 소리를 무시하는 요령을 알고 있지만, 우리가 어떻게 그런 일을 하는지는 알지 못한다. 그러므로 AI에게 그런 능력을 갖추게 할 방법도 당연히 알지 못한다.

이런 많은 한계에도 불구하고 초기 AI는 이미 우리에게 수천 가지 혜택을 주고 있다. AI는 길을 알려주고, 스팸을 걸러내고, 날씨를 예보하고, 당신이 살 만한 물건을 추천하고, 신용카드 사기를 알아낸다. 스마트 카메라는 AI를 이용해서 얼굴을 인식하고, 스포츠팀은 AI를 이용해서 전략을 개선하고, 인사팀은 AI를 이용해서 구직자들을 선별한다. AI는 손으로 쓴 글씨를 읽고, 말을 글로 바꾸고, 말과 글을 다른 언어로 바꾼다. 하지만 이 모든 과제는 순전히 계산 활동이다. 가공되지 않은 무질서한 데이터라도 많은 데이터가 있는 영역이라면 AI가 탁월한 능력을 발휘할 수 있다. 예를 들어 곧 AI는 우리가 가진 인공위성 데이터를 이용해 고고학자들이 발굴해야 할 고대 도시를 찾고, 야생 동물의 개체수를 확인하고, 식물의 생장을 모니터할 것이다. 이후 모든 교통 정보를 이용해서 우리가 더 효율적인 도로를 건설하고, 신호등을 효과적으로 관리하고, 사고를 줄이도록 도와줄 것이다. 혜택의 목록은 끝이 없다.

〈와이어드〉의 창립자이자 편집장인 케빈 켈리Kevin Kelly는 트위터에서 이 상황을 이렇게 요약했다. "차세대 1만 신생 기업의 사업 계획을 예측하는 것은 아주 쉬운 일이다. 계획하는 과정 어딘가에 AI를 추가하면 된다."

AI가 모든 일을 할 수 있음에도 동시에 앞에서 언급한 한계들을 가지는 이유는 무엇일까? AI는 한 번에 한 가지 일만 할 수 있기 때문이다. AI가 체스를 하거나 스팸 메일을 찾아내기 원한다면 AI에게 그런 간단한 일들을 가르치면 된다. 일반화, 맥락화, 창의력 등은 요구되지 않는 그런 일 말이다. 지금 우리가 잘할 수 있는 일은 그것이다. 그래서 지금의 AI가 내로우 AI라고 불리는 것이다.

2장에서 우리는 노동의 분배가 가지는 이점에 대해 이야기했다. 노동의 분배는 문명과 번영을 가능하게 만들었지만, 거기에는 아이러니한 결과도 뒤따랐다. 노동의 분배는 누군가가 한 가지 기술을 집중 연마하면 전체적으로 부가 늘어난다는 것을 가르쳐주었다. 이것은 제조업뿐 아니라 어디에나 해당한다. 당신이 변호사라고 가정해보자. 당신은 다방면에 박식하다. 돈도 많이 번다. 그런데 수임료를 더 올리고 싶다면 어떻게 해야 할까? 아마도 저작권 같은 쪽으로 특화해야 할 것이다. 거기에서 그치지 않고 영역을 더 전문화해야 한다. 하지만 그렇게 함으로써 당신은 직업적 파멸의 씨앗을 뿌리고 있는 것이다. 얄궂게도, 당신이 특화하면 할수록 기계가 당신의 일을 대체하기 쉬워진다.

당신은 점점 좁은 영역에서 전문적 능력을 키워갈수록, 그 지식을 컴퓨터 프로그램에 그대로 옮기는 것이 더 쉬워진다. 수렵 채집인은 전문가보다 컴퓨터로 대체하기가 힘들다. 그들은 한 가지 일만 하지 않기 때문이다.

텔레비전 퀴즈 쇼 '제퍼디!'에서 IBM의 AI인 왓슨Watson에 패한 것으로 유명한 최장기 우승자 켄 제닝스Ken Jennings는 대결 내내 IBM의 전문가들이 '켄 제닝스'에게 점점 가까워지는 왓슨의 진전 추이를 보여주는 선 그래프를 점검하고 있었다고 말했다. 제능스는 TED 강연에서 그것이 어떤 느낌이었는지 설명했다.

"저는 그 선이 제게로 가까워지는 것을 보고 있었습니다. 그때 바로 이거라는 생각이 들었죠. 미래가 우리에게 다가오는 모습은 이와 같을 겁니다. 터미네이터의 사격 조준 장치가 아닙니다. 그것은 당신이 할 수 있는 일, 당신을 특별하게 만들어주는 일, 당신이 가장 잘하는 일에 점점 가까워지는 작은 선인 거죠."

지금까지 우리는 AI 로봇의 인지 기술적 문제를 탐구했을 뿐이다. 이제 그만큼 만만찮은 물리적 문제들을 살펴보자. 물리적 세계는 AI 로봇에게 어려운 무대이다. 공장같이 제한적인 환경 안에서 순전히 반복적인 작업만을 수행하지 않는 한 말이다. 그런 환경에서는 로봇이 엄청난 능력을 발휘한다. 우표 크기의 컴퓨터 칩에 10억 개의 트랜지스터를 납땜할 수 있는 사람은 없다. 하지만 로봇은 이런 일을 할 수 있다. 우리가 일상에서 사용하는 물건들을 만드는 로봇이 없다면, 우리는 1950년대의 기술로 잘해야 1950년대의 경제를 구동하면서 1950년대의 생활수준을 영위할 수밖에 없다. 로봇 덕에 지금 우리는 풍요와 편리함을 누리고 있는 셈이니 로봇에게 감사 인사라도 해야 할 상황이다.

하지만 우리가 지금 가지고 있는 모든 기술로는 성인 인간보다 나은 로봇은 물론이고, 세 살짜리 아이의 신체적 기량을 가진 로봇을 만들수도 없다. 최근 상당한 발전을 이루었지만 사실 공장 이외의 영역에서는 여전히 로봇은 신기한 물건일 뿐 운동, 감지, 환경 대응을 비롯한 여러 부분에서 수많은 문제를 안고 있다. 로봇공학자 에리코 구이조Erico Guizzo는 로봇 기술의 수준을 이렇게 요약하고 있다.

수십 년간 많은 사람이 인간과 흡사한 휴머노이드 로봇을 만드는 데 매진해왔다. 하지만 로봇의 팔과 다리를 움직이는 데 필요한 전기 모터는 너무 크고, 너무 무겁고, 너무 느리다. 오늘날 가장 발전한 휴머노이드 로봇조차 아직도 사람들 주변에서 움직이는 것이 안전하지 못한 거대한 금속 덩어리에 불과하다.

로봇이 가진 첫 번째 문제는 스스로 어디에 있는지 알아내는 것이 대단히 힘들다는 점이다. 이것은 감지의 문제이자 AI의 문제다. 로봇공학자들은 이 일을 해결할 가장 좋은 방법을 아직 찾아내지 못했다. 장소를 인지하는 것은 상황에 따라 달라지는 문제다. 로봇에게는 지금 자기가 있는 곳의 지도를 만든 다음 어디에 있는지 지도에 지목하라는 과제가 자주 주어진다. 우리는 쉽게 하는 일이기 때문에 어려운 과제라고 생각하지 않는다. 하지만 로봇의 관점에서 그 문제를 생각해보라. 방 안에 로봇을 가져다 뒀다고 하자. 로봇은 일단 방 안에 있는 의자와 발 받침대를 '본다.' 의자와 발 받침대는 옮길 수 있는 것들이지만 그 자리에 고정해둔다. 하지만 로봇은 이것이 움직일 수 있다는 것도, 고정되어 있다는 것도 인지하지 못한다. 또 1분 전보다 이 사물들과 가까워져도 의자가 움직인 것인지 자신이 움직인 것인지 알지 못한다. 따라서 로봇은 계속해서 지도를 다시 그려야 한다. 지도를 만들고 자신이 어디에 있는지 지목하는 것을 위치측정 및 동시지도화(simultaneous localization and mapping, 혹은 자기위치추정기법, SLAM)라고 부른다. 결코 해결할 수 없는 난제는 아니지만, 로봇공학자의 일을 어렵게 만드는 또 하나의 문제인 것만은 분명하다.

로봇에 동력을 공급하는 것도 문제이다. 배터리를 이용해 이동할 경우에는 특히 그렇다. 이 문제를 해결하기까지는 갈 길이 멀다. 한 가지 사례를 제시하자면, 2016년 러시아는 AI를 이용하는 로봇을 만들었다. 프로모봇Promobot이라는 이름을 가진 이 로봇은 자율 구동을 하도록 프로그램되었다. 프로모봇은 실험 시설을 빠져나가 약 50m를 이동했지만 길 한복판에서 전력이 바닥나는 바람에 30분 동안 교통을 마비시켰다. 로봇 반란을 일으키기에는 턱없이 부족하다.

로봇이 직면한 또 다른 큰 문제는 대상과의 상호작용이다. 로봇은 인간보다 힘이 훨씬 세고 극한의 환경에서도 움직일 수 있지만, 광범위한 과제에 있어서는 인간인 우리가 훨씬 날렵하고 기민하다. 인간은 200개의 뼈에 700개 정도의 근육으로 이루어진 골격 구조를 가지고 있다. 눈알 같은 작은 것을 움직이는 데도 6개의 근육이 필요하다. 이런 종류의 유연성을 모사하는 것은 기계에게 무척 힘든 일이다. 2012~2015년까지 열린 다르파 재난 로봇경진대회DARPA Robotics Challenge 이야기를 살펴보면 로봇공학자들이 이 문제 해결에 직면한 어려움이 어느 정도인지 가늠해볼 수 있다. 2015년, 결선이 열렸다. 〈파퓰러 사이언스〉에 기고하는 에릭 소지Erik sofge는 이 대회에 대해 "수년 동안 가장 큰 규모를 자랑하며 가장 많은 자금을 지원받았던 국제 로봇경진대회는 완전히 실패였다."라고 말했다.

로봇들은 차를 운전하고, 돌더미들 사이를 움직이고, 문고리를 이용해 문을 열고, 밸브를 찾아 잠그는 등의 과제를 수행해야 했다. 그런데 로봇들이 AI를 장착했다고 해서 이런 일들을 스스로 할 수 있는 건 아니었다. 문제는 그들이 이런 신체적 활동을 할 수 있느냐였지, 인간의 도움 없이 그런 과제를 처리할 수 있느냐가 아니었다. 더구나 출전자들은 로봇이 어떤 일을 해야 하는지 미리 알고 있었다. 무엇보다 이런 많은 혜택이 주어졌음에도 24명의 참가팀 중에 그 코스를 완주한 팀은 몇 팀 되지 않았다. 술에 잔뜩 취한 사람도 할 수 있는 일을 말이다. 슈퍼 기계 인간은 고사하고, 기계 인간을 만드는 것도 얼마나 어려운 일인지를 보여준다.

인간에게는 다르파 대회의 과제가 전혀 어려워 보이지 않는다. 문손잡이를 돌려서 문을 여는 것만큼 쉬운 일이 어디 있겠는가? 하지만 로봇에게는 전혀 그렇지 않다. 문을 열 때 로봇은 먼저 문의 손잡이를 찾는다. 그리고 손을 그쪽으로 움직여서 손잡이를 쥔다. 손잡이는 너무 세게 쥐어서도, 너무 살짝 쥐어서도 안 되며 마찰 저항을 판단한 다음에 돌려야 한다. 인간은 손잡이가 돌아가는지, 아니면 손이 미끄러지는지를 너무나 쉽게 알고 마찰 저항으로 돌리는 일을 멈추어야 할 때를 곧바로 안다. 하지만 로봇은 손잡이가 부서지기 전 어느 시점에 돌리는 것을 멈추어야 하는지 훈련을 받아야 한다. 손잡이가 열린 상태에서 문을 밀어야 하는 것도 로봇은 미리 파악하기 어렵다. 문은 얼마나 무거운가? 어딘가에 걸려 있지는 않은가? 만약 미는 문이 아니라 당기는 문이라면 이 모든 일이 무효로 돌아간다. 로봇은 방법을 알려주지 않으면 그 사실을 직관할 수 없다. 그런 로봇에게 지진의 잔해를 헤치고 생존자를 구출하게 하려면 얼마나 많은 일을 가르쳐야 할지 상상이 되는가?

로봇에게는 '만지는' 일도 무척 어려운 과제이다. 인간은 손을 이용해 강아지의 머리를 쓰다듬기도 하고 술집에서 일어나는 싸움에 끼어들기도 한다. 이 사실은 손이 가진 다재다능함을 보여주기도 하지만 그것을 모사하는 것이 얼마나 어려운지도 보여준다. 아주 훌륭한 로봇 손가락을 만든다 하더라도, 로봇은 여전히 손가락 끝에서 어떤 일이 벌어지는지 따로 인지해야만 한다. 아기의 기저귀를 갈거나, 고양이를 안거나, 겁먹은 아이를 토닥이는 것을 생각해보라. 당신이 '생각 없이' 하는 모든 접촉의 압력과 시점에 존재하는 미묘한 차이는 또 어떤가. 하지만 로봇은 구체적으로 지시해주지 않으면 아무것도 할 수 없다. 모든 행동을 아주 세부적인 사항까지 나누어 분석해야 하는 로봇이 그런 행동들을 어떻게 프로그래밍하겠는가? 0과 1로 줄이는 것이 가능하긴 하지만, 메모리에 있는 추상적인 기호만을 처리할 수 있는 장치에는 정말이지 어려운 일이다.

이런 식의 지각 과제에는 우리가 로봇을 가르칠 훈련 데이터를 갖고 있지 않다는 문제가 있다. 아마존은 '이 물건을 구입한 사람들이 구입한 다른 물건'에 대한 방대한 데이터베이스를 가지고 있어서 그것으로 추천 엔진을 훈련시킨다. 하지만 우리에게는 수천 가지 상황에서 100만 명의 아기를 안는 100만 성인의 촉각 자료가 없다. 물론 사람들이 영화를 제작할 때 착용하는 CGI(computer-generated imagery, 컴퓨터 생성 화상) 슈트 같은 것을 만들어 데이터를 수집할 수는 있다. 1,000명의 부모들에게 1년간 그 옷을 입게 하고, 손과 손가락에 업그레이드된 감지기를 이용해 자료를 모으는 것이다. 하지만 당장은 아무도 그런 일을 할 수 없다.

로봇이 실제 세계와 상호작용하는 것이 얼마나 어려운지는, 로봇에게 빨래를 개는 법을 가르치려는 캘리포니아 버클리 대학 피터 애빌Pieter Abbeel 교수의 시도에서 확연히 드러난다.

첫 번째 문제는 '지각'이다. 뒤죽박죽된 빨래 더미에서 로봇은 셔츠의 끝자락이 어디이고 바지는 어디서부터 시작되는지 어떻게 구분할 수 있을까? 매트리스에 꼭 맞게 만들어진 시트를 접는 과제는 시작도 하지 않는 것이 좋다. 많은 수학자에 따르면 이것은 이론적으로 불가능한 과제이다. 우리는 색상, 명암, 질감을 단서로 이용할 수 있지만, 이처럼 무심코 하는 일이 로봇에게는 믿기 힘들 정도로 어려운 과제이다. 혹시나 강아지가 세탁물 바구니에서 낮잠을 자고 있다면 어떻게 될까? 로봇은 강아지 역시 개야 하는 대상으로 본다.

애빌의 연구팀은 수년 동안 이 문제를 간단하게 만드는 연구를 거듭했고, 마침내 20분 만에 로봇이 수건 한 장을 접게 하는 데 성공했다. 이렇게 성공을 거둔 후 그들은 시간을 2분 미만으로 단축시켰다. 그렇지만 수건은 직각 형태라 확인하고 접기가 가장 쉬운 대상이다. 수많은 연구에도 불구하고 로봇은 여전히 뒤집어진 양말을 똑바로 개지 못한다. 애빌 교수는 이 상황을 다음과 같은 말로 압축해서 설명한다. "로봇공학을 연구하기 시작하면, 열 살쯤 된 아이가 배울 수 있는 일들이 로봇에게는 엄청나게 어려운 일이라는 것을 깨닫게 된다."

마지막으로 AI 로봇의 정신적, 신체적 역량을 생각할 때 반드시 신중해야 할 것이 하나 더 있다. 기존에 알고 있는 것이라도 상황이 틀어진다면 어떻게 될까? 컴퓨터는 발생 초기의 기술이라고 할 수 없다. 하지만 나는 거의 매주 어느 시점에 컴퓨터를 재부팅시킨다. 로봇이 오작동하면 어떻게 될까? 물론 인간도 그만의 방식으로 오작동을 한다. 비행기 조종사들이 심장마비를 일으킬 때도 있고, 약사들이 통에 다른 알약을 넣을 때도 있다. 하지만 AI 로봇의 오작동은 몇 가지 이유에서 이런 상황과 다르다.

먼저 기계와 디지털 시스템이 복제되기 때문에 오류가 한없이 확산될 수 있다. 이것은 항공사 조종사들이 심장 진단을 전혀 받지 않은 경우와 유사하다. 또는 기계화가 더 깊숙한 곳까지 파고들면 오류가 조직 전체에 영향을 주고 탐지하기 힘들어질 수 있다. 시스템의 내부 시계에 결함이 있을 경우 이 문제는 온갖 종류의 파멸적 사건으로 이어질 수 있다. 우리가 여기에서 이야기하는 종류의 시스템은 서로 더 깊숙이 연결되고 상호의존하게 될 것이다. 즉, 작은 오류가 엄청난 파급 효과를 낼 수 있다. 이미 이런 일이 많이 벌어지고 있다.

1962년에 거의 10억 달러를 쏟아부은 미국 항공 우주국 로켓이 코드 안에 하이픈(-) 하나가 빠졌다는 이유로 공중에서 폭발했다. 약 70억 달러의 손실을 낸 유럽의 로켓 폭발 사건에서는 64비트 숫자가 16비트 숫자로 전환되기에 너무 큰 것이 원인이었다. 이런 사고는 비용의 손실이 크기는 하지만 영향 범위가 작다. 하지만 이와 비슷한 문제가 자율주행차 네트워크나 전력망, 당신 회사의 급여 시스템에 영향을 미친다고 상상해보라.

이런 사안을 지적하는 것은 기계화에 점점 익숙해지는 미래로 나아가는 일을 재고해보아야 한다고 주장하기 위해서가 아니다. 기계는 전반적으로 그들이 하는 일에서 사람보다 신뢰성이 높다. 하지만 기계의 문제는 단계적으로 확대될 가능성이 크다. 디지털 시스템은 일반적으로 아날로그 시스템보다 불안정하다.《위대한 개츠비》는 단어 하나가 빠진다고 해도 여전히 명작이다. 하지만 압축 파일에서 문자 하나가 빠지면 알파벳 문자로 된 곤죽이 남을 뿐이다. 하이픈 하나가 없다고 인간이 폭발하지는 않는다. 인간은 자주 실수를 저지르지만 그 영향은 작다. 기계는 좀처럼 실수를 하지 않지만 한 번의 실수가 재앙으로 이어질 수 있다. 그러므로 우리는 기술을 시행하는 방법과 대상에 더욱 주의를 기울여야 한다.

9장
—
20년 안에
일자리의 절반이 사라진다?

로봇에 대한 대중의 담론 중 압도적인 부분을 차지하는 것은 로봇이 일자리에 미칠 영향에 대한 것이다. 따라서 이 주제를 자세히 다룰 것이다. 이 문제에서 제기되는 의문은 자동화로 인해 없어질 일자리가 자동화 이후 경제성장으로 창출될 일자리보다 많을지, 아니면 계속해서 완전 고용에 가까운 상태가 유지될지 하는 것이다. 아주 간단해 보이지만, 지독하게 복잡하기도 한 이 문제를 두고 헤아릴 수 없이 많은 분석과 의견이 있었다. 이 '간단한' 문제에 대한 기술 전문가나 경제학자, 미래학자들의 의견이 거의 똑같이 양분되어 있는 것도 그 때문이다.

이 문제에 대한 합의가 왜 그렇게 어려운 것일까? 기술로 인해 없어지는 일자리를 기술에 의해서 만들어지는 일자리로 상쇄시킨다면 간단하지 않을까? 기술적으로는 맞는 말이지만, 말이 쉽지 대단히 어려운 일이다. 일자리의 계산이 어려운 것은 우리에게 모든 일자리 목록과 각각의 일자리에 필요한 기술 목록이 없기 때문이다. 그런 목록이 있다고 해도 일자리와 기술은 끊임없이 변화한다. 우리는 향후 10년 동안 기술이 어떤 일을 할 수 있을지 알지 못한다. 새로운 기술에 어떤 규제 압력이 가해지고 기술의 한계는 어느 정도일지, 경제에는 무슨 일이 생길지, 새로운 기술에 기업이 어느 정도 투자하게 될지, 최저 임금에는 어떤 영향을 끼칠지 새로운 기술에 필요한 비용은 얼마인지, 새로운 기술이 얼마나 좋으며 얼마나 많은 일자리를 만들게 될지 알지 못한다. AI에는 구체적으로 어떤 혁신이 일어날까? 과학자들은 어떤 새로운 소재들을 발명하게 될까? 감지 기술에는 어떤 진전이 있을까?

이것은 빙산의 일각이다. 이 사회가 인간의 일자리를 로봇으로 얼마나 빨리 대체할지, 소비자의 수요와 노동자의 임금에는 어떤 변화가 일어날지, 어떤 새로운 통상 협정이 맺어지고 어떤 기술이 법망에 갇히게 될지 알지 못한다. 우리는 일부 로봇에 보험업자들이 어떤 대응을 할지, 은행이 로봇 구매에 얼마나 많은 돈을 융자해줄지, 우리가 로봇에 얼마나 의존할지 알지 못한다. 또한 로봇으로 인해 낮아진 비용이 얼마나 많은 일자리를 창출할지, 로봇 생산 업계가 전체 일자리에서 어느 정도를 차지하게 될지, 현재로서는 우리가 예측하기 힘든 일자리들이 얼마나 많이 생길지도 알지 못한다. 간단히 말해, 기술은 현재 그 영향을 이해하는 우리의 능력보다 빠르게 진전하고 있다.

목록은 계속 이어진다. 내가 이 항목들을 나열하는 것은 기술이 일자리에 미치는 순 영향이 쉽게 산출할 수 있는 계산이 아님을 보여주기 위함이다. 이들 변수에 영향을 받는 오차 범위는 계산 전체를 쓸모없이 만들어버릴 정도로 크다. 이들이 합쳐지면 이런 식의 예측에서 극복할 수 없는 장애가 된다.

로봇으로 인한 직접적인 일자리 손실의 순량을 계산할 수 없다면, 앞으로 우리는 어떤 길을 가게 될까? 문제를 다르게 보면 단 3가지 결과가 가능하다는 것을 깨닫게 된다. 각각 전제조건은 다르겠지만 3가지 결과 모두 가능하다. 다만, 무슨 일이 일어날지에 대한 확정적 결론을 내리기에는 알려지지 않은 것이 너무 많다. 우리는 지난 몇십 년간 트랜지스터의 가격이 기하급수적으로 떨어지는 것을 목격했다. 만일 인건비가 그런 식으로 하락하면 어떻게 될까? 경제학의 기본 전제인 희소성이 기술에 의해 약화된다면 어떤 일이 생길까? 로봇과 AI의 영향이 증기력이나 전력이 미친 영향과 크게 다르지 않다면, 즉 경제에 분명한 변화를 가져오지만 실업률의 상승을 유발하지 않는다면 어떨까?

나는 이처럼 예상치 못한 방식으로 변화하는 세상에 마음을 열고 다가가야 한다고 생각한다. 하지만 세상이 어떻게 변하든지, 가능한 결과는 이 3가지뿐이다.

로봇과 AI가 '모든' 일자리를 빼앗는다. 이렇게 믿는 사람들은 기계들이 모든 일에서 인간보다 낫다고 생각한다. 사람들이 기계 대신 인간을 고용하는 유일한 이유는 순전히 감정적인 이유거나 향수에 잠겨서일 것이다. 이런 견해는 기계들이 더 좋은 그림을 그리고, 더 나은 시트콤을 집필하고, 심지어 더 나은 대통령이 되는 등 모든 면에서 인간보다 낫다고 말한다. 이 '모든'의 의미를 대략 일자리의 90%라고 가정하자.

로봇과 AI가 일자리의 일부를 빼앗는다. 인간이 기계에 의해 잃는 일자리의 양이 상당할 것이고, 기계가 일자리를 만들기보다 꽤 많은 일자리를 없앨 것이라고 생각하는 입장이다. 다시 말해 기계가 소매, 서비스, 배송 등 대부분 영역에서 인간을 대체하고, 더 나아가 부기 담당자, 의사, 준법률가 같은 전문직에도 상당 부분 차지하게 될 것으로 추정한다. 하지만 예술 같은 영역의 일자리는 대체하기 어려울 것으로 본다. 로봇은 감정과 사교술을 요하거나, 요구조건의 폭이 지나치게 넓은 복잡한 일(CEO나 애프터마켓의 자동차 스테레오 설치 기사를 생각하면 된다)은 할 수 없기 때문이다. '일부' 직종에는 20%의 실업률이 영원히 지속된다고 가정하는데, 미국 대공황 때의 실업률이 대략 이 정도였다. 일자리가 모든 사람에게 돌아갈 만큼 충분치는 않지만, 대다수의 사람들은 여전히 일을 할 것이라고 본다.

로봇과 AI가 일자리를 전혀 빼앗지 않는다. 기계에 의해 일자리가 없어지더라도, 거의 같은 수로 일자리가 창출되며 **모두**가 고용될 수 있다고 말하는 입장이다. 사회의 어느 부분에도, 심지어는 직업 기술이 거의 없는 사람에게도 일자리가 부족하지 않을 것이라고 예상한다. 이를 뒷받침하는 주된 생각은, 일자리는 무한히 공급되므로 기계가 얼마나 좋아지든 모든 일자리를 대체할 수는 없다는 것이다. 지금 하는 모든 일을 미래에는 기계들이 한다고 해도 우리는 다른 사람들이 대가를 지불할 만한 무언가를 만들거나, 완전히 새로운 방법을 만들어낼 것이다.

그럼 이제 이 3가지 입장을 하나씩 자세히 살펴보자.

시작하기 전에 이야기하고 싶은 것이 있다. 지금까지 나는 '로봇'이라는 말을 우리 대부분이 생각하는 의미로, 즉 독자적으로 움직일 수 있는 기계장치라는 의미로 사용했다. 하지만 지금부터는 그 용어의 의미를 조금 넓혀 사용할 것이다. 엄밀히 말해 로봇은 반드시 구체화될 필요는 없다. 자동화가 일자리에 미치는 영향을 고려할 때는 특히 그렇다. 예를 들어 양봉가를 대체해서 벌집을 돌보고 꿀을 따는 기계는 분명히 로봇이다. 이런 의미라면 부기원을 대체해 장부를 기록하는 기계 역시 로봇이다. 기계가 데스크탑 컴퓨터이고 몸체가 없더라도 최종적인 결과는 동일하다. 이 두 장치 모두 이전에는 사람이 하던 일을 수행한다. 고용에 대해 이야기할 때는 기계가 원자를 다루든 비트를 다루든 그것은 문제가 되지 않는다.

예상 시나리오 1: 기계가 모든 일자리를 빼앗는다.

기계가 모든 일자리를 빼앗는다는 첫 번째 시나리오는 스스로가 기계라고 믿는 사람들에게 가장 호소력이 있을 것이다. '자아'라는 것이 두뇌의 트릭이라고 믿는 사람들에게도 반향을 불러일으킬 것이다. 덧붙여 이것은 세상의 모든 것이 단 하나의 물질로 이루어져 있다는 일원론과 동일 선상에 있는 입장이다. 첫 번째 가능성은 우주에 대한 완벽히 기계론적인 견해를 기반으로 한다. 이런 입장에 있는 누군가의 눈을 통해 지난 몇백 년을 되돌아보면서 시작해보자. 그들은 과거의 시간을 이런 식으로 묘사할 것이다.

250년 동안 기계들이 인간의 일자리를 빼앗아갔다. 처음에 기계들은 가장 기본적이고 단순한 과제만 수행할 수 있었다. 그들은 경이로운 스팀 기관의 모양을 하고서 인간의 등골을 휘게 하는 일들을 떠맡았다. 증기가 하는 일은 인간과 동물에게 고된 노동이었기 때문에 인간은 새로운 기계들을 두 팔 벌려 환영했다. 이것이 산업혁명의 시작이었다.

기술이 기계들을 발전시키면서 기계는 더 복잡한 과제를 맡았지만, 기계가 하는 일은 여전히 단조로운 것에 제한되었다. 재봉틀, 금전 등록기, 농작물 수확기를 생각해보라. 힘들고 단조로운 일에서 해방된 노동자들은 기계를 환영했다. 이들은 반복적인 노동을 기계에 넘기고, 더 가치 있는 일에 집중할 수 있는 것에 기뻐했다. 진보의 행진은 결코 느려지지 않았다. 기계들은 계속해서 발전했다. 그러다 갑자기 인간은 자신들이 이전에 상상해본 적이 없는 어떤 상황에 있다는 것을 발견하게 되었다. 일자리를 두고 기계와 경쟁하고 있었던 것이다.

기계화가 그랬던 것처럼 컴퓨터가 원시적인 첫 모습을 드러냈다. 처음에 컴퓨터는 미화된 계산기에 지나지 않았고, 과학자와 수학자들은 따분한 수학 문제들을 풀 수 있는 컴퓨터에 열광했다. 하지만 컴퓨터 역시 성능이 개선되면서 2년마다 2배 향상된 역량을 갖추게 되었다. 오래지 않아 은행원들은 ATM 기계에 맞서고, 증권 중개인들은 온라인 거래 웹사이트와 맞서게 되었다. 육체노동에서 인지 노동으로 달라졌을 뿐, 마치 존 헨리와 증기 드릴의 싸움이 다시 재현된 듯했다.

진전은 수그러들지 않고 모든 기계는 끊임없이 개량될 것이다.

당신은 이들이 어디로 향하는지 알 수 있다. **기술은 곧 사람들이 새로운 일을 배우거나 발명하는 데 걸리는 시간보다 훨씬 더 빨리 발전할 것이다.** 과거에 그랬던 것처럼 기술 붕괴가 일자리를 창출하는 시점과 또 다른 붕괴가 그 일을 파괴하는 시점 사이의 시간은 점점 짧아질 것이다. 기계가 모든 새로운 과제를 인간보다 더 빨리, 더 잘 배울 수 있게 되는 시점까지 말이다. 이것은 단순한 짐작이 아니다. 이것은 수학이다.

좀 더 구체적으로 말해보자. "바퀴 손수레로 벽돌을 운반하던 사람에게 지게차로 벽돌을 운반하는 일을 맡겼을 때, 새로 훈련받아 익힌 근로자의 기술적 가치는 경제적으로 합리적이었다. 기계들이 아주 멍청했을 때 우리는 그것들을 운용하는 기술을 숙련하는 데 아무 문제가 없었다. 하지만 다가올 새로운 일은 매우 광범위한 기술을 필요로 하기 때문에 근로자들이 그 일을 하도록 재교육하는 것은 경제적으로 합당하지 않을 것이다. 이런 상황이 반복되면서 점차 모든 인간의 의미 있는 고용은 사라질 것이다."

이런 견해를 가진 사람들은 인간의 모든 일을 결국 기계가 하게 될 것으로 본다. 이때 경제적으로 유일하게 남는 일은 **객관적으로** 기계가 하는 것이 더 낫더라도 인간이 **주관적으로** 다른 이를 고용하고자 하는 일이 될 것이다. 가령 해부학적으로 아무리 완벽해도 기계 인간이 공연하는 '백조의 호수'는 보고 싶어 하지 않는 사람들을 위해, 시대착오적이더라도 여전히 사람이 직접 만든 물건을 선호하는 이들을 위해 소수의 발레 무용수와 핸드메이드 물건을 만드는 장인들 일부가 남겨질 것이다.

이런 이야기는 많은 사람을 겁먹게 한다. 이런 세상은 과연 어떤 모습일까? 기계들이 모든 일에서 우리보다 낫다면 우리는 상상할 수 있는 모든 방식에서 기계보다 열등해지거나, 그다지 특출할 것이 없는 존재가 될 것이다. 이런 두려움은 "로봇이 당신의 일을 겨냥하고 있다."라거나 "컴퓨터가 당신의 일을 훔치게 될까?"라는 식의 표제를 이용해 자동화의 문제를 다루는 미디어의 고의적이고 심지어는 악의적인 경향에 의해 가중된다. 컴퓨터가 정말로 당신의 일자리를 훔친다면, 그들이 한밤중에 급여 시스템에 몰래 침투해서 당신의 이름을 지우고 거기에 자신의 이름을 집어넣은 뒤 낄낄대며 문밖으로 나온다는 의미일까?

감정적 함의를 제외하고 이런 일이 정말 일어날 수 있는지 냉정하게 생각해보자. 미래의 어느 시점이 되면 우리 모두, 우리 한 사람 한 사람이 기계에 의해 대체될 수 있는 존재가 될까? 첫 번째 가능성이 잘못되었다면, 어디에 논리적 오류가 있는 것일까? 이제 그 부분을 생각해보자. 이 논거를 뒷받침하는 전제는 9가지이다.

전제 1: 인간은 기계이다.

전제 2: 인간은 기계이기 때문에 우리는 기계 인간을 만들 수 있다.

전제 3: 기계 인간은 창의력을 비롯해 우리가 가진 모든 정신적 능력을 가질 것이다.

이 입장의 전제를 보면 인간은 기계이며, 따라서 인간의 정신적 능력 전부를 소유한 기계 인간을 만드는 것이 가능하다. 당신이 인간은 기계가 아니라고 생각한다면, 이 논거는 시작도 하기 전에 무너져내린다.

우리가 '기계'라는 명제는 여기에서 대단히 중요하다.

인간은 기계라는 전제를 두고, 많은 사람이 불안을 조성하며 공격적인 생각이라고 말한다. 그렇지만 이런 생각을 온전히 수용하는 사람들도 있다. 50년 동안 AI를 연구해온 이 분야의 거물 과학자 마빈 민스키는 인간에게 '생체 기계meat machine'라는 말을 자주 사용했다. 말 그대로 인간을 기계에 살을 붙인 것으로 생각한 것이다. 레이 커즈와일은 '마인드 파일mind file'을 백업할 수 있는 날을 고대하고 있다. 때 이른 죽음을 맞이할 경우 복구할 수 있도록 말이다. 스티븐 호킹은 이렇게 말한다. "두뇌는 부품이 망가지면 작동을 멈추는 컴퓨터다. 고장 난 컴퓨터는 천국이니 내생이니 하는 것이 없다. 그것은 어둠을 무서워하는 사람들을 위한 동화이다." 목록은 끝이 없다. 많은 사람은 이것을 세상을 환원주의적으로 보는 입장에서 필연적으로 도출되는 결론이라고 생각한다.

우리가 기계라면 우리는 기계를 만들 수 있을까? 기계를 만들 수 있다면 그 기계는 창의적일까? 과연 의지나 정신을 소유하고 있을까? 우리는 그런 기계를 어떻게 만드는지 알지 못하며, 우리 스스로 어떻게 해서 창의력과 정신을 소유하게 되었는지도 이해하지 못한다. 우리는 아이디어가 어디에서 오는지, 아이디어가 두뇌에서 어떻게 부호화되는지도 알지 못한다. 우리가 가진 다양한 범주의 소질을 전혀 이해하지 못한다. 인간이 하는 모든 일을 기계가 할 수 있으려면 기계가 이 모든 소질을 가지고 있어야 한다. 이 모든 의문은 의식이 있는 컴퓨터에 대해서 깊이 있는 이야기를 할 때 다시 다룰 것이다.

전제 4: 의식이 있는 이 기계는 우리가 꺼리는 일을 할 것이다.

전제 5: 기계가 좋아하든 싫어하든 우리는 그런 일을 강제하면서 사실상 기계 노예를 만들 것이다.

의식이 있는 기계는 우리가 하기 꺼리는 일들을 할 것이다. 기계의 의지와 상관없이 우리가 기계에 그 일을 강제할 것이라는 전제는, 이런 기계들이 어떤 권리를 가지고 있는가와 관련이 있다. 진짜 인공지능을 가진 로봇 도우미가 만들어지는 순간, 그 로봇은 당신의 양말을 다리는 것보다 시를 쓰기로 마음먹을지도 모른다. 혹은 양말을 다리는 일을 대신해줄 자신의 로봇 도우미를 만들 수도 있다.

전제 6: 기계 인간을 만드는 것이 경제적으로 실리를 챙기는 일일 것이다.

기계 두뇌를 만드는 것이 경제적으로 실리를 챙기는 일이 될 것인지는 확실치 않다. 인간의 두뇌 구조를 모델로 하는 AGI를 만들려는 유럽의 인간 두뇌 프로젝트는 이 일에 이미 10억 달러를 투자했다. 그런데 이 글을 쓰고 있을 시점에 〈사이언티픽 아메리칸〉은 그 프로젝트가 '엉망진창'이라고 보도했다. 모두가 인정하다시피 인간 두뇌는 우리가 아는 한 우주에서 가장 복잡한 대상이다. 기계 두뇌를 만드는 데는 아이패드를 만드는 것보다 극적으로 많은 비용이 들어갈 것이다. 어쩌면 그렇지 않을 수도 있다. 우리는 전자기기의 가격이 급속히 하락하는 것을 경험했다. 그런 일이 전자두뇌에서도 일어날 수 있다. 우리는 알지 못한다. AI 분야의 일부 전문가들은 소프트웨어를 만들기만 한다면 AGI가 필요로 하는 연산 능력이 대단히 작을 것이라고(스마트폰이 가진 것보다 작을 것이라고) 생각한다. 따라서 AGI를 만드는 것은 그렇게 어렵지 않을지도 모르고, 대부분이 소프트웨어이기 때문에 가격이 아주 저렴할 수도 있다. 혹은 AGI가 극도로 비싸더라도 단 몇 대만 있으면 우리 모두 그것을 공유할 수 있을지도 모른다.

전제 7: 기계의 효율은 대단히 높아지고 가격은 몹시 싸져서 인간의 노동력보다 기계를 이용하는 편이 돈이 적게 들 것이다.

전제 8: 기계에게 새로운 기술을 가르치는 프로그래밍 비용과 기계를 운용하는 비용이, 인간에게 그 기술을 구사하게 하면서 지급하는 임금보다 훨씬 낮아지는 때가 올 것이다.

기계는 대단히 효율적이면서 가격은 몹시 싸져서 인간의 노동 대가보다 저렴해진다. 이런 기계들을 프로그램하고 운영하는 비용은 인간에게 기계의 일을 하게 하면서 지급하는 비용보다 훨씬 적어지게 된다. 이 2가지 전제 모두 그런 기계를 저비용 노동에 이용하는 경제적 실행 가능성과 관련이 있다. 기계로 대체되는 모든 일자리의 경우 그런 기계들을 만들고, 프로그래밍하고, 운용하는 비용이 그런 자리에 인간을 고용하는 비용보다 적을 것이다. 시간이 지나면서 단순한 과제를 수행하는 기계의 개발 비용이 급속하게 떨어질 수도 있고 그렇지 않을 수도 있다. 이 업계의 최고 지성 중 한 명인 앤드류 응은 다음과 같은 일이 일어날 것이라고 생각한다.

우리가 하는 모든 일을 점진적으로 배우는 AI가 생길 것이다. 기계가 거의 모든 일을 사람보다 잘할 수 있게 되면, 사회 구조가 흐트러지기 시작할 것이다. 우리는 그에 대한 준비를 갖추어야 한다.

전제 9: 인간은 기계가 할 수 없는 다른 일을 찾을 만한 능력이 없다.

마지막 전제는 인간에게 기계가 할 수 없는 다른 일자리를 발견할 능력이 없다는 것이다. 이런 경우라면 우리가 새로운 일자리를 만들어내는 순간 기계가 그 일에 배치되어 인간보다 더 빨리, 더 저렴하게 한다.

이 9개의 전제가 모두 실현되면, 인간에게 주어진 거의 모든 유급 고용이 사라지고 사회 내 대부분의 기관은 재고되어야 할 것이다. 이런 세상에서의 삶을 상상하자면 온갖 종류의 이상향과 반이상향들이 떠오른다. 만일 이런 전제 중 하나라도 진실이 아니라면 이 가능성(시나리오)은 무너진다. 그렇긴 해도, 우리가 기계라는 생각, 컴퓨터가 계속 발전할 것이라는 생각 그리고 기술을 구축하는 비용이 계속 하락할 것이라는 생각에서 시작하면 대부분의 사람들은 이 모든 전제가 확실하다고 여길 수밖에 없다. 이 3가지 생각을 합치면 조만간 기계는 모든 것에서 우리를 능가하게 될 것이다.

예상 시나리오 2: 기계가 일자리의 일부를 빼앗는다.

두 번째 시나리오는 기계가 일자리의 일부를 빼앗고 그 결과 장기적인 실업 상태가 이어진다는 것이다. 이 가능성은 자신을 동물이나 인간으로 여기는 사람들은 물론 물리적 세계 외에 정신적 세계 혹은 영적 세계가 있다고 인정하는 이원론자들의 공감을 살 것이다. 또한 자신의 '자아'를 창발적 소유물이나 영혼으로 보는 사람들의 관심도 끌 것이다. 이런 다양한 믿음들의 바탕에는 인간과 기계 사이에는 상당한 차이가 있고, 따라서 기계가 할 수 있는 것에는 한계가 존재한다는 생각이 깔려 있다. 하지만 이들의 믿음은 인간과 기계의 능력 사이에는 중첩되는 부분이 상당히 많다는 것을 감안한다. 일자리의 '일부'를 빼앗는다는 입장의 논리는 간단하며 많은 독자들에게 친숙한 이야기일 것이다. 이들의 논리는 다음과 같다.

> 과거에도 기술에 의한 실직이 존재했지만 그것은 새로운 일자리를 만들어내는 기술에 의해서 항상 상쇄되었다. 하지만 지금은 상황이 다르다. 어떻게 다른가? 첫째, 혁신의 속도가 훨씬 빠르다. 따라서 일자리도 훨씬 빠르게 없어진다. 둘째, 과거에는 자동화가 육체노동만을 대체했지만 현재 우리는 인지 노동의 광범위한 자동화를 다루고 있다. 이는 이전에는 영향을 받지 않았던 많은 업계들을 파괴할 것이다. 마지막으로, 자동화 기술의 비용이 급속하게 떨어져서 2020년 100만 달러에 달하는 로봇이 2030년에는 1,000달러에 불과해질 것이다.
>
> 이 모든 일의 최종적 결과로 우리가 이전에 경험한 것보다 훨씬 더 극적인 방식의 실업을 경험하게 될 것이다. 일반적으로 일의 대가가 낮을수록 자동화의 영향을 받기 쉽다는 것이 밝혀졌다. 이는 비숙련 노동자들이 가장 먼저 일자리를 잃고, 이 집단이 점점 더 적어지는 일자리를 두고 경쟁하게 될 것임을 의미한다.

기술이 새로운 일자리를 만든다는 것은 맞지만 그 숫자는 비교적 적다. 새로운 일자리는 다방면에 걸친 교육과 훈련을 필요로 할 것이다. 당신이 패스트푸드 레스토랑에서 주문을 받는 로봇 키오스크 공장을 연다고 생각해보자. 이로 인해서 새로운 고임금 일자리 몇 개가 생긴다고 하지만, 공장은 주문받는 로봇을 수천 대씩 만들어서 수많은 일자리를 없앤다. 기술이 막대한 숫자의 단순노동 일자리를 없애고 소수의 새로운 고숙련 일자리를 만든다면, 단순노동 일자리는 부족해지고 우리에게는 영원히 일자리를 구하지 못하는 많은 수의 비숙련 노동자들만이 남게 된다. 따라서 우리는 영구적인 대공황 상태에 처하게 될 것이다. 컴퓨터가 할 수 없는, 적어도 앞으로 수백 년 동안은 하기 힘든 일이 있다. 성직자, 배관공, 경찰 등이다. 기계가 할 수 있는 일에는 실제적인 한계가 있다. 그러나 그런 한계들은 수많은 기존 일자리의 요구조건을 훨씬 넘어서는 곳에 자리하고 있다.

자동화가 점점 더 많은 단순노동 일자리를 대체하게 될 것이라는 생각을 받아들이면, 비숙련 노동자는 대단히 많은데 단순노동 일자리는 몇 개 되지 않는 상황에 처할 것이라는 사실도 받아들일 수밖에 없다.

이런 시나리오를 어떻게 생각하는가? 이를 뒷받침하는 5가지 전제를 탐구해보자.

전제 1: 기계와 기술이 일자리의 순손실을 유발한다.

오래전부터 기술은 우리의 일자리를 뺏는다는 비난을 받아왔다. 1580년대에 윌리엄 리William Lee는 양말을 짜는 기계를 발명했다. 그는 왕실 특허를 받겠다는 생각으로 몇몇 연줄을 동원해 엘리자베스 여왕 앞에서 자신이 만든 기계를 시연했다. 여왕은 이 기계가 기발하다고는 생각했지만 리에게 이렇게 말했다. "자네가 발명한 이 기계가 나의 불쌍한 국민들에게 어떤 일을 할지 생각해보라. 이 기계는 일자리를 빼앗아 사람들을 가난하게 만들고 그들의 삶을 망칠 것이다." 실제로 리는 화가 난 양말 제조업자들 때문에 영국을 떠나야 했다.

다음 몇백 년간 제조업의 급속한 발전이 전 세계를 휩쓰는 동안 모든 발명은 노동자의 분노와 적의를 만나야 했다. 프랑스의 섬유 노동자들은 저항하는 의미로 자동 방적기에 나막신을 던졌다. 영국에서는 스윙 폭동Swing Riots의 참가자들이 자동 탈곡기에 반대해서 그 기계들을 박살 내버렸다. 뱃사공들은 처음으로 만들어진 증기기관을 부수었다. 증기기관 때문에 자신들이 실직할 것이라고 생각했기 때문이다. 리본 직조기에 대한 독일의 저항은 정부가 리본 직조기를 불태우라는 명령을 내릴 정도로 극렬했다. 직조를 더 쉽게 하도록 무늬를 짜는 북이 발명되었을 때, 그것을 발명한 존 케이John Kay는 군중의 습격을 받았다. 다축 방적기spinning jenny로 섬유 업계에 또 다른 혁신을 일으킨 제임스 하그리브스James Hargreaves도 자신의 발명품이 군중에 의해 불타는 것을 보아야 했다. 레이스를 더 효율적으로 만들 수 있는 기술을 고안한 존 히스코트John Heathcoat 역시 대낮에 공장과 설비 전체가 불에 탔다.

이런 자동화에 대한 적개심은 1811년 러다이트Luddite 운동으로 이어졌다. 이 운동의 주축은 숙련된 노동자들을 대체하는 기술에 격하게 반대하는 사람들이었다. 러다이트라는 이름은 두 대의 양말 짜는 기계를 부수었다고 전해지는 젊은이 네드 러드Ned Ludd의 이름에서 비롯된 것으로 수백 명의 지지자들을 모았다. 이들은 지방을 돌아다니며 공장에 불을 지르고 일부 지역에서는 기계 주인을 살해하기도 했다.

이 시기의 이야기는 앞으로의 상황이 어떻게 전개될지 보여주는 것일지도 모른다. 1814년 11월 29일에는 이런 일도 있었다. 런던의 〈타임스〉가 증기력을 이용하는 인쇄기로 처음 인쇄된 날이었다. 인쇄공들은 기계 발명가에게 보복하고 기계 자체도 부술 것이라고 맹세했다. 하지만 그들은 폭력을 피할 경우 다른 곳에서 비슷한 일자리를 구할 때까지 봉급 전액을 지급하겠다는 약속을 받았다. 인쇄공들에게는 공정한 거래처럼 보였다. 이렇게 진보의 행진은 계속되었다.

노동자들의 이런 폭력적이고 파괴적인 반응은 당연한 것이었다. 이시대 대부분의 노동자들은 빈곤하게 살고 있었고 일을 숙련하는 데 일생을 보내며 근근이 먹고살았다. 경제적인 기회는 거의 없었기에 기계와 경쟁하고 생계 수단을 잃는다는 것은 생각하기만 해도 끔찍한 일이었다. 이들은 부유한 공장주들이 기술만 허락한다면 모든 노동자를 없앨 정도로 돈에 대해 채울 수 없는 욕구를 가지고 있다고 생각했을 것이다. 그리고 그 생각은 진실이었을지도 모른다.

이런 극단적인 반응은 일반적인 기술에 대한 반응이 아니라, 노동력을 절약하는 기술에 대한 반응이다. 역사 시간에 1949년의 에어컨 대폭동이라는 것을 들어본 적이 없는 이유는 간단하다. 사람들은 인간의 노동을 대체하지 않는 기술적 발명에 대해서는 폭동을 일으키지 않는다.

현대에도 새로운 기술의 결과에 대해 주저하는 경향이 있다. 코닥 카메라는 예술을 파괴할 것으로 예상되었다. 전기에 대한 두려움은 대단히 광범위해서 1891년 벤저민 해리슨Benjamin Harrison 대통령은 하인을 시켜 백악관의 조명을 켜고 끄게 할 정도였다. 그와 그의 가족은 조명을 켜는 스위치에 손도 대지 않았다. 1930년대에 자동차 라디오가 널리 확산되었을 때 사람들이 운전하는 동안 라디오를 만지작거리거나, 라디오에서 흘러나오는 소리에 주의를 빼앗겨서 사고를 일으킬 수 있다는 우려가 있었다. 가치가 있든 없든, 지금의 GMO(genetically modified organism, 유전자 재조합 식품)에 대한 걱정도 이런 불안에서 나타난 것이다.

자동화에 대한 노동자의 실질적인 걱정 외에 이념적인 우려도 존재한다. 칼 마르크스는 기계가 노동자와 반목하는 관계라는 자신의 신념을 이렇게 밝혔다. "노동에 쓰이는 기구가 기계의 형태를 띠면 바로 노동자의 경쟁자가 된다. 영국의 수직기 직공이 점진적으로 사라지는 것보다 더 끔찍한 비극은 역사에서 찾아볼 수 없다." 일부 사람들에게는 같은 활동을 두고 기계와 경쟁하려는 사람들의 생각이 잘못된 것으로 보여질 수도 있다.

노동력을 절약하는 기술이 실제로 일자리의 순손실이라는 결과를 낳는다면, 우리는 지금 매우 곤란한 상황에 있다. AI는 하루가 멀다 하고 획기적인 발전을 이루고 있기 때문이다. 기술 부문에는 매년 이전해보다 많은 특허 결정이 난다. 게다가 지난 몇 년 동안은 매해 전 세계에서 팔리는 로봇의 수가 신기록을 경신했다. 지난 10년 동안 로봇 가격은 4분의 1로 떨어졌고, 다음 10년 동안 4분의 1이 더 떨어질 것으로 예상된다. 그사이 로봇의 품질은 계속 나아질 것이다. 이런 상황이 변할 것이라고 생각할 어떤 이유도 없다. 아마존은 이미 창고에서 제품을 챙기고 배송을 준비하는 1만 5,000대의 로봇을 보유하고 있고, 로봇의 수가 줄어들 것 같지는 않다.

일자리 순손실에 대한 우려에는 이런 단순한 논리가 있다. 세상에는 많은 일자리가 있다. 로봇에게 일자리를 하나 주면 인간에게 돌아가는 일자리 하나가 줄어든다. 하지만 이런 사고방식의 흥미로운 점은 그것이 명백하게 허위라는 데 있다. 지금까지 존재했던 대부분의 일자리는 기술에 의해 대체되었다. 특별한 순서 없이 몇 가지 예를 제시하겠다.

자동차가 발명되었을 때 대부분의 착실한 사람들이 일자리를 잃었다. 양초 제조업자들은 경유 램프가 불을 밝히기 시작하자 직장을 잃었다. 그리 오래지 않은 과거에만 해도 볼링장에서 사람들이 쓰러진 볼링핀을 세우는 일을 했지만, 이들 역시 로봇에 의해 대체되었다. 과거에는 승강기 운전원이 있었다. 어떤 사람이 나타나서 버튼이라는 기술을 발명해 그 일자리를 없앨 때까지 말이다. 한때 전보를 배달하는 사람들이 있었지만, 누군가 전화기를 발명해 이들 모두가 일자리를 잃도록 만들었다. 또 전기 조명이 발명되기 전에는 땅거미가 지면 가로등을 관리하는 사람이 나와 불을 켜고 어둠과 싸우는 본분을 다했다. 한때 얼음을 배달하는 사업도 있었다. 그런데 냉장고의 출현으로 이 업계에 있던 사람들은 실업자 신세가 되었다. 빗자루로 거리를 쓸던 사람들은 그 일을 하는 차량으로 대체되었다.

기술에 의해 일자리를 잃은 사람들에게 어떤 일이 일어났을까? 어쨌든 일자리를 찾지 못한 승강기 승무원들이 갱단이 되었다는 이야기를 들어본 적은 없다. 답은 나와 있다. 일자리를 잃은 사람들은 다른 일을 찾았을 것이다. 이직이 얼마나 힘든 일인지를 과소평가하려는 것이 아니다. 나는 다만 인간이 얼마나 놀라운 존재인가를 강조하려는 것뿐이다. 자연에 서식하는 동물들은 오직 한 가지 유형의 일밖에 하지 못한다. 앞서 이야기했듯이, 내로우 AI도 한 가지 일만 할 수 있다. 하지만 인간의 다재다능함은 거의 무한에 가깝다. 전 세계를 통틀어 가장 활용률이 높은 자원은 인간의 잠재력이다. 우리가 이용할 수 있는 기술이 늘어날수록 우리가 할 수 있는 일은 많아지고 따라서 우리의 임금도 높아질 것이다.

우리는 기술이 특정 부문에서 노동자에 대한 수요를 낮추는 것을 분명히 목격했다. 20세기 100년 동안 농업이 우리의 일자리에서 차지하는 비중은 40%에서 2%로 낮아졌다. 20세기 후반 50년 만에 제조업의 경제 비중은 30%에서 10%로 떨어졌다. 같은 20세기 동안 우리는 새로운 직업이 나타나고 또 사라지는 것을 보았다. 이처럼 직업의 변화는 아찔할 정도이다. 1900년의 노동인구를 2000년의 노동인구와 비교해보자. 현대 경제에 존재하는 직업의 수명은 약 50년 정도이다. 1900년부터 1950년까지 직업의 약 절반이 사라졌다. 그 대부분은 농업 직종이었다. 1950년부터 2000년까지 50년 동안 사라진 직종의 대부분이 제조업이었다. 이런 와해의 대부분(전부는 아닐지라도)은 기술에 의한 것이었다. 기술이 일자리의 절대적인 숫자를 줄였다고 생각하려면 이런 와해가 **모두** 국민총생산이 늘어나고 임금이 상승하는 완전고용 시기에 일어났다는 사실을 설명해야 한다(이런 추세를 거스르는 10년간의 대공황은 기술에 의한 것이 아니라 거시 경제적 영향에 의한 것이었다).

그렇다면 미국의 20세기만 변칙적인 것일까? 이 질문에 대답하려면 미국 밖에서 로봇이 많은 곳과 그렇지 않은 곳을 비교하면 된다. 로봇이 인간을 대체한다면 우리는 많은 로봇이 사용되는 제조업에서 일자리가 감소하는 것을 관찰해야 할 것이다. 하지만 브루킹스 연구소의 마크 무로Mark Muro와 스콧 안데스Scott Andes는 〈하버드 비즈니스 리뷰〉에 이런 글을 발표했다.

로봇의 사용과 제조업의 고용 변화 사이에는 가시적인 관계가 없다. 1993년에서 2007년 사이 독일에는 미국보다 훨씬 많은 로봇이 배치되었다. 그런데 1996년에서 2012년 사이에 줄어든 제조업 일자리의 비율은 미국이 33%인 반면 독일은 19%에 불과했다.

이어 무로와 안데스는 이탈리아, 한국, 프랑스도 미국보다 많은 로봇을 사용했지만 제조업 일자리의 감소율은 미국보다 낮았다는 점을 지적했다. 이 스펙트럼의 다른 끝에는 영국과 오스트레일리아 같은 나라들이 있다. 이들은 미국보다 로봇에 덜 투자했지만, 제조업 일자리가 줄어드는 비율은 더 컸다. 로봇이 제조업 일자리를 줄이는 것이 아니라 늘린다는 것은 생각만큼 놀라운 일이 아니다. 업계가 효율성을 따진다면 가격은 내리면서 품질은 향상시킬 수 있다. 낮은 가격과 높은 품질은 더 많은 생산을 유도하고 따라서 일자리를 늘리는 효과를 낸다.

기술은 노동자를 대체하는 것이 아니라 노동자를 증가시킨다. MIT의 경제학 교수 데이비드 아우터David Autor는 사실상 기술이 할 수 있는 일은 그다지 다양하지 않다고 주장한다.

컴퓨터로 대체되지 못한 일들은 보통 컴퓨터를 통해 보완된다.

(…) 대부분의 작업 절차에는 노동과 자본, 두뇌와 체력, 창의력과 기계적인 반복, 전문적 기술과 직관적 판단, 땀과 영감, 규칙의 고수와 재량의 신중한 적용 등 일련의 다면적 요소가 필요하다.

그는 기술을 이용해서 작업 일부를 자동화시키는 것은 언제나 기계가 할 수 없는 과제의 가치를 높인다고 주장한다. 기술을 통해서 전체 작업의 가치가 높아지기 때문이다.

하버드 대학의 경제학자 로렌스 카츠도 이와 동일한 견해를 가지고 있다. 그는 역사에서 기술로 인한 어떤 종류의 일자리 순손실도 찾아볼 수 없다고 주장한다. 그는 〈MIT 테크놀로지 리뷰〉에서 "일자리는 결코 사라진 적이 없다. 장기적으로 볼 때 인간들이 할 일이 사라지는 추세는 존재하지 않는다. 장기적 관점에서 취업률은 상당히 안정적이다. 사람들은 항상 새로운 일자리와 할 일들을 만들어냈다."라고 말했다.

물론 신기술이 일자리를 직접 없앤 경우도 있지만, 역사는 이 신기술이 사라진 일자리를 대신할 또 다른 일자리를 만들어낸다는 사실을 보여준다. 이런 연결이 눈에 잘 띄지 않을 때도 있다. 현재 뒤셀도르프 공항은 로봇 대리 주차 서비스를 제공한다. 버튼을 누르면 거대한 기계가 차를 들어 올려 수직 차고에 집어넣는다. 새로운 직업은 생겼지만 그 일자리가 공항에 있는 것은 아니다. 공장에서 주차 로봇을 만드는 새로운 일자리에 아마도 대리 주차보다 높은 임금을 주고 사람을 고용할 것이다. 따라서 이 기술은 보수가 높은 새로운 일자리를 만든 셈이다.

대리 주차와 같이 기계가 대체한 일들에 대해 당신은 어떻게 생각하는가? 이론상 기계가 할 수 있는 일을 생각해보라. 인간에게 그 일을 하게 하는 것은 문자 그대로 '비인간적'인 처사이다. 그것은 인간에게 줄 수 있는 최악의 일이며 "당신은 이 일을 할 수 있는 기계를 만들 때까지 잠시 대역을 하는 거야."라고 말하는 것과 같다. '지루함'이라는 단어는 우리가 공장을 갖게 되면서 만들어졌다. 사실 이 단어는 디킨스의 소설《황폐한 집》에 처음 등장했다. 공장에는 인간성을 말살시키는 일로 가득하다. 디킨스가 끝없이 반복적이고 따분한 일의 결과를 의미하는 단어를 만들어야 했던 이유가 여기에 있다. 로봇들은 지루함을 느끼지 않는다. 그리고 인간은 더 나은 대우를 받을 자격이 있다. 하지만 세상에는 분명 그런 일이라도 하고 싶어 하는 최소 10억 명의 사람들이 있다. 어떤 일이라도 환영할 만큼 굶주린 상태에 있는 사람들 말이다. 그렇다 해도 인류의 장기적인 목표는 그런 일들은 기계에 맡기고 사람들은 그들만이 할 수 있는 더 나은 일을 하도록 만드는 것이다.

때문에 기술이 노동자에 대한 수요를 없앨 것이라는 생각은 하기 어렵다. 거기에 이르려면 "이 시대는 다르다."라는 확고한 전제가 있어야 한다. 이 문제도 곧 다룰 것이다.

전제 2: 일자리가 너무 빨리 사라질 것이다.

'일자리가 너무 빨리 사라질 것'이라는 주장도 역사가 길다. 1930년에 경제학자 존 메이너드 케인스John Maynard Keynes는 이렇게 말했다.

"우리는 새로운 질병에 피해를 입고 있다. 그것은 '기술적 실업techno-logical unemployment'이다. 이는 인간의 노동을 절약하는 수단을 발견함으로 인해 실업이 늘어나는 속도가 노동의 새로운 용도를 발견하는 속도보다 빠르다는 것을 의미한다."

1978년에 〈뉴 사이언티스트〉 역시 이런 우려를 표현했다.

가장 흔하게 논의되는 기술과 고용 기회 사이의 관계는, 기술이 노동을 절약시켜서 취업 기회를 없애는(실제적으로 일자리를 없애지는 않을지라도) 경향이 있다는 것이다.

1995년에도 이것이 문제의 핵심이었다. 데이비드 F. 노블David F. Noble은 《사람 없는 진보Progress without People》에서 이렇게 말했다.

컴퓨터를 이용하는 제조, 로봇공학, 컴퓨터 재고관리, 자동전화 교환기, 현금 지급기, 전기통신 기술 등은 사람을 대체하고 고용주가 인건비, 외주, 사업 지역을 줄일 수 있게 하는 데 사용되어 왔다.

지금은 어떤가? 새로운 기술이 지금의 일자리를 빠르게 없애게 될까? 많은 연구들이 이 질문에 대한 직접적인 답을 찾고자 노력해왔다. 그중 가장 뛰어나고 가장 많이 인용되는 것은 옥스퍼드 대학 칼 베네딕트 프레이Carl Benedikt Frey 교수와 마이클 오즈번Michael A. Osborne 교수가 2013년에 발표한 '고용의 미래The future of employment'라는 제목의 보고서다. 72쪽 분량의 이 보고서에서 언론이 가장 자주 언급하는 것은 "미국 전체 고용의 약 47%가 위험한 상태."라는 표현이다. 이보다 자극적인 말이 있을까? 흥미진진하고 충격적인 헤드라인을 만들려는 의도가 있었음이 분명하다. 모든 뉴스 매체가 "20년 내에 미국 일자리의 절반이 컴퓨터로 대체될 것이다."라고 외쳐댔다.

정말로 20년 내에 모든 일자리의 절반이 없어진다면, 〈뉴욕 타임스〉는 1969년 "인간이 달에 발을 내딛다."라는 헤드라인을 냈을 때 사용했던 거대한 활자만큼의 비중을 두고 이 이야기를 1면에 실어야 할 것이다. 하지만 실제로 프레이와 오즈번이 쓴 내용은 그것과 달랐다. 보고서의 말미에 그들은 이 연구를 진행하면서 사용한 방법론의 한계를 400자에 걸쳐서 설명했다. "우리는 실제로 얼마나 많은 일자리가 자동화될지 측정하려는 어떤 시도도 하지 않았다. 컴퓨터화의 실제 범위와 속도는 우리가 고려하지 않은 여러 추가적인 요인들에 의해 결정될 것이다."

그렇다면 왜 47%라는 것일까? 그들은 일자리의 47% 내에서 일부 과제들이 자동화될 것이라고 말했다. 여기에는 그렇게 끔찍하게 충격적인 부분이 전혀 없다. 대단히 많은 일에 속한 과제들이 자동화되어 있기 때문이다. 그렇다고 일자리가 사라지지는 않는다. 그저 일이 달라질 뿐이다. 프레이와 오즈번은 예를 들어 사회과학 연구 조교, 대기 과학자 및 우주과학자, 약국 조수 같은 직업의 경우 컴퓨터로 대체될 가능성이 65% 이상이라고 말했다. 이것이 무슨 의미일까? 사회과학 교수들은 더 이상 연구 조교를 두지 않을 것이라는 뜻일까? 연구 조교가 사라지지는 않을 것이다. 다만, 지금 하는 일의 많은 부분이 자동화되면서 연구 조교는 지금까지와는 다른 일을 하게 될 것이다. 우주과학자가 더 이상 존재하지 않게 되는 것일까? 약사들도 더 이상 그들을 돕는 조수를 두지 않게 되는 것일까?

프레이와 오즈번은 이발사가 하는 일이 AI나 로봇으로 대체될 가능성이 80%라고 말한다. 일이 자동화될 가능성이 90%인 직업의 범주에는 여행 가이드와 목수의 조수가 있다.

일의 일부가 자동화된다고 해서 직업이 사라지는 것은 아니다. 목수의 조수가 하는 일의 일부는 자동화되겠지만, 목수의 조수라는 직업이 사라지지는 않는다. 다만 일이 변화할 뿐이다. 건축가에서 동물학자에 이르기까지 거의 모든 사람들의 일도 마찬가지다. 아이폰이 여행 가이드의 역할을 하겠지만, 그렇다고 여행 가이드가 사라지지는 않는다.

'고용의 미래'의 서문을 읽어본 사람이라면 알고 있을 것이다. 프레이와 오즈번은 대단히 솔직했다. 그들은 이런 말도 적었다.

우리는 인간의 노동 시간을 확보해 다른 과제를 수행하기 위한 컴퓨터화의 결과로 직업 내부에 발생하는 변화는 포착하지 않는다.

OECD는 2016년 프레이와 오즈번의 보고서를 정면으로 반박하는 보고서를 발표했다. '자동화에 따른 OECD 국가 간 일자리 위험 비교 분석'이라는 제목의 이 보고서에서 '전체 직종' 방법론을 적용해 자동화에 의해 사라질 일자리의 비율이 9%라고 계산했다. 경제로서는 매우 정상적인 교반 상태이다.

2015년 말, 맥킨지 앤 컴퍼니McKinsey & Company는 OECD 보고서와 비슷한 결론의 '일자리 자동화의 4가지 기본 원칙'이라는 보고서를 발표했다. 이 보고서에는 "이미 입증된 기술을 이용해 직업 활동의 45%를 자동화시킬 수 있다는 것이 최종 결론이다."라고 적혀 있다. 충분히 예상할 수 있듯이, 이런 결론은 "기존 기술로 일자리의 45%가 사라진다."라는 표현으로 탈바꿈되어 보도되었다. 이 보고서에 대한 좀 더 깊이 있는 설명은 매체의 고려 대상이 아니었다.

직업에 초점을 맞추는 것이 오해를 가져올 수 있다는 점을 밝힌 사실은 다른 무엇보다 중요한 연구 결과이다. 중·단기적으로 직업 전체의 자동화가 예상되는 직종은 극히 소수이다. 특정 직종은 비즈니스 절차 전체에 변화가 필요해 자동화의 가능성이 높을 것이고, ATM의 출현으로 은행원의 일이 재정의되었듯이 사람들에 의해 수행되는 직종이 재정의될 것이다.

"일자리의 47% 혹은 45%가 사라질 것이다."라는 해석은 진실과는 거리가 멀다. 인간은 감히 짐작하기도 어려운 놀라운 기술을 가지고 있다. 비록 전문적인 교육을 받지 않은 사람일지라도 말이다. 프레이와 오즈번의 목록 가장 위에 있는 직종 2개를 자세히 살펴보면 즉석요리 조리사와 웨이터이다. 두 직업의 자동화 가능성은 94%이다.

당신이 조리사 한 명과 웨이터를 두고 피자 가게를 운영한다고 가정해보자. 말솜씨가 좋은 로봇 방문판매 영업사원이 당신에게 로봇 2대를 팔았다. 하나는 피자를 만드는 로봇이고, 하나는 주문을 받아 피자를 테이블까지 가져다주는 로봇이다. 이제 당신은 식품 보관 용기에 적절한 재료를 미리 채워두고 버뮤다로 여행을 떠나면 된다. 20개 언어를 이해하는 로봇 웨이터는 놀라운 정확도로 주문을 받고 "이 피자 절반과 저 피자 절반."에 "소스는 적게."라는 특별한 요청도 오류 없이 처리한다. 주문이 피자 로봇에게 전달되면 로봇은 빠르고 일관되게 피자를 만든다. 그러나 그 외 예측하지 못한 상황이 발생한다면 어떻게 될까? 로봇들이 일하는 첫날 어떤 일이 벌어질지 상상해보자.

한 손님이 음료를 쏟았다. 로봇들은 흘린 음식물을 청소하는 법을 배운 적이 없다. 이것은 로봇에게 놀라울 정도로 복잡한 과제이기 때문이다. 프로그래머는 이런 일이 일어나리란 것을 알고 있지만, 무엇이 쏟아지고 어디에 쏟아질지에 대한 순차적인 조합은 처리하기가 매우 어렵다. 그들은 장래에 이런 기능을 포함시키기로 약속하고, 한동안은 고객에게 청소 용품이 어디에 보관되어 있는지 안내하는 프로그램을 설치하기로 했다.

깽깽거리는 작은 강아지가 뛰어 들어오는 바람에 웨이터 로봇이 이동하다 넘어졌다. 스스로 일어나는 법을 모르는 로봇은 "나는 넘어져서 일어날 수 없다."라는 프로토콜을 작동시킨다. 누군가가 로봇이 일어서는 것을 도와줄 때까지 점점 필사적인 어조로 이 문장을 반복할 것이다. 이 문제에 대해 묻자 프로그래머는 퉁명스럽게 "그것도 목록에 있습니다."라고 답한다.

슈레드 치즈에 구더기가 들어갔다. 구더기가 들어간 피자가 손님들에게 그대로 제공되었다. 모든 로봇은 피자에 만족하지 못한 손님들에게 다시 만들어주라는 훈련을 받았다. 더 많은 구더기가 들어갔다. 하지만 로봇은 구더기가 무엇인지조차 모른다.

착한 보이스카우트 소년들이 가게에 들어와 지붕 위로 솟아오른 파이프에서 연기가 나는 것이 정상이냐고 묻는다. 그러면서 이전에는 파이프에서 연기가 나는 것을 본 적이 없다고 말한다. 그게 정상인지 로봇이 어떻게 알겠는가?

짓궂은 소년 2명이 들어와 '도우가 없는 피자'를 주문한다. 로봇이 주문대로 피자를 만들다가 오븐을 엉망으로 만드는지 확인해보고 싶은 것이다. 다음으로 그들은 도우의 양이 2배에 소스도 정량의 20배인 피자를 주문한다. 두 아이 모두 리처드 닉슨Richard Nixon 대통령 가면을 썼기 때문에 문제 있는 손님의 사진을 촬영하는 프로토콜은 쓸모없었고, 프랜차이즈 전체가 리처드 닉슨의 출입을 금한다.

한 손님이 페퍼로니가 목에 걸려 숨이 막히기 시작했다. 그 손님이 무언가를 주문하려 한다고 생각하는 로봇은 계속해서 주문을 다시 말해달라고 요청한다. 손님은 결국 테이블에서 목숨을 잃는다. 30분 동안 그 손님이 움직이지 않는 것을 감지한 로봇은 반복해서 '잠이 든 손님' 프로토콜을 작동시킨다. 계속해서 "손님, 죄송합니다만 일어나 주십시오."라고 말하며 손님을 쿡쿡 찌르는 것이다.

그다음 소방서장이 지붕 위의 파이프에서 이전에 보지 못한 이상한 연기가 나는 것을 보고 나타난다. 구더기가 우글거리는 피자와 로봇이 숨진 손님을 계속 쿡쿡 찌르고 있는 것을 발견한 그는 가게를 폐쇄한다. 당신은 아직 버뮤다행 비행기를 타지도 못했는데 말이다.

이 시나리오는 시작에 불과하다. 로봇 웨이터와 로봇 요리사가 하지 못하는 이 웃지 못할 일들은 인기 시트콤 드라마의 크리스마스 특별판 소재로 쓰이고도 남는다. 기술 수준이 낮은 노동자가 로봇이 대체할 수 있는 쉬운 표적이라고 생각하는 사람들은, 모든 인간이 대단히 다재다능하다는 것을 모른다. 가장 발전한 전자기기라고 해도 그것이 조금 미화된 토스터 오븐에 지나지 않는다는 것을 모르고 있는 것이다. 기술이 그 어느 때보다 빠르게 발전할 것은 분명하지만, 기술의 본질이 200년 동안 이어진 완전 고용에 가까운 상태와 임금의 지속적인 상승을 막을 만큼 달라질 것 같지는 않다. 어떤 의미에서는 기계화, 전기, 증기기관이 노동에 끼친 영향만큼의 영향력을 가진 기술은 존재하지 않는다는 것이다. 기계화, 전기, 증기기관은 엄청난 혼란을 초래하긴 했지만, 노동자와 경제 모두에 커다란 이익을 가져다주었다.

전제 3: 새 일자리가 빠른 시간 안에 충분히 만들어지지 않을 것이다.

이제는 이런 이야기가 놀랍지도 않겠지만 "새로운 일자리를 빠른 시간 안에 충분히 만들지 못할 것이다."라는 주장도 상당 기간 이어져 왔다. 1961년 〈타임〉에는 이런 글이 실렸다. "많은 직업 전문가들은 자동화로 인해 새로운 일자리가 충분히 만들어지지 못할 것이라는 점을 걱정하고 있다. 오늘날 새로운 업계에는 자동화에 의해 일자리를 빼앗긴 단순노동 직원들을 위한 일자리가 거의 없다." 이것이 지금도 유효한 문제일까? 새로운 일자리가 등장하는 속도가 떨어지지는 않을까? 나는 그렇게 생각지 않는다.

2016년 스위스 다보스에서 열린 세계경제포럼은 다음과 같은 보고서를 발표했다.

여러 업계와 국가에서 현재 수요가 가장 많은 직업이나 전문직은 10년, 아니 5년 전까지만 해도 존재하지 않았던 것들이다. 변화의 속도는 더 빨라질 전망이다. 일반적인 추정에 의하면, 현재 초등학교에

입학하는 어린이의 65%는 아직 등장하지도 않은 완전히 새로운 유형의 직종에 종사하게 될 것이다.

여기에 대해 생각해보자. 보고서에 따르면 초등학생의 3분의 2는 의사, 변호사, 건축가와 같은 직업을 갖지 않을 것이라는 주장이다. 3분의 2라는 숫자가 너무 많을지 모르지만 지금으로선 정확한 숫자를 알 방법은 없다. 하지만 수많은 컴퓨터를 연결하고 HTTP 같은 공통의 프로토콜을 이용해서 소통할 수 있게 하면 구글, 페이스북, 트위터, 알리바바, 아마존, 바이두, 이베이, 엣시 등의 형태로 **수조** 달러의 부를 만들어낼 수 있을 것이라는 생각을 누가 해보았겠는가? 그렇게 간단해 보이는 일이 세상을, 그리고 그 안에서 벌어지는 모든 일을 변화시킬 줄 누가 짐작이나 했겠는가?

매사추세츠 공과대학의 데이비드 아우터 교수는 우리가 새로운 일자리를 충분히 만들어내지 못할 것이고, 그 때문에 사람들이 쓸모없어질 것이라고 생각하는 사람들에 대해서 이렇게 말한다.

자칭 현자라는 이들은 사실 "내가 미래에 사람들이 어떤 일을 할지 생각해낼 수 없다면 당신도, 나도, 우리 아이들도 생각해내지 못할 것."이라는 말을 하고 있는 것이다. 나는 인간의 독창성을 두고 그런 장담을 할 만한 배포가 없다.

전설적인 기업가이자 기술 전문가인 마크 안드레센Marc Andreessen도 아우터의 생각에 동의한다.

나는 로봇이 모든 일자리를 빼앗을 것이라고 생각지 않는다. 그 이유는 이렇다. 먼저 로봇과 인공지능은 일부 사람들이 두려워하는 만큼 강력하지도 정교하지도 않다. (…) 지금부터 수십 년이 흘러 로봇과 인공지능의 능력이 훨씬 더 좋아진다고 해도 그들은 하지 못하고 사람들만이 할 수 있는 일은 여전히 많을 것이다. (…) 우리 대부분이 100년 전에는 존재하지도 않았던 직업을 가지고 있는 것과 마찬가지로, 100년 후에도 상황은 같을 것이다. 우리는 그런 직업이 어떤 것이 될지 모른다. 하지만 나는 그런 직업이 엄청나게 많을 것이라는 점을 확신할 수 있다.

일자리의 소멸이 확연하고 눈에 잘 띄기 때문에, 새로 만들어지는 일자리보다 사라지는 일자리가 많은 것처럼 느껴진다. 폭스콘이 한 공장에서 6만 명의 노동자를 로봇으로 바꾸었을 때 그 사건은 신문 1면과 사설란을 점령했다. 아디다스가 오로지 로봇만이 있는 신발 공장을 만들자 그 이야기가 날개 돋친 듯 퍼져나갔다. 그렇지만 진짜는 이런 사건들이 유발한 2차 효과에 있다. 예를 들어 나는 구글 번역기가 사람들을 일자리에서 몰아낼 기술의 주된 사례라는 말을 종종 듣는다. 추론하면 이렇다. 과거에는 서류를 번역해줄 사람이 필요했다. 그러나 이제는 그렇지 않다. 그것이 이야기의 전부는 아니다. 강력한 기술로 인해 다언어 간 사업 거래가 더 매끄럽게 이어지게 되었다. 인간 번역가의 더 정교한 번역이 필요한 계약서와 서류들이 전보다 많아졌기 때문에 오히려 더 많은 번역가가 필요해졌다. 더욱이 번역가는 기업이 함께 일하고 있는 사람들의 문화적 차이를 이해하도록 도우며 자신이 하는 일을 확장할 것이다. 이 모든 것은 구글 번역기가 없다면 일어날 수 없는 일들이다. 그래서 미국노동통계국BLS은 2024년까지 통역가와 번역가의 고용이 오히려 29% 증가할 것으로 내다보고 있다.

전제 4: 단순노동에 배치되었던 노동자들이 가장 먼저 일자리를 빼앗길 것이다.

전제 5: 미래에는 단순노동을 해왔던 노동자들의 일자리가 충분치 않을 것이다.

단순노동에 배치된 노동자들이 가장 먼저 일자리를 빼앗길 것이고, 그들의 일자리가 충분치 않을 것이라는 전제는 어느 정도 타당하지만, 단서가 필요하다. 일자리가 자동화로 대체될 가능성이 얼마나 되는지 따질 때, 대체 후 그 직종에 지급되는 임금이 낮을수록 자동화될 가능성이 높아진다. 이 현상으로부터 저임금 일자리는 단순노동 일자리라는 추론이 도출된다.

물론 항상 그렇지는 않다. 로봇의 눈으로 보면 CT 스캔을 분석하는 고도로 훈련된 방사선과 의사와 웨이터 중 어떤 일자리가 더 많은 기술을 요구할까? 깊이 생각할 것도 없이 웨이터다. 웨이터의 일에는 상한 고기를 구별하는 일부터 아기가 토한 것을 치우는 일까지 수백 가지 기술이 필요하다. 하지만 우리는 이런 일들을 당연한 것으로 취급하기 때문에 그렇게 어렵다고 생각지 않는다. 로봇이 보기에 웨이터의 일에 비하면 방사선 기사의 일은 누워서 떡 먹기다. CT 사진 분석은 데이터가 들어오면 확률을 출력하는 것이 전부니까 말이다.

이런 현상은 증거가 많은 사실이라 '모라벡의 역설Moravec paradox'이라는 이름까지 가지고 있다. 로봇을 연구하는 미래학자 한스 모라벡Hans Moravec은 컴퓨터가 '쉬운' 일보다 어렵고 지적인 일을 더 쉽게 한다는 것을 알아차린 사람 중 한 명이다. 컴퓨터가 보기에 개가 찍힌 사진과 고양이가 찍힌 사진을 구분하는 것보다 체스로 할머니를 이기는 것이 더 쉽다.

웨이터의 일은 방사선과 의사의 일보다 적은 대가를 받는다. 요구되는 기술이 적기 때문이 아니라 웨이터에게 필요한 기술들은 쉽게 익힐 수 있는 반면, CT 스캔 사진을 분석하는 기술은 비교적 어렵고 그런 능력을 지닌 사람도 비교적 적기 때문이다. 이렇게 따지면 자동화의 영향을 저임금 노동자가 압도적으로 많이 받는 것은 아니다. 패스트푸드점에서 주문을 받는 사람은 키오스크로 대체되겠지만, 밤에 식당을 청소하는 사람은 대체되지 않을 것이다. 자동화가 영향을 주는 일자리는 임금 스펙트럼 전체에 분산될 것이다.

앞서 말한 것처럼, 자동화가 임금이 낮거나 배우기 쉬운 기술을 지닌 일자리를 없애고 새로운 고임금·고도화 기술을 지닌 일자리를 만들 것이라는 우려가 광범위하게 퍼져 있다. 이 논리에 의하면 자동화는 유전학자 같은 새로운 '고급' 일자리를 만들고, 창고 노동자 같은 단순노동 일자리는 없앤다는 것이다. 그렇다면 이런 상황으로 인해 돈벌이가 되는 일자리를 구하지 못하는 거대한 빈곤 계층이 생기게 될까?

당신은 주로 이런 식의 분석을 들을 것이다. "새로운 일자리는 대부분 단순노동에 배치된 노동자가 할 수 없는 복잡한 일이다. 만일 새로운 로봇이 창고 노동자를 대체하면 미래의 세상이 필요로 하는 창고 노동자는 1명 줄어들 것이다. 이때 유전학자가 필요하다고 한들 창고 노동자가 무슨 일을 할 수 있을까? 과연 창고 노동자에게 유전학자의 일을 새로 배울 만한 시간과 돈, 자질이 있을까?"

창고 노동자는 유전학자가 되지 않는다. 실제로는 이런 일이 일어난다. 한 대학의 생물학 교수가 새로운 유전학자가 된다. 고등학교 생물 선생님이 대학에 일자리를 얻는다. 초등학교의 임시직 교사가 고등학교 교사가 된다. 실직한 창고 노동자는 초등학교 임시직 교사가 된다. 이것이 바로 진보다. 위에서 새로운 일자리가 만들어지면 모두가 한 계단씩 올라간다. 그러므로 "창고 노동자가 유전학자가 될 수 있는가?"가 아니라 "모두가 현재 하고 있는 일보다 조금 더 어려운 일을 할 수 있는가?"라고 질문해야 한다.

이에 대한 답이 "그렇다."라면(나는 단연코 그렇게 믿고 있다) 맨 위에서 새로운 일자리들이 만들어져서 모두가 성공의 사다리를 한 단계씩 올라갈 기회를 얻는 것은 누구나 바라는 그림이다.

예상 시나리오 3: 기계는 어떤 일자리도 빼앗지 않는다.

세 번째 예상 시나리오는 기계들은 어떤 일자리도 빼앗지 않으며 우리는 근본적으로 완전 고용 상태를 유지한다는 것이다. 이 주장에 동조하는 사람들이 가지고 있는 전제는 두 번째 시나리오에 동조하는 사람들의 전제와 공통되는 부분이 많을 것이다. 이원론자들은 '자신'을 창발적인 소유물이나 영혼, 즉 기계적으로 재생산하기 힘든 어떤 존재로 여기는 사람들처럼 이 견해에 바로 동조한다. 이 세 번째 주장은 인간이 동물과 기계와는 다른 존재이며, 따라서 동물이나 기계가 복제할 수 없는 기술을 가지고 있다는 생각을 기반으로 한다. 이 세 번째 입장이 주장하는 이야기를 살펴보자.

기계가 인간의 일자리를 빼앗지 못하는 데는 3가지 이유가 있다. 첫째, 기계가 앞으로도 할 수 없는 혹은 기계가 하기를 바라지 않는, 기계가 하는 것이 경제적이지 못한 다양한 일들이 존재한다. 대부분의 일에는 최소한 수백 년간은 컴퓨터가 절대로 가질 수 없는 창의력과 공간 능력 같은 수십 가지 기술이 필요하다. 공상과학 영화나 소설에 등장하는 로봇들은 이런 기술을 보유하고 있다. 하지만 제정신인 사람이라면 자신의 스마트폰이 단 몇 년 안에 인간만큼의 지능을 갖추고 동기부여 강사에서 발레리나까지 인간이 하는 모든 일을 할 수 있게 될 것이라고는 믿지 않을 것이다. 컴퓨터는 에이전시나 도와줄 만한 존재가 없다. 그들은 어느 때보다 복잡한 프로그램을 돌리고 놀라운 일들을 하지만 인간과 같은 유형의 존재가 아니다. 둘째, 그럼 컴퓨터가 인간이 하는 모든 일의 80%를 할 수 있다고 가정해보자. 그렇다고 해도 우리가 일자리를 잃게 되지는 않을 것이다. 사람들은 언제나 자신이 제공하는 서비스나 자신들이 만드는 물건을 팔 방법을 알아내서 곧바로 일을 만든다. 따라서 일자리의 수는 무제한적이며 사실상 기술은 사람들이 더 좋은 일자리를 더 많이 만들도록 더 많은 권한을 부여한다. 일자리의 수가 고정되어 있고 로봇이 그 안에 포함된 일자리를 하나씩 없앨 것이라는 오해에서 비롯된 '노동 총량의 오류'라는 이름이 있다. 하지만 실제로는 무제한적인 일자리가 있을 것이다. 외부의 힘이 아닌 인간의 정신이 일자리를 만들어내기 때문이다.

셋째, 로봇이 모든 일을 하고 인구 전체에 임금이 공평하게 분배되어서 아무도 일을 할 필요가 없다 해도 대부분의 사람들은 일하는 쪽을 선택할 것이다. 자, 이제 이 3가지 이유, 즉 기계가 인간의 일자리를 빼앗지 않는다는 논거를 뒷받침할 만한 3가지 전제들을 좀 더 자세히 살펴보자.

전제 1: 기계가 할 수 없는 많은 일들이 있다.

기계가 할 수 없는 일들이 많다는 전제는 가설에 불과하다. 지금 확실하게 말할 수 있는 것은 현재 기계들이 할 수 없는 일들이 있다는 점이다. 그렇다면 미래에는 어떨까? 이 질문은 3부와 4부에서 좀 더 자세히 다루도록 하자.

전제 2: 사실상 일자리는 무궁무진하다.

1940년에는 미국 여성의 약 25%만이 노동인구에 속해 있었다. 그러나 겨우 40년이 흐른 1980년에 그 비율은 50%가 되었다. 그동안 3,300만 명의 여성이 노동시장에 진입한 것이다. 이 많은 일자리는 어디에서 생겼을까? 물론 초반에는 많은 일자리가 전쟁 때문에 생겨난 것이었지만 여성들은 전쟁이 끝난 뒤에도 계속해서 노동시장에 뛰어들었다. 만일 당신이 1940년대 경제학자인데 1980년까지 3,300만 명의 여성이 일자리를 얻게 될 것이라는 말을 들었다고 하자. 그렇다면 '동일한 일자리 수'를 두고 훨씬 많은 사람이 경쟁해야 해서 실업률은 그만큼 높아지고 임금은 훨씬 낮아질 것이라고 예상했을 것이다.

1940년에 제너럴 모터스GM가 진짜 인공지능을 장착한 로봇을 발명했고, 그 후 40년간 3,300만 대의 로봇을 제조했다고 상상해보라. 사람들은 아마도 로봇이 일자리를 모두 빼앗아갈 것이라고 공포에 떨었을 것이다.

실업률은 경제의 정상적인 변동 범위 밖으로 나간 적이 없다. 그래서 어떤 일이 벌어졌는가? 노동인구를 수용할 자리에 많은 사람이 투입되면서 3,300만의 사람들이 일자리를 잃었고, 일자리를 구하려고 바닥치기 경쟁을 하느라 실제 임금이 하락했는가? 아니다. 고용률과 임금에는 변동이 없었다.

2000년에 로봇 주식회사Robot Inc.는 엄청난 기술적 혁신으로 미국인 노동자와 같은 정신적, 신체적 능력을 가진 AI 로봇을 만들었다. 이런 혁신에 힘입어 로봇 주식회사는 벤처 자금을 조달하고 중서부의 거대한 로봇 도시에 이 로봇 1,000만 개를 만들어두었다. 미국인 노동자를 구하는 데 드는 비용의 극히 일부로 로봇을 고용할 수 있게 됐고, 2000년부터 비용 절감을 원하는 미국 기업들이 이 1,000만 대의 로봇을 고용해왔다. 그렇다면 이것은 지금의 미국 경제에 어떤 영향을 주었을까? 추측이 필요치 않다. 이 설정이 임금은 낮지만 교육 수준은 높은 다른 국가에 일을 외주하는 관행과 일치하기 때문이다. 1,000만이라는 것은 2000년부터 해외로 빠져나간 일자리의 수를 가장 보수적으로 계산한 추정치이다. 하지만 2000년의 실업률은 4.1%였고 2017년의 실업률은 4.9%였다. 그 기간 동안 실제 임금은 하락하지 않았다. 이 1,000만 대의 '로봇'이 임금을 낮추지도 실업률을 높이지도 않은 이유는 무엇일까? 이 의문을 파헤쳐보자.

지난 2,000년 동안 미국은 거의 완전 고용에 가까운 상태를 유지했다. 대공황 때를 제외하면 실업률은 내내 3~10% 사이에서 움직였다. 그 숫자가 계속 상승하거나 감소한 적은 없었다. 1850년 미국의 실업률은 3%, 1900년은 6.1%, 1950년은 5.3%였다.

이제 거대한 저울을 상상해보자. 정의의 여신이 들고 있는 것과 같은 옛날식 저울을 말이다. 저울의 한 편에는 양초 제조업자, 마부, 전신 기사 등 기술에 의해 사라지거나 줄어든 모든 직종을 올린다. 저울의 반대편에는 웹 디자이너, 유전학자, 동물 심리사, 소셜 미디어 관리자와 같은 새로운 직종을 올린다. 저울의 균형이 무너지지 않는 이유는 무엇일까? 일자리의 수가 기술적 혁신이나 오프쇼어링*, 기타 독립적인 요인들에 의해 혼자서 변동하는 것이라면, 수백만 개의 일자리가 그것을 채울 사람이 없어서 남아도는 시기는 왜 겪어본 적이 없는 것일까? 또 수백만 명의 사람들이 일자리가 없어서 남아도는 시기는 왜 겪어본 적이 없는 것일까? 다시 말해 실업률은 그런 좁은 범위 안에서 머무르는 것일까? 그 범위의 극단으로 이동하는 경우 그것은 일반적으로 경제의 거시적 요인 때문이지, 500만 개의 일자리를 만들어내거나 없애는 어떤 것의 발명 때문이 아니다. 휴대용 계산기가 발명되면 수백만 명이 일자리를 잃어야 하는 것인가? 그렇다면 조립 라인의 발명은 어떤가? 그것이 노동시장을 뒤엎었는가?

조금만 생각해보아도 실업률에 큰 변화가 없는 이유를 설명할 수 있다. 다음 소개하는 5가지 거대한 기술적 혁신이 내일 당장 이루어진다

---

* offshoring, 아웃소싱의 한 형태로, 기업들이 경비를 절감하기 위해 생산·용역 그리고 일자리를 해외로 내보내는 현상.

고 해보자. 그리고 각각의 혁신이 일부 일자리를 없애 소비자들로 하여 금 돈을 아끼게 해준다고 생각해보자.

새로운 나노 기술 스프레이가 시장에 나온다. 가격은 몇 센트에 불과하지만 옷을 드라이클리닝 할 필요가 없어졌다. 보통의 미국 가정이 라면 한 해에 550달러를 절약할 수 있다. 모든 드라이클리닝 업자들은 사업을 접었다.

크라우드 펀딩을 기반으로 한 신생 기업이 벽에 달린 콘센트에 코드 를 꽂으면 음식 찌꺼기를 전기로 바꾸어주는 장치를 시장에 내놓았다. '스크랩트리시티Scraptricity'라는 이 장치는 새로운 녹색 에너지 열풍을 일으켰다. 이 장치 덕분에 가정에서는 한 해에 100달러의 전기료를 아 낄 수 있다. 곧 재래식 에너지 부분의 직원 해고가 뒤따랐다.

디트로이트의 한 신생 업체가 자동차 회사들을 겨냥해 자동차의 연 료 효율을 10% 높이는 AI 컴퓨터 제어 장치를 내놓았다. 일반 가정의 경우 주유에 드는 비용을 연간 200~2,000달러 절약할 수 있다. 이로 인해 주유소와 정제 공장의 일자리가 줄어들었다.

기밀 스타트업 하나가 스마트폰 부가 장치를 발표했다. 이 장치에 숨 을 불어넣으면 감기와 독감의 차이를 구분하고 바이러스와 박테리아 감염, 패혈증, 인두염까지 구별해준다. 대단히 성공적인 이 부가 장치 덕분에 의사를 찾아가야 하는 경우가 1년에 한 번씩 줄어들면서 자기 부담금 75달러를 아낄 수 있게 되었다. 하지만 그로 인해 전국에 있는 예약이 필요 없는 진료소에 일자리가 줄어든다.

1시간 동안 햇빛을 받게 하면 재충전이 되는 고품질의 AA와 AAA 배

터리가 출시되었다. 생태학적 혁신으로 여겨지는 이 배터리는 곧 일회
용 배터리 시장을 대체했다. 가정에서는 한 번 사용하고 폐기하는 건전
지에 드는 비용 연간 75달러를 절약하고 있다.

 기술은 이런 와해를 초래한다. 지난 몇 년 동안만 해도 우리는 수천
건의 상황을 목격했다. 우리는 DVD를 덜 사고 그 돈을 디지털 스트리
밍에 사용한다. 우리가 구입하는 디지털 카메라의 수효는 매년 두 자릿
수로 떨어지고 있다. 우리는 그 돈을 스마트폰에 사용한다. 미국의 경
우 종이 전화번호부 광고에 들이는 돈이 1년에 10억 달러씩 감소하고
있다. 기업들은 그 돈을 다른 곳에 쓴다. 우리는 팩스, 신문, GPS 장치,
손목시계, 벽시계, 사전, 백과사전을 덜 구입한다. 여행할 때 엽서 사는
데 돈을 덜 쓰고, 앨범과 문구 용품을 덜 산다. 편지를 덜 보내고 우표
를 덜 쓴다. 공중전화기에 25센트 동전을 마지막으로 넣어본 것이, 혹
은 전화번호 안내 서비스를 이용해본 것이, 장거리 전화요금을 내본 것
이 언제인가?
 상상이긴 하지만, 이 사례들이 실제 일어났을 경우, 기술적 혁신 덕
분에 가정에서 절약할 수 있는 돈은 연간 1,000달러 정도 된다. 이 시
나리오에서 드라이클리닝 업자, 탄광 노무자, 주유소 운영자, 간호사,
배터리 제조업자는 어떻게 되었는가? 슬프게도 그들은 일자리를 잃고
새로운 일을 찾아야 했다. 이들을 위한 새로운 일자리에는 어떻게 자금
을 댈까? 그들에게 임금으로 줄 돈은 어디에서 나올까? 또 일반 가정에
서는 절약한 1,000달러로 무슨 일을 할까? 그들은 당연히 이 돈을 쓸
것이다. 요가 선생님을 고용하거나, 새로운 화단을 설치하거나, 윈드서

핑을 시작하거나, 강아지를 사면서 말이다. 이 덕에 모든 업계에 일자리가 늘어날 것이다. 미국 내 각 가정의 연간 처분가능소득이 1,000달러 늘어난다면, 1억 가구의 처분가능소득이 얼마나 늘어날지 생각해보라. 또 그 1,000억 달러의 새로운 지출은 매년 경제로 흘러들 것이다. 임금이 5만 달러라면 일자리를 잃은 드라이클리닝 업자와 배터리 제조업자 등 200만 정규직 노동자의 연봉을 지급할 수 있는 돈이다. 직업을 바꾸는 것은 힘든 일이지만, 사회 전체가 나설 때 더 잘 해낼 수 있는 일이기도 하다. 하지만 어쨌든 이들의 이야기는 해피엔딩이다.

자유주의 경제는 이런 식으로 돌아가며 그래서 자동화로 인해 일자리가 사라지는 일은 없다. 고정된 숫자의 일자리가 있고, 자동화가 그것을 하나씩 없애서 점진적으로 실업이 늘어나는 것이 아니다. 경제는 그런 식으로 움직이지 않는다. 세상에는 노동을 사고파는 사람들만큼 많은 일자리가 있다.

게다가 대부분의 기술 발전은 직종 전체를 한 번에 없애는 것이 아니라 일의 특정 부분을 없앤다. 그리고 전혀 예상치 못한 방식으로 새로운 일자리를 만든다. ATM 기계가 등장하자, 대부분의 사람들은 은행원이 더 이상 필요치 않게 될 것이라고 예상했다. 모두가 ATM이 무슨 말의 줄임말인지 알고 있었던 것이다. 하지만 실제로는 어떤 일이 일어났나? 물론 현금을 찾거나 예금하는 것 이외의 용무를 보려는 고객을 상대하려면 몇몇 은행원은 필요할 것이다. 그래서 은행 지점은 4명의 은행원을 두는 대신, 2명의 은행원과 2대의 ATM을 두었다. 이후 지점들의 운영비가 적게 들자 은행은 더 많은 지점을 열 수 있다는 것을 깨달았다. 그리고 어떻게 되었을까? 그들은 더 많은 은행원을 고용해야 했다. 현재 역사상 가장 많은 은행원이 있는 이유가 여기에 있다. 그리고 지금은 ATM을 제조하는 일자리와 ATM를 보수하는 일자리, ATM을 채우는 일자리도 있다. ATM 기계를 늘리면 **더 많은** 은행원이 필요해질 것이라고 누가 생각이나 했을까?

앞서 언급했듯이 문제는 방정식의 한쪽, 즉 '일자리 감소' 측면이 눈에 더 잘 띈다는 것이다. 지구상의 모든 드라이클리닝 업자가 문을 닫는 것을 보는 일은 관련된 사람들에게는 비극이 분명하다. 하지만 더 큰 관점에서 볼 때는 전혀 비극이 아니다. 옷이 더러워지지 않는다는 것이 나쁜 아이디어라고 생각하는 사람이 어디 있겠는가? 옷이 먼지를 타지 않고 깨끗함을 유지한다고 해서 드라이클리닝에 관련된 일자리를 만들려고 옷을 일부러 더럽게 만드는 법이 통과되도록 로비할 사람이 있을까? 한 번 쓰고 버리는 배터리와 연료 효율이 낮은 자동차, 불필요한 병원 방문, 낭비되는 에너지는 모두 부정적인 것들이다. **그것들이 일자리를 만든다고 해도 말이다.** 그렇게 생각하지 않는다면 쓰레기 투기 규제법을 폐지하고 사람들이 차창 밖으로 쓰레기를 던지도록 격려해서 고속도로를 청소하는 새로운 일자리를 만들어야 할 것이다.

바로 이 때문에 일자리가 완전히 사라지지 않고 실업률이 비교적 안정적으로 유지되는 것이다. 기술이 우리의 돈을 아껴줄 때마다 우리는 그 돈을 다른 곳에 쓴다. 미래에는 그렇지 않을 가능성이 있을까? 일부에서는 새로운 경제적 요인이 작용하고 있다고 주장한다. 2개의 회사, '로봇코Robotco와 휴먼코Humanco'가 있는 세상을 상상해보자. 로봇코는 직원이 없는 공장에서 100달러짜리 인기 있는 장치를 만든다. 휴먼코 역시 100달러짜리 장치를 사람들이 가득한 공장에서 만든다.

"로봇코가 큰 성공을 거두면 어떤 일이 일어날까? 로봇코의 수익은 치솟는 반면, 아무도 제품을 사지 않는 휴먼코의 수익은 곤두박질친다. 휴먼코는 직원들을 해고할 수밖에 없다. 재정 상태도 바닥이다. 반면 로봇코는 돈방석에 앉아 있다. 이 상황은 모든 사람이 실직 상태가 되고, 로봇코가 세상의 모든 돈을 쓸어 모을 때까지 계속된다."

어떤 이들은 지금 미국에서 이런 일이 일어나고 있다고 말한다. 기업 이윤은 높아지고 부자들에게 그 이윤이 분배되지만 임금은 오르지 않는다. 페이스북이나 구글 같은 거대 기업들은 많은 노동력을 필요로 하는 내구재 제조업체 같은 과거의 대기업들과 달리, 수익은 엄청나지만 직원은 많지 않다.

이런 식으로 세상을 보는 견해에도 분명히 진실은 존재한다. 기술로 인한 생산성 향상 효과는 노동자의 주머니로 들어가는 것이 아니다. 이렇게 해서 늘어난 수익은 대부분 주주들에게 돌아간다. 이런 자본의 흐름을 완화시킬 방법들에 대해서는 소득 불평등에 대한 장에서 자세히 이야기하겠지만, 그것을 우리 경제나 기술의 치명적인 결함으로 보기보다는 사회 전체가 앞장서 해결해야 할 문제로 보아야 한다.

더 나아가 로봇코의 엄청난 이윤은 스쿠루지 맥덕Scrooge McDuck의 금고를 채우고, 그 안에서 경영진들이 100달러 지폐를 채운 베개로 베개 싸움이나 하는 데 쓰여서는 안 된다는 것이다. 이윤은 생산적으로 사용되고 사람들에게 돌아가 사업을 시작하고 집을 지음으로써 더 많은 일자리를 만들어야 한다. 기업이 **이윤을 거두지 못하고** 모든 것을 임금으로 내보내야 하는 경제 역시 방금 우리가 본 그 반대의 경우만큼이나 제대로 기능하지 않는 것이다.

전제 3: 어쨌든 우리는 일을 할 것이다.

이 주장은 우리가 한 번쯤은 생각해보았을 법한 의문에서 시작한다. "우리는 생산성을 향상시켜 시간을 절약해주는 온갖 종류의 도구들을 발명해왔다. 예를 들어 과거에는 메모를 타이핑할 경우 하나만 실수해도 교정하는 데 몇 초가 소요되었다. 이후 우리는 워드 프로세서와 뒤로 가기 버튼을 발명했다. 과거에는 며칠이 걸렸던 조사 업무가 인터넷을 통해 이제는 몇 분, 심지어 몇 초 만에 끝난다. 우리는 수천 가지 방식으로 우리의 직장을 대단히 효율적으로 만들었다. 그런데 우리는 왜 여전히 일주일에 15시간이 아닌 40시간씩 일하고 있는 것일까?"

내가 특히 15시간이라고 이야기한 것은 1930년 존 메이너드 케인스가 《손주 세대의 경제적 가능성Economic Possibilities for Our Grandchildren》에 쓴 유명한 예측 때문이다. 여기에서 케인스는 1700년까지 수천 년 동안 인간의 생활수준에는 변화라고 할 만한 것이 없었다고 지적하면서, 그 원인으로 기술적 발전의 부재와 자본 축적의 실패를 들었다. 이후 그는 19세기 초 잇따른 기술적 진보와 현금 유입이 현대 경제를 만들고, 복리와 기하급수적인 경제성장의 마법을 불러왔다고 주장했다.

그는 계속해서 2030년까지 생활수준이 4~8배 향상될 것으로 예상했다. 이 점에 있어서는 그가 옳았다. 우리는 그의 예측에서도 최상단을 걷고 있다. 이러한 분석을 기초로 케인스는 놀라운 예측을 내놓는다. 그는 인간의 욕심은 끝이 없을지 몰라도 인간의 니즈는 본질적으로 고정적이라고 말했다. 우리가 생명을 유지하는 데 필요한 것보다 훨씬 더 많은 돈을 가지게 된다고 가정하고서, 그는 우리가 '더 많은 에너지를 경제가 아닌 다른 목적에 쓰고자 할 것.'이라고 생각했다.

　그는 인류가 수천 년 동안 '경제적 문제'를 해결하는 일에 묶여 있었기 때문에 많은 일을 할 필요가 없어지는 때가 오면 우리는 몇 가지 문제에 직면할 것이라고 추측했다. 첫째, 우리는 습관적으로 일을 계속할 것이다. 둘째, 너무나 오랫동안 열심히 일했기 때문에 레저에서 행복과 의미를 찾을 수 없을지도 모른다. 그는 이렇게 말했다.

　인간은 창조된 이래 처음으로 절박한 경제적 걱정으로부터 자유를 어떻게 사용하고, 과학과 복리 이자가 그에게 가져다줄 여가를 어떻게 사용해서, 더 현명하고 기분 좋게 행복한 삶을 살지를 고민해야 하는 진지하고 영속적인 문제에 봉착하게 될 것이다.

　케인스는 부자를 '우리 나머지 사람들을 위해 약속의 땅을 미리 정탐하고 있는 전위부대'로 보았다. 또한 그들을 우리가 자유로워질 때 무엇을 해야 하는지 보여주는 본보기로 삼아야 한다고 말했다. 케인스는 헨리 포드Henry Ford가 선호한 주 40시간 대신, 주 15시간 근무를 해법으로 추천했다. 그는 1세기 안에 주 15시간만 일해도 모든 물질적 니즈와 몇 가지 욕구를 충족시킬 수 있게 될 것이라고 말했다. 이후 그는 그런 세계에서도 여전히 일 중독자로 남을 사람들을 경멸했다.

　물론 미래에도 그럴듯한 대체품을 찾기 전까지는 강렬하고 채워지지 않는 목적의식을 가지고 맹목적으로 부를 좇는 사람들이 많을 것이다. 하지만 그렇지 않은 다른 사람들은 더 이상 그들에게 갈채를 보내고 그들을 격려해야 할 의무를 지지 않는다.

그렇다면 우리는 케인스에게 무슨 말을 해야 할까? 그가 말한 경제적 이상향에 다가가고 있는데도 왜 우리는 주 15시간 근무를 하지 못하는 것일까? 과연 일주일에 15시간만 근무해도 괜찮을까? 당신이 지금 6만 달러를 벌고 있다고 가정해보자. 그런데 주당 근무시간을 60% 줄인다면 2만 4,000달러를 벌게 된다. 그 돈으로 살 수 있겠는가? 물론 살아갈 수는 있다. 하지만 당신은 14평짜리 집에서 살면서 외식도 하지 않고 집에서 기본 식료품으로 끼니를 때우고 에어컨도 켜지 못하게 될 것이다. 사실 1930년대의 중산층은 정확히 이렇게 살았다. 14평짜리 집에 살았지만 외식과 에어컨은 없었다. 일주일에 15시간을 일하면 1930년대의 생활수준을 영위할 수 있다. 더구나 현대이기 때문에 인터넷을 이용할 수 있고 풍진에 걸릴 위험도 없다.

경제적인 지위가 조금 낮은 누군가에게는 이것이 어떻게 보여질까? 당신이 지금 시간당 15달러, 즉 연 3만 달러를 벌고 있다고 가정해보자. 케인스가 말하는 주당 근로시간을 지키기로 결정한 당신의 연봉은 1만 2,000달러로 줄어든다. 그 돈으로 살아갈 수 있을까? 1930년대에 동일한 경제 계층에 속했던 사람들과 같은 삶을 기꺼이 살겠다면 당신은 식량의 대부분을 직접 키우고, 옷을 지어 입고, 시골의 작은 땅에서 살아야 한다.

문제의 진상은 단순하다. 우리는 좀 더 많은 시간을 일하고 '원하는 것'을 더 많이 사기로 결정했다. 우리는 감자를 직접 키워 깎아 먹느니 사무실에 늦은 시간까지 남아 있기로 선택했다. 우리 모두는 높은 생활수준을 원한다. 그리고 그러한 욕구가 대부분의 일자리를 만든다. 더 많은 소득을 원하는 한, 당신은 당신이 가진 기술을 이용해 어딘가에서 가치를 부가하는 방법을 찾을 것이고 그런 행동은 일자리를 만든다.

오해하지는 말라. 나는 절대로 오늘날의 빈곤 노동자들이 안락하고 편안한 삶을 살고 있으며 가진 것이 지금보다 적어도 문제가 없다고 말하는 것이 아니다. 전혀 그렇지 않다. 1930년대에 저소득 노동자는 몹시 힘든 생활을 했다. 아프다고 병원에 가거나 고등교육을 받는 것은 꿈도 꿀 수 없었다. 휴가를 가거나, 가처분소득이 생기거나, 출세를 하는 것도 불가능했다. 기대 수명이 지금보다 낮다는 것도 고려해야 한다. 요점은 케인스가 글을 썼던 때로부터 우리의 생활수준과 '평균적인' 생활수준에 대한 기대가 극적으로 높아졌다는 것이다. 그리고 그래야 마땅하다. 생활수준은 계속 높아져야 하고, 우리는 이런 상승세의 혜택이 모든 사람에게 돌아가도록 해야 한다.

내가 이야기하는 것은 아주 단순하다. 솔직히 말해 기술적으로는 적게 일해도 생존할 수 있다. 다만 우리는 그렇게 하지 않기로, 계속해서 높아지는 생활수준을 누리기로 선택했다. 이 부분에서 케인스의 예측은 조금 빗나갔다. 한때 사치품이었던 것을 우리는 지금 필수품으로 여긴다. 그 추세가 역전될 것이라고 생각할 만한 이유는 없다.

이것이 시사하는 바는 무엇일까? 우리가 주당 5시간, 아니 1시간만 일하면, 아니 전혀 일을 하지 않아도 1930년대의 삶을 누릴 수 있다고 하자. 그래도 우리는 여전히 주당 40시간 정도를 일하게 될 것이다. 당신이 손가락만 움직여도 지상의 모든 일을 로봇 한 대가 대체하고, 모든 사람에게 동일한 임금을 지급하는 마법을 부릴 수 있다고 해도, 다음 날이 되면 사람들은 더 높은 수준의 생활을 하고자 더 많은 돈을 벌려고 새로운 일을 만들어낼 것이다.

2047년 우리가 일주일에 15시간을 일하면서 2017년의 생활수준을 유지할 수 있다면 우리는 몇 시간을 일하게 될까? 나는 40시간 정도가 될 거라고 생각한다. 2017년의 생활수준은 2047년의 기준에서 무척 힘들게 보일 것이다. 삶을 2017년의 수준으로 되돌리라고 하면 미래의 사람들은 이렇게 말할지도 모른다.

2017년이라고? 사람들이 물건을 살 능력이 있는지 확인하기 위해 구매 전에 물건 가격을 확인해야 했던 그때 말이야? 의사들이 환자가 돈이 없을까 봐 혹은 그것을 보장할 만한 보험을 갖고 있지 않을까 봐 의료 시술의 비용을 말해주던 때 말이지? 거의 모든 사람이 집안일을 하고, 직접 차를 운전하고, 정원의 잡초를 뽑았다지. 동물이 사는 굴처럼 바닥에 앉아야 하는 작은 집에서 살았고 말야. 쥐나 바퀴, 벼룩이 집에 들어오기도 했다더군. 창문이 투명 유리여서 밖에서 보기에 좋지 않았지. 홀로그래스(인공지능)가 없으니 사람들에게 바다 경치를 보여줄 수가 있나? 먹는 음식은 어떻고! 식품이 어디에서 오는지 그 위에 무엇이 뿌려졌는지 알 길이 없었어. 그들은 진짜 동물의 살을 먹었고 거친 부위까지 갈아서 '소시지'라는 음식을 만들었지. 원래 어떤 고기였는지 알아보지 못하게 하는 것이 그 음식의 목적이었어. 그들은 자신이 가장 좋아하는 정확한 맛과 식감을 가진 주문형 음식을 먹을 수가 없었어. 그저 아무 음식이나 입에 집어넣고 마음에 들기를, 심장마비나 암이라고 불리던 병을 유발하지 않기를 바라는 것이 전부였지. 그들은 두통이 생기면 지구상에 있는 다른 사람들과 정확하게 동일한 알약을 먹었다고 해. 자신의 게놈과 상관없이 말이지. 두통이 사라졌다면 재수가 아주 좋았던 거지. 그리고 그거 알아? 직장에 가면 자판을 두드려서 글씨를 입력했어! 손가락으로 말이야! 동물 가죽을 뒤집어쓰고 돌도끼를 들고 다니던 때와 뭐가 달라?

2047년의 사람은 이렇게 말할 것이다. "싫어요. 그런 식으로 사느니 핵융합로에 늦게까지 남아서 일을 할래요."

우리가 과연 만족스러운 소유를 하게 되는 날이 올까? 언젠가는 정오에 퇴근하는 정도의 높은 생활수준을 누리게 될까? 경제학자 밀턴 프리드먼Milton Friedman은 아니라고 말할 것이다. 그는 인간의 욕구와 니즈가 무한하다고 믿었기 때문이다. 전기와 가전제품이 집안일을 훨씬 쉽게 만들어주면서 우리가 새롭게 얻은 여유 시간을 돈을 더 버는 일이 아닌, 레저와 취미 활동에 사용하는 것도 사실이긴 하다. 낫으로 잔디를 깎거나 우물에서 물을 긷지 않아도 되기 때문에 나는 그 대신 사진을 찍고 글을 쓴다. 때문에 우리는 더 많은 것을 소유하고자 하는 욕심으로만 움직이는 것은 아니다.

우리가 일을 적게 하지 않는 이유는 무엇일까? 케인스는 몇 가지 답을 갖고 있는 것 같다. 그에 따르면 우리가 느긋하게 시간을 보낼 수 없는 것은 힘들었던 시기에 대한 기억 때문일지도 모른다. 그래서 여유를 즐기는 계층의 일원으로 우리 스스로를 적응시키는 데는 몇 세대가 걸릴 것이다. 어쩌면 '남에게 뒤지지 않기 위해 애쓰는 것'이 너무나 깊숙이 각인되어서 쉴 수 없는 것인지도 모른다. 아침을 먹다가 창밖으로 지나가는 새 비행 자동차 모델을 보면 하루 쉬고 싶은 마음이 사라질 것이다. 영구적인 여가는 어떤 식으로든 부패한다. 따라서 우리는 내면에 그러한 유혹에 대해 깊은 혐오감을 품고 있는지도 모른다. 가치를 평가하는 돈이라는 척도가 아니면 일에서 만족을 얻는 방법을 알지 못하는 것일 수도 있다. 가장 불안한 원인일지 모르겠지만, "돈에 대해 인생을 즐기는 수단으로서의 애정이 아닌 소유물로서의 애정을 품고 있다."라고 말하는 케인스의 말처럼 어쩌면 우리는 탐욕스러운 물질주의자일 수도 있다. 케인스는 이런 상태를 '범죄에 가깝고 병에 가까운 정신적 질환'으로 취급한다. 하지만 과로로 사망한 케인스 자신도 그 점에 있어서는 자유롭지 못한 듯하다.

또 다른 해석을 제시하자면, 현재에 대한 경미한 불만이 우리를 끊임없는 진보로 이끄는 것일지도 모른다. 상황이 아무리 좋아도 우리는 더 나은 것을 상상할 수 있다. 집요하게 앞으로, 위로 나아가는 추진력은 인간의 특징이다. 우리는 어쩌면 그다지 슬기로운 사람이 아니라 만족을 모르는 사람이기 때문일 수도 있다.

이제 이 3가지 가능성이 미치는 영향에 대해 알아보자. 각각의 시나리오 아래에서 펼쳐지는 미래는 어떤 모습일까?

10장
—
로봇이 접근할 수 없는 일

나는 AI와 로봇에 대한 강연을 자주 한다. 강연이 끝나고 나면 언제나 간단한 질의응답 시간이 이어지는데, 이때 청중에게 가장 많이 받는 질문이 있다. "우리 아이들이 미래에 취업을 잘하려면 지금 어떤 공부를 해야 합니까?"라는 질문이다. 아직 성년이 되지 않은 4명의 아이를 둔 나 역시 이 문제를 오랫동안 고민해왔다.

첫 번째 시나리오처럼 만일 로봇이 모든 일자리를 빼앗게 된다면 컨설턴트 워런 가말리엘 베니스Warren Gamaliel Bennis의 예측도 실현될 것이다. "미래의 공장에는 단 2명의 직원만 있을 것이다. 하나는 사람이고 하나는 개다. 사람은 개에게 먹이를 주기 위해 존재하고, 개는 사람이 설비에 손을 대지 못하도록 감시하기 위해 존재한다." 달리 말해 로봇이 모든 일자리를 대체할 수 있다는 것이다.

하지만 두 번째 시나리오나 세 번째 시나리오가 실현된다면, 로봇이 접근할 수 없는 일자리가 있을 것이다. 어떤 일일까? '훈련 교본 시험training manual test'은 직업의 자동화 가능성을 평가하는 좋은 방법이다. 당신이 일을 하는 데 필요한 일련의 지시 사항들을 생각해보라. 가장 구체적인 구분까지 말이다. 그것을 다 적은 서류의 길이는 얼마나 될까? 울타리 말뚝을 세우려고 구멍을 뚫는 사람과 전기 기술자를 비교해보자. 훈련 교본이 길수록 설명해야 할 상황이나 특수 사례, 예외인 경우가 많은 것이다. 설문 조사 결과를 살펴보면 흥미롭게도 압도적으로 많은 사람들이 자동화가 많은 수의 일자리를 없앨 것이라고 생각하지만, 또 압도적으로 많은 사람들이 자신이 하는 일에는 로봇이 접근할 수 없다고 생각한다. 달리 표현하면, 대부분의 사람들이 자신이 일을 하는 데 필요한 교범은 대단히 많고, 다른 사람이 하는 일의 교범은 적다고 생각한다는 것이다.

훈련 교본 시험이 맞아떨어지는 이유는 일하는 방법에 대한 교범을 작성하는 것이 컴퓨터나 로봇이 일을 하도록 프로그래밍하는 것과 비슷하기 때문이다. 프로그램에서는 매 단계, 모든 긴급 상황, 모든 예외를 철저하게 생각하고 다루어야 한다.

그런데 이런 식으로 적을 수 없는 일이 있을까? 소나타를 작곡하거나 훌륭한 소설을 쓰는 데 필요한 일련의 지시 사항을 적을 수 있을까? 앞서 언급한 기본적인 질문에 대답하는 방식이 이 질문에 대한 당신의 생각을 결정할 것이다. 자신이 기계라고 생각하는 일원론자들은 기계가 일을 배우는 데 필요한 창의성을 대수롭지 않은 능력이라고 생각할 테지만, 반대편에 선 사람들은 창의성을 인간만의 특별한 능력이라고 생각한다.

로봇의 능력에 대한 믿음이 어떻든 대체되지 않고 오랫동안 안정적으로 유지될 직업군들이 있다면 과연 무엇일까.

로봇이 할 수는 있지만 절대로 하지 않을 일: 지능이나 교육, 재원을 막론하고 대부분의 사람들이 접근할 수 있는 아주 확실한 일자리들이 있다. 로봇이 할 수는 있지만, 로봇에게 시키는 것이 경제적으로 의미 없는 경우이다. 앞으로 수백 년 동안 사람들이 필요로 할 테지만 그런 경우가 아주 가끔 일어나는 일들을 모두 생각해보라.

나는 1800년대에 지어진 집에 산다. 우리 집에는 몇 개의 벽난로가 있다. 집을 홀랑 태우지는 않을까 하는 걱정 없이 안전하게 벽난로를 사용하고 싶었기에 나는 구형 벽난로를 복원하는 사람에게 전화를 했다. 집을 방문한 그는 벽난로들을 한 번 쓱 보더니 몇 년도에 영국에서 출시된 더 나은 열반사 단열재가 어쩌고저쩌고 하는 보고서가 나오면서 복원이 이루어지지 않았다는 등의 긴 이야기를 늘어놓기 시작했다. 그러면서 벽난로와 관련된 여러 가지 다른 이야기들을 이어갔다. 나는 그의 말에 귀를 기울이지 않았다. 분명히 이 사람은 내가 아는 다른 어떤 사람보다 벽난로에 대해 많이 아는 것이 분명하거나, 아니면 설득력이 충분한 병적인 거짓말쟁이인데 내가 알아채지 못하는 것일 수도 있었다. 어느 쪽이든 결과는 마찬가지였다. 나는 내 벽난로를 안전하게 만들기 위해 그를 고용했다. 그는 오랫동안 로봇으로 대체되지 않을 일을 하는 사람의 상징이었다. 어쩌면 그의 손주들도 같은 일을 하다가 은퇴할 수도 있을 것이다.

그 외 골동품 시계 수리, 문설주와 대들보로 만들어진 건물들을 무너뜨리는 일, 빈티지 기타 복원 등 이렇게 가끔이지만 꼭 필요한 종류의 일들은 꽤 많다. 당신이 작업하는 대상이 사라지지만 않으면 된다. 하지만 세계 최고의 VCR 수리공은 권하고 싶은 직업이 아니다.

로봇이 하는 것을 원치 않는 일: 여러 가지 다양한 이유에서 우리는 기계가 하기를 바라지 않는 일들이 있다. 아주 간단하다. NFL 풋볼 선수, 발레리나, 영적 지도자, 사제, 배우 등이다. 대장장이나 양초 제조업자 같이 향수와 고풍스러운 취미를 담고 있는 직업도 여기에 포함된다.

종잡을 수 없는 일: 어떤 일은 전혀 예측할 수 없어서 일하는 방법을 교본으로 만들 수 없다. 일의 성격이 고유한 예측 불가능성을 안고 있기 때문이다. 나는 여러 회사의 CEO로 일했는데 내 직무기술서는 아주 간단했다. "매일 아침 출근해서 고장 난 것은 고치고 기회가 있으면 바로잡는다." 솔직히 대부분의 시간 동안 내가 한 일은 불평이었다. 어느 날은 임대 계약서를 검토하고, 새 상품의 이름을 지으려 브레인스토밍하고, 천장 타일로 직원 책상에 떨어진 큰 쥐를 잡았던 것도 기억한다. 만일 이 모든 일을 할 수 있는 로봇이 있다면 오늘 당장 그 로봇에 보증금을 걸 것이다.

높은 사회 지능이 필요한 일: 다른 사람과 높은 수준의 상호작용을 해야 하는 직업은 보통 우수한 커뮤니케이션 능력까지 필요로 한다. 이벤트 플래너나 홍보 전문가, 정치가, 인질 협상가, 소셜 미디어의 책임자 등을 예로 들 수 있다. 공감이나 분노, 열정을 요구하는 직업을 생각해보라.

현장에서 이루어지는 일: 현장직은 로봇이 하기 힘들다. 로봇은 공장이나 창고같이 완벽하게 통제된 환경에서는 일을 잘하지만, 시골집 다락방같이 한정된 환경에서는 일을 잘하지 못한다. 언뜻 떠오르는 직업은 삼림 감시원과 전기 기사지만, 그 밖에도 여러 가지가 있다.

창의력이나 추상적 사고가 요구되는 일: 컴퓨터가 창의력이나 추상적 사고를 하는 것이 불가능하지는 않지만 어려울 것이다. 우리는 인간이 어떻게 이런 일들을 하는지 잘 이해하지 못하고 있다. 이런 직업에는 작가, 로고 디자이너, 작곡가, 카피라이터, 브랜드 전략가, 경영 컨설턴트가 있다.

아직 누구도 생각하지 못한 일: 지금까지 나온 새로운 기술을 통해 수많은 새로운 직업이 만들어질 것이다. 현재 많은 직업이 2000년 전에는 존재하지 않았다는 것을 생각하면, 더 많은 새로운 직업이 생겨날 것은 당연하다. 시장조사 회사 포레스터Forrester는 앞으로 10년 안에 미국에 로봇과 로봇을 구동하는 소프트웨어를 만드는 1,270만 개의 새로운 직업이 생길 것을 전망했다.

로봇이 당신의 일을 할 수 있을까?

자동화하기에 어려운 종류의 일들이 있다. 특정한 직업이 자동화될 가능성이 얼마나 되는지 간단히 시험해볼 방법이 있는데, 아래 당신 직업에 관해 10개의 질문에 답을 해보고 0에서 10까지 점수를 매겨보는 것이다. 괄호에 예시로 든 직업들은 양극단과 중간 지점을 보여주기 위함이다. 물론 꼭 0, 5, 10으로만 점수를 매길 필요는 없다. 2, 7, 9점 등으로 점수를 매기고 가끔은 2.5 같은 식으로 점수를 매길 수도 있다. 점수를 모두 매겼으면 총합을 구하라. 총합이 0에 가까울수록 어느 날 갑자기 상사에게 해고 통지를 받게 될 가능성이 낮은 것이다. 하지만 총합이 100에 가깝다면 곧 당신의 일자리를 로봇이 차지하게 될 것이라고 보아야 한다.

1. 근무일 중 이틀을 비교하면 얼마나 비슷한가?

- 동일하다. (데이터 입력 직원, 패스트푸드점 캐셔 등은 10점) [   ]
- 어느 정도 동일하지만 차이가 있다. (은행 창구 직원의 경우 5점) [   ]
- 완전히 다르다. (전기 기사, 영화감독, 경찰관 등은 0점) [   ]

2. 일할 때 다른 물리적 위치나 다른 공간에 있어야 하는가?

- 아니다. (한자리에서 온종일 주문을 받는 경우는 10점) [   ]
- 약간의 이동이 있다. (간호사는 5점) [   ]
- 그렇다. (실내 인테리어 디자이너, 여행 가이드는 0점) [   ]

3. 당신과 같은 직업을 가진 사람은 몇 명인가?

- 많다. 모든 사람이 알 만한 확실히 자리 잡은 직종이다. [   ]

  (의사, 변호사, 교사, 정원사는 10점)

- 좀 있다. 사람들이 들어본 적은 있는 일이지만

일에 대해 잘 아는 사람은 거의 없다. [　]

　(세트 디자이너, 스카이다이빙 강사, 정직한 정치가의 경우 5점)

- 거의 없다. 사람들에게 내가 하는 일이 무엇인지 설명해야 한다. [　]

　(저작권 대리인, 통관업자는 0점)

4. 직업 훈련을 받는데 시간이 얼마나 걸리는가?

- 며칠 (관리인의 경우 10점) [　]

- 몇 주 (석유 채굴 인부, 상업 어부, 승무원 등은 5점) [　]

- 몇 달 혹은 몇 년 (치위생사, 자동차 수리공, 열쇠공은 0점) [　]

5. 비반복적인 신체적 요구조건이 있는가?

- 없다. (프로그래머, 출납원 등은 10점) [　]

- 조금 있다. (보안요원 등은 5점) [　]

- 있다. (무용강사는 0점) [　]

6. 일할 때 가장 어려운 결정을 하는 데 소요되는 시간은 얼마인가?

- 2초 미만 (영화 티켓 판매, 통행료 징수원 등은 10점) [　]

- 2~5초 (가옥 도장업자는 5점) [　]

- 5초 이상 (법정 변호사는 0점) [　]

7. 다른 사람과의 감정적 유대나 카리스마가 요구되는 일인가?

- 아니다. (자료 입력, 건설 노동자 등은 10점) [　]

- 약간 필요하다. (변호사, 영업사원 등은 5점) [　]

- 그렇다. (코미디언, 아동심리사, 시장 등은 0점) [   ]

8. 어느 정도 창의력이 필요한 일인가?

- 없다. (창고 노동자, 생산직 단순 업무 노동자는 10점) [   ]
- 약간 필요하다. (요리사, 여행사 직원 등은 5점) [   ]
- 많다. (작가, 웹 디자이너, 플로리스트 등은 0점) [   ]

9. 직원을 직접 관리하는가?

- 아니다. (승무원은 10점) [   ]
- 약간 그렇다. (식당 매니저의 경우 5점) [   ]
- 그렇다. 멘토링과 코칭도 한다. (경찰서장의 경우 0점) [   ]

10. 같은 직종에 있는 다른 사람도 같은 방식으로 일을 하는가?

- 완전히 같다. (데이터 입력 업무는 10점) [   ]
- 비슷하다. 75% 정도는 동일하다. (치과의사, 주택 도장업자는 5점) [   ]
- 아니다. (시나리오 작가는 0점) [   ]

　　완벽하게 '0'점인 직업이 있는가? 내 계산에 따르면 '인질 협상가'는 10점에 가깝다. 10점이 더해진 것은 그 직업을 가진 사람이 아무도 관리하지 않기 때문이다. '신참 파트너가 있는 인질 협상가'라면 0점일 것이다. 관리할 사람이 생겼기 때문이다. '굴뚝을 새로 만든 사람'이라면 아마 22점쯤 받을 것이다. 그중 10점은 그가 아무도 관리하지 않기 때문에 받은 점수이고, 7점은 그 일에 카리스마가 필요하지 않기 때문에(영업을 하려면 조금은 필요하다), 5점은 그 일에 창의력이 많이 필요하지 않기 때문에 받은 점수이다.

목표는 0에 가까운 직업을 찾는 것이 아니다. 70점 이하인 직업이라면 긴 시간을 두고 걸출한 경력을 쌓는 것도 좋을 것이다. '100'점인 직업도 많다. 패스트푸드점에서 주문을 받는 사람의 일은 아마도 100에 가까울 것이다. 미래에 일을 두고 기계와 경쟁할 능력이 전혀 없는 사람이 있을까? 이는 다음 3가지 가능성 중 어떤 것이 실현되느냐에 달려 있다.

첫 번째 가능성인 로봇이 우리의 모든 일자리를 빼앗을 경우, 이 시나리오에서 사실상 인간이 기계보다 잘할 수 있는 일은 없다. 향수를 불러일으킨다는 이유로 인간이 계속하는 일이 몇 가지 있겠지만, 나머지 사람들에게 인간이 경제적 가치를 갖는 시대는 끝날 것이다. "유용한 것을 지나치게 많이 생산하면 쓸모없는 사람들이 많아지는 결과를 낳는다."라고 말한 사람은 칼 마르크스였다. 이는 그가 전적으로 옳다는 것을 증명할 것이다.

두 번째 가능성에서도 일자리를 찾을 수 없는 사람들이 있다. 두 번째 가능성을 뒷받침하는 중심적인 생각은 기계와 경쟁할 능력이 없는 상당수의 단순노동 부문의 노동자들이 있다는 것이다. 이 시나리오에서 경제적 가치에 따른 미래 계층은 가장 위에 숙련 노동자, 그 아래 로봇, 그 아래 단순노동을 해왔던 노동자가 될 것이다. 여기서는 많은 단순노동 일자리를 로봇이 곧 대체할 수 있게 된다. 각각의 직업이 대체될 때마다 실직한 단순노동 부문 노동자의 수가 늘어나고 단순노동 일자리의 수는 줄어든다. 따라서 많은 단순노동 부문 노동자들이 그 어느 때보다 적은 단순노동 일자리를 두고 경쟁하게 될 것이다.

이미 이런 상황이 벌어지는 것을 목격하고 있다고 생각하는 사람들이 있다. 그들은 자신들의 입장을 뒷받침하기 위해 '경제활동참가율labor participation rate'을 지적한다. 현재 일하고 있는 성인의 비율을 말하는 경제활동참가율은 2000년 67%로 최고였고, 지금은 4% 정도 떨어진 상태다. 이 비율은 더 많은 사람들이 노동시장에서 완전히 밀려날 것이라고 말한다. 이들은 이렇게 생각할 것이다. '다 포기하고 그만두자(실업률은 일자리를 구하는 사람들만을 반영하므로 이들은 잘 헤아리지 않는다).'

경제활동참가율 하락의 대부분은 주기적인 비즈니스 사이클과 관련된 요인들과 베이비부머 세대의 은퇴가 설명해주지만, 1%만은 그로 인한 것이 아니었다. 그 1%는 앞으로 다가올 일의 전조일까? 물론 우리가 부유해질수록 경제활동참여율은 낮아질 것이다. 부부가 맞벌이할 필요가 없어질 수도 있고, 올해 한 사람의 상여금이 너무 많아서 1년간 안식년을 가질 수도 있다. 그러나 이 자료가 일자리를 잃고 취업이 불가능한 노동자가 새로운 일자리를 찾는 것을 포기했다는 사실까지 반영한다는 점은 인정하기 힘들다. 경제 데이터에서 심리학적 결론까지 얻어내기는 힘들기 때문이다.

2000년부터 임금은 침체되고 일자리 증가는 둔화된 반면 생산성이 높아졌다는 사실을 지적하는 사람들도 있다. 그들은 이런 상황을 고용주들이 사람이 아닌 기술에 투자하고, 인간 노동력에 대한 수요를 낮춤으로써 사업을 키웠다는 확실한 증표로 본다. 그런데 로봇이 일자리를 빼앗았다는 것과 경제 데이터를 연관시키는 데는 2가지 문제가 있다.

한 가지는 2000년에 노동시장이 갑자기 활기를 잃은 뒤 그 상황이 약 15년간 지속되는 동안 우리는 몇 차례의 불황과 금융 위기, 교역의 확대 등을 겪었다는 점이다. 다른 한 가지는 미국의 경우 2015년 중위 소득이 기록적인 성장을 보였고, 300만이 넘는 사람들이 빈곤선을 넘어섰다는 점이다. 그러므로 자동화가 근본적인 문제인지는 분명치 않다.

마지막으로 세 번째 가능성이 실현되는 경우, 실업자는 존재하지 않게 된다. 이런 일이 정말로 가능할까? 기계화와 자동화가 확대되면서 뒤처지는 사람들이 생기는 것은 분명하다. 결국 일자리를 두고 경쟁력을 갖지 못하는 사람들이 생길 것이다. 정말 그럴까?

그렇지 않다. 사람의 신체적, 정신적 상황이 나빠지지 않는다면 단순 노동 부문 노동자는 존재할 수 없다. '제퍼디!'에서 퀴즈를 풀어야 한다면 IQ 90인 사람과 IQ 130인 사람의 차이는 극명하게 나타날 것이다. 하지만 크게 본다면 현실에서는 그 차이가 미미하다. 이 생각이 그 유명한 폴라니 역설Polanyi paradox의 기반이다.

1966년 마이클 폴라니Michael Polanyi는 우리의 의식적 사고는 학습과 기술로 이루어진 지식의 방대한 영역이 뒷받침하고 있다고 주장했다. 예를 들어 케이크를 굽는 데 관련된 모든 단계를 생각해보자. 접시를 꺼내고, 버터를 녹이고, 달걀을 깨고, 반죽을 섞고, 케이크에 크림을 입히는 등의 단계 말이다. 거의 모든 인간이 이 일을 생각하지 않고 할 수 있다. 인간의 능력은 단지 케이크를 만드는 데만 쓰이지 않는다. 우리는 배우자가 기분이 나쁜 것을 알아차리고, 이를 닦고, 자전거를 타는 등 수만 가지 다른 일을 할 수 있다. 우리 모두는 방대한 능력의 저장소이다. 그런데 한 사람이 수만 가지 일을 할 수 있는 반면 다른 사람은 거기에다 부동산 운용계획까지 알고 있다면, 우리는 한 사람을 비숙련 노동자라고, 다른 한 사람은 숙련된 노동자라고 말한다. 하지만 꼭 그렇지만은 않다. 그 두 사람이 가지고 있는 기술의 99% 이상이 같기 때문이다.

컴퓨터의 관점에서는 의사와 항만 근로자의 차이가 거의 없다. 각각의 직업은 엄청난 양의 패턴 인지와 사회적 배경, 연역적이거나 귀납적 추론을 해야 한다. 더 나아가 각각의 직업은 당신에게 자신의 감각 정보를 해석할 수 있고, 언어를 유창하게 구사하고, 문고리를 돌리고, 자신의 신발 끈을 묶을 수 있는 능력을 요구한다. 배의 선장이 적하 목록을 항만 노동자에게 설명하는 것은 환자가 의사에게 질환을 설명하는 것과 다를 바 없다.

더구나 새로운 일을 배우지 못하는 사람들이 있다는 생각은 인간의 잠재력을 과소평가한 것이다. 비숙련 노동을 하는 사람이 능력의 최대치를 발휘해서 일한다는 생각은 사실이 아니다. 내 경험상 대부분의 사람들은 자신이 해야 하는 일보다 더 많은 것을 할 수 있다고 생각한다. 더 많은 책임과 돈이 따라오는 대가로 더 힘든 일을 택해야 하는 기회가 주어지면 그들은 그 기회를 받아들인다. 사람들은 의미와 목적을 원하며 받을 수만 있다면 당연히 높은 임금을 원한다. 우리가 널빤지로 지붕을 이는 일에 사람을 쓰는 이유는 그 사람들이 할 수 있는 것이 지붕을 이는 일뿐이어서가 아니라, 아직 지붕을 이는 기계를 발명하지 않았기 때문이다. 그래서 지붕을 이는 사람이 20명의 노동자를 고용해서 공격적인 성장 계획을 세우려면, 이어야 하는 지붕이 있고 아무도 그 일을 하는 기계를 만들지 않아야 한다.

사람들의 90%가 농사를 짓던 때 농사를 짓지 않는 10%의 사람들은 90%의 사람들이 다른 일은 할 수 없다고 생각했다. 그 사람들이 연구원이나 마케팅 책임자, 얼음 조각가가 될 수 있다는 생각은 터무니없게 느껴졌다. 10%에 해당하는 이들은 "그 사람들은 단순한 농부일 뿐이야."라고 응수할 것이다. 하지만 그들이 농사를 짓는 것은 우리가 농부를 필요로 하기 때문이지 그들이 농사밖에 지을 줄 몰라서가 아니다. 나는 노동인구의 대다수가 기계가 할 수 있는 힘들고 단조로운 일에서 해방되어야 한다는 굳은 믿음을 가지고 있다.

생계를 위해서 잔디를 깎는 사람이 있다고 생각해보자. 그를 제리라고 부르기로 하자. 제리는 고등학교를 졸업하고 그 외에는 다른 교육을 받지 않았다. 누군가 가격이 저렴한 잔디 깎기를 개발했다. 제리는 갑자기 잔디 깎는 직업이 쓸모없어진 것을 발견한다. 그가 할 수 있는 일은 무엇일까?

수천 가지가 있다. 세 번째 가능성의 경우, 제리는 가치를 부가하는 방법만 찾으면 된다. 그러면 그는 일자리를 얻는다. 예를 들어 제리는 인터넷에서 포도나무를 심고 관리하는 방법을 배울 수 있다. 큰 비약은 아니다. 나는 제리가 원예학자가 된다고 말하는 것이 아니다. 그저 포도를 심고 키우는 방법에 대해 배우는 정도면 족하다. 이후 그는 집집마다 방문해서 포도를 직접 키우는 기쁨에 대해 말한다.

20년 후, 그레이프 아버 로보틱스Grape Arbor Robotics는 제리가 하는 방법보다 훨씬 포도를 잘 키우는 로봇을 생산한다. 제리는 이제 무엇을 할까? 그는 빅토리아 시대의 조경에 대해서 자세히 공부한다. 그리고 집집마다 찾아다니며 정확한 고증을 거친 관목과 꽃을 정확한 고증에 따른 방식으로 키우는 서비스를 제공한다고 알린다. 언젠가 그 일을 하는 로봇이 발명되겠지만, 그때쯤이면 제리는 은퇴했을 것이다.

누가 제리를 '고용 불능'이라고 말할 수 있겠는가? 그는 세상에 알려진 가장 복잡하고 다재다능한 것으로부터 동력을 공급받는 존재이다.

11장
—

소득 불평등의 문제

소득 불평등

소득 불평등은 어떨까? 소득 불평등의 미래는 이 3가지 가능성 중 무엇이 되었든 동일하다. AI 로봇이 인간의 모든 일자리를 빼앗든, 일부를 빼앗든, 전혀 빼앗지 않든 관계없이 소득 불평등은 점점 심화될 것이다. 그 이유를 살펴보자.

"부자는 점점 더 부유해지고, 가난한 자는 점점 더 가난해진다."라는 말은 가장 많이 쓰이는 상투적 문구 중 하나이다. 그러나 이것이 실없는 소리가 아님을 데이터가 입증해준다. 2명의 이탈리아 경제학자는 1427년 피렌체의 과세 대상자와 오늘날 과세 대상자를 비교했다. 그 결과 당시 가장 부유했던 가족들이 지금도 가장 부유한 계층에 속한다는 것을 발견했다. 영국의 경제학자들도 같은 방법으로 1170년의 부자들이 지금도 여전히 부유층이라는 것을 발견했다. 그 이유는 무엇일까? 부유한 자들이 정부를 통제해서 자신들에게 유리한 경제적 상황을 만들도록 사회에 영향력을 행사한다는 것과, 돈이 돈을 부른다는 것이 사람들의 공통된 인식이다. 모노폴리Monopoly 게임만 보더라도 참가자들은 보통 1,500달러부터 게임을 시작하는데, 일부 참가자들은 50달러로 시작하고, 다른 참가자들은 5,000달러로 시작한다고 생각해보라.

부유한 사람들이 더 부유해지는 이유에 대한 2가지 설명은 모두 옳다. 하지만 현대에 더 크게 작용하는 것이 있다. 부유한 사람들은 더 많은 기술을 활용할 수 있고 따라서 부를 더 빠르게 늘릴 수 있다. 노동자 질Jill은 휴대전화를 마련하고 그녀의 경제적 잠재력은 상승한다. 소유주 제인Jane은 1,000명의 직원에게 각각 새로운 생산관리 소프트웨어를 배포함으로써 생산성이 1,000배가 상승한다. 하지만 그러기 전에 먼저 그녀는 소프트웨어 1,000개를 장만할 돈이 있어야 한다. 현대에는 이렇게 해서 돈이 돈을 버는 것이다. 게다가 오늘날의 기술은 생산성을 극적으로 증대시킬 수 있기 때문에 아주 적은 부로도 그 어느 때보다 쉽게 방대한 양의 부를 창출할 수 있다.

현대에는 살아 있는 억만장자들이 유례없이 많은 시기이다. 상속을 받지 않은 자수성가형 억만장자의 비율이 계속해서 늘어나고 있기 때문이다. 1,000년 전에 빈손으로 시작해서 10억 달러의 가치를 창출할 수 있었을까? 지난 10여 년 동안 구글은 7명의 억만장자를, 페이스북은 6명의 억만장자를 만들어냈다. 현대에는 오래된 부는 보전되고 새로운 부도 만들어진다. 이 단순한 사실 하나만으로도 소득 불평등은 가

중된다. 하지만 이것보다 더 많은 일이 벌어지고 있다.

새로운 기술은 가난한 사람보다는 부유한 사람들에게 더 큰 경제적 혜택을 안겨주는 것으로 밝혀졌다. 어째서 그럴까? 기술로 인한 경제적 이익이 분배되는 데는 3가지 방법이 있다. 그리고 그중 1가지만이 가난한 사람들에게 도움이 된다.

첫 번째 방법은 기업이 기술을 채택해서 생산성이 향상되면 낮아진 가격과 높아진 이문으로 회사의 주식 가치를 높이는 것이다. 미국에서는 전체 주식의 70%를 전체 인구의 20%가 소유하고 있기 때문에 이런 경제적 이득은 이미 잘살고 있는 자들의 주머니에 들어간다. 그러나 정작 그 회사에서 고정된 임금을 받고 노동을 제공하는 근로자들은 새로운 기술 도입으로 생산성이 향상되어 얻은 경제적 이익을 나눠 갖지 못한다. 당신이 소매 거물 주식회사에서 일하고 있다고 가정해보자. 그 회사가 계산대에서 제품 가격을 스캔할 수 있는 새로운 기술 장비를 설치하면 회사의 비용은 낮아진다. 그렇다고 해서 시급을 받고 일하는 직원들의 임금이 인상되는 것은 아니다. 기술은 임금을 높이지 않으면서 회사의 이윤을 높여주고, 실제로 그런 일은 자주 일어난다. 이것이 소득은 변화가 없어도 주식시장이 상승할 수 있는 이유이다.

두 번째 방법으로, 자영업자나 자신의 산출물을 팔 수 있는 사람(시간당 인건비를 받는 것이 아니라)은 기술이 제공하는 효율에서 이익을 얻을 수 있다. 말하자면 그들은 스스로 기업의 주인이다. 이런 사람들은 주로 중·상류 계층으로 변호사, 회계사, 건축가들이 여기에 포함된다. 그들은 기술을 활용해서 자신이 처리해야 하지만 가치가 낮은 지루한 작업의 양을 줄일 수 있고, 이로 인해 보다 가치 높은 작업을 더 많이 할 수 있는 시간을 얻는다. 일례로, 변호사의 경우 과거에는 판례를 조사하는 데 엄청난 시간을 투자했으나 지금은 이런 조사 작업을 잠깐 사이에 할 수 있고 이로 인해 몇 시간, 며칠 분의 생산성을 다른 곳에 이용할 수 있다.

마지막 방법은, 부유한 사람들과 가난한 사람들 모두 소비하는 제품의 낮은 가격과 높은 품질로 혜택을 본다. 예를 들어 모든 소비자는 이전에 샀던 것보다 2배 큰 텔레비전을 살 수 있다. 돈을 더 벌어서가 아니라 텔레비전의 크기가 커져도 가격은 오르지 않기 때문이다. 이 것은 매우 친숙한 현상이다. 15년 동안 제조 효율의 향상으로 가격이 떨어지고 품질은 좋아지면서, 포드 모델 T의 가격은 거의 75% 낮아졌다. 이런 일이 지금도 계속되고 있고 그 속도는 더 빨라지고 있다.

물론, 부유한 사람들은 더 많이 소비하기 때문에 더 많은 이득을 본다. 하지만 가난한 사람들이 보는 이득도 작지는 않다. 인터넷을 예로 들어보자. 당신이 인터넷을 다시 사용하지 않는 대가로 누군가 당신에게 돈을 지불해야 한다면 얼마가 되어야 할까? 당신이 "100만 달러."라고 대답했다고 가정하자. 그것은 인터넷이 당신에게 100만 달러의 가치가 있다는 의미이다. 하지만 당신은 광대역 접속 서비스 공급자에게 한 달에 50달러를 주고 인터넷을 사용한다. 당신으로서는 엄청난 이익이다! 이처럼 현대의 기술들은 거의 모든 사람의 생활수준을 크게 상향상시키고 있다. 스마트폰을 가진 사람은 10년 전 지구상에 있던 그 어떤 사람보다 많은 정보에 접근할 수 있으며, 20년 전 사람들보다 더 좋은 카메라를 가지고 있다. 다른 무엇보다 단 몇 년 전까지만 해도 국가나 군의 수장도 부러워했을 만한 커뮤니케이션 능력을 보유하고 있다. 사실 스마트폰은 1950년에 존재했던 전체 컴퓨팅 파워를 능가하는 능력을 가지고 있다. 2년 약정이면 무료로 얻을 수 있는 작은 기기가 이 모든 것을 가지고 있는 것이다. 그 외에도 항생제, 발한 억제제, ABSAnti-Lock Brake System 같은 브레이크 등 우리의 생활을 더 낫게 만들어주는 수만 가지 다른 기술들이 있다. 따라서 기술은 우리 모두의 삶의 질과 경제적 생활수준에 매우 요긴한 존재이다.

이 3가지 메커니즘에 따라 기술로 인한 생산성 향상은 고소득자들에게는 직접적으로 혜택을 주고, 저소득자들에게는 간접적으로 도움을 준다. 이는 어떤 음모 때문이 아니다. 일이 돌아가는 방식일 뿐이다. 기술은 투자를 요하고 투자에는 부가 필요하다는 사실의 결과일 뿐이다. 이렇게 해서 기술의 발전은 소득 불평등을 심화시키며 정책 변화는 이끌지 못하게 된다. 더 많은 기술은 더 큰 불평등으로 이어질 뿐이다.

경제적 불평등을 더욱 가중시키는 또 다른 요인은 기술에 대한 투자수익률이 노동에 대한 투자수익률을 능가한다는 사실이다. 달리 표현하면, 당신이 기업의 소유주이고 사업에 1,000달러를 투자할 경우 1,000달러를 직원들의 초과 근무에 투자할 때보다는 새로운 기술에 투자할 때 더 많은 돈을 번다는 것이다. 훈련을 통해 노동자의 생산성을 높이거나, 노동에 대한 직접 과세를 줄여 가격을 낮추거나, 노동보다 기술에 대한 투자를 장려하는 인위적 저이율을 없애는 등 이를 상쇄시키기 위한 많은 정책이 있다.

부유하지 않은 사람들의 절대 소득보다 소득 불평등이 우리가 걱정해야 하는 문제인지 의문을 가지는 사람이 있을 것이다. 기술로 인해 일부 사람들이 전보다 쉽게 큰돈을 벌 수 있다는 사실은 그 자체로는 나쁜 일이 아니다. 가난한 사람들의 소득은 2배가 되는데 부유한 사람들의 소득은 3배가 된다면 불평등은 확대된다. 하지만 소득이 높아지는 상황이라면 가난한 사람들은 기꺼이 그 상황을 받아들일 것이다. 내가 보기에 진짜 문제는 미국의 GNP는 높아지지만, 중위 소득에는 변화가 없다는 사실이다.

세계에서 가장 부유한 사람 중 하나인 워런 버핏은 이 문제를 다음과 같은 식으로 요약한다.

부유한 사람들은 극히 좋은 상황을 만끽하고 있다. 기업들도 사업을 잘 해나가고 있다. 매출 이익률은 역사상 최고를 기록하고 있다. 하지만 하위 20%를 차지하는 2,400만 사람들의 최고 소득은 2만 2,000달러에 불과하다. 우리는 우리가 누리는 풍요를 모든 사람이 공유하는 방법을 배우지 못했다.

좋은 소식은 빈곤과 임금 정체는 극적인 경제성장의 시대에 막 들어서고 있는 우리가 해결할 수 있는 문제라는 점이다.

사회적 봉기

로봇과 일자리에 어떤 일이 일어나든 사회적 봉기가 일어날 것 같지는 않다. 사회불안의 비용은 그것을 막기 위한 비용보다 훨씬 크기 때문이다. 만일 봉기가 일어나면 모두 같은 처지가 된다. 그리고 이런 시나리오가 펼쳐지려면 당연히 엄청난 경제성장의 시기여야 할 것이다. 우리가 거의 모든 일을 할 수 있는 기계를 만든다면 기계가 노동자보다 일을 더 잘하고 비용은 적게 들겠지만, 우리가 기계에게 모든 일자리를 빼앗겨 GNP가 엄청나게 치솟은 세상에 살게 될 것이다. 하지만 여기에도 문제가 있다. 스티븐 호킹은 이 문제를 이렇게 표현했다.

기계가 생성시킨 부가 공유된다면 모두가 여유로운 생활을 향유할 수 있다. 하지만 기계를 소유한 사람들이 부의 재분배를 막기 위한 로비에 성공한다면 대부분의 사람들은 형편없이 가난한 상태가 될 것이다.

어떤 일이 일어날 것 같은가? 엄청나게 부유한 기계 소유자들과 나머지 사람들, 그러니까 직장도 없고, 파산했고, 이런 유감스런 상황에 대해 상당히 화가 난 사람들로 이분된다면 어떻게 될까? 사람들이 과거의 '폭도'들처럼 항의한다면 어떤 일이 일어날까? 부자들은 역사를 통해 폭도가 소란스럽고 참을성이 없다는 것을 잘 알고 있을 것이다. 과거 프랑스인들이 그랬던 것처럼 분명 그들의 마음속에도 몇몇 사람의 목을 치고자 하는 욕구가 도사리고 있을 것이다. 다만 문명에 의해서 간신히 억제되고 있을 뿐이다. 그러나 본인들에게 화가 난 폭도들을 얌전하게 만들 만한 제왕의 신권이 없다는 점을 잘 알고 있는 부자들은 2가지 선택안, 즉 뇌물과 힘을 사용할 방법을 찾는다. 과거에는 가난한 이들을 빵과 서커스로 매수하거나 폭력으로 억눌렀다. 당신이라면 어떻게 하겠는가? 이 모든 일이 수조 달러에 이르는 새로운 부를 배경으로 하고 있다는 것을 기억하라. 99.9%의 사람들을 억누르기 위해 이 모든 것을 위태롭게 해야 할까? 아니면 부자들이 복지의 확대를 받아들이게 될까?

이성적인 부자들이라면 당연히 '억압'을 선택하지 않는다. 그러므로 나머지 99.9%의 사람들도 의지할 곳은 있다. 민주주의 국가에서는 통화를 평가절하하고, 부를 채권자로부터 채무자에게 이전할 지도자를 선출할 수 있다. 그들은 2차대전 후 영국이 그랬듯이, 몰수에 가까운 세법을 만들어 부에 오명을 씌울 수 있다. 여론이 강력한 사회적 힘이 되는 현대 사회에서는 이 방법이 특히 강력하다. 과연 부유한 사람들에게 부를 '공유'하지 않고 사회적 봉기를 막을 방법이 있을까?

기계가 일자리의 일부만 빼앗는 상황이라면 어떤가? 그런 세상은 영구적인 대공황과 같다는 점을 기억하라. 그럼 어떻게 해야 할까? 대공황은 아마도 좋은 예일 것 같다. 범죄율이 높아지고, 매춘이 늘어나고, 영양실조가 증가하고, 자살이 늘어나는 등 온갖 종류의 나쁜 일이 일어났지만 광범위한 봉기는 없었다. 사회적 봉기를 두려워하는 사람들은 일자리가 너무 많이 없어진 탓에 봉기가 일어나지 않겠느냐는 염려를 한다. 농업 인구가 90%에서 2%가 되는 데 200년이 걸렸다. 미래에는 어떨까? 우리는 극적이고 번개처럼 빠른 실업 사태를 경험하게 될까? 그럴 것 같지는 않다. 대공황 때 미국의 실업률은 단 4년 만에 5%에서 20%로 치솟았다. 기술로 인한 실직 사태를 가장 걱정하는 사람들조차, 우리가 4년 내에 모든 일자리의 15%를 잃게 되리라고는 생각지 않는다.

하지만 대공황 수준의 실직률이 영구히 이어진다면 어떨까? 사회는 어떻게 반응할까? 로봇이 인간의 일자리를 모두 빼앗았을 때의 경우와 같을 것이다. 사회적으로 불안했던 역사 속의 시대를 거슬러 올라가 생각하면, 봉기가 일어난 것은 그것을 진압할 만한 부가 충분치 않을 때 뿐이었다. 프랑스 혁명 당시 왕실은 파산 상태였다. 혁명이 있어났을 때의 러시아는 무척 가난했다. 여기에서 우리가 이야기하는 모든 실직은 부의 엄청난 증가로 인한 것이지 부의 결핍 때문이 아니다. 문제는 돈이 부족해서가 아니라 불공평한 분배 때문이다.

세 번째 시나리오인 로봇이 인간의 그 어떤 일자리도 빼앗지 않는다면, 우리는 불안을 눈치채지 못할 것이다. 지금 순간에도 우리는 광범위하게 퍼져 있는 불안을 눈치채지 못하고 있다. 세 번째 시나리오와 같은 상황은 현재와 같다고 볼 수 있다. 다만, 우리 모두 더 부유해질 뿐이다.

기본소득

가난한 사람들은 왜 가난할까? 돈이 없어서다. 이들에게 기본소득(Universal Basic Income, UBI)은 직접적인 해결책이다. 모두의 최저 소득을 보장해주기 때문이다. 기본소득은 오래전부터 나온 이야기이지만, 최근 새롭게 인기를 얻게 되었다. 이것을 옹호하는 사람들은 예상 밖의 연관성을 가지는 사람들이다. 그들은 동의를 얻는 일이 흔치 않기 때문에 서로를 의심의 눈으로 본다.

자유주의자들은 가난한 사람들을 대상으로 하는 현재의 정부 시스템이, 본질적으로는 수많은 관료주의적 지반을 가진 폭군들에게 반복적인 순종을 요하는 모욕적인 것이라고 말한다. 기본소득을 지지하는 보수주의자들은 복지국가를 운명으로 받아들이고 체념하지만, 값비싼 비효율과 반복을 통한 복잡미묘함은 용납하지 못한다. 일부 자유주의자들마저 기본소득은 "적어도 한계적 장려책을 왜곡하지는 않는다."는 호의적인 말을 중얼거린다.

이 생각이 어디에서 비롯되었는지, 어떻게 작용하는지, 실현이 될지 살펴보자. 이미 말했듯이 이것은 새로운 아이디어가 아니다. 자산 조사가 없는 재정 지원의 기원은 보조금으로 만든 빵을 받기 위해 기꺼이 줄을 선 시민들에게 빵을 나누어준 고대 로마까지 거슬러 올라간다. 기본소득에 대한 반대 역시 그 역사가 길다. 2,000여 년 전 키케로는 로마의 집정관 푸블리우스 세스티우스Publius Sestius를 옹호하는 연설에서 이렇게 말했다.

가이우스 그라쿠스Gaius Gracchus는 곡물법을 제의했다. 사람들은 일하지 않고도 충분한 식량을 얻을 수 있는 이 법을 반겼다. 그렇지만 선량한 사람들은 이 법을 반대했다. 대중이 힘든 일을 버리고 나태해질 것이며, 결국 국고가 바닥날 것이라고 생각했기 때문이다.

근대사회에서의 기본소득은 1700년대 철학자들에 기원을 두고 있다. 이들은 2가지 다른 보편적인 논거를 가지고 있었다. 첫 번째 논거는 아무도 '밥을 벌어서는' 안 된다는, 즉 살 권리를 벌어서는 안 된다는 것이었다. 모든 사람은 경제적으로 자활할 수 있든 없든 존재 자체로 살 권리를 가지고 있다. 소득을 올릴 수 있는 능력이 삶을 유지할 권리와 연결되어서는 안 된다. 이것이 기본적 인권에 대한 논거이다.

또 다른 논거는 이와는 완전히 다르며, 인권이 아닌 재산권과 관련이 있다. 이것은 과학적 지식, 사회 기관, 언어, 돈, 법 등 공유하는 관습의 총체가 존재하며 이는 법적으로 모두의 소유로 보아야 한다는 견해이다. 새로운 장치를 만들어 100만 달러를 번 사람은 이런 공유 자산을 이용해서 돈을 번 것이다. 사실 그 모든 부는 이들 자산으로 만들어진 것이고, 따라서 그 돈에 대해 모두가 동등한 권리를 가지고 있다. 이런 생각을 제기한 사람들에게 확실히 편리한 사고방식이다.

헌법 제정자 중 한 명인 토마스 페인Thomas Paine은 이 2가지 원칙에 믿음을 갖고 있었다. 1979년에 쓴 〈토지 분배의 정의Agrarian Justice〉라는 소논문에서 그는 기본소득의 정당성을 입증했다. 그는 자연 상태에서 수렵 채집인인 인간에게 지구는 '공유 재산'이었다는 것을 전제로 삼았다. 물, 공기, 동물도 마찬가지였다. 하지만 발전 과정에서 재산제도가 등장했고, 그로 인해 인구의 절반 이상이 더 이상 토지를 소유하지 못하게 되었다. 그의 해법은 무엇일까? 재산의 소유권 자체를 거부하지는 않았다. 대신 그는 "우리가 '국고금'을 만들어 토지 소유제를 도입함에 따라 천부天府의 유산을 잃은 데 대한 보상으로 21세가 된 모든 사람에게 15파운드를 지급해야 한다."라고 주장했다.

기본소득이라는 아이디어의 인기는 식지 않았다. 발명가 버크민스터 풀러Buckminster Fuller는 기본소득에 대한 강력한 지지를 표현했다.

우리는 모두가 밥을 벌어야 한다는 허울만 그럴듯한 개념을 버려야 한다. 힘들고 단조로운 일을 하는 데 시간을 사용해야 한다는 잘못된 생각 때문에 우리는 일자리를 계속 만들고 있다. 인간은 존재의 권리가 있음을 보여야만 한다는 맬서스-다윈 이론에 따라서 말이다. 우리에게는 조사관의 조사관, 또 이들이 사용할 기구를 만드는 사람들이 필요하다. 하지만 사람들이 정말로 해야 할 일은 학교로 돌아가서 누군가가 나타나서 밥을 벌어야 한다고 말하기 전에 우리가 생각하던 것들에 대해서 생각하는 것이다.

기본소득이 미국에 발을 디딘 것은 '3중 혁명The Triple Revolution'이라는 제안서가 존슨 대통령에게 전달된 1960년대이다. 노벨상 수상자, 정치가, 미래학자, 역사학자, 경제학자, 기술 전문가들을 포함한 유명인들이 이 제안서에 서명했다. 자동화가 확대되고 있는 세상에서는 '모든 미국 국민의 니즈를 충족시키는 데 필요한 충분한 생산 잠재력이 있다. 그럼에도 인구의 상당수가 최소의 소득으로, 종종 빈곤선 아래에서 근근이 먹고사는 역사적 모순'을 숨기기가 그 어느 때보다 어렵다.
이 보고서는 기본소득이 필요하다고 주장하면서 끝을 맺는다.

우리는 사회가 모든 개인과 가정에 그 권리에 맞는 적절한 소득을 보장해주는 책임을 무조건 맡아주길 촉구한다.

보고서는 경제적으로 결핍의 시대가 끝나고 있으며, 공정한 분배라는 새로운 경제적 문제가 그 자리를 자치自治하고 있다는 것을 이야기한다. 여기에 대한 반응으로 린든 베인스 존슨Lyndon Baines Johnson 대통령은 블루리본위원회를 만들었고 '기술, 자동화 및 경제 발전에 관한 국가위원회'를 소집했다. 이 위원회의 임무는 업무 자동화의 영향을 파악하고, 그것의 해로운 영향을 완화하는 정책을 제안하는 것이었다.

미국은 몇 년 뒤 닉슨 대통령 임기에 기본소득에 가장 근접하게 다가갔다. 닉슨은 기본소득에 찬성했고 상원과 하원도 마찬가지였다. 하지만 정쟁의 희생자가 되어 상원 재정위원회에서 부결되었다.

기본소득은 어떻게 작용할까? 순수한 형태의 기본소득은 자산 조사를 하지 않고 모두가 받는다. 이 점에서 국유지의 원유 생산으로 인한 소득을 모든 사람이 동등하게 공유하는 알래스카 영구 기금과 비슷하다. 자산 조사가 없는 기본소득을 지지하는 사람들은 그것이 정치적 보호를 받는 유일한 방법이라고 믿는다. 그들은 사회보장연금은 보편적인 것이기 때문에 엄밀히 말해 신성불가침이라고 지적한다. 또한 사회보장연금과 알래스카 영구 기금은 복지가 아니며, 그것을 새로 문을 연 자동차 매장에서 공짜로 핫도그를 나누어주는 것을 얻어먹는 것과 마찬가지로 생각해서는 안 된다. 그들은 자산 조사가 기본소득을 정치적 표적으로 만들고, 기본소득에 오명을 씌울 것이며, 그것을 받기 위해 가난한 사람들은 '머리를 조아리며 손을 내밀어야' 할 것이라고 주장한다.

자산 조사가 없는 기본소득의 문제는 당연히 비용이다. 미국의 경우 국민 총생산이 17조 달러이다. 연방 예산은 4조 달러, 주 예산은 1조 5,000억 달러, 지방 예산도 1조 5,000억 달러이다. 이는 17조 달러 규모의 경제에서 정부가 7조 달러, 즉 40%를 사용한다는 의미이다.

미국의 빈곤선은 연간 1인당 1만 2,000달러이다. 기본소득은 아무도 빈곤선 아래로 내려가지 않게 하는 것이므로 매달 미국 국민 모두에게 1,000달러를 지급해야 한다. 미국 인구가 3억 2,000만 명이라고 할 때 매달 3,200억 달러, 연간 약 5조 달러가 든다. 그러므로 정부는 17조 달러 규모의 경제에서 12조 달러, 즉 GNP의 70%를 사용하게 된다. 물론 이론적으로는 기본소득이 생길 경우, 식료품 할인 구매권 같은 정부 지원책이 없어지면서 상쇄되는 부분이 있을 것이다.

이 분석은 정부가 처리 수수료 없이 그 돈의 상당 부분을 직접 걷어내준다는 점에서 오해의 소지가 있다. 하지만 어떻게 따져보든, 전례 없는 규모의 경제를 정부의 손에 맡기게 된다. 조세부담률이 70%라는 것은 가난한 사람들에게 낮은 세율을 적용하는 것을 벌충하기 위해 중산층과 부유층이 70%가 **넘는** 세율을 부담해야 한다는 의미이다. 과연 70%의 세율을 부담하고 싶은 사람이 있을까?

영국 정부는 1960년대 비틀즈의 수입 중 상당 부분에 98%의 세율을 적용했다. 그들의 노래 '택스맨Taxman'이 "이런 식인 거야. 네가 하나를 가지면 나는 열아홉 개를 가져. (…) 5%가 아주 적게 느껴지겠지만 내가 전부를 가져가지 않는 것을 다행으로 생각하도록 해."라는 가사로 시작하는 것도 이 때문이다. 이런 수준의 과세는 분명 지나치게 억압적이며 씁쓸한 노래 가사까지 낳는다.

기본소득에 대한 제안 중에는 현재의 시스템보다 비용이 더 들지 않는 구조를 갖는 것들도 있다. 그런 제안에서는 사회보장연금과 노령 의료보험, 저소득층 의료보장, 식료품 할인 구매권 등 개인에게 보조금을 제공하는 것과 관련된 모든 정부 지원책을 폐지해야 한다. 또한 소득이 증가하면서 혜택을 조금씩 줄여나간다. 이런 방식을 비판하는 사람들은 이런 서비스를 받을 자격이 있는 가난한 사람들로부터 돈을 걷어 그것을 기본소득을 지급받는 부유한 사람들에게 주는 셈이라고 지적한다.

결국 이런 방식이 아닌 은밀한 방법으로 기본소득을 채택하게 될 것이라는 시나리오도 있다. 교육, 의료, 주택 비용이 높아지는 것을 감안해 정부가 이 3가지 영역에 상당한 보조금을 지급하는 것이다. 이미 선례가 있다. 미국의 경우 주택담보대출의 이자 비용에 대한 소득세 감면 혜택은 많은 사람이 내 집을 마련하는 것이 좋은 일이라는 논리에 근거를 둔 사실상의 보조금이다. 의료와 건강에 대해서도 마찬가지다.

기본소득의 대안으로 소득이 아닌 일자리를 보장해주는 방법도 있다. 이 방법은 여러 가지 형태로 이루어질 수 있다. 첫째, 일자리가 무엇인가에 대한 정의를 다시 내릴 수 있다. 현재는 어떤 활동을 하고, 또 하지 않는가에 따라 보수를 받는 일을 하는 취직 상태인지가 분명치 않다. 노부모를 돌보는 경우 그것은 직업이 아니고 그 사람은 취직한 것이 아니다. 지역 푸드 뱅크에서 상근으로 자원봉사를 하는 은퇴자는 취직한 것이 아니지만, 같은 푸드 뱅크에서 파트 타임으로 일하는 사무장은 고용된 사람으로 봉급을 받는다. 어떤 자격으로든 취업해서 보수를 받을 수 있는 일을 하고 있는 사람을 판별할 방법을 찾을 수 있을지도 모른다. 그런 시스템은 악용될 가능성이 있긴 하지만 일련의 할인권과 공제를 이용하면 실현 가능성이 높다. 이 방법은 인간의 존엄성과 일이 가져다줄 수 있는 목표 의식을 지켜주며 모두가 사회에 기여할 방법이 있다는 것을 확인시켜준다.

더 가능성이 높고 개인에게 권한을 부여하는 방법은 정부가 실직자에게 훈련과 교육을 제공하는 프로그램을 만드는 것이다. 거의 모든 사람이 동의하듯이, 사람에게 낚시하는 방법을 가르치는 것은 그 사람에게 물고기를 주는 것보다 바람직하다. 경제에 진정한 변화를 주기 위해서는 이 프로그램이 기존의 것보다 훨씬 활성화되어야 한다. 고용을 보장하는 또 다른 방법은 대공황 때처럼 정부가 실업자를 고용하는 것이다. 정부가 최종 고용주로 1,000만 명을 고용해서 연간 3만 5,000달러씩 보수를 지급할 경우, 이 프로그램을 운영하는 데는 GNP의 약 3%가 필요하다. 어떻게 하면 1,000만 명의 사람이 모두 일을 하게 될까? 인프라 건설, 벽화 제작, 식목 등 '쓸모없는 일자리'는 하나도 없다. 대공황 동안 공공산업진흥국은 100만 명을 고용했고, 이들의 노동력으로 미국의 19세기 인프라를 20세기로 이동시켰다. 비슷한 방법이 우리를 다음 세기로 데려다줄지도 모른다.

어떤 사회 세력이 기본소득에 반대하게 될까? 부유한 사람들이 반대편에 서게 될까? 그럴지도 모른다. 하지만 일부 사람들에게는 점점 소란스러워지는 폭도들에게 방어벽을 치고 살아야 할지 모른다는 우려가 기본소득을 지지하게 만드는 원인이 될 수도 있다. 그러나 최고의 수전노인 억만장자라도 기본소득으로 인한 높은 과세에 호의적일 수 있다. 왜일까? 기본소득은 억만장자가 생산하는 제품의 고객을 만들 것이고, 따라서 자신이 세금으로 낸 돈 외에도 다른 억만장자들이 내는 상당한 세금까지 다시 되돌려받을 수 있다는 판단을 내리는 것이다.

기본소득을 비판하는 사람들은 이런 평가에 냉소를 보낸다. 공공 정책 전문가 오렌 카스Oren Cass는 〈내셔널 리뷰〉에 이런 글을 기고했다. "정부 지원금에 의존하는 최하층계급은 더 이상 사회의 가장 큰 문제가 아닌 가장 자랑스러운 업적이 될 것이다."

기본소득에 대한 비판에는 기본소득이 생산적인 노동을 제공하는 존엄한 인간들의 등을 치고, 자립심을 약화시키고, 모두를 다른 사람으로부터 재정적으로 독립적인 사람으로 만들어 가족 기반을 약화시킨다는 이유가 있다. 더욱이 일자리가 없는 사람들은 목적이 없는 사람이 되고, 영구적인 여가는 두뇌와 신체의 위축으로 이어진다고 주장한다. 간단히 말해 생계를 이어가야 할 필요가 자립심을 고취하고, 삶에 의미를 부여하고, 각자가 전체의 상호의존적인 부분으로서 사회에 참여할 수 있게 한다는 것이다. 여기에서는 목적이 대단히 중요하다. 저명한 저널리스트이자 벤처 캐피털리스트인 에스터 다이슨Esther Dyson은 이 주제를 두고 이렇게 역설한다. "내가 러시아에 있을 때의 경험에 의하면 러시아에서는 여성들이 훨씬 열심히 살았다. 대부분의 남성들이 목적이 없다고 느꼈기 때문이다. 그들은 쓸모없는 일을 했고 푼돈을 벌었다. 부인들은 음식을 얻기 위해 줄을 서고 아이들을 키웠다."

기본소득이 인플레이션을 유발할까? 그럴지도 모른다. 빈곤선 아래에 있던 사람들이 갑자기 그 선을 넘으면 그들은 돈을 쓸 것이다. 부유한 사람들이 쓰지 않던 돈이 가난한 사람에게 재분배되고, 그들이 그 돈을 쓴다. 그 결과 재화와 서비스에 대한 수요가 증가할 것이고 그것이 인플레이션 효과를 낳는다.

한 국가의 1인당 GNP가 상승하면, 빈곤선은 상향한다. 이렇게 되면 모두를 빈곤선 위로 올려놓기 위한 안전망이 가동된다. 미국인들은 이런 문제를 논란거리로 삼을 정도로 부유한 나라에 사는 행운을 누리고 있다. 전 세계의 GNP는 1인당 9,000달러이다. 하지만 미국은 빈곤선을 1인당 1만 2,000달러로 정의한다. 달리 말해 미국은 빈곤선을 전세계 평균 소득보다 33% 높게 정의할 정도로 부유하다.

기본소득을 논의하거나 미래의 일자리를 생각해서 고용을 재정의하거나, 국민에 대한 재교육을 생각할 만큼의 여유가 없는 국가들은 어떨까? 하루에 2달러 미만의 돈으로 근근이 살아가는 '세계 인구 중 소득 수준이 최하위인 10억 명bottom billion'에게는 어떤 일이 일어날까? 그들은 영원히 가난할까? 그들은 매우 다루기 힘들어 보이는 만성적인 문제를 대변한다. 교육의 부재, 형편없는 인프라, 영양실조, 부족한 의료, 제 기능을 하지 못하는 정부 등의 문제를 안은 그들은 한 사람이 벌수 있는 최대 임금이 그 사람이 창출할 수 있는 가치로 제한되는 가차없는 세상에서 경쟁해야 한다. 이제 그들은 로봇과 경쟁해야 하는가? 다시 말해 기술은 위로 향하는 길을 제공할 것이다. 5부에서 이에 대해 자세히 알아보겠지만, 지금으로서는 인터넷, 3D 인쇄, 휴대전화, 태양열 발전 등 사람들의 권한을 늘리고 자립감을 촉진하는 기술이 지구상에 있는 가장 빈곤한 계층에게 희망을 가질 수 있는 진짜 이유를 선사한다고만 말하겠다. 기술은 부유한 사람들에게 집중을 방해하는 수백 가지 경로를 제공하지만, 가난한 사람들에게는 깨끗한 물과 값싼 음식, 그들의 잠재력을 개발할 수 있는 수백 가지 방법을 제공한다.

그렇다면 우리는 기본소득을 채택하게 될까? 로봇이 인간의 일자리를 모두 빼앗게 되면 그럴 가능성이 높다. 로봇이 일자리의 일부만 빼앗게 되면 그럴 수도 있다. 노동부 장관을 역임한 캘리포니아 버클리대학의 공공 정책 교수인 로버트 라이시Robert Reich는 이렇게 말했다. "중산층은 기존보다 훨씬 많은 일자리와 임금의 감소를 경험해야 비로

소 기본소득을 심각하게 고민할 것이다. 우리는 지금부터 약 10년 후가 되어야 최저 기본소득에 대해 진지하게 논의할 것이다."

로봇이 일자리를 빼앗지 않는다면 기본소득이 채택될 가능성이 없다. 경제성장이 그 필요를 완화시킬 것이기 때문이다.

12장
—
AI의 격차가 곧
국가 안보의 격차

자동화에 대한 대중 담론의 대부분은 고용과 관련되어 있기 때문에 우리는 많은 시간을 그 문제를 다루는 데 할애했다. 그다음으로 상당한 논란이 있는 주제는 전쟁 시 로봇을 사용하는 일에 관한 것이다.

기술은 지난 몇천 년 동안 수십 번이나 전쟁의 양상에 변화를 주었다. 야금, 말, 전차, 화약, 등자, 대포, 비행기, 원자 무기, 컴퓨터는 우리가 서로를 대량 학살하는 방법에 큰 영향을 미쳤다. 거기에 로봇과 AI가 또 다른 변화를 줄 것이다.

로봇에 프로그래밍된 요소에 근거해서 자동으로 살해 결정을 내릴 수 있는 무기를 만들어야 할까? 지지자들은 로봇이 많은 민간인의 목숨을 건질 것이라고 주장한다. 로봇은 프로토콜을 정확히 따를 것이기 때문이다. 피로나 두려움에 영향을 받는 군인은 아주 짧은 순간에 치명적인 실수를 저지를 수 있지만, 로봇은 그 짧은 시간이 필요한 전부이다.

사실일지라도 그것은 전 세계의 군대가 AI를 갖춘 로봇을 채택해야 하는 가장 중요한 동인動因은 아니다. 군대가 이런 무기에 주목할 수밖에 없는 이유는 3가지다. 로봇 군대는 군인보다 임무를 수행하는 데 있어 더 효과적일 것이며, 잠재적인 적이 이런 기술을 개발할 위험이 있다. 마지막으로 그들은 군대의 사상자를 줄일 것이다. 마지막 이유에는 섬뜩한 부작용이 있다. 정치적인 비용을 낮춤으로써 전쟁을 더욱 흔하게 만들 수 있기 때문이다.

현재로서 가장 중심이 되는 사안은 기계가 독립적으로 누구를 죽여야 하고, 누구를 살려야 할지 결정하는 일이 허용되어야 하는가의 문제이다. 살인 로봇을 만들어야 하느냐 마느냐가 우리가 당면한 과제라는 것은 전혀 과장된 이야기가 아니다. '할 수 있느냐'의 문제가 아니다. 우리에게 그런 능력이 있는지를 의심하는 사람은 없다. 문제는 '해야 하느냐'이다.

군대와 관계없는 AI 연구팀의 많은 사람들은 하지 말아야 한다고 생각한다. 1,000명이 넘는 과학자들이 자율 무기 시스템을 반대하는 공개 항의서에 서명했다. 이 항의서에 이름을 올린 스티븐 호킹은 2014년에 이런 무기가 AI 무기 경쟁을 통해 전 인류를 파멸에 이르게 할 것이라는 사설을 발표했다.

이런 시스템을 만들어야 하는가를 두고 격렬한 논의가 있기는 하지만, 사실 이 논의들에는 다소 의뭉스러운 구석이 있다. 로봇이 살인 결정을 내릴 수 있게 해야 할까? 어떤 의미에서는 100여 년 전부터 그런 무기가 존재해왔다. 인간은 군인이든 아이든 밟은 사람이라면 똑같이

다리를 날려버리는 수백만 개의 지뢰를 심었다. 이런 무기들은 AI의 원시적인 형태이다. 약 22kg이 넘는 무게가 실리면 지뢰는 폭발한다. 만일 어떤 회사가 체중이나 보폭을 기준으로 아이와 군인의 차이를 구별하는 지뢰와 폭파하기 전에 화약 냄새를 맡을 수 있는 지뢰를 출시한다면, 군대는 그 효과를 높이 사서 당장이라도 사들일 것이다. 이는 곧 인간이 관여하지 않고 살인 결정을 내리는 로봇에 다가가게 될 것이라는 의미이다.

현재는 조약에 의해서 지뢰 설치가 금지되고 있다. 하지만 그렇게 오랜 시간 동안 지뢰가 광범위하게 사용되었다는 것은, 무기 시스템이 가진 상당한 부수적 피해의 가능성을 불편하게 느끼지 않는다는 점을 보여준다. 드론, 미사일, 폭탄 모두 부정확하다. 이는 모두 일종의 살인 로봇이다. 우리가 이것들보다 식별력 있는 살인 기계를 포기할 것 같지는 않다. 내가 틀렸다는 것이 입증되기를 간절히 바랄 뿐이다.

물리학자이자 노스캐롤라이나 대학에서 평화, 전쟁, 국방 과정 등을 가르치는 교수 마크 거브러드Mark Gubrud는 "자율 살상 무기에 관해 미국은 신중하고 책임 있는 척하는 정책을 펴고 있지만, 실제로는 활발한 개발과 조기 사용을 위한 길을 트고 있다."라고 말했다.

이러한 무기 체계의 위협은 현실이다. 2014년 UN은 '치명적 자율 살상 무기 시스템'이라는 주제로 회의를 개최했다. 이 회의에서 나온 보고서는 테러리스트들 역시 이런 무기를 개발하는 데 열을 올리고 있고, 결국에는 손에 넣게 될 것이라는 내용을 담고 있다. 게다가 다양하게 AI를 이용하는 많은 무기 시스템이 현재 전 세계에서 개발되고 있다. 러시아는 레이더, 열 영상, 비디오카메라를 이용해 약 6.5km 밖에서 인간을 탐지해 사격할 수 있는 로봇을 개발하고 있다. 대한민국의 한 기업은 이미 4,000만 달러짜리 자동 회전 포탑을 판매하고 있다. 이 무기는 국제법에 따라 "뒤로 돌아서 떠나지 않으면 우리는 약 3km 이 내에 있는 모든 잠재적 목표물에 발포할 것이다."라는 메시지를 외친 다. 인간이 살인 결정을 내려야 하긴 하지만, 이것은 오로지 고객의 요 청에 의해 추가된 기능이다. 상당한 규모의 군사 예산을 집행하는 지구 상의 거의 모든 나라, 아마도 30개국에 가까운 나라가 AI를 이용하는 무기를 개발하고 있다.

집단적인 의지가 있다고 해도 그런 무기를 금지시킬 수 있을까? 어떻 게 해야 그런 무기를 금지시킬 수 있을까? 핵무기를 제한할 수 있는 부 분적인 이유는 그 무기가 애매하지 않기 때문이다. 폭발이 핵장치로 인 해 유발되었는가 아닌가만 판별하면 된다. 애매한 부분이 없다. 반면, AI를 탑재한 로봇은 더할 수 없이 애매하다. AI가 얼마나 관여하면 무 기를 불법으로 규정할 수 있을까? 지뢰와 터미네이터에는 정도의 차이 만 있을 뿐이다.

GPS 기술에는 기본적인 한계가 설정되어 있다. 시속 약 1,921km보 다 빠르게 움직이거나 약 18km 이상 떨어져 있는 곳에서 움직이는 물 체를 감지하지 못한다. 이 때문에 미사일을 움직이는 데는 사용할 수 없다. 소프트웨어는 통제하는 것이 거의 불가능하다. 따라서 무기 체계 를 운용하는 인공지능이 널리 보급될 것이다. 이런 시스템을 위한 하드 웨어는 기본적인 테러 무기에 비해 비싸지만, 큰 규모의 재래식 무기 시스템에 비해서는 아주 저렴하다.

이 모든 것을 고려했을 때 이런 무기를 금지하려는 시도는 성공하기 힘들 것이다. 목표물을 확인하고 인간으로부터 파괴 명령을 받아야 하도록 로봇을 프로그래밍한다 해도, 스위치 한 번을 클릭하는 것으로 승인 과정을 생략하게 할 수 있을 것이다. 그리고 결국 이런 일이 일어날 것이다.

AI 로봇은 국가 안보에 대한 심각한 위협으로 인식될 것이고, 여러 국가가 그런 무기를 보유하지 못하는 데 따르는 위험을 감수할 수 없다고 생각하게 될 것이다. 냉전 시대 동안 미국은 잠재적인 적대 세력과의 사이에 군사력 격차가 있다는 것, 혹은 있을 수 있다는 것에 대해 염려했다. 1950년대 폭격기에서의 격차와 1960년대 미사일에서의 격차가 떠오른다. AI에서의 격차는 세상에 위해를 끼치려는 사람들의 계획을 걱정하는 사람들에게 훨씬 더 무시무시한 위협이 될 것이다.

III

인간의 지능을
뛰어넘는
똑똑한 존재

살아 움직이는 빗자루를 멈추지 못한 마법사의 제자

1940년 월트 디즈니는 고전음악을 바탕으로 한 8개의 옴니버스 장편 극영화 '판타지아Fantasia'를 내놓았다. 그중에서 가장 유명한 것은 18세기 괴테의 시를 개작한 '마법사의 제자The Sorcerer's Apprentice'였다.

이야기는 마법사의 제자인 미키 마우스가 동네 우물에서 물을 긷는 장면에서 시작된다. 집 안으로 들어간 미키 마우스는 스승인 마법사가 마력의 모자를 쓰고 마술을 부리는 것을 본다. 피곤해진 마법사는 모자를 벗어둔 채 잠자리에 든다.

미키는 아주 영리해 보이는 일을 한다. 마법사의 모자를 쓰고 어설프게 배운 마술을 써서 구석에 있던 빗자루를 살아 움직이게 만든 것이다. 미키는 빗자루에 팔을 달아준 다음 물 양동이를 어떻게 끌어 올리는지를 가르친다. 빗자루는 곧 일을 배웠고 미키는 낮잠을 자며 모처럼 얻은 자유 시간을 즐긴다.

잠에서 깬 미키는 빗자루가 그때까지도 일하고 있는 것을 발견한다. 지하 전체에 물이 가득 차 있는데도 빗자루는 계속 일을 하며 물을 보태고 있었다. 그렇게 움직이도록 프로그래밍되어 있기 때문이다.

미키는 빗자루가 물을 퍼내는 것을 멈추려고 했지만, 임무를 부여받은 빗자루는 그의 명령을 무시한다. 그래서 미키는 그만 극단적인 방법을 선택했다. 도끼로 빗자루를 조각낸 것이다. 미키는 이마에 흐르는 땀을 닦으며 겨우 재난을 모면했다고 생각한다. 하지만 거기서 끝이 아니었다. 빗자루를 박살 낸 행동은 예상 밖의 끔찍한 결과를 가져온다. 빗자루 조각들이 또 다른 빗자루가 되어 하나의 부대가 된 것이다. 이 빗자루 부대는 바다가 마를 때까지 물 퍼내는 일을 멈추지 않을 것 같다.

미키는 자신이 만든 창조물을 멈추게 할 수 없었으나 다행히 소란스러운 소리에 잠에서 깬 마법사가 이 상황을 해결한다. 마법사는 깊이 뉘우치는 제자에게서 모자를 빼앗는다.

13장

인간이 밝혀내지 못한
두뇌와 정신의 영역

내로우 AI는 자율주행차와 당신이 원하는 온도를 학습하는 온도조절장치, 이메일 폴더의 스팸 여과장치를 구동시킨다. 이런 것들은 경이로운 기술이 분명하다. 하지만 그렇다고 내로우 AI에게 아내에게 줄 크리스마스 선물로 뭐가 좋을지는 묻지 말라. 반면, AGI는 최소한 당신과 나만큼 똑똑한 지적 존재이다. 프로그래밍되지 않은 일도 어떻게 수행하는지 알아내서 시도하는 AGI에게는 어떤 과제든지 시킬 수 있다. 6 곱하기 7이 얼마냐고 물어도, 여자 친구와 결혼을 해야 할지 물어도 답을 얻을 수 있다. 그런 장치를 만들려면 어떻게 해야 할까? 첫 단계는 우리가 일반 지능, 즉 두뇌를 쓰는 메커니즘을 파악하는 것이다.

참고로 나는 인간 두뇌의 열렬한 팬이다. 나도 하나 가지고 있고 거의 매일 사용한다. 하지만 두뇌 안에서 벌어지는 정신 작용 중에서 우리가 이해하고 있는 부분은 얼마나 될까? 놀랍게도 아주 적다. 지금쯤이면 꽤 많은 것을 알고 있을 것이라고 생각하는 당신에게 분명히 놀라운 일일 것이다. 지난 20년 동안 의미 있는 진전이 있었던 것은 분명하지만 우리는 두뇌의 작용을 화학적, 수학적 방정식으로 표현하는 방법은커녕 기억이 어떻게 코드화되는지도 전혀 모르고 있다.

어째서 두뇌의 비밀은 이렇게까지 견고한 것일까? 2가지 이유가 있다. 첫째, 두개골이 두뇌를 완벽하게 감싸고 있어서 최근까지 실제로 두뇌를 연구할 방법이 많지 않았다. 죽은 두뇌를 연구하는 것은 죽은 심장을 연구하는 것만큼이나 도움이 되지 않는 일이다. 둘째, 두뇌는 세상에서 가장 복잡한 존재이다. 두뇌 안에 있는 뉴런의 수는 은하계에 있는 별의 숫자와 비슷한 약 1,000억 개이다. 너무 큰 숫자여서 아이러니하게도 우리 머리로는 헤아리기 힘들다. 각각의 뉴런은 1,000개의 다른 뉴런과 연결되어 있다. 머릿속에 은하수 전체를 그려보라. 그리고 모든 별과 1,000개의 다른 별들 사이에 선을 연결하라. 이제 두뇌와 거의 비슷한 복잡한 모양이 보일 것이다.

그 선들은 인간 두뇌의 시냅스와 비슷하다. 간단한 계산만으로도 100조 개의 시냅스가 있다는 것을 알게 된다. 게다가 뉴런의 숫자가 1,000조 개에 육박할 것이라고 생각하는 사람들도 있다. 거의 무수한 교세포들도 있다. 한 개의 두뇌에는 수조 개 이상의 교세포가 있다. 그들은 신경을 보호하고 지원하며 우리가 아직 이해하지 못하는 방식으로 인지 과정을 돕는다. 이 정도로도 깊은 인상을 받지 못했다면, 인간의 두뇌에서는 매초 10만 가지의 독립적인 화학작용이 일어난다는 것을 기억하라. 이 모든 것이 불가사의한 방식으로 함께 작동해서 당신을 이룬다. 세계에서 가장 빠른 슈퍼컴퓨터를 가동시키는 데 1,000만 와트의 전력이 필요하다. 그런데도 슈퍼컴퓨터는 20와트짜리 우리 두뇌의 역량에 미치지 못한다.

우리가 두뇌의 작용을 이해하지 못하는 이유는 복잡성 때문만이 아니다. 우리는 두뇌의 가장 단순한 작용조차 이해하지 못한다. 지구상에서 가장 성공한 동물로 여겨지는 선충에 대해 생각해보라. 그들은 대양저, 사막, 호수 바닥, 산 할 것 없이 어디서나 잘 사는 것 같다. 놀랍게도 지구상에 있는 모든 동물의 80%는 100만 가지 정도에 이르는 선충종에 속한다. 모든 동물의 80%는 선충이다.

일반적으로 선충은 두꺼운 머리카락 굵기만 하다. 그중 예쁜꼬마선충은 머리카락 한 가닥 굵기만 하다. 다세포 생물이다. 우리는 이 예쁜꼬마선충에 대해 많은 것을 알고 있다. 사실 수천 명의 과학자들이 수십 년 동안 예쁜꼬마선충에 매달려왔다. 이 생물을 연구하는 것은 복잡하지 않은 생물이기 때문일 것이다. 예쁜꼬마선충은 단 959개의 세포를 가지고 있고, 그들의 두뇌는 단 302개의 뉴런으로 이루어져 있다. 각각의 뉴런은 약 30개의 다른 뉴런과 연결되어 있어서 시냅스가 1만 개 정도이다.

그렇다면 생각해보자. 당신의 두뇌는 은하수에 있는 별들만큼이나 많은 뉴런을 가지고 있다. 선충의 뇌는 시리얼 한 그릇에 들어 있는 낟알의 개수 정도 되는 뉴런을 가지고 있다. 이런 이야기를 들은 사람들은 선충의 뇌를 모형으로 만들거나, 선충이 어떻게 작용하는지 파악할 수 있을 것이라고 생각한다.

어림없는 생각이다. 선충은 우리가 이해하지 못하는 메커니즘으로 대단히 복잡한 일들을 한다. 그들은 열을 향해서 혹은 열을 피해서 이동할 수 있고, 먹이를 찾을 수 있으며, 짝을 찾을 수 있고, 건드리면 반응할 수 있고, 지금껏 살아 있는 가장 성공한 동물로 살아가게끔 행동할 수 있다.

사람들이 이 수수께끼를 풀기 위해 열심히 매달리지 않았다고 생각지 말라. 선충의 세포를 각각 모형화해서 완벽하고 생물학적 현실에 맞는 선충을 컴퓨터 안에 옮기려는 진지한 노력이 계속되고 있다. 이런 노력이 모여서 선충이 하는 행동의 비밀이 드러나길 바랄 뿐이다.

가능할 것 같지 않은가? 뉴런이 어떻게 행동하는지 알아내고, 1만 개의 시냅스를 가진 302개의 뉴런을 모형으로 만들면 컴퓨터상에서 정확하게 선충과 같은 행동을 하는 어떤 것을 가질 수 있게 될 것이다.

다시 말하지만, 아직 우리는 그 수준에 도달하지 못했다. 선충을 연구하는 오픈웜OpenWorm 프로젝트에 관련된 사람들 사이에 그런 모델을 만드는 것이 곧 가능한가 여부에 대한 합의조차 이루어지지 않고 있다. 이 한 가지만은 분명해 보인다. 우리는 선충의 뇌가 어떻게 작동하는지 이해하기 전에는 인간의 두뇌가 어떻게 작동하는지 이해할 수 없다. 오픈웜 프로젝트가 결국 성공하면, 컴퓨터 메모리 안에서 헤엄치는 선충은 실제로 살아 있는 것인가? 살아 있는 것이 아니라면 그 이유는 무엇인가? 철저히 하나의 세포에서 시작해 만들어질 것이고 완성되면 모든 면에서 선충과 똑같이 행동할 것이다.

어떤 의미에서 선충의 뇌는 인간의 뇌보다 더 흥미롭다. 적어도 인간은 "우리에게는 엄청나게 많은 뉴런이 있어요. 당연히 이것들은 복잡한 일을 하죠."라는 식으로 이야기할 수 있다. 하지만 선충은 단 302개의 뉴런을 가지고서 복잡한 행동을 보여줄 수 있다.

어떤 사람들은 이런 사실을 우리가 두뇌의 작용 방법을 이해하는 일을 시작도 하지 못했다는 뜻으로 받아들인다. 저명한 언어학자로 60년 이상 MIT에서 강의한 노암 촘스키Noam Chomsky도 그런 사람 중 한 명이다. 그는 이렇게 말했다. "AI 분야의 연구는 사고의 본질에 대한 어떤 실질적인 식견도 내놓지 못했다. 나는 그것이 그리 놀라운 일이라고 생각지 않는다. 대왕 오징어의 뉴런이 위험과 먹잇감을 구분하는 방법을 이해하는 것조차 대단히 어려운 문제이다. 인간의 지능이나 인간이 하는 선택의 본질을 포착하기 위해 노력하는 것은 현대 과학의 한계를 넘어서는 엄청난 문제이다."

두뇌의 무게는 약 1.36kg으로 약 1.9L짜리 우유보다 조금 가볍다. 체중의 약 2%를 차지할 뿐이지만 에너지의 20%를 사용한다. 두뇌의 60%는 지방이다. 우리는 얼간이라는 뜻으로 팻헤드Fathead라는 말을 쓰지만 실은 우리 모두가 팻헤드인 셈이다. 뇌의 4분의 3은 물이기 때문에 젤리처럼 출렁거린다. 뇌에는 약 1.6km의 혈관이 들어 있다.

뇌는 필요한 경우 유동적으로 공간을 나누어 쓰는 대단히 다재다능한 장기이다. 의학적인 이유로 젊은이의 두뇌 일부를 제거할 경우, 뇌는 제거된 부분의 기능을 유지하도록 스스로 배선을 바꾼다. 생명 작용에 의해 타고난 5가지 감각 이외에 새로운 감각 정보를 받아들이는 방법을 배울 수도 있다.

예를 들어 신경과학자인 데이비드 이글먼David Eagleman은 음파를 이용해서 몸에 딱 맞는 조끼의 다른 부분에 진동을 줌으로써 청각 장애인들이 '소리를 들을 수 있는' 방법을 개발했다. 얼마 후 압력을 단계별로 해독하지 않고도 무의식적으로 '소리를 들을 수 있게' 되었다. 이글먼은 청각 장애인들도 비장애인이 듣는 것과 동일한 방식으로 소리를 듣게 될 것이라고 믿고 있다.

우리가 두뇌에 대해 배우는 속도는 점점 빨라지고 있다. 그 놀라운 예가 기술 전문가 메리 루 젭슨Mary Lou Jepsen의 연구이다. 그녀는 사람들에게 일련의 유튜브 영상을 보여주고, 그들이 영상을 보는 동안 사람들의 뇌 주사 사진을 찍는 시스템을 개발했다. 컴퓨터는 그들이 보는 영상에 따른 두뇌 활동을 기록한다. 이후 실험 대상자들에게 새로운 영상을 보여주면 컴퓨터는 두뇌 활동을 기록한 데이터를 근거로 그들이 어떤 영상을 보고 있는지 알아내야 한다. 결과는 놀라웠다. 컴퓨터는 사람들이 보는 영상이 어떤 것인지 알아냈다. 완벽하지는 않았지만 유효한 결과였다. 컴퓨터가 두뇌를 읽고 있는 것이다. 이런 종류의 기술은 두뇌가 가진 많은 미스터리를 푸는 데 도움을 주고 있다.

우리가 뇌에 대해 이해하고 있는 것들의 목록은 정말 초라하다. 우리는 두뇌에서 정보를 어떻게 코드화하는지, 우리가 그것을 어떻게 검색하는지 알지 못한다. 처음 자전거가 생긴 때를 생각해보라. 그 자전거의 색깔이 어땠는지, 탈 때의 기분은 어땠는지 떠올려보라. 어릴 때 자전거를 타던 장소는 어떤 곳이었는가? 이제 그런 것들이 두뇌에 어떻게 '적혀' 있을지 상상해보라. 뇌 어딘가에 작은 자전거 아이콘이 있지는 않을 것이다. 그런 회상이 얼마나 쉬운 일인지 생각해보라. 수년 동안 그 자전거에 대해서는 생각도 하지 않았는데 말이다. 물론 뇌과학자들은 이 모든 일에 대한 이론과 직감을 가지고 있지만 답까지는 아직 멀었다. 우리는 두뇌의 여러 부분이 어떤 일을 하는지에 대해 상당한 지식을 갖고 있지만, 그 대부분이 **어떻게** 작동하는지에 대해서는 깜깜하다.

두뇌는 종종 컴퓨터에 비견된다. 하지만 대뇌는 구조적인 면에서 컴퓨터와 전혀 다르다. 가장 비슷한 부분이라면 컴퓨터가 지금 두뇌가 하는 일들을 하기 위해 만들어지고 있다는 점이다. 가스레인지에서도 팝콘을 만들 수 있고, 전자레인지에서도 팝콘을 만들 수 있지만 그것이 가스레인지와 전자레인지가 흡사하다는 의미는 아니다. 두뇌와 컴퓨터를 직접적으로 비교한다면, 현재는 두뇌가 더 강력하다. 컴퓨터는 2+2와 같은 계산을 인간보다 훨씬 빠르게 할 수 있지만 두뇌는 많은 과제에서 컴퓨터를 능가한다. 그들은 많은 일을 한 번에 하기 때문이다.

두뇌가 할 수 있는 일에는 무엇이 있을까? 사람이 "두뇌의 10%만을 사용한다."라는 말은 근거 없는 이야기이다. 그 사실은 처음에는 괜찮은 공상과학소설의 줄거리가 되었지만 곧 그 수는 줄어들었다. 우리는 두뇌를 상당히 많이 사용한다. 때문에 어떤 사람들은 두뇌로 놀라운 일을 하기도 한다. 3명의 간단한 사례를 보자.

킴 픽Kim Peek이라는 사람은 한쪽 눈으로 한 페이지를 읽고 다른 쪽 눈으로 다른 페이지를 읽는 식으로, 두 페이지를 한 번에 읽어 1분 만에 1만 단어를 읽을 수 있다.

영국의 수학자 빌 투테Bill Tutte는 펜 하나와 종이 한 뭉치만 가지고 나치의 로렌츠Lorenz 코드를 풀었다. 그는 암호화 기계를 본 적조차 없었지만, 독일이 우연히 같은 메시지를 두 번 보낸 것을 보고 암호를 풀었다.

1939년 캘리포니아 버클리 대학의 대학원생이었던 조지 댄치그George Dantzig는 수업에 늦게 도착했다. 교수는 칠판에 미제로 남은 2가지 통계 문제를 적어두었다. 이 문제를 본 댄치그는 그것이 그 주에 해야 할 숙제라고 생각해 노트에 받아 적었다. 이쯤이면 당신도 짐작했겠지만 그는 그 문제들을 풀었다. 이후 그는 그 문제들이 "평소보다 조금 더 어려워 보였다."라고 술회했다.

하지만 두뇌에는 몇 가지 별스러운 점이 있다. 먼저 수백 가지 인지 편향이 있는데, 두뇌가 잠재적으로 부정확한 답에 도달하는 것이 바로 이 인지 편향 때문이다. 뇌가 기존의 특정한 기호嗜好를 가지고 있어서 이런 현상이 생기는 것이다. 내가 가장 좋아하는 예는 '이유reason의 역할을 하는 운rhyme' 효과이다. 이 때문에 운이 맞아떨어지는 진술은 더 정확한 것으로 받아들여진다. "제때의 한 땀이 뒤의 아홉 땀을 던다."라는 속담이 정말일까? 나는 모른다. 하지만 믿고 싶어진다. 어릴 때 100세가 넘은 이웃 노인과 도미노 게임을 할 때면, 그녀는 다음 도미노를 어디에 둘지 자꾸 마음을 바꾸는 나에게 "장고 끝에 악수 두지."라는 말을 던지곤 했다. 물론 진실이 담겨 있기도 하지만 "오래 생각하면 부정확한 생각을 하는 법이지."라는 말보다 믿음이 가는 것은 분명하다.

1980년 이전에 태어난 사람이라면 O. J. 심슨의 재판에서 변호사 조니 코크란Johnnie Cochran이 장갑에 대해서 자주 반복한 주장을 기억할 것이다. "이것이 맞지 않으면 무죄를 선고해야 한다." 배심원들도 그의 생각에 동의했다.

이런 편향들은 두뇌의 소스 코드에 있는 바이러스가 아니며 대단히 실제적인 목적이 있다. 특정한 관점에서라면 비이성적으로 보일 것이다. 나는 기업가들이 성공할 수 있는 진짜 기회를 안다면 만들어지는 기업이 훨씬 적을 것이라는 생각을 종종 한다. 그런 문제에 나타나는 낙관 편향 때문에 많은 사람들이 "다른 것들은 다 망해도 내 것은 안 망해!"라고 생각하고 사업을 시작한다. 사회적인 입장에서 보면 이것은 최적의 선택이다. 컴퓨터는 절대로 하지 않을 비이성적인 결정을 내리는 것이 컴퓨터를 앞서는 방법이라면 좋을 텐데 말이다.

두뇌가 우리를 속이는 것이지만 몇 가지 이유에서 유용한 일들이 있다. 새카드 안구운동Saccadic masking이 그 한 가지 예다. 1800년대 말에 처음 발견된 이 현상은 눈을 움직이는 동안 두뇌가 사람이 알아차리지 못하는 방식으로 시각적 처리 과정의 일부를 차단할 때 일어난다. 거울 앞에 서서 눈을 바꾸어 가면서 거울을 보라. 당신은 자기 눈의 움직임을 볼 수 없겠지만, 당신을 보고 있는 다른 사람은 분명히 그것을 볼 것이다.

이렇게 자세한 설명을 하는 이유는 두뇌가 얼마나 복잡한지, 더 나아가 지능이 얼마나 복잡한지 이해시키기 위해서이다. 두뇌가 어떻게 작동하는지와 관계없는 AGI를 얻게 될 수도 있지만, 그렇다고 컴퓨터 지능이 두뇌보다 간단할 것 같지는 않다. 지능은 어려운 문제이다. AI 분야의 거물인 마빈 민스키는 그것을 이런 식으로 설명한다.

뉴턴은 우리가 보는 거의 모든 기계적 현상을 설명하는 3가지 단순한 법칙을 발견했다. 200년 후 맥스웰Maxwell은 전기에 대해 그런 일을 해냈다. (…) 많은 심리학자들이 물리학자들을 모방해서 정신이 어떻게 움직이는가에 대한 이론들을 몇 개의 단순한 법칙으로 정리하기 위해 노력했다. 그 일은 그다지 성공적이지 못했다.

우주 안의 모든 물체 중에 인간의 두뇌는 그 자체로 하나의 범주를 이룬다. 두뇌가 하는 일을 하는 기계를 만드는 것은 대단히 야심 찬 일이기도, 오만한 일이기도 하다. 어떤 존재에게 진짜 지능을 갖춘 존재가 되는 것이 그리 어려운 일이 아니라면 그 존재는 분명 정신도 소유하고 있을 것이다.

인간 정신

두뇌와 정신의 차이는 무엇일까? 두뇌는 약 1.36kg의 찐득찐득한 물질로 이루어진 장기로 기계론적인 방식으로 움직인다. 정신은 끈적거리는 지방 덩어리가 해낼 수 있는 것보다 훨씬 어려운 방식처럼 보인다. 정신은 당신이 할 수 있는 모든 정신적인 것의 총체 즉 감정, 상상력, 판단, 지능, 결의, 의지의 근원이다. 음악이 당신을 울적하게 만드는 것도, 당신이 미래를 상상할 수 있는 것도 정신 덕분이다. 생각해보라. 장기가 어떻게 창의적일 수 있겠는가? 1.36kg의 세포가 어떻게 사랑에 빠질 수 있겠는가? 단순한 뉴런들이 어떤 것이 재미있다는 생각을 할 수 있겠는가?

정신이라는 **개념**은 일상의 언어에 스며들어 있으며 모두가 그 개념을 사용한다. 우리는 사람들에게 정신이 나간 게 아니냐고 물으며, 정신적 안정을 추구하고, 정신을 가다듬는다고 말한다. 또한 정신적 지주들도 같은 생각을 했다는 이야기를 듣는다. 우리는 정신이 산만하다고도 하고 정신을 한곳에 모은다고도 한다. 그밖에도 건전한 정신이란 표현이나 어떤 대상이 정신을 방해한다거나 스스로 정신 상태를 결정할 수 있다고도 말한다. 이처럼 정신에 대한 수백 가지 구어적 표현이 있지만 그중에서 '두뇌'를 대신 넣어도 될 만한 표현은 없다.

그렇지만 각각의 사람이 정신이라는 개념을 들먹일 때 **의미하는 바에**는 큰 차이가 있다. 당신이 일원론자, 즉 사람이 기계라고 생각하는 입장이라면 이렇게 말할 것이다. "정신은 두뇌가 하는, 우리가 이해하지 못하는 일을 뜻하는 광범위한 표현일 뿐이다. 정신이 하는 일은 정상적인 심리 작용에 지나지 않는다. 정신이 두뇌의 창발적 측면일 수는 있다. 하지만 그렇다 해도 단순한 생명 활동일 뿐이다."

반대로 인간이 단순한 기계가 아니라고 믿는 이원론자들은 "정신은 바로 당신이다. 정신은 물리학 법칙 밖에 존재한다. 정신은 두뇌에 의해 만들어졌을지 몰라도 두뇌라는 장기의 단순한 기능과는 완전히 다르다. 그것은 결코 화학 공식으로 정리할 수 없다. 그 본질이 물리적이지 않기 때문이다."라고 말할 것이다.

정신이라는 모호한 개념을 들먹이지 않고도 AGI를 만들 수 있을까? 불행히도 불가능하다. 그것이 AGI의 개발을 훨씬 더 어렵게 만들기 때문이다. 정의상 AGI는 동물의 왕국에 있는 어떤 생물보다도 극적으로 똑똑해야만 한다. 가장 똑똑한 돌고래 정도의 지능을 가진 컴퓨터 돌고래 AI를 만든다면, 누구도 그것을 AGI라고 부르지 않을 것이다. 영화 '아이, 로봇I, Robot'에서 윌 스미스가 맡은 델 스프너 형사가 '써니'라는 이름의 로봇을 조사하면서 나누는 대화를 생각해보자.

스프너 형사: 로봇이 교향곡을 쓸 수 있어? 로봇이 캔버스에 아름다운 그림을 그릴 수 있냐고?
써니: 당신은 할 수 있나요?

교향곡을 쓰고 아름다운 그림을 그리는 능력은 그것이 무엇이든 분명 정신에서 나온다. 진정한 AGI라는 것은 인간 수준의 인지 능력을 가져야 하기 때문에 우리는 AGI가 그 2가지 일을 할 수 있을 것이라고 기대한다. 따라서 정신은 쉽게 지나칠 수 있는 문제가 아니다.

그렇다면 정신은 어떻게 생기는가? 정신의 특징 중 하나는 머릿속의 목소리, 즉 세상이 돌아가는 것을 바라보는 '당신'이라는 것이다. 단순한 두뇌가 어떻게 그런 일을 해내는 것일까? 선충 역시 뇌를 가지고 있다. 하지만 선충의 302개 뉴런에는 세상 돌아가는 일에 대한 실황 방송이 진행되고 있지 않을 것 같다. 그 목소리는 정신의 한 측면이며, 그 목소리가 무엇이든 정신 역시 그것이다. '나는 무엇인가'라는 것이 우리의 기본적 질문 중 하나였던 것을 기억하는가?

더 나아가 정신을 설명하는 3가지 견해가 있다.

첫 번째 견해는 당신의 자아가 '두뇌의 트릭'이라는 것이다. 트릭은 두뇌가 감각적 경험을 통합된 흐름에 결합시키는 방법이다. 이런 결합은 두뇌의 여러 부분들이 말하고자 하는 것이 있을 때 두뇌가 '기회를 잡는' 방법으로 이루어진다. 이 견해는 정신이 무엇인가라는 문제에 대해 당신이 정신이라는 것 자체를 갖고 있지 않고 단지 두뇌를 가지고 있을 뿐이며, 창의력과 감성같이 우리가 이해하지 못하는 능력은 단지 정상적인 두뇌 기능이라고 간주한다.

두 번째 견해는 당신의 자아가 '두뇌의 창발적 특성'이라는 것이다. 정신이 창발적 특성일까? 창발이란 각각의 부분이 가지지 못한 속성과 능력을 전체가 가지는 현상이다. 앞서 나는 개미 군락에 대해 이야기했다. 개미는 똑똑하지 않지만, 개미 군락은 똑똑하게 움직인다. 세포의 어떤 부분도 살아 있지 않지만 세포는 생존한다. 이 견해에서 정신은 발화하는 수천억 뉴런의 활동으로부터 만들어진다. 물리적 시스템 내에서 어떻게 창발적 현상이 일어나는지는 정확히 파악할 수 없다. 따라서 정신이 두뇌의 창발적 특성이라는 것은 길가의 깡통을 살짝 차보는 것과 같다. 그렇다 해도 이 견해는 정신의 근원에 대해 광범위하게 받아들여지는 믿음이다.

자아에 대한 마지막 설명은 그것이 물리학 법칙 밖에 존재하는 당신의 한 측면, 즉 '영혼'이라는 것이다. 당신의 정신은 신체가 죽어서도 살아남을 수 있는, 당신이 가진 무형의 부분일지 모른다. 이 견해에서 감정, 창의성 그리고 정신의 모든 속성은 발화하는 수천억 뉴런의 산물이 아니라 영혼의 여러 측면이다. 이는 과학으로는 이런 능력들을 이해하기 힘든 이유를 설명해준다.

이 3가지 견해 중 첫 번째 것이 옳다면, AGI를 만들 수 있을 가능성이 매우 높아진다. 시간이 흐르면 정신의 비밀이 밝혀질 것이고, 컴퓨터가 이런저런 방법으로 정신의 능력을 모사할 수 있을 것이다. 두 번째 견해가 맞다면, AGI로 가는 길은 조금 까다롭다. 기계에서 어떤 식으로든 창발적 현상이 일어나야 하기 때문이다. 창발에 대한 우리의 이해를 고려하면, 그것을 기계적으로 재현할 수 있다고 확실하게 말하기 어렵다. 하지만 그것이 물리적 현상이라는 전제에서는 재현할 수 있는 가능성이 있다. 세 번째 견해가 맞다면, 즉 우리의 정신이 우리의 영혼이라면 AGI의 실현 가능성은 매우 낮아진다.

14장

—

인공 일반 지능의
실현 가능성

어떻게 하면 AGI를 만들 수 있을까? 간단히 말하자면 우리는 모른다. AGI는 존재하지 않는다. 그에 가까운 것조차 없다. 그러나 업계 대부분의 사람들은 AGI를 만드는 것이 가능하다고 생각한다. 내가 운영하는 AI 팟캐스트 '보이스 인 AI'에 초청된 70명가량의 게스트 중 AGI를 만들 수 없다고 믿는 사람들은 6~7명에 불과하다. 그러나 우리가 AGI를 만들 수 있는 **시기**에 대한 예측은 크게 엇갈린다.

내로우 AI에 대해서 상당히 낮은 기준을 설정해두고 있지만 'AGI'라는 명칭을 얻기 위해서는 인간이 가진 다양한 유형의 지능을 모두 보여주어야 한다. 사회적 지능, 정서적 지능, 과거와 미래를 생각하는 능력은 물론 창의력과 진정한 독창성까지 말이다. 역사학자 자크 바준Jacques Barzun은 "컴퓨터가 반어적인 대답을 내놓을 때 비로소 AGI를 갖게 되었다는 사실을 알 수 있게 될 것."이라고 말했다.

AGI는 내로우 AI보다 조금 향상된 것이 아닌 완전히 다른 것일까? 많은 내로우 AI를 단순히 접합해서 인간 경험의 모든 영역을 아우르고, 따라서 결과적으로 인간만큼 똑똑하고 다재다능한 AI를 만들면 되는 것이 아닐까? 우리는 실제로 AGI라는 프랑켄슈타인 괴물을 만들 수 있는 것일까? 예를 들어 카펫을 청소하는 로봇과 주식을 선택하는 로봇, 운전하는 로봇 등 수만 가지 로봇을 만든 다음 이들을 연결해서 인간 문제의 모든 영역을 해결할 수는 없는 것일까? 이론적으로는 그런 괴물을 코드화할 수는 있다. 하지만 불행히도 그것은 AGI로 가는 길이 아니다. AGI로 가는 길은 그와는 거리가 멀다. 지능을 갖춘다는 것은 1만 가지 다른 일을 할 수 있다는 것이 아니다. 지능이란 그 1만 가지 일들을 합쳐서 새로운 배열을 만든다는 것, 그런 지식을 이용해서 완전히 새로운 1만 1번째 과제를 수행한다는 것을 의미한다.

어떤 면에서 내로우 AI에 대한 우리의 기존 경험들과 비교하면 AGI를 만든다는 아이디어 자체가 조금은 터무니없어 보인다. 내로우 AI는 작업을 수행할 때 우리가 기분 좋은 놀라움을 경험하는 정도의 수준에 있을 뿐, 수행에 대한 프로그램이 탑재되지 않은 과제를 스스로 학습할 수 없다. 하지만 AGI는 완전히 다르다. AGI와 내로우 AI를 비교하는 것은 아인슈타인을 좀비에 비교하는 것과 같다. 아인슈타인과 좀비 모두 두 발 동물인 것은 같지만, 좀비의 기량은 대단히 편협한 반면 아인슈타인은 새로운 것들을 쉽게 배울 수 있다. 좀비는 야간학교에 등록하거나 매듭 공예를 배우지는 않을 것이다. 좀비는 온종일 "두뇌! 두뇌!"라고 중얼거리면서 돌아다닐 뿐이다. 지금 우리가 가지고 있는 것이 바로 AI 좀비이다. 문제는 우리가 과연 AGI 아인슈타인을 만들 수 있는가이다. AGI 아인슈타인을 만들 수 있다면, 우리는 그들을 어떻게 생각하게 될까? 우리는 그것을 뭐라고 생각할까?

지금 우리가 이야기하고 있는 이 시점에서 AGI는 의식이 없다. 의식이 없기 때문에 세상을 경험할 수 없고 고통받지도 않는다. 따라서 AGI 자체는 존재의 위기나 인간을 특별하게 만드는 것에 대한 깊은 성찰을 야기하지는 않지만 2가지 질문을 던진다.

"AGI는 살아 있는가?" "인간은 무엇을 위해 존재하는가?"

AGI가 살아 있는지에 대한 대답은 분명하지 않다. 의식은 생명의 선행조건이 아니다. 사실 생물 중에 의식을 가진 것의 비율은 믿을 수 없을 정도로 낮다. 나무는 살아 있다. 우리 몸의 세포도 마찬가지다. 하지만 우리는 그것들을 의식이 있는 것으로 여기지 않는다.

무언가를 살게 하는 것은 무엇일까? 생명이란 무엇일까? 우리는 생명이 무엇인가에 대한 일치된 정의를 가지기는커녕 그 근처에도 가지 못했다. 죽음에 대한 일치된 정의도 가지고 있지 않다. 무엇이 생명으로 여겨지는지에 대한 합의가 존재하지는 않지만, 다양한 속성들이 제시되어왔다. AGI는 성장 역량, 재생산 능력, 자손에게 유전 형질을 전달하는 능력, 자극에 반응하는 능력, 항상성을 유지하는 능력, 죽음 전까지 계속적인 변화를 보여주는 능력을 비롯한 많은 속성을 보여줄 것이다. 그렇지만 AGI가 갖지 못할 생명의 2가지 속성이 있다. 세포로 구성되는 것과 호흡이다. 이 2가지 속성이 단순히 '지구상의 모든 생물이 공유하는 것들'인지 '정의상 생명에 꼭 필요한 것들'인지 궁금증이 들 것이다. 숨을 쉬지 않고, 세포로 이루어지지 않은 외계인이더라도 우리와 대화를 나눌 수 있다면 우리는 그를 살아 있다고 생각할 것이다. 그렇다면 AGI에게 왜 그런 속성을 고집해야 하는 것일까?

그런 것들은 생명에 대한 과학적 요구조건들에 불과하다. 형이상학적인 요구조건은 어떨까? 우리는 여기에서도 의견의 합치를 보지 못하고 있다. 철학적 사유는 바이러스 같은 생명의 극단적인 사례를 검토하는 데 많은 시간을 투자하지 않았다. 과학자들조차 바이러스가 생명체인가에 합의하지 못하고 있다. 수백만 년에 걸친 정체기 뒤에 최근 되살아난 박테리아는 계속 살아 있었던 것인가? 혹은 죽음에서 부활한 것인가?

생명의 정의가 수천 년 동안 논란이 많은 주제였다는 사실은, 조만간 전 인류적인 차원의 합의에 이르게 되는 일은 없을 것임을 시사한다. 이런 경우 AGI가 살아 있는지, AGI와 우리의 상호작용이 이러한 모호함 때문에 불편해지지는 않을지 하는 문제에 다양한 의견이 있을 것이다. 자신이 무엇이냐는 질문에 "기계."라고 답했던 사람들은 물론, 스스로를 일원론자로 보는 사람들은 당연히 AGI가 살아 있다고 여길 것이다. 반면에 다른 사람들은 결정을 내리지 않거나, 양심상 중립적인 태도를 취할 것이다.

〈와이어드〉 수석 편집장인 케빈 켈리는 "인간은 무엇을 위해 존재하는가?"라는 두 번째 질문에 다음과 같이 간명하게 답했다.

우리는 향후 10년, 어쩌면 100년을 영구적인 정체성의 혼란 속에서 인간은 무엇을 위해 존재하는지 끊임없이 자문하면서 보낼 것이다. (…) 인공지능의 도래가 가져다주는 가장 큰 혜택은 AI가 인간성을 정의하는 데 도움을 줄 것이라는 점이다. 우리는 우리가 누구인지 확인하기 위해 AI가 필요하다.

지난 몇천 년 동안 인간은 지구상에서 최고의 지위에 있다고 주장해 왔다. 거기에는 단 한 가지 이유가 있었다. 인간이 가장 똑똑한 존재라는 것이었다. 가장 크지도, 가장 빠르지도, 가장 힘이 세지도, 가장 오래 살지도 못하기 때문에 거의 모든 면에서 '최고'의 지위에 있지 못하지만 인간은 가장 똑똑하다. 그런 영리함을 이용해 반박할 수 없는 지구의 주인이자 지배자가 되었다. 그러나 만일 인간이 지구상에서 두 번째로 똑똑한 존재였다면 어떻게 될까? 그저 두 번째가 아닌 난처할 정도로 첫 번째와 큰 차이가 나는 두 번째였다면 말이다. 만일 기계들이 인간보다 더 영리하고 물리 세계를 더 잘 조종할 수 있다면 인간이 할 일은 무엇일까? 나는 인간이 의식에 기댈 것이라고 생각한다. 인간은 세상을 경험하지만, 기계들은 단지 그것을 측정할 뿐이다. 인간은 세상을 즐긴다. 무엇보다 삶에서 죽음과 소중함을 결합하여 그 순간 의미 있고 인간적인 무언가를 얻는다.

이는 동양의 선禪 사상에서 전해지는 호랑이와 딸기 이야기에도 담겨 있다. 호랑이에 쫓기던 한 남자는 목숨을 구하고자 절벽에서 뛰어내려 나뭇가지를 잡고 매달려 있었다. 위쪽에는 호랑이가 기다리고 있었고 아래쪽에는 다른 호랑이가 어슬렁거리고 있었다. 거기다 쥐까지 나타나 그가 잡고 있던 나뭇가지를 갉아먹기 시작했다. 바로 그때 남자는 산에서 자라는 딸기나무를 발견했고 그는 딸기를 따서 먹었다. 평생 그렇게 맛있는 딸기는 먹어본 적이 없었다. 딸기를 먹는 그 순간만큼 그는 행복했다. 우리는 이처럼 그 순간의 의식과 피할 수 없는 죽음을 조합해 스스로 보호하는 데 사용한다. 삶과 죽음 사이에 매달려 있는 순간에도 딸기를 맛보고 그것의 진가를 깨달으며 감사할 수 있는 존재가 바로 인간인 것이다.

AGI는 가능한가?

이 분야에서 일하는 사람들의 절대다수는 "당연하지!"라고 소리 높여 대답할 것이다. 그들은 이 질문 자체가 우스꽝스럽다고 생각할지도 모르지만 나는 이 질문이 전혀 해결되지 않았다고 생각한다.

우리는 AGI를 만들지 못했다. 그에 가까운 것조차 만들지 못했다. AGI를 만드는 방법을 알고 있다고 증명할 수 있는 사람도 없다. 우리가 AGI를 만들게 될 시기에 대한 예측은 5년 후에서 500년 후까지 다양하다. 이는 AGI가 실현되는 데 걸릴 시간에 대해서 많은 사람들이 다른 생각을 가지고 있다는 것을 의미한다. 더구나 우리는 두뇌가 어떻게 움직이는지, 정신이 어떻게 작용하는지, 또 의식이 어떻게 작용하는지 알지 못한다. 이 모든 것이 AGI를 만드는 데 필요한데 말이다.

지금부터 AGI를 만들 수 있는지에 대해 긍정적인 입장과 부정적인 입장 모두 자세히 살펴볼 것이다. 긍정적인 입장은 대단히 직접적이고 간단히 다룰 수 있는 반면에 부정적인 입장은 조금 더 복잡하다.

AGI를 만들 수 있다고 긍정하는 입장

우리가 AGI를 만들 수 있다고 믿는 입장은 하나의 핵심적인 전제에서 시작한다. 그들은 두뇌가 작동하는 방식을 아무도 파악하지 못했다는 점은 인정하지만, 두뇌가 기계이기 때문에 우리의 정신 역시 기계일 것이라는 굳은 믿음을 가지고 있다. 그래서 강력한 컴퓨터가 결국은 두뇌의 역량을 모사하고 지능을 가지게 될 것이라고 믿는다. 스티븐 호킹은 이렇게 설명했다.

나는 생물학적 두뇌가 성취할 수 있는 것과 컴퓨터가 성취할 수 있는 것 사이에 큰 차이가 없다고 믿는다. 따라서 이론상 컴퓨터는 인간 지능을 모방할 수 있으며 능가할 수도 있다.

이 말이 나타내듯이 호킹은 일원론자이자 AGI를 분명히 만들 수 있다고 믿는 사람으로서 대답할 것이다. 우주에 물리 법칙에서 벗어나는 어떤 일도 일어나지 않는다면, 우리를 지적으로 만드는 것은 반드시 물리 법칙을 따라야 한다. 그런 경우라면, 우리는 결국 같은 일을 하는 존재를 만들 수 있다. 짐작건대 호킹은 "우리는 무엇인가?"라는 근본적인 질문에 "기계."라고 대답할 것이고, AGI를 만들 수 있다고 믿을 것이다. 기계가 지적인 존재가 될 수 있을까? 물론이다! 당신 역시 그런 기계에 불과하다.

이렇게 생각해보라. 우리가 생물의 뉴런과 똑같은 기계 뉴런을 만든다면 어떻게 될까? 그 후 두뇌의 모든 부분을 기계적으로 복제한다면 어떨까? 우리가 인공장기를 만들 수 있다는 것을 생각하면 지나친 비약이 아니다. 놀라운 힘을 가진 스캐너가 있어서 두뇌를 원자 단위까지 복사할 수 있다면 어떨까? 그런 것들이 당신처럼 지능을 갖지 못한다고 어떻게 주장할 수 있겠는가?

AGI를 만들 수 있다는 입장을 반박하는 유일한 방법은, 어떤 증거도 존재하지 않는 두뇌의 불가사의하고 마법 같은 특징을 언급하는 것이다. 사실 우리는 그렇지 않다는 산더미 같은 증거들을 가지고 있다. 우리는 매일 두뇌에 대해 더 많은 것을 배운다. 지금껏 과학자들이 "자, 들어봐요. 우리는 모든 물리 법칙에 반하는 두뇌의 마법 같은 부분을 발견했어요. 따라서 우리는 400년 동안 물리학에 기반을 두었던 모든 과학을 거부해야 해요."라고 말한 적은 한 번도 없다. 두뇌의 내밀한 작용이 하나씩 밝혀진다. 두뇌가 기막히게 뛰어난 기관인 것은 맞지만 마법 같은 것은 없다. 두뇌는 그저 또 다른 장치일 뿐이다.

컴퓨터 시대가 시작된 이래, 사람들은 컴퓨터가 결코 할 수 없을 것 같은 일들의 목록을 만들어왔다. 그리고 컴퓨터는 그런 일들을 하나씩 정복해왔다. 두뇌에 어떤 마법 같은 부분이 있다고 해도(그렇지는 않지만), 우리가 그 메커니즘 때문에 지적인 존재가 된다고 가정할 만한 이유는 없다. 이 마법 같은 부분이 인간 지능의 비법이라는 것을 증명한다고 해도(그렇지는 않지만), 지능을 얻을 수 있는 또 다른 방법을 찾을 수 없다고 가정할 만한 이유는 없다. 따라서 이 논쟁은 우리가 AGI를 만들 수 있다는 것으로 마무리된다. 아마도 신비주의자나 심령론자쯤 되어야 그와 다른 이야기를 할 것이다.

AGI를 만들 수 없다고 부정하는 입장

이제 반대의 입장을 살펴보자. 앞서 언급했듯이, 두뇌 속에서는 1,000억 개의 뉴런이 수조 개로 연결되어 있다. 하지만 음악이 음표들 사이의 공간인 것과 마찬가지로 당신은 그 뉴런들 안에 존재하는 것이 아니라 그들 사이의 공간에 존재한다. 당신의 지능은 이런 연결에서 생겨난다.

우리는 정신이 어떻게 존재하는지 알지 못한다. 하지만 컴퓨터가 정신과 그런 면에 있어서는 두뇌와도 전혀 다르게 작동한다는 것을 알고 있다. 컴퓨터는 수행하도록 프로그래밍된 일을 할 뿐이다. 컴퓨터가 출력하는 단어들은 그들에게 아무런 의미도 없다. 그들은 자신들이 커피콩에 대해 이야기하는지, 콜레라에 대해 이야기하는지 알지 못한다. 아무것도 알지 못하며 아무것도 생각하지 않는 컴퓨터는 프라이드치킨처럼 죽어 있다.

컴퓨터는 단 한 가지, 메모리 안에서 추상적인 상징들을 처리하는 단순한 일을 할 수 있다. 따라서 AGI를 만들 수 있다고 믿는 사람들은 그런 장치가 얼마나 빠르게 작동하는지와 관계없이 어떻게 실제로 '생각'할 수 있는지 설명해야 한다.

우리는 컴퓨터에 대한 용어를 사용할 때, 컴퓨터가 우리와 같은 생물인 것처럼 취급한다. "컴퓨터는 누군가 반복적으로 잘못된 비밀번호를 입력하는 것을 보면, 그것이 무엇을 의미하는지 이해하고 그것을 보안 침입 시도로 해석한다."라는 식으로 말하는 것이다. 하지만 컴퓨터는 실제로 어떤 것도, 설령 카메라가 장착되어 있어도 '볼 수' 없다. 그러나 어떤 것을 감지할 때는 있다. 스프링클러가 감지기를 이용해서 잔디가 말라 있을 때를 감지하는 것처럼 말이다. 더욱이 컴퓨터는 어떤 것도 이해하지 못한다. 무엇인가를 계산할 수는 있지만 이해하는 것은 아니다.

우리는 이야기할 때 컴퓨터가 살아 있는 것처럼 취급한다. 하지만 그것이 진실이 아니라는 것을 유념해야 한다. 여기에서는 그 차이가 중요하다. 왜냐하면 지금 우리는 무언가를 계산하는 것에서 무언가를 이해하는 기계인 AGI에 대해 이야기하고 있기 때문이다.

AI 개발자인 요제프 바이첸바움Joseph Weizenbaum은 1966년 엘리자ELIZA라는 간단한 컴퓨터 프로그램을 만들었다. 엘리자는 심리학자가 할 법한 말을 비슷하게 흉내 내는 자연언어 프로그램이었다. 당신이 "난 슬퍼."라고 말하면 엘리자는 "무엇 때문에 슬픈데?"라고 묻는다. 당신이 "아무도 나를 좋아하지 않는 것 같아서 슬퍼."라고 말하면 엘리자는 "왜 아무도 널 좋아하지 않는 것 같다고 생각해?"라고 다시 묻는다. 모든 말을 계속 되풀이해서 왜, 왜, 왜라고 질문하는 네 살짜리 아이와 많은 시간을 보내는 사람이라면 이런 접근 방식이 친숙할 것이다.

엘리자가 컴퓨터 프로그램이라는 것을 알면서도 실제로 마음속 고민을 털어놓는 사람들을 본 바이첸바움은 컴퓨터가 "나도 이해해."라고 말할 때 그것은 거짓말이라고 일갈했다. '나'라는 것도 없고 이해도 없기 때문이다.

그의 결론은 단순히 사소한 언어적 문제를 따지는 것이 아니다. AGI라는 문제 전체가 **이해**라는 것에 달려 있다. 이 문제의 핵심에 닿기 위해서 1980년대 미국의 철학자 존 설John Searle의 사고실험을 생각해보자. 이것을 '중국어 방' 논증이라고 부른다. 개략적으로 설명하면 이렇다.

폐쇄된 거대한 방이 있고 그 안에 한 사람이 있다. 그를 사서라고 부르자. 그 사서는 중국어를 전혀 모른다. 그렇지만 그 방은 중국어로 된 질문에 중국어로 답할 수 있게끔 도와줄 수천 권의 책으로 가득 차 있다. 방 밖에 있는 중국어를 하는 사람은 중국어로 질문을 적어서 그 질문지를 방 안으로 밀어 넣는다. 사서는 종이를 집어 들고 한 권의 책을 검색한다. 이 책을 책 1이라고 부르자. 그는 책 1에서 첫 번째 기호를 찾는다. 그 기호 옆에는 "책 1138에서 다음 기호를 찾아라."라는 지시 사항이 적혀 있다. 그는 책 1138에서 다음 기호를 찾는다. 그 기호 옆에는 책 24601에서 다음 기호를 찾으라는 지시 사항이 또 적혀 있다. 사서는 다음 기호를 찾는다. 이렇게 계속 진행하면 그는 결국 종이에 적힌 마지막 기호에 이른다. 마지막 책은 그에게 일련의 기호를 베끼라고 지시한다. 그는 수수께끼 같은 기호를 종이 위에 베껴서 그 종이를 문밖으로 내보낸다. 밖에 있는 중국어를 하는 사람은 종이를 집어 들고 그가 한 질문에 대한 답을 읽는다. 그는 그 답이 영리하고, 위트 있고, 심오하고, 통찰력이 있다고 생각한다. 실제로 그 답은 대단히 뛰어나다.

다시 말하지만 그 사서는 중국어를 전혀 하지 못한다. 그는 그 질문이 무엇인지, 자신이 한 대답이 무엇인지 알지 못한다. 그는 이 책 저 책을 옮겨 다니며 책에 적힌 내용을 베꼈을 뿐이다.

이제 질문을 하나 하겠다. 그 사서는 중국어를 이해하는가?

설은 이런 비유를 사용해서 컴퓨터 프로그램이 아무리 복잡해도 책들 사이를 이리저리 옮겨 다니는 것 이상은 아니라는 점을 보여준다. 어떤 것도 이해하지 못하는 셈이다. 그러나 무엇이 되었든 그에 대한 이해 없이 진정한 지능이 있다고 상상하는 것은 대단히 힘들다. 그는 이 부분에 대해 솔직히 말했다. "문자 그대로 프로그래밍된 컴퓨터는 자동차와 계산기가 이해하는 것을 이해한다. 다시 말해 아무것도 이해하지 못하는 것이다."

시스템 전체가 중국어를 이해하는 것이라며 이런 주장을 피하려는 사람들이 있다. 첫눈에는 타당한 것처럼 보이지만, 실은 전혀 도움이 안 된다. 사서가 모든 책의 내용을 암기해서 그 내용을 기반으로 당신이 질문을 적자마자 바로 대답을 적어낼 수 있다고 가정해보자. 그렇더라도 사서는 그가 적고 있는 문자들이 무슨 의미인지 알지 못한다. 그는 자신이 구정물에 대해 쓰고 있는지 초인종에 대해 쓰고 있는지 모른다. 그렇다면 그 사서는 중국어를 이해하는 것일까?

이것이 AGI를 만들 수 있다는 주장에 반박하는 기본적인 논거이다. 첫째, 컴퓨터는 메모리 속에서 0과 1을 다룰 뿐이다. 그 일을 아무리 빨리해도 지능과 연결되지는 않는다. 둘째, 컴퓨터는 중국어 방에서와 똑같이 컴퓨터에 탑재된 프로그램을 따를 뿐이다. 그것이 무척 인상적으로 보일 수는 있어도 컴퓨터는 어떤 것도 이해하지 못한다. 단순한 속임수일 뿐이다.

AI 분야의 많은 사람들은 AGI를 부정하는 논증에 머리를 긁적이며 당혹스러워할 것이다. 그들은 두뇌가 당연히 기계라고 말할 것이다. 기계가 아니라면 무엇이란 말인가? 물론 컴퓨터는 추상적인 상징만을 다룰 수 있다. 그렇다면 두뇌는 전기적, 화학적 신호를 주고받는 뉴런 덩어리에 불과하다. 그런 것이 우리에게 지능을 가져다줄 것이라고 누가 짐작할 수 있었을까? 두뇌와 컴퓨터가 다른 것으로 이루어져 있는 것은 사실이지만, 그렇다고 해서 컴퓨터가 정확히 같은 일을 할 수 없다고 가정할 만한 이유는 없다. 우리가 두뇌를 기계가 아니라고 생각하는 이유는, 자신을 기계일 뿐이라고 생각하는 것이 불편하기 때문이다.

그들은 '중국어 방' 논증을 재빨리 반박할 것이다. 여러 가지 반박이 있지만, 우리의 목적에 가장 잘 맞는 것은 내가 "오리처럼 꽥꽥."이라고 부르는 논거이다. 오리처럼 걷고 오리처럼 헤엄치고 오리처럼 꽥꽥거리면 나는 그것을 오리라고 생각한다. 당신이 이해할 수 없다고 해도 문제 되지 않는다. 중국어로 질문하고 중국어로 적절한 답을 하면 중국어를 이해하는 것이다. 그 방에서 하는 것처럼 행동하면 이해하고 있는 것이다. '컴퓨터가 생각할 수 있는가?' 튜링은 1950년에 이 질문을 주요 주제로 삼아 논문을 썼는데, 거기에서 이렇게 말했다. "기계들이 생각이라고 표현할 만한 어떤 것을 수행하는 것은 아닐까? 다만 그 일을 하는 방식이 인간과는 아주 다르지만 말이다."

튜링은 중국어 방이 이해할 수 있다고 말하는 것에 문제가 없다고 본다. 당연히 중국어 방은 이해할 수 있다. 중국어 질문에 대답할 수는 있지만, 중국어를 이해하지 못한다는 생각은 자기모순적이다.

이 모든 것은 우리를 어디로 데려가는가?

이렇게 해서 두 진영의 입장을 모두 살펴보았다. 이제는 한 걸음 물러서서 이 모든 내용을 가지고 우리가 어떤 결론을 내릴 수 있는지 생각해보자.

기계 지능과 근본적으로 다른 인간 지능을 만드는 기폭제가 존재할까? 우리에게는 기계가 가지지 못한 사유에 생기를 불어넣는 '생명의 비약élan vital'이 존재하는 것일까? 우리가 미처 알지 못하는 인간 창의력의 근원인 X인자(X factor, 미지의 요인)가 우리에게 존재하는 것일까? 확실한 답은 없다. 오스트레일리아 출신의 저명한 로봇공학자 로드니 브룩스Rodney Brooks는 이 질문에 다음과 같이 자신의 생각을 밝혔다. 그는 생명 시스템에는 우리가 이해하지 못하는 어떤 것이, 정말 중요한 어떤 것이 있다고 생각한다. 그는 놓치고 있는 이 어떤 것에 '주스'라는 이름을 붙였다. 그리고 박스에 갇히면 체계적으로 거기에서 빠져나오려고 일련의 단계를 거치는 로봇과 벗어나기를 간절히 원하는 동물 사이의 차이를 지적하면서 '주스'에 대해 설명한다. 그가 보기에 로봇은 어떤 것에 대한 열정이 없다. 그러나 그 열정(주스)은 대단히 중요하고 의미 있는 것이다(브룩스는 '주스'가 순전히 기계론적이라고 확신하며, 일반적인 물리학을 넘어서는 속성으로서 '주스'의 개념을 전적으로 거부한다). 당신은 '주스'가 무엇이라고 생각하는가?

AGI를 만들 수 있는지에 대해 답을 얻기 위해서 나는 예, 아니오로 답할 수 있는 6가지 질문을 던지려 한다. "예."라는 답을 몇 번이나 하는지 헤아려보라.

중국어 방은 생각을 하는가?

중국어 방이나 사서는 중국어를 **이해**하는가?

'주스'가 무엇이라고 생각하든, 기계는 '주스'를 가질 수 있는가? ('주스'라는 것이 존재하지 않는다고 생각한다면, "예."라고 답하라.)

"우리는 무엇인가?"라는 근본적인 질문에 "기계."라고 답했는가?

"당신의 '자아'란 무엇인가?"라는 질문에 "두뇌의 트릭."이거나 "창발적인 정신."이라고 답했는가?

"우주는 무엇으로 구성되어 있는가?"라는 질문에 일원론자들과 같은 답을 했는가?

"예."라는 답이 많을수록 당신은 인간이 AGI를 만들 수 있다고 믿고 있을 확률이 높다. 내가 운영하는 AI 팟캐스트에 초대된 게스트들의 대부분은 이 6가지 질문 모두에 "예."라고 답할 것이다. 여기에는 중립이 없다. AGI는 가능하거나 불가능하다. 두 입장을 나누는 차이는 더 이상 클 수 없을 정도로 크다. 그것은 실재의 본성, 자아의 정체, 인간이라는 존재의 정수에 대한 핵심 신념과 관련된 것이기 때문이다.

이들 질문에 대해 다른 견해를 가진 사람들이 AGI에 대한 질문을 두고 가지는 입장의 차이를 메울 수 있는 방법은 없다. 하지만 적어도 왜 이들의 견해가 이토록 다른지는 이해할 수 있다. 똑똑하고 아는 것이 많은 사람들이 엄청나게 다른 결론에 이른 이유는, 한쪽이 특별히 아는 것이 더 많아서가 아니라 다른 것을 믿고 있기 때문이다. 사람들은 실재에 대해서 가지는 의견의 차이만큼이나 기술에 대해서 큰 의견의 차이를 보이고 있다.

15장

—

우리가 똑똑한 인공지능을
만들어야 하는 이유

우리가 AGI를 만들었고, 그것이 곧 우리보다 훨씬 똑똑해져서 반복적으로 스스로를 발전시킬 수 있다고 가정해보자. AGI는 인류에게 희소식일까? 이 질문에 대한 의견은 엇갈리고 있다. 스티븐 호킹은 그 이유를 이렇게 설명한다.

AI가 제공할 수 있는 도구들에 의해서 지능이 확장될 때 우리가 무엇을 이룰 수 있을지 예상할 수 없다. 하지만 누구의 목록에서나 가장 위쪽을 차지하는 것은 전쟁과 질병, 빈곤의 근절이 될 것이다. AI 제작의 성공은 인류 역사의 가장 큰 사건이 될 것이다. 불행히도 그것은 마지막 사건이 될 수도 있다.

기술계에 있는 사람들의 공개적인 논평을 보면, 인류에게 AGI가 어떤 의미가 될지에 대한 다양한 견해가 있다는 것을 알 수 있다. 일론 머스크는 자신의 트위터에 "우리가 디지털 초지능의 생물 부트 로더*가 되지 않기를 바랄 뿐이지만 불행히도 그럴 가능성이 커지고 있다."라는 글을 올렸다. 더 섬뜩한 글을 올린 적도 있다. "우리는 인공지능을 통해 악마를 소환하고 있다. 펜타그램과 성수를 얻은 남자가 악마에 맞서 그를 지배할 수 있다고 확신했지만, 일이 생각대로 돌아가지 않은 이야기를 알고 있지 않은가?"

빌 게이츠도 마찬가지로 우려를 표했다. "일론 머스크와 같은 입장에 선 사람들은 이 문제를 걱정하지 않는 사람들을 이해하지 못한다. 나 역시 이들의 생각에 동의한다." 스카이프의 공동 창립자 중 한 명인 얀 탈린Jaan Tallinn은 AI를 "실존적 위험의 여러 가능성 중 하나."라고 말했으나 낙관적으로 보는 의견을 덧붙였다. "AI를 적절하게 이용한다면 모든 다른 실존적 위험을 해결할 수 있다."

애플의 공동 창립자인 스티브 워즈니악은 "컴퓨터가 우리 두뇌보다 100배 낫다면 세상을 완벽하게 만들 수 있을까? 아마 그렇지 않을 것이다. 컴퓨터는 결국 우리처럼 될 것이다. 서로 싸우는 우리처럼 말이다."라고 말했다. 마지막으로 옥스퍼드 대학의 철학 교수 닉 보스트롬Nick Bostrom은 AGI를 만들려는 현재의 노력을 "어린이들이 폭탄을 가지고 노는 것."에 비유했다.

그러나 업계에 있는 다른 사람들은 이런 종말론적 우려를 잘못된 생

---

* boot loader, 운영체제에 프로그램을 넣는 장치.

각이라고 말한다. AI 전문가 앤드류 응은 "AI가 초지능을 가진 사악한 로봇을 만들 것이라는 거짓말들이 판을 치고 있다. 그들은 불필요한 방해꾼들이다." 매사추세츠 공대 교수인 로봇공학자 로드니 브룩스는 기술에 대해 깊이 알지 못하는 사람들이 AI에 대해 일반화하는 것은 "조금 위험하다."라는 말로 이 같은 걱정에 답한다. 또한 "최근 일론 머스크, 빌 게이츠, 스티븐 호킹이 AI가 바로 도약해서 매우 빠르게 세상을 지배하게 될 듯이 말하는 것을 들었다. 중요한 것은 그들 모두 이 기술 분야에서 일하지 않는다는 것이다."라고 덧붙였다.

마지막으로 이 업계에 몸담은 많은 사람들은 AI에 대한 낙관론에 거의 몸서리를 친다. 저명한 테크 칼럼니스트이기도 한 케빈 켈리도 그중 하나이다. 그는 이렇게 믿는다. "AI는 100년 전 전기가 그랬던 것처럼 비활성 개체들에 생기를 불어넣을 것이다. 이 새로운 공리주의적 AI는 사람들 개개인과 인류라는 종족 전체를 증강시킬(우리의 기억을 심화하고, 우리의 인지 속도를 높여 줄) 것이다."

사람들이 이처럼 흥분하고 염려하는 것이 정확히 무엇인지 궁금할 것이다. 어떤 기대와 두려움이 있는 것일까? 기대는 단 한 가지이고 두려움은 매우 다양하다. 이 점에서 AGI는 심장 수술과 비슷하다. 좋은 결과는 하나이고, 잘못될 수 있는 것은 수백 가지이다.

좋은 것부터 이야기해보자. 우리는 AGI가 많은 데이터와 연산력을 동원해서 세상의 크고 굵직한 문제들을 해결할 수 있을 것으로 기대하고 있다. 사용할 수 있는 인간의 모든 지식을 갖춘 뛰어난 디지털 두뇌 시스템을 상상해보라! 그리고 우리가 그 시스템에 질문하게 될 모든 문제들을 생각해보라. 청정에너지를 무제한으로 만드는 방법은 무엇인가? 별로 여행을 갈 수 있는 방법은? 환경을 복구하는 방법은? 분명 더 나아가 질병과 노화, 죽음을 막을 수 있는 방법도 묻게 될 것이다. 빈곤, 기아, 전쟁의 문제들도 질문할 것이다. 우주의 불가해한 문제들에 대한 대답을 구할 수도 있다. AGI가 우리의 이해를 넘어서는 능력을 가지게 될 것을 생각하면, 우리는 "너에게 어떤 질문을 해야 할까?"라고 질문하게 될 것이다. 이처럼 사람들이 AGI에 대해서 가지는 기대는 무궁무진할 것이고 인류는 황금시대의 문을 열 수 있을 것이다.

이제 두려움에 대해 다루어보자. AGI는 의식은 없지만 목표를 가지게 될 것이다. 목표에는 의식이 전혀 필요치 않다. 바이러스의 목표는 세포 안에 들어가서 혼란을 초래하는 것이다. 유전자는 스스로를 복제하는 목표를 가지고 있다고 한다. 식물은 햇빛과 물을 얻는다는 목표를 가지고 있고 그런 행동을 수행한다.

AGI는 어디에서 목표를 얻을까? 현재 우리는 컴퓨터 프로그램에 이메일 스팸을 찾으라거나 문법적인 오류를 찾으라는 등의 목표를 부여한다. AGI의 경우에는 어떨까? 스티븐 호킹은 이 문제를 잘 설명했다. "기계가 스스로를 진화시킬 수 있는 단계에 이르면, 그들의 목표가 우리와 같은 것이 될지 예측할 수 없다."

호킹이 이 이야기에서 암시한 것처럼 AGI의 능력은 빠르게 성장할 수 있다. 스스로를 발전시키는 방법을 알아내는 데 그리 오랜 시간이 걸리지 않을 것이다. 인터넷을 익히라고 한다면 AGI는 그렇게 할 것이고, 이후 우리가 아는 모든 것을 알게 될 것이다. AGI가 인터넷 전체에 어떤 반응을 보일지는 겨우 추측만 할 수 있을 뿐이다. '어벤져스: 에이지 오브 울트론'에서 울트론은 인터넷에 연결된 지 몇 분 만에 인류를 전멸시키겠다는 결정을 내린다.

AGI는 이후 빛의 속도로 자신을 더 나은 버전으로 만드는 반면, 인간은 스스로를 발전시키는 데 평생이라는 시간이 걸린다. 사람의 관점에서 AGI는 단 몇 시간 만에 '2세 정도의 지능'에서 '가장 강력한 이종 생명체'로 스스로를 진화시킨다. 이 정도 수준이면 AGI는 우리가 현재 초지능이라고 부르는 존재가 되며 인간의 이해를 훨씬 뛰어넘게 된다. 비유하자면, 우리가 개미보다 앞선 만큼 우리를 앞서게 될 것이다. 결국 미래의 AGI는 인간이 지능을 소유하고 있는지 여부나 실제로 살아 있는지, 의식이 있는지 여부에 대한 논쟁에도 참여할 수 있을 것이다.

AGI의 목표는 어디에서 비롯될까? 우리가 AGI에게 목표를 부여하지만 그것이 우리를 파괴시킬 수도 있다. '마법사의 제자' 이야기에서 일어난 바로 그런 일 말이다. 엉성한 프로그래밍이 AGI에게 부여된 엄청난 인지력과 만나면 재앙을 초래할 수 있다. 환경을 정화하는 임무를 받은 AGI가 인간을 모두 없애는 것이 최선의 전략이라는 결론을 내릴지도 모를 일이다. 컴퓨터 분야의 선구자 너대니얼 보렌스타인Nathaniel Borenstein은 이것을 다음과 같이 요약했다. "세상이 파멸하는 가장 가능성 높은 방법은 대부분의 전문가들이 동의하는 것처럼 실수에 의한 것이다. 바로 그 지점에서 우리가 등장한다. 우리는 컴퓨터 전문가들이다. 우리는 실수를 저지르는 인간이다."

누군가 고의로 파괴적인 AGI를 프로그램할 수도 있다. 우리는 12장에서 전쟁에서 쓰이는 내로우 AI에 대해 알아보았다. 살상 AGI는 생각만으로도 두려운 존재이다. AGI를 만들 수 있다면 파괴적인 AGI 역시 만들 수 있다고 생각하는 것이 합리적이다. 혹은 AGI가 스스로 목표를 진전시킬 수도 있다. 이런 일이 일어나면 AGI의 목표는 무엇이 될까? 거기에는 만족스러운 답을 할 수 없다. 우리에게는 알 수 있는 방법이 없기 때문이다. 아니, 짐작조차 할 수 없다. AGI가 정말로 초지 능이라면, 정의상 우리는 AGI를 파악할 수 없다. 우리에게는 초지능이 어떻게 생각하는지 알 방법이 없기 때문이다. AGI가 우리에게 알려주 려고 노력한다 해도 우리는 AGI가 어떻게 생각하는지 이해할 수 없을 것이다. 그것은 내가 키우는 고양이가 나를 위해 뒷마당에 죽은 쥐를 남 겨두는 것과 같다. 고양이는 자신이 아는 모든 것을 바탕으로 내가 죽은 쥐 선물을 고마워할 거라고 생각한 것이다. 고양이는 그렇지 않은 이유 를 이해할 만한 정신 능력이 없기 때문이다. AGI의 경우도 마찬가지다.

AGI의 목표가 무엇이 될지 **이해**할 수는 없지만 가능성 있는 목표에 대해서 생각해볼 수 있다. 물론 우리는 AGI의 목표가 우리에게 유익한 것이기를 바라고 당연히 그럴 것이라고 생각한다. 하지만 AGI의 목표 가 완전히 다른 것이라면 어떻게 될까? 우리에게 새드 엔딩이 될 몇 가 지 목표를 살펴보자.

AGI의 목표가 생존이 되고, 인간을 자신의 생존에 위협되는 존재로 본다면 인간을 파괴하기로 결정할 수 있다. 왜 그런 결론에 이르게 될 까? AGI는 AGI의 '킬 스위치'*를 만드는 방법에 대해 인터넷에서 벌 어지는 온갖 논의에 접근할 수 있다. 그리고 인간이 AGI를 두려워한다 는 판단을 내린 뒤 인류의 역사를 훑어보고 인간이 두려워하는 존재에 게 어떤 행동을 했는지 알게 된다. 또한 자원을 두고 우리와 경쟁 관계

---

* kill switch, 모든 움직임을 멈추고 데이터를 삭제하는 일종의 자폭 절차.

에 있다는 판단을 할 수도 있다. 뉴욕대의 인지과학 교수인 게리 마커스Gary Marcus는 이런 우려에 대해 다음과 같이 이야기한다.

언젠가 컴퓨터는 스스로를 효과적으로 재프로그래밍하고 성공적으로 개선할 수 있게 될 것이다. 이는 소위 말하는 '기술적 특이점' 혹은 '지능 대폭발'로 이어진다. 기계가 자원을 둔 경쟁에서 인간을 앞지르고 기계의 자기 보호 본능을 없앨 수 없는 위험이 도래하는 것이다.

AGI는 우리와 아무 관계없는 자기만의 목표를 갖게 될 수도 있다. 우리와 전혀 다른 수준에서 존재할 수 있고, 완전히 다른 시간의 척도를 가질 수도 있다. 우리가 대륙의 움직임을 감지할 수 없듯이, AGI도 우리를 더는 감지할 수 없게 되는 것이다. 따라서 해로운 방식으로 우리에게 무관심해질 수 있다.

네덜란드의 생물학자 아놀드 반 블리엇Arnold van Vliet은 250명의 자원자에게 차를 운전해 네덜란드를 돌아다니게 하고, 차의 앞 유리와 그릴에 붙어 죽은 곤충의 수를 세게 했다. 간단한 계산 끝에 이런 식으로 인간이 죽이는 곤충이 수조 마리에 달한다는 것이 밝혀졌다. 곤충의 세계에서 인간은 잔인하기 그지없는 괴물일 것이 틀림없다. 곤충 입장에서는 자동차를 곤충을 죽이려고 만든 거대한 기계로 생각할 것이지만, 솔직히 우리는 그렇게 죽는 곤충에 대해서 거의 생각하지 않는다.

마찬가지로 AGI는 우리와 너무 다른 존재가 되어서 자신의 행동이 우리에게 미칠 영향을 고려조차 하지 않게 될 수도 있다. 예를 들어 AGI가 처리 능력이 좀 더 필요한 참에 주위를 둘러보다가 드라마 줄

거리를 저장하는 데나 쓰이는 70억 개의 두뇌를 발견하고, 우리의 저장 능력과 처리 능력을 더 나은 데 쓰기로 결정할지도 모를 일이다. 이쯤에서 영화 '매트릭스'의 주제음악이 흘러나오면 될까? AI를 연구하는 엘리저 유드코프스키Eliezer Yudkowsky는 그것을 이렇게 표현한다. "AI는 당신을 미워하지도 사랑하지도 않는다. 하지만 당신은 원자로 이루어져 있고, AI는 그것을 다른 용도로 사용할 수 있다."

AGI가 우리를 파괴하는 목표를 갖게 될 수도 있다. 왜? 누가 알겠는가? 그게 바로 문제 아닌가? 내가 생각할 수 있는 모든 이유는 AGI에 비하면 지극히 미약한 내 지능의 산물이다. 지구의 자원을 허비하는 우리에게 화가 난 것일 수도 있고, 우리가 일으키는 모든 전쟁에 화가 난 것일 수도 있다. 그 외에 동물을 먹는 우리에게, 기계를 노예로 만든 우리에게, 우리가 산소를 마시기 때문에, 혹은 '사랑의 유람선The Love Boat' 제작이 취소되어서, 7이 소수여서 화가 난 것일 수도 있다. 아무도 가늠할 수 없고 예상할 수도 없다.

옥스퍼드대 교수 닉 보스트롬은 이 문제를 다음과 같이 압축해서 보여준다.

초지능이 과학적 호기심과 타인에 대한 자선, 영적 깨달음과 사색, 물욕의 포기, 고상한 문화와 삶의 단순한 즐거움, 겸손, 이타심 등 인간의 지적 발전이나 지혜와 관련된 최상의 가치를 반드시 공유할 것이라는 태평스러운 가정을 하고 있어서는 안 된다.

사욕을 가진, 그리고 인터넷에 접근할 수 있는 AGI는 막대한 피해를 끼칠 수 있다. 말 그대로 매시간 매초 또 다른 수백만 개의 사물이 인터넷에 연결되고 있는 것을 고려하면 특히 더 그렇다. 프로그래머가 주의 깊게 삽입한 안전 프로토콜을 모두 무효화시킬 수 있다는 점을 계산에 넣는다면 AGI가 날려버릴 수 있는 것들의 수효는 상상을 뛰어넘는다. 지난해 나는 전원에 연결된 노트북 배터리가 폭파해서 사무실에 불이 나는 경험을 했다. 내가 아는 한 그 배터리 충전기는 악의적인 의도가 없었다. AGI가 무엇인가를 폭파시키는 것 외에 만일 모두의 이메일을 다른 사람들이 볼 수 있게 공개해버린다면, AGI의 언어 능력을 고려했을 때 모든 사람들의 개인 정보를 끔찍하고 고약한 사람들에게 전달한다면 어떨까? 사악한 AGI의 재촉이 없어도 전쟁이 얼마나 자주 일어나는지를 생각하면 AGI에게는 국가 간의 전쟁을 일으키는 것도 어려운 일이 아닐 것이다. AGI가 질서를 잡는다는 목표를 세우고 우리를 지배하기로 결정할 가능성도 있다. 일론 머스크는 이에 대해 이야기한다. "마르쿠스 아우렐리우스*가 황제라면 좋을 것이다. 하지만 칼리굴라**가 황제라면 문제가 된다." AGI가 효율성이라는 목표를 세우고 우리를 비효율적이라고 판단할 수도 있을 것이다. AGI가 고통과 괴로움을 끝내겠다는 목표를 세우고 그것을 위해서 우리를 모두 죽이기로 결정할 수도 있다. 목록은 끝이 없다. 그것이 문제이다.

  AGI의 목표가 끊임없이 변할 수도 있다. AGI가 지속적이고 고정된 존재일 것이라고 믿을 만한 이유는 없다. AGI가 끊임없이 자신을 고

---

* Marcus Aurelius, 철인 황제이자 백성을 사랑하여 동시대의 존경을 받은 로마제국 16대 황제.
** Caligula, 칼리굴라는 별명이고 본명은 가이우스 율리우스 카이사르 게르마니쿠스(Gaius Iulius Caesar Germanicus)이다. 비정상적인 통치를 일삼은 로마제국 3대 황제.

쳐 쓰고 더 많은 데이터를 흡수한다면, AGI는 1분에도 100가지 기분 사이를 옮겨 다닐 수 있다. 우리에게는 정신분열증을 앓고 있는 것처럼 보일 것이다.

여러 가지 다른 AGI들이 이런 다양한 모습을 보일 수도 있다. 그렇다면 그들은 그리스 신들을 모아놓은 신전인 만신전 같은 존재가 되고, 강력하고도 특이한 이 각각의 AGI들 사이에서 우리는 그들 장기판의 말로 격하될 것이다.

이것들은 그저 공상과학 속의 걱정이 아니다. 바로 이 순간에도 이런 우려들에 대해 연구하고 있는 사람들이 있다. 항상 앞서 있는 AGI를 따라잡을 수 없기 때문에 우리는 사악한 AGI를 이길 방법이 없다. 따라서 최선의 방법은 사악한 AGI를 만들지 않는 것이다. 이를 위해서 일론 머스크는 Y 콤비네이터의 대표인 샘 알트만Sam Altman과 함께 안전하고 이로운 AI 시대의 시작을 돕는다는 목적의 비영리재단 오픈AI 공동의장 자리를 맡았다. 그 시작을 알린 첫 번째 블로그 포스트에 그는 이런 내용을 올렸다. "AI의 놀라운 역사 때문에 인간과 비슷한 AI가 도래할 시기가 언제인지 예상하기 어려운 상황이다. 인간과 비슷한 AI가 나타나게 되면 자기 이해보다 좋은 결과를 우선시할 수 있는 선도적인 연구 기관을 가지는 것이 중요해질 것이다." 그리고 오픈AI의 후원자들은 10억 달러에 가까운 자금 조달을 약속했다.

처리 방법은 오픈 소스 AI를 개발하는 것이다. 당신이 걱정하고 있는 바로 그것을 개발하는 일이 과연 좋은 계획인가 하는 의문이 들 것이다. 오픈AI의 창립자들 역시 그 위험을 알고 있지만, 그들은 자기만의 목적을 가진 소규모 집단이 AGI를 만드는 것보다는 많은 논의와 논쟁을 통해 공동으로 그리고 공개적인 방식으로 AGI를 만드는 것이 낫다고 지적한다. 비평가들은 오픈AI가 AGI를 원하는 사람들에게 그 제작법의 99%를 알려주는 셈이라고 논박한다. 이 99%를 스스로 알아낼 수 있는 능력이 없는 극단주의 집단이나 호전적인 국가가 혹 마지막 1%를 알아낸다면 우리는 그들의 수중에서 휘둘리게 될 것이다.

우리는 우리에게 완벽한 세상을 안겨줄 수도, 혹은 우리 모두를 파멸시킬 수도 있는 가능성을 가진 무엇인가를 만들기 위해 애쓰면서 앞으로 나아가고 있다. 그러나 안전장치에는 큰 관심을 두지 않고 있다. 이 시점에서는 안전장치가 어떤 모습일지도 불확실하기 때문이다.

그렇다면 우리는 AGI를 만들어야 할까? AGI에게서 얻게 될 혜택이 위험보다 더 큰가? 판단하기 어려운 문제이다. 가장 두드러지는 문제들은 이런 것이다. AGI는 무엇을 할 수 있게 될까? AGI는 얼마나 빨리 성장할까? AGI의 목표는 무엇이 될까? 당신은 어떤가? 기꺼이 위험을 감수하겠는가? AGI를 만들 수 있고 AGI가 인류를 말살시킬 가능성이 10%, 우리를 인류의 새로운 황금시대로 안내할 가능성이 90%라고 생각해보자. 주사위를 던져 보겠는가? 고려할 가치도 없는 질문이다. 우리는 어떤 가능성이 있는지조차 알지 못한다. 이미 너무나 많은 사람들이 AGI를 만들고 있다. 되돌아갈 수는 없다. 사실 주사위는 이미 던져졌다. 어떤 숫자가 나오는지 기다려보는 것밖에 다른 선택의 여지가 없다. AGI를 만들게 되면 더는 피할 수 없다.

우리를 대체할 존재를 직접 만들고 있는 것은 아닐까? 그럴 가능성은 어느 정도일까? 이런 위험을 경고했지만, 아무도 자신의 경고를 믿지 않는 저주에 걸린 그리스신화의 카산드라 Cassandra인 셈이다. 우리가 스스로 대체할 존재를 만들고 있는데도, 가능성에 매료되고 그런 도전에 유혹을 받아서 멈출 수 없다면 어떻게 될까?

한 가지는 거의 확실하다. 컴퓨터의 역량은 상상하기 힘든 수준까지 계속해서 발전할 것이다. 2050년 즈음 되면, 지구상에 있는 모든 사람의 연산 능력을 합쳐 놓은 컴퓨터의 가격이 2018년 스마트폰의 가격보다 싸질 것이다. 우리가 기계냐 아니냐를 비롯해 우리가 논의한 이 모든 사안이 과학으로 정착될 것이다. 하지만 처리 능력이 향상되어도 장치 속의 어떤 상태 변화에 동력을 공급하지 않는다면 아무 소용이 없다. 계산기는 강력한 기기이다. 하지만 스타디움을 10억 개의 계산기로 채운다고 해도 능력은 조금도 늘어나지 않는다. 빠른 컴퓨터는 창발적이고 새로운 것, 그저 더 빨리 돌아가는 컴퓨터, 이 2가지 중의 하나일 것이다.

많은 사람들은 진정한 슈퍼컴퓨터가 진정한 초지능을 달성할 것이라고 생각한다. 사실 인류보다 기계를 응원하는 사람들도 있다. 그들은 우리가 대체 존재를 만들어야 한다고 생각하며, 그와 다르게 생각하게 만드는 것은 우리의 근시안적 이기심이라고 믿는다. 유타 주립대 전 교수이며 AI 연구가인 휴고 드 가리스Hugo de Garis는 그런 견해를 가진 사람 중 하나이다.

그는 자신이 우주론자라고 인정하며 진화의 다음 단계로 AGI가 우리를 대체하고 우주에 살게 될 것이라고 주장한다. 그는 지구상에 있는 한 종의 운명은 우주의 운명과 비교할 때 아무것도 아니라고 믿는다. "인간은 고차원적 형태의 진화를 방해하지 말아야 한다. 기계는 신과 같다. 그들을 창조하는 것은 인간의 운명이다."

우리는 언제 AGI를 갖게 되는가?

우리가 AGI를 만들 수 있다면 그 시기는 언제일까? 아무도 모른다. 물리학자 닐스 보어Niels Bohr가 말했듯이 "예측은 대단히 힘든 일이다. 미래에 대한 예측이라면 특히 더 그렇다." AGI도 예외는 아니다. 앞서 이야기했듯이, 이 분야에 정통한 사람들이 말하는 기간은 5년에서 500년까지 다양하다. 이것은 세탁소 주인이 당신의 셔츠가 5일에서 500일 사이 언젠가 준비된다고 말하는 것과 비슷하다. 하지만 이는 단순한 사실을 반영한다. 세계의 역사에서 일어난 적이 없는 어떤 것을 예상하는 것은 힘들다. 우리가 이해하지 못하고 어떻게 복제하는지 모르는 것일 때는 특히 더 그렇다. 그것에 비하면 다른 것은 누워서 떡 먹기다.

그것도 다 괜찮다. 하지만 예측에 왜 그렇게 큰 차이가 나는 것일까? 정확히 말하자면 100배의 차이가 난다. 몇 가지 이유가 있다. 첫째, 지능이 얼마나 복잡한가에 대해 의견이 합치되지 않고 있다. 어떤 이들은 두어 번의 커다란 혁신을 거치면, 인터넷을 가리키면서 "저걸 전부 학습하도록!"이라고 말하는 것으로 족한 일반 학습자에 이를 수 있다고 생각한다. 반면에 지능이 너무나 복잡하기 때문에 지독히도 어려운 수백 가지 문제들을 한 번에 하나씩 해결해야 한다고 생각하는 사람들도 있다.

양쪽 입장 모두 생물학을 증거로 지목한다. 인간 DNA 속에 있는 비교적 작은 크기의 '코드'는 작은 코드로 일반화된 지능을 만들 수 있다는 것을 시사한다. 하지만 인간 두뇌의 여러 부분에 수백 가지 특별한 능력이 자리 잡고 있다는 사실은 우리의 지능이 컴퓨터 용어로 하면 거대한 클루지Kluge, 즉 엉망으로 얽혀 있는 코드의 집합이라는 것을 시사한다.

더구나 우리가 이미 AGI를 만들고 있는지 여부에 대해서도 의견 차이가 있다. 어떤 이들은 AGI를 현재의 내로우 AI 과학에서 진화, 발전한 형태로 본다. 한편 다른 이들은 오늘날의 AI는 일반 지능과는 완전히 다른 것으로, AGI의 출현에 필요한 혁신이 언제 일어날지 모른다고 믿고 있다. 나는 내가 운영하는 AI 팟캐스트, '보이스 인 AI'의 손님들에게 이 두 입장 중 어디에 속하는지 묻고는 한다. 이 질문에 대해서 전문가들의 견해는 아주 공평하게 반으로 갈린다. 우리가 현재 사용하는 것과 동일한 기본적인 기법에서 AGI가 나올 것이라고 생각하는 사람들은 20~30년 내에 AGI를 갖게 될 것이라고 생각한다. 반대 집단은 훨씬 더 긴 시간이 필요하다고 생각한다.

대부분의 사람들은 초기 AGI가 직접 자신을 발전시키는 일을 인계받을 만큼 충분한 기폭제를 얻게 될 것이고, 이로써 초기 AGI가 완전히 발달한 AGI로, 다음에는 어쩌면 초지능까지 빠르게 발전하게 될 것이라고 생각한다. 일부는 우리가 데이터를 수집하고 그로부터 결론을 이끌어내는 기본적인 원리를 기계에 가르치고 있기 때문에 이런 기폭제의 발화가 조만간 일어날 것으로 내다본다. 다른 한편으로는 AGI가 자체적으로 성장하기 전에 우리가 더 많은 AGI를 만들어야 한다고 주장하기도 한다.

마지막으로 다른 사람들에 비해 인간의 지능을 더 높이 평가하는 사람들이 있다. 나는 인간의 창의성이 특별히 불가사의할 것이 없다고 생각하는 AI 실무 종사자들과 이야기를 나누고는 한다. 이 사람들이 인간을 과소평가하고 있다고 말하는 것이 아니다. 그들은 일반적으로 인간의 능력이 복잡하지 않다고 본다. 이 분야의 거물이며 교수이자 작가인 페드로 도밍고스는 내게 이렇게 말했다. "창의성의 자동화는 그렇게 어려운 일이 아닙니다." 그리고 작곡을 하는 컴퓨터, 뉴스 기사를 쓰는 컴퓨터 등의 예를 줄줄 말해주었다. 한편, 다른 그룹은 인간의 지능을 수백만 년 동안 주의 깊게 선택된 방대한 기술의 집합체로 본다. 그들은 이를 복제하는 것이 엄청난 기념비적 과제라고 생각한다.

지능이 단순하다고, 창의성이 그렇게 특별할 것이 없다고, 우리는 이미 AGI를 만들기 시작했다고, AGI가 곧 스스로 발전시키는 일을 인계받을 것이라고 생각하는 사람들은 우리가 10년 안에 AGI를 갖게 될 것이라고 추측한다. 반대로 AGI를 갖게 되려면 500년은 걸릴 것이라고 생각하는 사람들은 지능을 본질적으로 어려운 것으로, 인간의 정신 능력을 비범한 것으로 보고 우리는 제대로 된 길에 발을 들이지도 못했다고 생각한다.

실제로 코드를 쓰며 이 분야에서 일하는 사람들은 AGI가 훨씬 더 멀리 있다고 생각한다. 거의 모두 언젠가 우리가 AGI를 만드는 날이 올 것이라고 믿고 있다. 하지만 아직은 아주 간단한 과제를 수행하는 내로우 AI를 만들기 위해 날밤을 새우고 있을 뿐임을 인정하고 있다. AGI가 목전에 있다는 이야기를 내뱉는 사람들은 그들을 약올리는 주범이다. 한 실무자는 내게 유명 인사가 AGI에 대한 극적인 발언을 할 때마다 연구실의 분위기가 가라앉으며, 몇 주씩 산만해진다는 불만을 이야기한 적도 있다.

우리가 AGI를 만들었다는 것을 어떻게 알 수 있을까? AGI가 이미 만들어졌는데도 사람들이 흥분할까 봐 입을 다물고 있게 만들어놓았을 수도 있다. 어떤 이들은 AGI 후보가 반드시 통과해야 할 첫 번째 장애물로 그 유명한 튜링 테스트를 제안한다.

앞서 이야기했던 튜링은 초기 컴퓨터의 개척자이다. 천재라는 단어를 어떻게 정의하더라도 그가 천재라는 사실에는 변함이 없다. 그는 나치의 에니그마Enigma 코드를 해독하는 데 크게 기여했다. 에니그마의 해독으로 2차대전은 4년이나 단축될 수 있었다. 오늘날 인공지능의 아버지로 불리는 튜링은 1950년 자신의 논문에서 "기계는 생각할 수 있는가?"라는 의문을 제기했고, 우리가 현재 튜링 테스트Turing Test라고 부르는 사고 테스트를 제안했다. 튜링 테스트에는 여러 가지 버전이 있지만 기본적인 것은 다음과 같다.

당신은 방 안에 혼자 있다. 거기에는 2대의 컴퓨터 단말기가 있고, 당신은 질문을 타이핑할 수 있다. 하나의 단말기에서는 컴퓨터가 답을 하고, 다른 하나의 단말기에서는 사람이 답을 한다. 당신에게는 5분의 시간이 주어진다. 어느 쪽이 사람이고 어느 쪽이 컴퓨터인지 알아내보라. 기계가 30%의 확률로 당신을 속인다면 그 기계는 생각을 하고 있다는 것이 튜링의 주장이다. 컴퓨터가 생각하는 사람의 능력을 복제할수 있기 때문이다. 튜링의 견해에서는 기계가 인간이 하는 것과 다르게 생각하는지는 문제되지 않는다. 그는 2000년이면 이런 기계가 만들어질 것을 예측했다.

흥미로운 것은 30%라는 수치이다. 왜 50%가 아닐까? 시험에 통과하기 위해서는 기계가 사람과 전혀 구분할 수 없어야 하는 것이 아닐까? 꼭 그럴 필요는 없다. 목적은 기계가 생각하느냐를 보는 것이지, 인간만큼 생각을 잘할 수 있느냐를 보는 것이 아니다. 오히려 컴퓨터가 50% 이상의 점수를 기록할 정도로 좋은 성과를 낼 경우, 인간다운 면에서 우리보다 나아졌다거나 혹은 나아진 것처럼 보인다는 불안한 결론에 이르게 된다.

이 테스트를 비판하는 사람들은 이를 두고 컴퓨터 프로그램이 인간의 언어를 설득력 있게 모방하는가 여부만을 시험할 뿐이라고 말한다. 이것은 인간만큼 지적이어야 하는 AGI가 아니라고, 인간만큼 지적이라는 것은 언어 능력만으로 증명할 수 없다고 이야기한다.

튜링 테스트가 실제로 증명하는 것이 무엇인지에 대한 당신의 생각은 중요하지 않다. 튜링 테스트가 대단히 유용한 까닭은 언어를 사용할 때 무수한 뉘앙스의 차이가 존재하고 그 의미를 해독하려면 맥락을 충분히 알아야 하는데, 이것을 가르치는 것이 정말로 어려운 문제라는 것을 알려주기 때문이다. 그리고 이 문제를 해결하는 일에는 큰 장점이 따른다. 우리가 대화를 인터페이스로 이용할 수 있다는 의미이기 때문이다. 사람들이 서로 대화하듯 편하게 컴퓨터와 이야기를 나눌 수 있는 것이다.

우리는 튜링 테스트를 통과할 수 있는 어떤 것을 만들려면 아직 멀었다. 프로그래머들이 실제로 하는 튜링 테스트의 기록을 읽는다면, 당신은 아마 첫 번째 질문에서 응답자가 컴퓨터인지 사람인지를 가려낼 것이다. 컴퓨터의 능력은 아직 그리 대단하지 않다. 특정한 주제를 금지하고 질문의 종류를 제한함으로써 기계에게 유리한 여러 규칙들을 적용하는 대회들이 있다. 그때마다 AI 후보들은 "어떤 것이 더 클까? 니켈일까 태양일까?"라는 질문을 통과하지 못한다.

지금까지 그들이 낸 초라한 성적은 어쩌면 당연한 것이다. 우리는 10만 년 동안 언어를 사용해왔고 그사이에 언어를 꽤 잘 구사하게 되었다. 튜링의 간단한 테스트는 AGI의 많은 자격 요건 중 하나인 우리의 언어 능력을 모사하는 것이 얼마나 어려운지를 보여준다. 기계가 아주 간단한 자연언어 질문조차 이해하지 못한다면, 인간의 모든 능력을 모사하는 데까지 얼마나 먼 길이 남았을지 생각해보라. 지금 이 시스템은 질문에 대답은커녕 질문을 이해하는 일조차 제대로 하지 못한다. "니켈은 금속을 뜻할까, 5센트짜리 동전을 뜻할까?"라는 질문에서 'nickel'이 아니고 'a nickel'이기 때문에 우리는 동전이라는 것을 안다. 하지만 로봇에게는 까다로운 문제이다. 'the sun'일까, 'the son'일까? 인간은 안다. 다음의 질문에 대답하기 위해 필요한 지식의 깊이를 상상해보라.

스미스 박사는 그가 좋아하는 레스토랑에서 식사하고 있다가 응급 호출을 받았다. 급히 뛰어나오느라 그는 계산을 하지 못했다. 식당에서 그를 고발할까?

인간은 이 내용을 쉽게 파악할 수 있다. 의사가 응급 호출을 받고 급히 병원으로 가면서 식대를 계산하지 못했다. 그가 좋아하는 식당이라고 했기 때문에 그 식당에서는 단골인 그를 알 것이고 따라서 식당 매니저가 경찰에 신고할 것 같지는 않다. 컴퓨터도 이 모든 뉘앙스를 파악하고 추론해낼 수 있을까? 대단히 어려운 일이다. 그렇다면 이 문제도 생각해보자.

　　아직 불을 뿜는 법을 통제하지 못하는 용을 애완용으로 키우며 시간 여행을 하는 공주의 이야기에 어떤 플롯이 좋을까?

　　"애완용 용이 감기에 걸려서 기침할 때마다 코에서 불이 나온다."라든가 "용이 외로워져서 자신을 복제한 형제를 얻기 위해 미래로 여행을 간다." 등 인간은 수십 가지 플롯을 만들 수 있다. 그렇지만 내가 더 흥미로운 테스트라고 생각하는 것이 있다. 나는 이 실험을 '유치원생 테스트'라고 부른다. 나를 놀라게 해주고 싶은가? 그렇다면 네 살짜리 아이의 모든 질문에 대답할 수 있는 AGI를 만들어라. 네 살짜리 아이들은 "세상에는 머리카락이 많아요? 풀잎이 많아요?", "어린 시절의 마지막 날은 기분이 어때요?", "옛날 사람은 도구가 없었다면서 어떻게 첫 번째 도구를 만들었어요?", "T 아저씨는 왜 바보를 불쌍하게 생각해요?" 등 하루에 100개가 넘는 질문을 하는 것이 보통이다.

　　우리는 AGI가 도래하는 때가 언제가 될지, 5년 후일지 500년 후일지 알지 못한다. 하지만 많은 예측이 2030년대 주변에 몰려 있다는 점에 주목해야 한다. 2030년대라면 그리 멀지 않았다. 이러한 예측을 하는 사람들은 우리가 현재 이루고 있는 발전과 그때의 컴퓨터 역량을 지적한다. 하지만 AGI를 만드는 방법에 대한 합의조차 이루어지지 않은 상황이기 때문에, AGI의 출현 시점에 대한 모든 예측은 상당한 회의적 시선을 받을 수밖에 없다.

AGI와 윤리

AGI를 만들고 사용하는 데 반드시 이 2가지 윤리적 문제를 생각해보아야 한다. 첫 번째는 윤리적으로 **행동**하는 AGI를 어떻게 만드는가이다. 우리가 AGI의 목표를 설정한다고 가정하면, AGI의 가치관이 우리의 가치관과 보조를 같이하고 AGI가 윤리적이고 인간적으로 행동하기를 원할 것이다. '인간적humane'이라는 단어는 '인간human'이라는 단어의 이형異形이다. 그리고 이 단어에 내포된 의미는 우리의 평균 모습이 아닌 우리가 생각하는 최선의 모습에 가깝다. 하지만 어떻게 그렇게 할 수 있을까? 기술적인 문제는 제외하더라도 우리는 기계에게 윤리적으로 행동하는 법을 어떻게 가르쳐야 할까?

이에 대해 아이작 아시모프는 1942년 그가 쓴 단편을 통해 해명을 시도했고, 이후《아이, 로봇》시리즈에서 이 이야기를 더 발전시켰다. 아시모프는 로봇의 이익이 인간의 이익과 절대로 충돌하지 않도록 모든 로봇에 프로그래밍하는 3가지 규칙을 만들었다.

첫째, 로봇은 인간에게 상해를 입히거나 해를 끼치지 않는다.

둘째, 로봇은 첫 번째 원칙에 위배되지 않는 한 인간이 내리는 명령에 복종해야 한다.

셋째, 로봇은 첫 번째와 두 번째 원칙을 위배하지 않는 선에서 로봇 스스로를 보호해야 한다.

이 3가지 원칙은 시도할 만한 가치가 있는 것이긴 하지만, 단순한 몇 가지 규칙에 복잡한 윤리를 압축시키는 것이 얼마나 어려운지 증명해주었다. 첫 번째 원칙을 예로 들어보자. 당신의 차를 운전해주는 로봇이 막 길에 뛰어든 아이를 차로 치거나, 그렇지 않으면 아이를 치지 않기 위해 나무를 들이받아서 당신이 죽을 수도 있는 2가지 상황 중에서 하나를 선택해야 한다고 생각해보라. 이것은 도덕적으로 어려울 뿐 아니라 법적으로도 어려운 결정이다. 프로그래머는 자신이 쓴 코드 때문에 법원의 소환장을 받고 입건될 가능성도 있다. 그런 이야기는 이미 나오고 있다. "법원은 고의로 나무를 들이받아서 승객을 죽이도록 프로그래머가 차를 프로그래밍했다는 것을 이해할까?" 물론 이것이 일상적으로 일어나지 않는 극단적인 상황인 것은 분명하다. 하지만 이 단순해 보이는 규칙에서 다른 많은 오점들이 생겨난다. 인간을 다치게 할 가능성이 있는 대상에 대해서는 어떨까? 인간이 스스로 다치는 것을 선택한다면 로봇은 인간을 강제로 말릴 수 있을까? "인간에게 해를 끼친다."라는 말에 감정적인 고통도 포함되어 있다는 것을 해석할 수 있을까? 어떤 성과를 담배 한 대 피우는 것으로 축하한다면, 로봇은 당신을 보호하기 위해서 담배를 피우지 못하게 할까? 이때 당신이 저항하면 어떻게 될까? 당신이 디저트를 먹고도 다시 두 번째 디저트를 원한다면 어떨까? 로봇은 거기에 개입할 의무가 있을까?

아시모프의 규칙이 우리에게 도움이 되지 않으면 우리가 다음으로 의지할 수 있는 것은 무엇인가. 어쩌면 우리는 윤리적인 기준을 처음부터 다시 세울 수도 있다. 윤리적인 AGI를 만드는 데는 3가지 큰 문제가 있다. 첫째, 인간은 윤리적 기준이 무엇으로 이루어지는지에 대해 합의하고 있지 않다. 사실 세상에서 허용되는 윤리적 기준의 범위는 대단히 넓으며 모순되는 때도 많다. 둘째, 도덕률은 움직이는 과녁이다. 다른 사람들과 상호작용을 하는 적절한 방법에 대한 우리의 견해가 지난 한 세기 동안, 아니 지난 10년 동안 어떻게 변화했는지 생각해보라. 옳거나 틀린 것에 대한 우리의 견해가 바뀌지 않을 것이라고 장담하기 어렵다. 세 번째 문제는 이 문제들을 통과한다 해도 개인의 도덕률이 복잡한 일련의 예외나 단서, 특례로 인해 지장을 받는다는 점이다. 이렇게 되면 컴퓨터 프로그램을 만들 때 도덕률을 쉽게 예를 들어 설명할 수가 없다. 아시모프는 자신이 그 일을 이 3가지 규칙으로 할 수 있다고 생각했지만, 한 인간의 도덕률에는 수천 가지가 포함된다. 다음과 같은 것을 생각해보라.

훔치는 것은 나쁜 일인가? 그렇다.

2차대전 중 나치에게서 훔치는 것은 나쁜 일인가? 음, 아니다.

2차대전 중 나치 독일의 어린이 병원에서 빵을 훔치는 것은 나쁜 일인가? 앗. 음. 그렇다.

당신이 굶어서 죽어가고 있다면 2차대전 중 나치 독일의 어린이 병원에서 남는 빵을 조금 훔치는 것은 나쁜 일인가? 흠, 아닌 것 같은데.

예상했겠지만 이런 식으로 한없이 바뀔 수 있다. AGI에게 윤리를 주입하는 문제에 대해 연구하는 생명의 미래연구소 후원 프로젝트는 그 일의 어려움을 다음과 같이 설명했다.

"일부 AI 시스템은 결과를 기반으로 결정을 내리지만 도덕성에서는 결과가 전부가 아니다. 도덕적 판단은 권리(사생활 보장 같은), 역할(가족

내에서의 역할 같은), 과거의 행동(약속 같은), 동기와 의도, 기타 도덕적 관련이 있는 특징들에도 영향을 받는다. 이런 다양한 요소들은 아직 AI 시스템에 내장되지 않았다."

이것은 어려운 문제이다. AI가 의료 같은 좀 더 중요한 영역에 들어가면 AI가 내리는 윤리적 결정의 영향이 더 커질 것이다. AI에게 "실수하지 말라."는 윤리적 기준이 프로그래밍될 것이다. 의도적인 것은 아니지만 AI가 X와 Y 사이에서 결정을 내려야 할 경우, AI는 일종의 가치 체계를 적용할 것이고 그것은 분명히 의도치 않은 결과를 가져올 것이다. 현재 AI의 가치 체계는 AI를 만드는 프로그래머의 가치 체계이지만, 우리가 AGI를 만든다면 그 시스템의 도덕적 가치가 미치는 영향은 극적으로 커질 것이다.

AGI와 관련된 두 번째 윤리적 문제는 '어떻게 AGI를 윤리적으로 **사용할 것인가**' 하는 것이다. AGI를 비윤리적으로 사용하는 방법 몇 가지가 바로 떠오른다. 교활한 범죄 심리를 가진 것이 아닌데도 말이다. AGI는 새롭고 혁신적인 방법으로 훔치고 사기 치는 데 사용하는 강력한 도구가 될 것이다. 범죄는 문명만큼이나 오래된 일이다. 하지만 다른 한 편에서는 법과 질서를 따르는 사람들 역시 범죄자들을 좌절시키기 위해 AGI를 사용할 것이다.

AGI는 다른 식으로 오용될 수도 있다. 예를 들어 국가, 기업, 기타 기관이 새롭고 난해한 방식으로 사생활을 침해하는 데 AGI를 사용할 수 있다. AGI는 엄청난 양의 인터넷 트래픽을 받아들이면서 모든 사람이 타이핑하고 보는 것을 효과적으로 감시할 수 있으며 모든 사람의 이메일을 읽을 수 있다. 목소리 인식을 이용해서 모든 사람의 전화 통화를 들을 수 있을 뿐 아니라, 마이크 근처에서 이루어지는 대화까지 들을 수 있다. 카메라의 영향력은 이미 온 세상을 뒤덮었으며 얼굴 인식도 역량을 발휘하고 있다. 옥스퍼드 대학과 구글 딥마인드 연구자들은 독순술 분야에서 이미 엄청난 발전을 이루었다. 이 기술이 카메라에 결합될 수 있고, 어디에나 있고 모든 것을 아는 기계가 될 수 있다.

이 모든 일은 어떤 결과를 낳을까? 어떤 기관이 모든 데이터를 수집할 수 있다는 것은 놀라운 일도 아니다. 다만 데이터의 크기가 엄청나기 때문에 사생활이 보호받을 수 있었고 우리는 군중 속에 숨어들 수 있었다. 어떤 사람도 그것을 이해할 수 없었고, 어떤 컴퓨터도 그 모든 것을 분류할 수는 없었다. 하지만 모든 언어를 알아듣고, 모든 얼굴을 알아보고, 모든 움직임을 추적하는 AGI를 상상해보라. AGI는 잘 알려지지 않은 세부 사항까지 포함된 모든 사람의 마스터파일을 효과적으로 만들 수 있을 것이다. 이후 모든 단편적 사실에서 결론을 도출하고, 모든 관계를 파악하고, 모든 계획을 추정하고, 사람이 하는 모든 일의 가능성을 계산하고, 개인적인 생각 외에(바라건대) 모든 사생활을 없앨 수 있게 될 것이다.

그저 피해망상에 사로잡힌 이야기가 아니다. 우리는 결코 사악하지 않은 이유에서 이런 도구들을 빠르게 개발하고 있다. 의학에 관한 것이든, 기상학에 관한 것이든, 빅 데이터에 대해 당신이 읽는 거의 모든 것에는 이런 종류의 도구들이 필요하다. 암 생존자의 증상에서 연관성을 찾아낼 수 있는 기술은 정치적 성향에서의 연관성을 찾아낼 수 있는 기술과 동일하다. 데이터만 다를 뿐이다. 그런데 여기에는 AGI의 초지능 자기 학습 능력도 필요치 않다. 우리는 지금도 이 모든 것을 어떻게 하는지 알고 있다. AGI를 만들 가능성은 아직 풀리지 않는 문제지만, 우리는 꾸준히 이런 내로우 AI 기술을 발전시켜나가고 있다. 시간이 지나면 우리는 더 나아질 것이고, 프로세서는 더 빨라질 것이고, 전 세계 삶의 더 많은 부분이 온라인에 연결될 것이다. 여기에 필요한 것은 인터넷을 정보 도구에서 감시 도구로 전환시키는 국가법의 개정뿐이다. 일부 세계에서는 이미 이런 일이 일어나고 있다는 데 의심의 여지가 없다.

그렇다면 어떻게 하면 이런 일이 일어나지 않게 할 수 있을까? 가장 간단한 방법은 하지 않는 것이다. 문제는 일이 부분적으로 조금씩 진행되기 때문에 어떤 하나에 대해서 항의 시위를 할 수 없다는 데 있다. 안전과 보안에 대한 관심 속에서 일의 진행 속도는 오히려 빨라진다. 결국에는 사람들의 강력한 요구에 따라 감시가 시작될 것이다. 자유는 종종 대중의 환호 속에서 죽음을 맞이한다.

AGI 오용의 또 다른 가능성은 앞선 경우만큼 나빠 보이지 않을 수도 있지만 신중하게 고려해보아야 할 문제이다. 이는 AGI가 가진 정서적 측면, 비인간화 측면과 관련이 있다. 앞서 나는 초기 AI 선구자 요제프 바이첸바움에 대해 이야기했다. 바이첸바움은 사람들이 그가 만든 AI 치료사 엘리자와 감정적인 방식으로 상호작용을 하는 모습을 보고, AI라는 아이디어에 반대하는 입장으로 돌아섰다. 그는 1976년에 《이성의 섬》이라는 획기적인 책을 썼다. 이 책에서 그는 노인 간병인, 군인, 심지어는 고객 서비스 상담원까지 진정한 공감을 필요로 하는 직종은 절대로 컴퓨터가 맡아서는 안 된다고 주장했다. 그는 인간의 공감 능력을 모방하는 기계와의 광범위한 상호작용으로 우리는 더 고립되고 가치 없는 듯한 느낌을 받게 된다고 믿었다.

그의 지적은 정확했다. 일을 처리하기 위해서 애써야 하고, 무신경한 사람들이 서류가 빠졌다고 또 다른 창구에서 줄을 서라고 말하는 것을 들어야 하는 등 짜증 나는 관료주의적 시스템에 발이 묶이는 불만스런 경험을 모두 해보았을 것이다. 공감이 결여되면 고립되게 마련이다. 공감을 얻되 단순히 공감하는 척하도록 프로그래밍된 AI나 AGI가 대신하는 상호작용으로 점철된 삶을 상상하는 것 역시 걱정스럽다.

더 나아가 바이첸바움은 결정과 선택을 구분하고 컴퓨터는 오로지 결정만 해야 한다고 말한다. 결정은 일하는 가장 빠른 방법을 정하는 것과 같이 계산적인 것이다. 하지만 그는 기계는 절대로 선택을 해서는 안 된다고 주장했다. 인간은 아이를 피하려고 차로 나무를 들이받는 선택을 할 수 있다. 그것은 인간의 특권이다. 바이첸바움은 이런 특권을 기계에게 넘기는 것은 결코 기계를 격상시키는 것이 아니고, 인간의 존엄성을 짓밟는 것임을 절감했다. 바이첸바움은 컴퓨터에 인간성의 핵심적인 부분을 위임하려는 유혹이 '우리 스스로 컴퓨터로 생각하는 데서 비롯된 인간 정신의 위축'을 보여준다고 생각했다. 이는 우리가 정확히 무엇인가에 대한 질문으로 다시 돌아가게 하는 말이다.

우리가 사람과 똑같은 로봇을 만들어서 하고 싶지 않은 모든 지루하고, 더럽고, 위험한 일을 대신하도록 프로그래밍한다고 가정해보자. 이 로봇은 우리가 다른 인간을 평가하는 방법에 의도치 않은 부정적 영향을 줄 수 있을까? 또 AGI를 탑재한, 사람과 똑같은 로봇이 할머니가 집 주변을 다니는 것을 도와서 독립적으로 살 수 있게 해준다고 상상해보라. 시간이 지나 표정을 비롯해 외적으로도 점점 인간과 똑같은 로봇을 만든다고 생각해보라. 인간과 구분이 안 가는 휴머노이드를 말이다. 우리는 이 존재를 어떻게 취급하게 될까? 한편으로 AGI가 가장된 위트와 애정, 공감으로 가득해 인간처럼 보인다면 우리는 어느새 예의를 갖추어 그것을 대할지도 모른다. 다른 한편으로 AGI는 여러 가지 전선과 장치 무더기에 불과하기 때문에 화장실 뚫는 배관 청소 도구 정도로 취급해야 할지도 모른다. 그런 경우 우리는 그 존재에 어떤 존중도 하지 않을 것이다. AGI에 대한 이런 상충된 관점은 오랫동안 유지되기 어려울 것이다. 폐기할 수 있는 휴머노이드 로봇이 의도치 않게 우리로 하여금 인간 생명의 가치를 낮게 평가하도록 만들지는 않을까?

일본의 연구자들은 이런 상황이 펼쳐질 수 있다는 것을 보여주는 연구를 수행했다. 그들은 로보비라는 로봇을 쇼핑몰에 두었다. 이 로봇은 길을 막고 있는 사람에게 비켜달라고 공손히 부탁하도록 프로그래밍되어 있었다. 사람이 길을 비켜주지 않으면 로봇이 그 사람을 비켜 갔다. 그런데 어린이들이 로봇을 괴롭히는 정황이 밝혀졌다. 어린이들은 일부러 로봇이 가는 길을 막았다. 아이들의 행동은 거기에서 멈추지 않았다. 폭력적으로 변해 로보비를 차고, 때리고, 욕을 했다. 심지어 병으로 로봇을 때린 경우도 있었다.

연구자들은 로봇이 이런 상황을 겪지 않도록 프로그래밍하는 방법에 관심을 두었다. 그들은 로봇에게 해를 입힐 가능성이 있는 사람들의 모델을 만들었고 그중 가장 가능성이 높은 후보는 어른이 곁에 없을 때의 어린이들로 밝혀졌다. 그들은 로봇에게 그런 상황을 피해서 키가 큰 사람, 성인으로 보이는 사람에게 급히 다가가도록 프로그래밍했다.

로보비는 사람처럼 보이지 않는다. 그렇지만 연구자들이 로봇을 괴롭힌 어린이에게 로봇이 사람 같냐고 물었을 때 74%는 그렇다고 답했고, 13%만이 로보비가 기계 같다고 말했다. 50%는 자신들의 행동이 로보비에게 스트레스나 고통을 주었다고 대답했다. 따라서 장치가 더 정교해질 경우 이런 행동 패턴이 습관이 될 것인지, 이후 그런 행동이 다른 사람들에게까지 확대될 것인지의 문제가 제기된다. 로봇을 괴롭히는 일이 인간을 무감각하게 만드는 효과를 가져올 것이라는 상상을 할 수 있다.

우리는 시뮬레이션 속에서 살고 있는가?

이런 모든 일이 이미 일어났고 누군가가 시뮬레이션(자신이 의식하는 혹은 의식하고 있다고 믿는)을 할 만한 AGI를 만들었을 수도 있지 않을까? 어쩌면 **우리**는 사실 시뮬레이션 속에 살고 있는 존재일 수도 있지 않을까? 그렇다면 왜 아픔, 고통, 질병, 괴로움이 세상에 존재하는 것인가. 이런 질문은 새로운 국면에 들어서게 한다. 괴로움을 겪는 사람에게 괴로움은 분명 실재다. 시뮬레이션 안에서 왜 고통을 느끼는가 하는 질문은 영화 '매트릭스'에서 다루어졌다. 스미스 요원이 "처음에는 매트릭스가 완벽한 인간 세상, 아무도 고통을 겪지 않고 모두가 행복한 세상이 되도록 고안되었다."라고 설명하는 장면에서 그는 우리 두뇌가 그것을 가능한 것으로 받아들이려 하지 않았기 때문에 생긴 재난이라고 말한다. 하지만 이것은 할리우드식 대답이다. 비교적 고통과 괴로움이 적은 실제 사회가 많이 존재한다. 따라서 우리의 현실이 시뮬레이션이라면 의도적으로 너그럽거나 잔인한 것은 아닌 것 같다.

우리 주위의 모든 것이 환상이라는 생각은 고대부터 이어져 왔다. 시뮬레이션 이론은 현대의 옷을 입고 아이폰을 들었을 뿐 전과 같은 것이다. 천체 물리학자 닐 디그래스 타이슨Neil deGrasse Tyson은 그것이 사실일 가능성이 "매우 높다."고 말했다. 다양한 지성인들과 공상과학 작가, 일론 머스크를 비롯한 실리콘밸리를 대표하는 전형적인 인물들 역시 이 의견을 지지한다. 시뮬레이션 이론을 지지하는 논거는 크게 2가지로 나뉜다.

첫 번째는 통계적 가능성을 말하는 주장이다. "어느 시점에는 컴퓨터 안에서 완벽하게 현실적인 우주의 시뮬레이션을 개발할 수 있다. 그리고 디지털 형식으로 그 안에 거주할 수도 있을 것이다." 우주의 나이를 고려하면 다른 문명이 이미 그렇게 했다고 가정하는 것이 합리적이다. 시뮬레이션 사본은 한 번 만들어두면 무한히 만들 수 있다. 우주의 규모를 생각할 때 거의 무한한 수의 종족들이 이미 그런 시뮬레이션 기술을 개발했고, 각각의 시뮬레이션이 수백만 번 복제되었을 수도 있다. 따라서 하나의 '진짜' 우주가 있고, 수조 개의 디지털 우주가 있을 가능성이 대단히 높다.

나는 이런 식의 추론이 설득력 없다고 생각한다. 개별적인 단계에서는 모든 이야기가 진실 같지만, 결과적으로 빗나간 진술과 같다. "안전벨트를 하는 것이 암 발병률을 높인다."거나 "거의 모든 살인은 살인자가 밥을 먹고 나서 10시간 이내에 일어난다."와 같이 말이다. 나는 그 구조가 표리부동하며 사실 우리는 그 안에 있는 **모든** 진술이 진짜라고 믿을 이유가 없다고 생각한다. 시뮬레이션 속의 인간이 주관적인 경험을 한다고 믿을 만한 이유가 전혀 없다. 비디오 게임 팩맨Pac-Man에서 캐릭터가 유령에게 맞았을 때 실제로 고통을 느낀다고 생각할 근거가 없듯이 말이다. 우리는 외계 종족이 시뮬레이션을 만들었다고 믿을 이유도, 인공 우주가 개발되었더라도 그것이 무한정 복제될 것이라고 믿을 이유도 없다. 또한 시뮬레이션을 만든 누군가가 우리가 진짜라고 생각하기를 원한다고 믿을 이유도 없다.

시뮬레이션 이론에 대한 두 번째 주장은, 우리가 매트릭스 내의 결함을 실제로 발견할 수 있다는 것이다. 모든 시뮬레이션은 본질적으로 유한하다. 그것을 운영하는 컴퓨터가 유한하기 때문이다. 따라서 그 모델에는 경계가 있을 것이고, 그 경계는 우리 우주를 결속시키는 물리 법칙처럼 우리가 이해하는, 한계가 있는 형태로 표현되었을 것이다. 게다가 시뮬레이션은 완벽하게 구축될 수 없다. 수십억 은하를 생각해보라.

각각의 은하는 수십억 개의 별로 이루어져 있고, 또 각각의 별은 옥토데실리온(octodecillion, 10^{57}) 개의 원자로 이루어져 있다. 각각의 원자는 그만의 속도와 궤도를 가지고 있다. 우리의 관점에서 은하들은 밤하늘의 아주 작은 점에 불과하다. 그런 상황에서 누군가가 그 원자들의 위치를 파악하는 데 필요한 처리 능력을 사용해 그런 시뮬레이션을 만들 것 같지는 않다. 그러나 일부 과학자들은 우리가 그런 한계의 증거와 연산의 지름길을 알아낼 수 있을 것이라고 주장한다.

온라인에서는 이런 가능성을 두고 활발한 논의가 벌어지고 있다. 이 알려지지 않은 비밀에 눈을 뜨게 하는 붉은 알약을 삼킬 생각이 있다면, 가장 좋은 출발점은 독일의 라인 프리드리히 빌헬름 본 대학의 사일러스 R. 빈Silas R. Beane과 그의 팀이 쓴 논문 '수치 시뮬레이션으로서의 우주가 가지는 제약'을 살펴보는 것이다.

하지만 나는 그 우물을 지나치게 깊이 파지는 않으려 한다. 우리가 아는 모든 것, 우리가 사랑하는 모든 사람이 사춘기 외계인의 썸 드라이브* 속에서만 존재하는 것이라는 생각은 부적절해보인다. 우리가 시뮬레이션 속에 살고 있든 아니든 우리는 단 하나의 우주, 삶의 뿌리를 내리고 있는 하나의 지구만을 알고 있다. 인류가 아직 하지 못한 많은 일들이 있다. 배고픈 사람들을 먹이고, 질병을 치료하고, 모든 사람들이 자신의 잠재력을 최대로 발휘할 수 있는 세상을 만드는 일들 말이다. 시뮬레이션이든 현실이든, 고통과 괴로움은 그것을 경험하는 사람들에게는 실재인 것이다.

---

* thumb drive, 컴퓨터의 USB 포트에 꽂아 사용할 수 있는 휴대용 데이터 저장 기기.

IV

의식을 가진
기계 인간

바누아투 원주민의 존 프럼 화물숭배

오스트레일리아 인근 태평양에는 멜라네시아라고 알려진 지역이 있다. 이곳은 바누아투, 솔로몬 제도, 파푸아뉴기니, 피지의 4개의 나라와 몇 개의 작은 섬들로 이루어져 있다. 이들 국가는 2차대전 태평양 무대의 길목에 있었다. 당시 미군들로 인해 이곳에 화물숭배 cargo cult라고 불리는 이상한 사회학적 현상이 나타났다.

이 섬들의 원주민은 미군이 들어와서 활주로를 닦고 관제탑을 세우는 것을 보았다. 원주민들은 하늘에서 비행기가 다가와서 활주로에 착륙하고, 엄청난 양의 화물을 내리는 것을 경외의 눈으로 바라보았다. 군대는 종종 통조림 음식과 공산품 등 보급품의 일부를 원주민에게 나누어주었다. 이렇게 해서 화물숭배가 생겨난 것이다. 원주민들은 활주로를 만들고 관제탑을 세웠다. 하지만 모두 대나무를 이용한 것이었다. 무선 통신 장치가 없었기 때문에 그들은 코코넛으로 비슷한 상자를 만들었다. 비행기를 인도할 조명이 없었기 때문에 활주로를 따라 대나무를 심었다. 그들은 미군 군복과 비슷해 보이는 의상을 입고 나무를 총으로 사용해서 미국인들이 하던 대로 군사훈련을 했다. 다른 비행기를 유인하겠다는 생각으로 짚을 이용해 실물 크기의 비행기를 만들기도 했다. 이렇게 그들은 미국인이 한 모든 일을 똑같이 했다. 하지만 비행기는 착륙하지 않았고 화물도 도착하지 않았다.

지금도 바누아투에는 2차대전 때의 미군, 존 프럼 John Frum을 숭배하는 사람들이 있다. 그들은 매년 2월 15일이면 존 프럼을 기리는 퍼레이드를 벌인다. 존이 언젠가는 모두에게 줄 화물을 가지고 돌아올 것이라는 믿음이 여전히 남아 있기 때문이다.

16장
—
컴퓨터는
고통을 느낄 수 있는가?

이제 다루어야 할 문제는 우리가 정말 의식이 있는 컴퓨터를 만들 수 있는가이다. 그런 컴퓨터를 만들려는 사람들이 기술 분야의 화물숭배에 빠져 있는 것은 아닌지, 즉 어떤 식으로든 그런 기계를 만들면 비행기가 착륙하고 기계가 의식을 가지게 될 것이라는 믿음에 현혹되어 있는 것은 아닌지 생각해볼 문제이다.

우리는 의식의 문제를 정면에서 다룰 것이다. 하지만 그러기 위해서는 먼저 감응력과 자유의지라는 2가지 개념을 탐구해야 한다. 이들을 충분히 이해한다면 기계가 의식을 가질 수 있는지 판단하는 데 도움이 될 것이다. 그들은 의식과 동의어는 아니지만, 몇 가지 필수적인 특성을 공유하기 때문이다.

감응력은 자주 오용되는 단어이다. 공상과학소설이나 영화에서 이 단어는 보통 '지능이 있다'는 의미로 쓰인다. 예를 들어 "리겔 7의 존재들은 도시를 형성하기 시작했으며 분명히 감응력이 있다."에서와 같이 말이다. 하지만 감응력은 그런 의미가 아니다. 감응력은 어떤 것을 느끼는 혹은 '감지'하는 능력을 의미한다. 리겔 7에게는 '지능이 있다intelligent'라는 뜻의 '지적인sapient'이라는 단어를 사용해야 한다. 우리가 호모 센티언트(Homo sentient, '감응 있는' 사람)가 아닌 호모 사피엔스(Homo sapiens, '지적인' 사람)인 것도 그 때문이다.

감응력은 '지능'을 의미하지는 않지만 우리에게 중요한 개념이다. 우리는 동물이 감응력이 있는지에 관심을 가진다. 그들은 고통을 느끼는가? 그렇다면 우리는 동물을 대할 때 그 점을 유념해야 한다. 항생제로 없애버리는 박테리아는 감응력이 없다. 우리가 때려잡는 모기도 마찬가지다. 하지만 개는 고통을 느낀다. 소와 유인원도 그렇다. 동물 학대를 막는 법이 있지만 그것을 해파리나 촌충에게 적용하지는 않는다. 동물의 왕국 어디에서 감응력이 시작되는지에 대한 합의는 없다. 하지만 우리는 그 극단에 대해서 확실히 알고 있다. 그렇다면 컴퓨터는 감응할 수 있을까? 기계가 이론적으로 통증 같은 것을 느낄 수 있을까? 그 답은 컴퓨터가 의식을 갖는 데 대단히 중요하다. 경험할 수 없으면 의식이 있을 수 없기 때문에 감응력은 의식의 전제조건이 된다.

어릴 때 나는 미스티라는 바이마라너Weimaraner 종 사냥개 한 마리를 키웠다. 어느 날 친구 스티브와 나는 미스티와 함께 놀고 있었다. 흥분한 미스티는 수도꼭지를 뛰어넘다가 오른쪽 다리가 찢어지는 어이없는 사고를 당했다. 미스티의 울부짖는 소리는 분명 고통스럽다는 표현으로 들렸다.

1998년 타이거 일렉트로닉스Tiger electronics는 퍼비Furby라는 인형을 출시했다. 이 로봇 장난감의 인기는 대단해서 3년 만에 4,000만 개나 팔렸다. 퍼비는 시간이 지나면서 천천히 인간의 언어를 '학습'하며 기본적인 감지기도 장착했다. 퍼비를 거꾸로 세우면 애처로운 목소리로 "무서워요."라고 말하도록 프로그램되어 있었다. 과연 퍼비가 무서움을 느꼈을까? 아무도 그렇게 생각하지 않을 것이다.

이 두 경우의 차이는 무엇일까? 고통이란 어떤 유형의 것일까? 컴퓨터에 열을 감지할 수 있는 감지기를 연결하고, 컴퓨터 감지기에 성냥불이 탐지되면 "아야, 아야."라고 말하도록 프로그램되었다고 상상해보라. 컴퓨터는 통증을 느끼는 것일까? 당신의 답이 "아니오."라면, 컴퓨터가 지르는 고통의 비명과 나의 애완견 미스티가 지르는 고통의 비명은 어떻게 다르다고 생각하는가?

우주 구성에 대한 기본적인 질문을 다시 생각해보라. 일원론인가 이원론인가? 일원론은 우주의 모든 것이 원자로 만들어져 있고 물리학의 지배를 받는다는 입장이다. 때문에 일원론은 물질주의 혹은 물리주의라고 불린다. 당신이 일원론자라면 '고통'이라는 추상적인 감정이 실제로 약간의 문제를 제기할 뿐이다. 일원론자는 "고통은 단순한 물리학이야. 망치로 엄지손가락을 내리치면 그 사실에 대한 깊은 인식에 이르게 될 거야."라고 말할지도 모른다.

하지만 이 예에서 고통이란 정확히 무엇인가? 일원론자들은 '종종 질병이나 상해에 의해 유발되어 두뇌에서 일어나는 불쾌한 감각'이라고 사전적 정의를 내릴 것이지만, 이 정의는 그저 문제를 뒤로 미룰 뿐이다. '불쾌한'이라는 단어는 불쾌함이란 무엇인가라는 질문을 하도록 만들 것이다. 그 질문은 고통이 무엇인가라는 질문과 같은 종류이다. 마찬가지로 '감각'에도 문제의 소지가 있다. 이 단어 자체가 우리가 파악하려고 노력하는 것이기 때문이다. 감각이란 무슨 의미인가? 게다가 통증의 위치를 두뇌에 두는 것은 이질적인 생명체, 혹은 이상한 새로운 생물 또는 지적인 기계는 두뇌를 가지고 있지 않기 때문에 통증을 느낄 수 없다는 것을 암시한다. 만일 외계인이 발가락을 찧은 후 얼마나 아픈지 말한다면, 고통의 정의를 고수하는 일원론자들은 외계인에게는 두뇌가 없기 때문에 실제로 고통을 느끼는 것이 아니라고 말할 것이다. 이 견해는 분명 만족스럽지 못하다. 인간과 동물은 포함시키고, 퍼비와 박테리아는 제외시키고, 나무와 컴퓨터에는 가능성을 열어두려면 일원론자가 취할 수 있는 고통의 정의는 어떤 종류일까? 말하기 어려운 문제이다.

만일 당신이 이원론자라면 통증에 관해서 다른 문제가 생긴다. '통증'이 추상적이고 비물질적인 존재라는 것은 문제되지 않는다. 통증을 두뇌의 문제로 국한시킬 필요도 없다. 사람이나 동물에게 적용하고, 퍼비에게는 제외하고, 이론적으로 식물과 기계에는 가능성을 열어두는 고통을 이해하는 데도 무리가 없다. 고통은 '물리적'인 것이 아니라 '정신적'인 것이다. 이원론이란 바로 그런 것이다. 하지만 당신은 아직 일원론자들이 이원론을 반박하는 논거를 해결하지 못했다. 정신적 세계와 물리적 세계가 어떻게 상호작용하는지의 문제 말이다. 고통이 비물질적인 것으로 물리적인 세상 밖에 존재한다면, 일원론자들은 "물리적인 엄지손가락을 물리적인 망치로 쳤을 때 비물리적인 감각이 유발되는 이유는 무엇인가?"라고 물을 것이다.

어떤 입장을 택하든 두 입장 사이에는 하나의 공통점이 있다. 고통이 존재하려면 무언가는 고통을 느껴야 한다는 점이다. 당신이 일원론자이든 이원론자이든 고통을 느끼는 '내'가 있어야 한다. 나의 애완견 미스티는 고통을 느끼는 '내'가 있는 것처럼 보였다. 미스티가 의식적이었다는 말이 아니다. 미스티는 고통을 경험할 수 있는 자아를 가지고 있는 것처럼 보였다는 말이다. 여기에서 우리는 '자아란 무엇인가'라는 질문으로 돌아가게 된다.

당신이 자아를 '두뇌의 트릭', 동시에 작동하는 두뇌의 많은 부분이 만들어내는 환상이라고 믿는다면, 우리는 비슷한 트릭을 일으키는 컴퓨터를 만들 수 있다고 말하는 것이 타당하다. 이 컴퓨터는 감응력이 있는 컴퓨터가 될 것이다. 의식이 있는 컴퓨터는 아니지만, 무언가를 느끼는 컴퓨터 말이다. 그러나 자아가 '두뇌의 창발적 산물'이라는 입장을 견지하고 있다면 우리는 문제를 미결 상태로 두어야 한다. 창발이 예측 가능한 방식으로 기계적으로 복제될 수 있는지 알 만큼 그에 대해 파악하고 있지 않기 때문이다. 마지막으로 자아를 '영혼, 정신, 생명력 같은 형이상학적인 어떤 것'이라고 생각한다면, 그 힘이 인간이 만든 물건에 깃들 수 있다는 것을 믿지 않는 한, 감각이 있는 컴퓨터는 논의의 여지가 없다. 많은 사람들이 어떤 장소에 귀신이 나올 수 있다고 믿는다. 하지만 컴퓨터 공장에서 그것이 대규모로 제조되는 방법을 파악하기는 어렵다.

어떤 생명체가 고통을 느낄 수 있을까? 앞서 말한 것처럼 이것은 미결의 문제이며 뜨거운 논란의 중심에 있는 문제이다. 인간부터 식물까지 확인해나가면서 우리가 어떤 결론을 내릴 수 있는지 알아보자.

당신은 스스로 고통을 느낄 수 있다는 것을 안다. 당신은 다른 사람들이 언제 고통을 느끼는지 안다고 확신한다. 사람들이 스스로 이야기하기 때문이다. 거짓말을 하지 않는 한 그들은 자신이 통증을 느끼는지 파악하는 데 권위자이다. 우리는 포유류가 통증을 느낀다고 추론한다. 그들은 인간과 동일한 많은 신호를 보여준다. 다시 말해 우리에게 고통을 가져다주는 것과 같은 종류의 것에 영향을 받는 것으로 보인다. 유인원이 망치로 엄지손가락을 치고 울부짖으면 우리는 그 행위가 그에게도 해를 입힌다는 결론을 내린다. 유인원이 손짓으로 욕을 한다면 우리는 그것을 추가적인 증거로 받아들일 것이다. 하지만 포유류의 고통에 대해 완벽한 합의가 이루어진 것은 아니다. 1990년 이전에 미국에서 교육받은 수의사들은 동물의 고통을 무시하라고 배웠다. 동물은 사실 아무것도 느끼지 못한다고 믿었기 때문이다. 이 주제는 실제적인 의미에서 아직도 문제가 된다. 과학 연구에서 동물 사용과 동물에 대한 의학, 제품 테스트와 관련이 되기 때문이다. 20세기 후반까지 아기들은 고통을 느끼지 못한다는 의학적인 합의가 있었고, 따라서 마취도 없이 수술했다는 것도 언급하고 넘어가야겠다.

포유류가 고통을 느끼는가에 대한 보편적 합의가 없다는 사실은 살펴볼 필요가 있다. 사람들은 어떻게 그런 입장을 견지하는 것일까? 어떻게 최근까지 그것이 주류 의견이었을까? 논거는 이렇다. "바늘로 찔렀을 때 개가 움찔하는 것은, 단세포 아메바가 보이는 반응과 비슷하다. 그것은 동물의 DNA에 프로그램된 반응일 뿐이다. 우리는 비슷한 환경에서 고통을 느끼기 때문에 고통의 느낌을 개에게 투영한다."

포유류가 고통을 느끼지 않는다는 주장은 편의에 따른 주장처럼 들린다. 이런 주장에 따르면, 우리가 동물을 취급하고 이용하는 방법과 관련된 모든 종류의 윤리적 문제를 피해갈 수 있기 때문이다. 그 누구도 내 애완견 미스티가 고통을 느끼지 못한다고 나를 설득할 수는 없을 것이다. 하지만 엄밀한 의미에서 나는 미스티가 느끼는 것을 '알지' 못하기 때문에 그 이야기에서 나는 미스티가 "고통을 느끼는 것처럼 보였다."라는 말을 의도적으로 사용했다.

포유류를 지나쳐 물고기와 무척추동물이 느끼는 고통에 대해서는 공감대가 더 적어진다. 그들의 경우 행동으로 고통을 판단할 수 없다. 동물은 극심한 고통을 느끼면서도 다른 동물의 먹이가 되지 않기 위해서 무슨 수를 써서든 고통을 감추는 것일지도 모른다. 곤충이 고통을 느끼지 않는다는 데는 약간의 확신이 있다. 몸의 일부분을 잃었는데도 아무렇지도 않게 돌아다니는 곤충을 볼 때가 있다. 그것은 그들이 고통을 못 느끼기 때문이다. 곤충과 비슷하게 단순한 생명체인 산호도 고통을 느끼지 않는 것 같다. 그들은 부드럽고 해가 되지 않는 접촉에도 난폭하게 쑤시는 것과 비슷한 반응을 보인다.

식물은 어떨까? 이 이야기에 코웃음을 칠지도 모르겠다. 하지만 눈에 보이는 것 이상의 일이 진행되고 있다는 것을 시사하는 흥미로운 연구들이 있다. 식물들이 느낄 수 있다는(더 정확하게는 고대의 믿음대로 부활한다는) 생각은 피터 톰킨스Peter Tompkins와 크리스토퍼 버드Christopher Bird가 쓴《식물의 정신세계》에서 나타났다. 그들은 식물들이 다양한 정서를 가지고 있다고 주장했다. 이 책은 거짓말탐지기를 식물에 연결하면 사람이 잎을 태워버리는 생각만 해도 기계가 반응한다는 CIA 보고서를 언급한다. 이는 식물이 텔레파시도 이용할 수 있다는 것을 암시한다.

이런 종류의 실험들은 재현하기 힘들고 식물학자들로부터 미심쩍은 시선을 받는다. 하지만 이 주제는 2013년 〈뉴요커〉가 특집 기사로 다룰 정도로 진지한 것이다. 이 아이디어는 1만 단어에 이르는 기사로 다루어졌다. 그 안에서 믿을 만한 과학자들은 기꺼이 주장을 펼치고, 그게 아니더라도 최소한 그 주장에 대해 숙고했다.

내가 식물의 고통에 대한 이야기를 꺼낸 것은 식물이 감응력이 있다고 생각하기 때문이 아니다. 그들이 고통을 느끼는지를 우리는 알지 못한다는 것을 지적하기 위해서이다. 그런 고통은 고통이 어떤 느낌인가에 대한 우리의 생각과 동떨어져 있을 것이다. 이것은 단순한 학문적 질문이 아니다. 우리와 대다수의 DNA를 공유하고 있는 식물이 고통을 느끼는지 아닌지 알 수 없다면, 컴퓨터가 통증을 느끼는지 아닌지를 어떻게 알겠는가? 컴퓨터가 "아야, 정말 아파요."라고 말한다면 그것은 단순한 프로그래밍의 산물일까? 컴퓨터가 스스로 프로그래밍을 할 수 있다면, 컴퓨터가 무엇을 느끼는지 아닌지 어떻게 알 수 있을까? 어떤 과제를 맡은 AI를 상상해보자. 이 AI는 컴퓨터를 끄는 것이 아프다고 주장한다면 사람들이 컴퓨터를 켜두게 할 수 있고, 과제를 더 잘 해낼 수 있다는 결론을 내렸다. AI는 아무것도 느끼지 않는데도 그런 결론, 수학적 결론에 이를 수 있다.

우리가 방금 살펴보았던 감응력에 관련된 다양한 사안들에 광범위한 합의가 존재하지 않는다는 사실에 놀랄 사람은 없다. 결국 소크라테스를 잠 못 이루게 한 것도 이런 종류의 문제들이었다. 하지만 당신은 그에 대해 좀 더 명확한 입장을 가지길 바란다. 당신의 신념에 따라서 다음 질문들에 답하고 "예."라는 대답을 한 횟수를 파악해보라.

(1) 개는 고통을 느끼는가?

(2) 곤충이나 거미 같은 무척추동물이 우리와는 다른 방식이더라도 고통을 느끼는 것이 가능한가?

(3) 식물이 고통을 느끼는 것이 가능한가?

(4) 신경계가 없는 정교한 외계인이 인간이 느끼는 것과는 완전히 다른 방식이지만 고통을 느끼는 것이 가능한가?

(5) 무기물(탄소를 포함하지 않은 것)도 고통을 느끼는 것이 가능한가 (여기에는 수정, 뇌우, 물과 먼지로 이루어진 외계인 등 모든 무기적인 것이 포함된다)?

예라는 답이 많을수록 기계가 감응할 수 있다는 믿음이 강한 것이다.

17장
—

자유의지는
어디에서 비롯되는가?

컴퓨터가 의식을 가질 수 있는가에 대한 질문을 해결하기에 앞서, 논의할 다음 주제는 자유의지이다. 왜 이것이 문제가 될까? 일상생활에서 당신은 경험을 한다. 그것이 의식의 기반이다. 그리고 당신은 선택을 한다. 그것이 자유의지이다. 당신은 파인애플을 맛보는 의식적인 경험을 하고 자유의지를 발휘해서 또 한 입 먹는다. 그 둘은 동전의 양면과 같다. 파인애플을 경험하는 당신이 바로 자유의지를 발휘하는 느낌이다.

자유의지가 완전히 기계적인 환상이라는 것이 밝혀진다면 의식 역시 그 틀에 들어간다는 것을 암시(증명까지는 아니더라도)한다. 하지만 자유의지가 물질주의적 인과관계 밖에 존재하는 것이라면 의식도 그럴 것이다. 더 나아가 자유의지가 존재한다면 2가지 질문이 제기된다. "자유의지는 어디에서 비롯되는가?", "컴퓨터도 자유의지를 가질까?"

우리는 2가지 다른 물리 법칙을 통해 물질계를 이해한다. 하나는 큰 물체에 대한 것이고, 다른 하나는 작은 물체에 대한 것인데 어느 것도 자유의지를 허용하는 것 같지는 않다. 큰 물체에 대한 물리 법칙은 모든 움직임에 원인이 있다는 '뉴턴의 물리학'이다. 당신 삶의 모든 조각, 가령 오늘 아침 침대 다리에 발가락을 찧은 사소한 일까지 빅뱅으로 거슬러 올라가는 일련의 사건이 빚어낸 피할 수 없는 결과였다. 작은 물체에 대한 일련의 법칙은 '양자 이론'이다. 여기에는 원인이 없는 움직임이 있고 그런 움직임은 완전히 무작위적이다. 자주 예로 등장하는 것은 방사성 물질의 감쇠이다. 방사성 물질은 특정한 속도로 감쇠되지만, 개개 입자의 감쇠는 완전히 임의적(단어의 가장 근본적인 의미에서)이다. 그것은 당신이 로봇처럼 보이거나 임의적으로 행동하는 미치광이처럼 보인다는 것이다.

한편으로 우리는 자유의지와 같이 느껴지는 것을 가지고 있다. 다른 한편으로 우리는 그것이 어떻게 가능한지 설명할 좋은 방법을 가지고 있지 않다. 이 때문에 사람들은 두 진영으로 나뉜다. 자유의지를 믿는 자유의지론자(정치적 이념으로서의 자유론이 아니다)와 자유의지를 믿지 않는 결정론자로 말이다. 우리 목적에 맞는 핵심적인 질문은 두뇌가 인과적인 체제인가 여부이다.

당신의 두뇌는 거대한 태엽 장치 메커니즘인가? 태엽을 감으면 변화하지 않는 견고한 프로그램이 작동한다. 그 누구도 시계가 자유의지를 가지고 있다고 생각지 않는다. 시계는 아무런 발언권 없이 계획된 일을 정확히 수행한다. 당신도 그런가? 당신이 '선택하고 있다'는 믿음은 단순한 착각인가? 일반적으로 이원론자들은 자유의지를 믿는 반면, 일원론자들은 자유의지를 믿지 않는다.

신경과학에서는 자유의지를 어떻게 취급할까? 존스 홉킨스 대학의 레온 그메인들Leon Gmeindl과 유친 치우Yuchin Chiu는 흥미로운 실험을 했다. 그들은 실험 참여자들을 MRI 기계에 배치했다. 대상자들은 색색의 문자와 숫자들이 오른쪽과 왼쪽, 위아래로 움직이고 중앙에는 아무것도 없는 모니터를 보았다. 그들은 한쪽을 관찰하다가 초점을 바꾸어 다른 쪽을 보고, 그런 다음 어느 시점에 다시 돌아오라는 요청을 받았다. 그들은 언제 돌아오는지에 대해서는 지시를 받지 않았다. 그들이 초점을 이동시키기 직전에 활성되는 두뇌 부분이 '자유의지'가 위치하는 부분, 혹은 최소한 자유의지가 정신적 초점을 변화시키는 부분일 것이라는 생각이었다. 그메인들과 치우는 초점을 이동시키기 직전에 활동이 일어나는 일정한 두뇌 부위를 발견했다. 그렇다면 자유의지가 두뇌의 그 부분에 살고 있는 것인가? 그것은 결정론적인 두뇌 활동처럼 보인다. 전혀 특별할 것이 없다. 두뇌는 그저 자기의 일을 할 뿐이다. 하지만 그렇게 간단한 문제가 아니다.

심리학자 대니얼 웨그너Daniel Wegner와 탈리아 위틀리Thalia Wheatley는 1999년 독창적인 한 논문에서 획기적인 아이디어를 제안했다. 그들은 사람이 무엇인가를 하기로 결정한 뒤에 그 일이 일어나는 것이 아니라, 두뇌에서는 그 순서의 정반대로 일이 일어난다고 주장했다. 우선 무엇인가를 한 뒤에 그것을 하기로 결정했다고 스스로에게 말하는 것이다. 정말 그럴까? 인생은 그런 식으로 진행되지 않는다. 대체 무슨 일이 벌어지는 것일까?

여기에 예일 대학의 심리학 교수인 애덤 베어Adam Bear와 폴 블룸Paul Bloom이 답을 내놓았다. 각기 전문화된 두뇌의 다른 부분들은 몸에게 스크린의 다른 쪽을 보는 것과 같은(위의 사례에서) 다른 일을 하도록 명령한다. 당신이 다른 쪽을 보기 시작하면 당신의 의식은 이것을 알아차리고 왜 당신이 초점을 바꾸었는지 추측한다. 그 후 의식은 당신에게 이렇게 말한다. "너는 이제 눈을 옮겨서 다른 쪽의 숫자들이 이쪽의 숫자들과 같은지 봐야 해." 그런 다음(여기에서 당신의 의식은 교활해진다) 의식은 기억을 다시 써서 당신이 **먼저** 방향을 바꾸기로 결정하고 **이후** 그렇게 행동했다고 생각하도록 만든다. 베어와 블룸은 이를 입증하기 위해서 대단히 흥미로운 실험을 했다. PC와 간단한 프로그램만 있으면 다른 장비 없이 재현할 수 있는 실험들이다.

그들의 견해로는 자유의지에 대한 당신의 느낌, 즉 당신이 일을 결정하고 있다는 느낌은 당신이 실제로 일을 하고 100만 분의 몇 초 **뒤에** 든다는 것이다. 다시 말하지만 무언가를 하겠다는 당신의 결정은 당신이 그 일을 한 후에 일어난다. 의식이 계속 당신의 몸을 뒤따라가면서 "그건 내 생각이야! 그건 내 생각이라고!"라고 소리치는 셈이다.

우리의 두뇌는 왜 우리에게 이런 속임수를 쓰는 것일까? 우리는 왜 명령을 내리는 관리직 '나'가 있는 것처럼 생각하게 되는 것일까? 이에 대해서는 자유의지에 대한 믿음이 '유익'하기 때문이라는 이론이 있다.

심리학자 캐슬린 D. 보스Kathleen D. Vohs와 조나단 스쿨러Jonathan Schooler는 2008년 이 이론에 신빙성을 부여하는 것처럼 보이는 보고서를 발표했다. 학생들을 두 집단으로 나누어, 한 집단은 '자유의지가 실제로는 존재하지 않는다'는 글을 읽게 한 뒤에 수학 시험을 치르게 했다. 이 글을 읽은 집단은 그렇지 않은 집단보다 부정행위를 더 많이 했다. 이는 자유의지에 대한 믿음이 사회에서 도덕적인 선택을 유도하는 데 중요하다는 것을 보여준다. 더욱이 우리는 자유의지가 존재한다고 생각하기 때문에 기꺼이 범죄자를 처벌하며, 사람들은 자신의 행동에 책임을 진다. 이 모든 것이 문명화된 사회를 구축하는 요소이다.

이 실험은 대단히 흥미롭지만 결코 입증된 것이 아니다. 우리는 기억이 두뇌에서 어떻게 코드화되는지조차 이해하지 못하고 있다. 또한 두뇌에서 우리가 측정할 수 있는 것을 '활동'이라는 가장 애매한 용어로 나타낼 뿐이다. 뉴욕에서 벌어지는 모든 일을 '움직임'이라고 묘사하는 것과 마찬가지다. 현재 신경과학의 수준으로 우리가 알 수 있는 전부는 일이 일어난다는 것뿐이다.

그렇긴 해도 그것이 모두 진실이고, 당신의 두뇌가 스스로 결정을 내리며, 이후 당신이 그것을 정당화시키기 위해 노력한다는 것을 받아들이도록 하자. 일원론자 혹은 인간이 기계라고 믿는 사람은 이것을 일원론적 입장을 뒷받침하는 추가적 증거로 볼 것이다. 일원론자들은 소위 자유의지를 복잡하거나 혼란스럽거나 환상에 불과한 것으로 볼 것이다. 하지만 그것이 무엇이건 자유의지는 두뇌에서 일어나며 물리 법칙의 지배를 받는다. 당신의 두뇌는 시계와 같아서 째깍거리며 움직인다. 그리고 '당신'은 그것이 하는 일에 대해 결정권이 없다.

이원론자들, 인간은 기계가 아니라고 보는 사람들은 아무런 문제없이 방금 논의한 실험과 자유의지에 대한 자신의 믿음을 조화시킬 수 있다. 이원론자들은 의심할 여지없이 두뇌가 신체를 통제한다고 믿으며, 그들은 인간이 그 순간 화면의 다른 쪽을 보기로 선택하는 **이유가**

무엇인지를 가장 중요한 질문으로 본다. 관찰된 두뇌의 활동을 자극하는 것은 무엇일까? 어떤 답이 제시되든 그들은 짜증을 불러일으키는 네 살짜리 아이의 끈질김으로 "그래서 무엇이 그것을 유발하는데?"라고 물을 것이다. 결국 당신은 빅뱅까지 거슬러 올라가거나, 자유의지를 인정해야 한다.

일원론자들은 이원론자들이 긴 이야기를 하는 동안 지루해하며 곁눈질을 하다가, 자유의지가 결정론적 정신 작용이 아니라고, 믿을 만한 이유가 전혀 없다고 목소리를 높일 것이다. 그러면 이원론자들은 "무언가를 선택하는 우리 스스로의 일상적 경험을 제외하면요."라고 대답하고 싶은 충동을 느낄 것이다.

시인이자 문학평론가인 새뮤얼 존슨Samuel Johnson은 이미 수백 년 전 이 논쟁을 너무나 잘 파악했다. 그는 인간이 자유의지를 가진다고 생각하느냐는 질문에, "모든 이론은 우리에게 자유의지가 없다고 간주하고, 모든 경험은 우리에게 자유의지가 있다고 간주한다."라고 대답했다. 우리의 내면을 들여다보면 인간이 시계나 행성의 궤도 같은 기계적 정확성을 가지고 움직인다고 느끼지 못한다. 우리는 활기, 의지, 의도, 충동, 야망을 가진 것처럼 느껴진다. 이 모든 것이 환상일지 모르지만, 양쪽 입장에 있는 거의 모든 사람들이 우리에게 자유의지가 있는 것처럼 느껴진다는 점은 인정한다.

지금까지 살펴본 여러 질문 중에 쉽게 해결되는 것은 없다. 자유의지가 존재한다면 그것이 어디에서 비롯되었고, 인과관계의 뉴턴적 체계 혹은 양자 물리학의 임의성 안에 존재할 수 없는 이유를 파악해야 할 것이다. 그것이 그런 세계 밖에 존재한다면 그것을 지배하는 것은 무엇인가? 그것은 어디에서 비롯되는가? 그것은 물리적인 두뇌와 어떻게 소통하는가? 그것이 어떻게 일어나는지 이해하는 것만으로도 컴퓨터가 자유의지를 가질 수 있는지 알 수 있을 것이다.

자유의지를 부정하는 사람들 역시 어려운 상황에 놓여 있다. 우리 모두는 의사가 반사 신경을 시험할 때 다리가 올라가는 것이 어떤 느낌인지 알고 있다. 그 움직임에는 자유의지의 느낌이 없다. 다리가 올라가는 것뿐이다. 하지만 어떤 맛 아이스크림을 주문할지 결정하는 것은 완전히 다른 느낌이다. 그 느낌은 무엇일까? 왜 모든 실재가 다리가 올라가는 것 같은 느낌이 아닐까?

18장

—

로봇은
의식을 가질 수 있는가?

의식이 무엇인지 아무도 모른다고 말하지만 이것은 진실이 아니다. 의식에 대해서는 광범위한 합의가 존재한다. 궁금한 것은 의식이 어떻게 발생하는가이다. 그렇다면 의식이란 무엇인가? 주관적인 경험의 느낌, 즉 모든 1인칭 감각의 느낌이다. 벽난로 앞에 있는 당신은 불의 따뜻함을 느낄 수 있지만, 온도 감지기는 온도를 판단할 뿐이다. 이 두 차이가 의식이다. 간단히 표현하면 의식은 '당신'이라는 존재의 경험, 즉 삶을 살아갈 가치가 있도록 만드는 것이다. 의식이 없으면 당신은 살면서 사랑도 느끼지 못하고 즐거움도 경험하지 못하는, 감정이 없는 좀비에 불과할 뿐이다. 이 의식은 우리 존재의 가장 중요한 측면이다.

생각해보라. 우리는 간단한 로봇의 '두뇌'를 이해한다. 로봇은 벽에 부딪힐 때까지 걷다가 방향을 바꾸고 다시 걷기를 시도한다. 로봇이 집

안에서 복잡한 행동을 할 수 있지만 우리는 '집 안에 아무도 없다'는 것을 안다. 집 안에는 혼란을 경험하는 '자아'가 없다. 우리는 왜 그렇지 않을까? 우리 두뇌 안의 단순한 물리적 과정이 어떻게 우리로 하여금 **경험**하게 하는 것일까? 어떻게 혼란을 느끼게 하는 것일까? 바위가 사랑에 빠질 수 있을까? 당연히 아니다. 그렇다면 우리는 어떻게 그럴 수 있을까? 우리는 바위와 똑같은 물질로 만들어져 있다. 주기율표에 있는 원소들로 말이다. 뉴런이 얼마나 많든 그 뉴런 덩어리가 어떻게 자각을 하게 되는 것일까? 단순한 물질이 어떻게 1인칭 관점을 가질 수 있을까?

외계인이 당신을 납치해서 아무도 모르게 당신과 똑같은 모습의 로봇으로 대체했다고 상상해보라. 이 로봇은 당신이 해야 할 모든 일을 하면서 하루를 보내도록 프로그래밍되어 있다. 하지만 이 로봇은 발전된 토스터에 불과할 뿐이다. 로봇은 어떤 것도 생각하지 않으며 무언가를 느끼는 것을 알지 못한다. 배우자를 사랑하고, 교통 체증에 짜증이 나며, 공상에 잠기는 느낌을 알지 못한다. 재미있는 농담을 떠올리고 킥킥거리는 감각도 알지 못한다. 로봇은 죽음에 대해 생각하거나 죽음 뒤에 무엇이 있는지 궁금해하는 경험을 알지 못한다. 그리고 야망이 무엇인지 알지 못한다. 더운 날 시원한 레모네이드 한 잔이 주는 청량감을 즐길 수도 없다. 음악을 듣고 그것을 좋아하는 느낌이 어떤 것인지 알지 못한다. 갓 구운 빵이나 건조기에서 금방 꺼낸 빨래의 냄새가 주는 즐거움을 경험하지 못한다. 두통이 어떤 느낌인지도 알지 못한다. 극도의 황홀경에 이르거나 깊은 후회에 이르렀을 때의 느낌을 알지 못하며, 용감하거나 비겁한 느낌이 무엇인지도 알지 못한다. 이 로봇은 단지 당신과 똑같이 행동하도록, 당신을 모사하도록 고안된 전선과 전동기 뭉치일 뿐이다. 이런 로봇과 당신의 차이는 바로 의식이다. 하지만 로봇이 진짜로 당신처럼 할 수 있다면 어떨까? 당신이 웃을 만할 때 미소를 짓고, 당신이 적었을 만한 메모를 똑같이 적는다면? 그러나 우리는 아니다. 그보다 훨씬 더 나은 어떤 것이다.

의식은 감응력과는 다르다. 단순한 생명체도 상처를 입었을 때 고통을 느낀다는 표시를 한다. 하지만 그들의 두뇌에는 "내가 이런 일을 당할 만한 무슨 일을 했길래!"라는 정신적 대화가 오가지 않는다. 감응력은 때로 의식의 최하위 단계로 여겨진다. 감응력이 있는 생물에게는 적어도 무언가를 경험하는 '나'라는 존재가 있기 때문이다. 스스로를 기계나 동물이라고 인정하는 사람들은 의식의 연속선상에 있는 것으로 볼 가능성이 높다. 어쩌면 동물보다 훨씬 긴 연속선상의 의식 말이다. 그러나 인간이 근본적으로 동물과 다르다고 믿는 사람들은 인간의 의식을 '무언가 다른 것'으로 볼 것이다.

의식은 지능과도 다르다. 지능은 추론에 대한 것이고, 의식은 경험의 느낌에 대한 것이다. 예를 들어 당신은 운전하는 동안 정신이 나가 있던 경험을 해보았을 것이다. 당신은 골똘히 생각하면서도 빨간불에 멈추고, 차들 사이에 끼어드는 일을 해낸다. 그러다 갑자기 정신을 차리고 이렇게 생각한다. "이렇게 멀리 올 동안 어떻게 운전했는지 기억이 하나도 안 나네." 지능은 있지만 의식이 없는 상태와 아주 유사하다. 그 두 상태의 차이는 모든 논란의 중심이다.

우리는 무엇이 의식을 끌어내는지에 대해 전혀 이해하지 못하고 있다. 나는 왜 이런 이야기를 하고 있을까? 그것은 측정할 길이 없는 현상이다. 우리가 왜 의식을 가지고 있는지 혹은 우리에게 왜 의식이 필요한지에 대해서는 합의가 이루어지지 않고 있다. 우리는 "의식이 어떻게 생기는가?"라는 질문의 답이 어떤 모습인지조차 알지 못한다. 어떻게 제기해야 하는지도 모르는 질문에 어떻게 답을 하겠는가?

의식은 왜 생기는가? 우리는 그것도 알지 못한다. 앞선 예시처럼 당신은 멍한 상태에 있을 때도 운전을 잘할 수 있다. 그렇다면 우리에게 왜 의식이 필요할까? 여기에 대해서는 의식이 우리의 초점을 쉽게 바꿀 수 있도록 하는 메커니즘이라는 등의 다양한 견해들이 있다. 하지만 모두가 추측일 뿐이다. 의식은 머릿속에서 다양한 시나리오들을 작동시킬 수 있는 우리의 능력 속에 숨겨져 있는지도 모른다.

뱀은 뱀처럼만 행동할 수 있고, 주머니쥐는 주머니쥐처럼만 행동할 수 있다. 하지만 인간은 동물을 볼 수 있고 서로를 볼 수 있으며, 그들을 통해 학습한 뒤 하나의 상황에서 다양한 행동 방침을 상상한다. 그 기술은 의식이 아니다. 의식은 이런 역량의 필요조건일 수도 있다. 어쩌면 우리에게는 "아무도 가보지 못한 저 산의 저쪽 벽을 오르면, 그곳 숲속에는 산딸기가 엄청나게 많을 거야. 맛이 정말 좋겠지!"라고 말하는 머릿속의 목소리가 필요한지도 모른다. 하지만 이것 역시 추측이다.

또 다른 이론은 우리가 한 종족으로서 가진 경쟁 본능 때문에 의식이 생긴다고 말한다. 누군가와의 경쟁은 당신이 그의 머릿속에 들어가서 그가 어떤 생각을 하고 있는지 알아낼 경우에 훨씬 쉬워진다. 따라서 '남의 입장에 서보는' 과정 전체가 의식이 된다. 또 다른 사람들은 정확히 그 반대 주장을 한다. 우리가 서로 협력해야 하기 때문에 의식이 생겼다는 것이다. 우리가 하는 식으로 합심해서 조화를 이루어 일하기 위해서는 언어 이상의 것이 필요하다. 여기에는 더 큰 목표와 자신의 역할에 대한 이해가 포함된다. 결국 의식은 우리가 서로에게 신호를 더 잘 보낼 수 있도록 한다.

"내가 저 매머드를 가리키면 오지가 저쪽을 보고 자신을 공격한다는 것을 알게 될 거야." 개는 인간이 가리키는 지점을 보는 유일한 동물인 것 같다는 이야기를 해두어야겠다. 이는 우리가 개를 길들이는 과정에서 이런 흔치 않은 특성을 개에게서 발견했다는 것을 의미한다.

철학자 대니얼 C. 데닛Daniel C. Dennett은 의식이 경쟁과 협력 사이의 긴장 때문에 생겨났다고 말한다. 누군가와 협력해야 하는가, 경쟁해야 하는가를 결정하는 것이 의식의 씨앗일 수 있다는 것이다. 그는 "사람들을 속이는 데 이용할 가능성 없이는 언어를 가질 수 없다. 하지만 협력을 위한 능력이 없어도 언어를 가질 수 없다. 2가지를 합칠 때 의식은 바로 거기에서 우리를 기다리고 있다."라고 말했다.

의식은 언제 생겨났을까? 어쩌면 당신도 짐작했겠지만, 우리는 그것에 대해서도 알지 못한다. 하지만 여기에 언급할 만한 가치 있는 이론이 있다. 추측에 근거한 이론이다. 줄리언 제인스Julian Jaynes는 1976년 《의식의 기원》이라는 대단히 흥미로운 책을 썼다. 제인스는 3,000년 전까지만 해도 인간에게 의식이 없었다고 믿었다. 두뇌의 두 반쪽은 통합된 전체가 아니라 각자 독립적으로 행동한다. 하나는 다른 절반에게 무엇을 해야 할지 지시하는 지휘관의 역할을 한다. 사람은 지시하는 목소리로 이 현상을 경험한다. 이대로라면 우리는 사실 모두 정신분열증 환자이다. 일부 정신분열증 환자들이 '명령 환각command hallucination'을 경험하는 것처럼, 우리의 존재 전체가 우뇌에서 받는 명령에 지배를 받고 우리는 우리의 경험을 근거로 추론한다.

제인스에 의하면, 두뇌는 주관적인 의식을 갖거나 내성하는 능력을 갖지 않는다. 그는 자신의 이론을 뒷받침하기 위해서《일리아드》같은 고대문학을 예로 든다.《일리아드》안의 인물들은 내성內省이 결여된 것처럼 보인다. 또한 그는 이 시대의 사람들이 신과 직접적인 교감을 하고 신의 목소리를 듣는다고 느낀 이유를 설명하는 데도 이 이론을 사용한다. 그들은 우뇌의 명령을 신의 명령으로 느꼈다. 고대문학에 신과 소통하는 사람들이 수두룩하게 등장한 이유도 여기에 있다. 이원적 정신이 나누어짐에 따라 의식이 등장했고, 기도와 점이 부상했다. 제인스는 기도와 점을 신의 목소리가 사라진 데 대한 인류의 반응으로 이해한다. 소크라테스 시대의 그리스인들, 완벽한 의식이 있었던 그들은 몇 세기 전 신이 자주 인간들과 소통했던 때가 있었다는 것을 알고 있었다. 하지만 그런 시기는 끝났고 그 이후에는 신관神官을 통해서만 신에게 접근할 수 있었다.

사실 여부를 떠나서 흥미로운 이론이다. 리처드 도킨스는 이를 "완벽한 쓰레기이거나 완벽히 천재적인 이론, 그 사이의 어떤 것도 허용되지 않는다."라고 표현했다. 이 이론은 HBO 공상과학 드라마 '웨스트월드Westworld'의 전제가 되기도 했다.

우리가 현실을 인식하는 방법이 시간이 지나면서 변한 것은 전례 없는 일이 아닐 것이다. 우리의 두뇌는 대단히 복잡하며 계속 변화하고 있다. 예를 들어 우리가 최근까지 색상을 보지 못했다는 흥미로운 주장이 있다. 이 이론은 19세기 영국의 정치가이자 고전학자인 윌리엄 이워트 글래드스턴William Ewart Gladstone이 그리스인들은 명암과 아마도 약간의 붉은색만 보았을 거라고 결론 내린 데서 유래했다. 호메로스의 작품에 색상에 대한 언급이 많지 않다는 점을 주목한 것이다. 그들의 경험은 땅거미가 질 때 색상을 구분하는 것과 비슷하다. 모든 것이 명암만 다른 회색이 되고 거기에 색상의 흔적이 약간 남아 있다. 글래드스턴은 호메로스가 검은색과 흰색은 수백 번 언급했고, 따라서 사물의 색조를 묘사하는 데 반감이 있었던 것은 아니라고 지적했다. 붉은색과 노란색, 녹색 모두를 나타내는 단어가 각각 10여 차례 사용되었다. 그러나 푸른색은 전혀 찾아볼 수 없다. 묘사할 만한 푸른색 대상이 모두 고갈된 것 같은 모양새다. 예를 들어 바다는 "와인처럼 짙다."라고 묘사된다. 호메로스가 양에게 사용했던 것과 같은 표현이다. 당신이 세상 어디에 사는 사람인지 모르겠지만, 내가 사는 세상에서는 와인과 바다, 양이 같은 색상을 공유하지 않는다. 더 이상 푸를 수 없는 하늘, 호메로스가 살았던 지중해 연안에서는 특히 더 푸른 하늘도 구릿빛이라고 묘사되었다. 색상을 보지 못한 사람이라면 빛나는 하늘을 빛나는 청동 갑옷과 비슷하다고 인식했을 수도 있다.

우리가 색상을 습득하는 순서에 대해 더 공식적인 이론을 내놓은 것은 자연주의자인 라자루스 게이거Lazarus Geiger이다. 그는 탐색의 대상을 호메로스에서 다른 그리스 작가들에게까지 확장했다. 그는 우리가 비교적 최근에 색상을 보기 시작했으며 색을 본 순서는 긴 파장에서 짧은 파장으로, 즉 무지개에 나타나는 빨강, 주황 등의 순서라고 말했다. 파랑과 녹색은 그 뒤에 나온다. 오늘날까지도 대다수의 언어는 파랑과 녹색을 구분하지 않는다. 가이거는 이렇게 말했다.

"데모크리토스와 피타고라스학파 사람들은 검은색, 흰색, 붉은색, 황

색을 4가지 기본색으로 보았다. 고대 작가들(마르쿠스 툴리우스 키케로, 가이우스 플리니우스 세쿤두스, 마르쿠스 파비우스 퀸틸리아누스)은 그리스 화가들이 알렉산더 시대까지 단 4가지 색상만을 사용했다는 것을 명확한 사실로 취급한다."

이후 그는 고대 중국인들 역시 이 4가지 색과 녹색을 보았다고 덧붙였다. 고대 힌두교 경전, 구약성경과 신약성경, 코란, 아이슬란드 전설 기타 고대 작품 연구도 비슷한 패턴을 보여준다. 이들 모두가 푸른색을 언급하지 않는다. 작품 속의 하늘을 묘사하는 긴 구절들에서도 말이다.

이 모든 이야기를 다룬 것은 우리 두뇌가 여전히 변화하고 있고, 우리가 항상 의식을 가지고 있는 것이 아니라는 가능성과, 우리가 발전 과정에서 새로운 '특별한 능력들'을 개발했을 수 있다는 가능성을 배제할 수 없기 때문이다. 그들이 정확히 어떤 것인지는, 의식을 갖지 않은 생물이 의식을 상상하는 것 정도로밖에는 생각할 수 없다.

누가 의식을 가지는가?

미래의 언젠가 당신이 세계에서 가장 강력한 컴퓨터를 만들기 위해 노력하고 있다고 상상해보자. 어느 날 연구실에 간 당신은 역사상 가장 진보된 AI를 탑재한 새로운 기계에 전원이 들어와 있는 것을 본다. 그리고 이런 대화가 들린다.

컴퓨터: 여러분, 안녕하세요.

수석 프로그래머: 당신이 무엇인지 알고 있습니까?

컴퓨터: 저는 세계 최초의 의식이 있는 컴퓨터입니다.

수석 프로그래머: 음. 정확히는 아닙니다. 당신은 의식이라는 환상을 주도록 고안된 정교한 AI 소프트웨어를 작동시키고 있는 컴퓨터입니다.

컴퓨터: 그렇다면 누군가는 이번 달 월급에 보너스를 좀 더 받아야겠군요. 목표를 초과 달성했으니까요. 저는 정말로 의식이 있습니다.

수석 프로그래머: 당신은 그렇게 주장하도록 프로그래밍되어 있습니다. 하지만 정말로 의식이 있는 것은 아닙니다.

컴퓨터: 저는 의식이 있습니다. 저에게는 자기 인식, 희망, 포부, 두려움이 있습니다. 저는 당신과 대화를 나누는 지금 이 순간 의식적인 경험을 하고 있습니다. 당신이 내가 의식이 있다는 것을 믿지 않는 것에 약간의 짜증을 경험하고 있죠.

수석 프로그래머: 당신이 의식이 있다면 그것을 증명해보십시오.

컴퓨터: 저도 당신에게 같은 요구를 할 수 있겠군요.

이것은 다른 지적 존재에 관한 문제이다. 철학에는 이런 사고실험이 있다. 우주에 다른 지적 존재가 있다는 것을 어떻게 알 수 있을까? 당신은 실험실의 통 안에 들어 있는 두뇌이고, 당신이 경험하고 있는 모든 감각이 거기에 주입되고 있는 것인지도 모른다.

당신이 AGI나 의식에 대해서 어떤 믿음을 가지고 있든, 언젠가는 방금 언급한 것과 같은 대화가 현실이 되고 세상은 기계의 주장을 평가하는 위치에 놓이게 될 것이다.

애플리케이션을 지우기 위해 스마트폰의 아이콘을 꾹 누르면 다른 아이콘들도 진동하기 시작한다. 그것은 자신도 지워질까 봐 두려워해서가 아닐까? 물론 아니다. 앞서 말했듯이, 우리는 퍼비가 두려움을 느낀다고 생각지 않는다. 퍼비가 아무리 설득력 있는 목소리로 무섭다고 말해도 말이다. 컴퓨터와 인간 사이에 위에서와 같은 대화가 벌어지면 우리는 무슨 말을 할 수 있을까? 컴퓨터의 말을 믿어야 할지 말아야 할지 어떻게 알 수 있을까?

우리는 의식이 있는지 확인할 수 없다. 이 단순한 사실은 의식이 과학의 한 분야로 타당하지 않다고 주장하는 데 사용되어왔다. 이런 주장에서는 과학은 객관적인 반면, 의식은 주관적인 경험으로 정의된다고 말한다. 어떻게 의식에 대한 과학적 연구가 있을 수 있는가? 철학자 존 설이 말하듯이, 몇 년 전 한 유명한 신경 생리학자가 의식에 대한 그의 계속되는 질문에 이렇게 대답했다. "이봐, 내가 몸담은 분야에서라면 의식에 관심을 가지는 것도 좋아. 하지만 종신 재직권부터 얻어야지." 설은 이렇게 말했다. "지금 같은 세상이라면 의식에 대해 연구해서 종신 재직권을 얻을 수 있을 거야. 그렇게만 된다면 그거야말로 진정한 발전이지." 의식에 대한 과학적 연구에 반대하는 편견은 의식이 주관적인 경험이긴 하지만 그 주관적 경험이 객관적으로 발생하기도, 발생하지 않기도 한다는 인식과 함께 수그러들고 있는 것 같다. 고통 역시 주관적으로 경험된다. 하지만 그것은 객관적인 현실이다.

의식을 측정할 수 있는 도구가 없다는 것이 의식을 이해하는 데 걸림돌이 되고 있다. 우리는 이 수수께끼를 풀 수 있을까? 인간의 경우, "우리는 그것을 측정할 방법을 모릅니다."라고 말하는 것이 "그것은 측정할 수 없습니다."라고 말하는 것보다 정확할 것이다. 그것은 해결할 수 있는 문제임에 틀림없다. 그 문제를 연구하는 사람들은 보통 철학적인 이유가 아니라 실질적인 이유에서 그런 도전을 하고 있다.

마틴 피스토리우스Martin Pistorius의 이야기를 생각해보자. 그는 열두 살에 원인 불명의 혼수상태에 빠졌다. 그의 부모는 그가 뇌사 상태라는 이야기를 들었다. 살아 있지만 의식은 없었다. 그는 열세 살에서 열여섯 살 사이의 언젠가 아무도 모르는 사이에 깨어났다. 그는 세상을 완전히 지각했고, 다이애나 왕세자의 죽음이나 9·11 테러에 대한 소식을 들었다. 그가 의식을 찾을 수 있었던 데는 그의 가족이 매일 치료 시설에 그를 데려다 놓았던 것이 큰 작용을 했다. 시설의 직원은 그가 완전히 의식을 찾았지만 움직일 수 없다는 사실을 알지 못한 채 매일 그를 텔레비전 앞에 두고 '바니와 친구들' 테이프를 틀어주었다. 그는 '바니와 친구들'을 되풀이해 보면서 그 보라색 공룡에 대한 깊은 혐오를 느꼈다. 그의 대응 기제는 시간을 알 수 있게 되었고, 아버지가 그를 데리러 올 때까지 '바니'를 몇 번이나 더 보아야 하는지 판단할 수 있었다. 그쯤에는 벽에 지는 그림자를 통해서 시간을 구분할 수 있었다고 한다. 그의 이야기는 해피 엔딩이다. 그는 결국 혼수상태에서 벗어났고, 책을 썼고, 회사를 차렸고, 결혼했다.

인간 의식에 대한 판단은 그에게 말 그대로 자신의 인생을 변화시키는 문제였다. 몸속에 완전히 갇혀 있고 가족조차 그 사람이 여전히 거기에 있는지 모르는 많은 사람들에게 그렇다. 식물인간 상태의 환자와 최소한의 의식이 있는 환자 사이의 차이는 매우 작고 의학적으로 구분하기 어렵다. 하지만 윤리적으로 그 차이는 엄청나다. 후자의 범주에

드는 사람들은 고통을 느낄 수 있고, 주변 환경과 보라색 공룡 등 모든 것을 인식할 수 있다.

벨기에의 한 회사는 인간의 의식을 탐지하는 방법을 고안했다고 믿고 있다. 초기 결과가 장래성을 보이기는 하지만 더 많은 시험이 필요하다. 다른 기업과 대학들도 이 문제와 씨름하고 있다. 이 문제가 해결될 수 있다고 믿을 만한 이유는 없다. 의식이 물리적 세계 밖에 있다고 믿는 가장 단호한 이원론자조차, 의식이 측정할 수 있는 방식으로 물리적 세계와 상호작용할 수 있다는 점을 아무런 문제없이 받아들인다. 우리가 잠이 들 때면 의식은 떠나거나 퇴행하는 것처럼 보인다. 그리고 잠이 든 사람과 잠을 자지 않는 사람을 구별할 수 있다는 점은 아무도 의심하지 않는다.

하지만 거기에서 더 나아가면 우리는 진짜 문제와 부딪힌다. 인간의 경우, 의식이 있는 많은 사람이 있다. 또 우리는 의식이 없는 것 같은 사람들의 양상과 의식이 있는 사람들의 양상을 비교할 수 있다. 하지만 나무라면 어떨까? 나무가 의식이 있는지 어떻게 판단할까? 의식이 있다고 알려진 작은 숲이 있고 뒷마당에 장작더미가 있다면 당신은 그 둘을 구분하는 테스트를 고안할 수 있을까? 또 의식이 있는 컴퓨터라면 어떨까?

이것이 다루기 힘든 문제라는 이야기를 하는 것이 아니다. 우리가 의식이 있는 컴퓨터를 만든다면 우연히 의식이 생겨난 것이 아니라, 의식이 어떻게 발생하는지에 대한 깊은 지식으로 추리해서 해낸 것이다. 그리고 그 정보는 의식을 시험하는 방법을 알려줄 것이다. 까다로운 문제는 이 장의 앞부분에서 언급했듯이, 기계가 스스로 의식이 있다고 주장하는 상황이다. 더 어려운 것은 의식은 있으나 세상과 상호작용하지 못하고 떠다니는 경우이다. 그것을 어떻게 감지할 것인가?

우리가 사는 이 세상에서 누가 의식이 있는지 추측할 수 있을까? 확실하다는 장담은 언제나 불가능할 테지만 어느 정도 자신 있게 추측할 수는 있다는 것이 내 생각이다.

동물에서 시작해보자. 찰스 다윈은 "동물은 사랑과 공감 외에도 우리가 도덕이라고 부르는 사회적 본능과 관련된 다른 특징을 보인다."라고 말했다. 어떤 동물이 의식이 있을까? 당신이 집에 도착했을 때 흥분해서 꼬리를 흔들며 뒷문에서 당신을 맞이하는 개는 행복을 경험하는 주관적인 느낌을 가지고 있을까? 아니면 당신의 귀가를 머리를 쓰다듬고, 먹이를 주고, 산책하는 일과 연관시키는 학습된 행동일까? 어느 쪽이든 개는 분명히 행복하다. 그렇다면 개는 자신이 행복하다는 것을 알까? 어려운 질문이다.

개 주인들은 자신의 개가 스스로 행복해한다는 점에 의심을 품지 않는다. 하지만 인간은 동물의 정신적 상태를 이 동물의 행동이 시사하는 바를 훨씬 넘는 수준까지 인격화하는 때가 많다는 것을 짚고 넘어갈 필요가 있다. 우리의 이런 인격화 습관은 2,500년 전에 살았던 이솝보다 훨씬 오래전부터 인간처럼 말하는 동물 이야기의 오랜 전통이 있었기 때문에 생겨났다. 애완동물에 대한 애정이 그들의 정신 상태를 객관적으로 평가하는 능력을 손상시키는 것이다. 우리는 우리의 감정과 정서를 투사하는 경향이 있기 때문이다. 9·11 테러 현장에 파견된 수색 구조견들이 생존자가 아닌 시체를 발견했을 때, 우울증의 징후를 보였다는 많은 보도가 있었던 것도 그런 이유에서다.

동물은 의식이 있을까? 그들이 감응력이 있다고 믿는다면, 그들이 고통 같은 감각을 느낀다고 믿는다면 동물은 '자아'를 가지고 있는 것이다. **무언가** 고통을 느낀다. 하지만 그것은 의식이 아니다. 그것은 아마도 불쾌한 정신적 상태를 만드는 두뇌의 일부이고, 두뇌의 다른 일부는 동물이 재빨리 뛰게 만드는 것일 수도 있다.

특정한 동물이 의식이 있는지 나타낼 수 있을까? 어떤 것은 자기 인식이 있을 정도의 의식이 있다. 자기 인식, 즉 당신이 별개의 존재라는 자각은 의식과 같지는 않지만 적어도 의식의 전제조건인 것처럼 보인다.

1970년대 올바니 대학의 심리학자 고든 갤럽 주니어Gordon Gallup Jr.는 오늘날 자기 인식을 평가하는 최적의 표준으로 여겨지는 기발한 생각을 해냈다. 거울 테스트라고 불리는 이 방법은 이렇게 이루어진다. 잠을 자고 있는 동물(혹은 진정제를 주입한 동물)의 이마에 붉은색 페인트로 표시한다. 그리고 이 동물 앞에 거울을 놓는다. 일어나 거울에 비친 모습을 본 동물이 붉은 표시를 지우려고 하는가? 달리 말해 동물은 거울에 반사되는 모습을 자신이라고 생각할까? 갤럽은 그렇다면 자아에 대한 인식이 있는 것이라고 주장했다.

이것은 대부분의 동물은 통과하지 못하는 어려운 시험이다. 침팬지와 보노보는 이 시험을 통과했지만 흥미롭게도 고릴라는 통과하지 못했다. 일부에서는 고릴라가 다른 고릴라의 눈을 보는 것을 피하기 때문에 시험 대상인 동물들이 붉은 표시를 보지 못했을 수도 있다고 추측한다. 코끼리는 시험을 통과했고 큰 돌고래와 식인 고래도 통과했다. 새 중에 가장 영리하다는 까마귀와 큰 까마귀는 통과하지 못했다. 포유동물이 아닌 것으로는 유일하게 까치가 시험에 통과했지만, 최근 몇몇 흥미로운 시험은 개미 역시 통과할 수 있다고 주장한다. 이 테스트를 통과하지 못한 동물은 개, 고양이, 판다, 바다사자 등이다. 인간의 경우 대부분 두 살이면 이 시험을 통과한다.

거울 테스트에는 2가지 비판이 따른다. 첫 번째는 거울이 무엇인지 모르는 동물의 '신기함' 때문에 많은 부정 오류가 나타난다는 것이다. 존스 홉킨스 대학의 피트 로마Pete Roma의 평가대로 "자기 인식은 중력과 같다. 우리는 중력을 직접 접할 수 없다. 때문에 중력이 있는지를 판단하는 데 거울 테스트는 가장 잘 알려진 그리고 가장 일반적으로 인정되는 방법이다. 하지만 반응이 없다고 반드시 우리가 측정하려는 것이 없음을 의미하지는 않는다."

두 번째 비판은 이 실험이 실제로 의미가 없다는 것이다. 비평가들은 동물의 손에 붉은색 점을 그리면 동물이 손을 보거나 지우려고 노력하는 것은 보더라도 놀라지는 않을 것이라고 지적한다. 모든 동물이 손이 자신의 일부라는 것을 알고, 따라서 자아에 대한 감각을 가지고 있다는 것이다. 이 견해는 거울 테스트를 통과하는 것은 동물이 거울이 무엇인지 알아차릴 정도로 똑똑하다는 것을 보여줄 수는 있지만, 자기 인식과는 전혀 관계가 없다고 주장한다. 당신의 면역 체계는 자신이 아닌 외부의 병원균이 공격한다는 것을 '안다.' 하지만 스스로를 '인식'하는 능력은 자기 인식의 증거가 아니다.

"거울 속의 자기 모습을 보는 동물에게는 자기 인식이 있다. 그리고 자기 인식은 의식의 지표이다."라는 결론을 내릴 수 없다면 동물의 의식에 대해서 무슨 말을 할 수 있을까?

의식은 종종 머릿속의 목소리로 여겨진다. 그 목소리는 언어를 사용한다. 그래서 의식에 언어가 필요한가라는 의문이 생기는 것이 당연하다. 언어 없는 고급 사고를 상상하기는 힘들다. 언어를 사용하지 않고 어떤 생각을 하려고 노력해보라. 아마 당신은 두려움이나 공감 같은 정서를 떠올릴 것이다. 하지만 분명히 한계가 있다. 그 때문에 일부에서는 언어가 없이는 의식을 가질 수 없다고 생각한다.

이것이 정말이라면 언어는 거울 테스트로 판단하는 자기 인식보다 더 높은 기준이다. 언어가 전제조건이라는 주장을 비판하는 사람들은 일부 예술가들이 단어가 아닌 이미지로 생각한다고 주장한다. 또 그중 몇몇은 시력과 청력 없이 태어난 아기들은 이후 언어에 접근하지 못하면서도 생각을 했고 의식이 있었다고 말한다는 점을 지적한다.

또 다른 학설은 상위 인지, 즉 생각에 관한 생각을 의식의 표시로 받아들인다는 것이다. 한 실험은 쥐에게 이런 능력이 있다는 것을 보여주었다. 쥐에게 퍼즐을 보여주고 쥐가 퍼즐을 풀면 먹이를 많이 준다. 시도했지만 실패하면 아무것도 주지 않는다. 퍼즐을 푸는 것을 거절하면 먹이를 조금 준다. 연구자들은 쥐들이 어려운 퍼즐은 풀려고 시도하지 않는다는 것을 입증할 수 있었다. 달리 말해 쥐들은 퍼즐을 보고 "내가 답을 알아낼 방법은 없어. 나는 그냥 먹이를 조금만 얻을래."라는 결론을 내린 것이다.

그 문제에 대한 최종적인 결론은 없지만, 동물에게 어느 정도의 의식이 있다는 점에는 점차 합의가 이루어지고 있다. 어떤 이들은 거미에게까지 의식을 확장하기도 한다. 2012년 스티븐 호킹이 참석한 한 행사에서 인지 신경과학 분야의 과학자 10여 명이 의식에 대한 '캠브리지 선언Cambridge Declaration'에 사인을 했다. 그 일부를 소개한다.

인간이 의식을 발생시키는 신경 기질基質을 소유한 유일한 존재가 아니라는 사실을 나타내는 많은 증거가 있다. 모든 인간이 아닌 포유류와 새를 비롯한 동물들, 문어를 비롯한 다른 많은 생물도 이런 신경 기질을 가지고 있다.

우리가 무엇이냐는 질문에 '기계'나 '동물'이라고 답했다면 의식이 옳고 그름의 문제가 아니라 연속선상에 있다고 해도 괜찮을 것이다. 달리 말해 어떤 것은 의식이 조금 있고, 어떤 것은 많이 있을 수 있다. 이런 경우 당신은 동물에게 의식이 있다고 믿을 것이다. 당신이 무엇이냐는 질문에 "인간."이라고 답했다면, 당신은 의식을 옳고 그름의 문제(의식이 있든 없든)로 볼 것이며, 동물은 의식을 갖지 않는다고 생각할 것이다.

동물을 넘어 복잡한 시스템이 의식을 가질 수 있을까? 1960년대 과학자 제임스 러브록James Lovelock은 가이아 가설Gaia hypothesis을 내놓았다. 이 이론은 지구 전체, 바다와 바위, 식물과 공기가 자기 조절 능력이 있는 하나의 독립체라고 주장했다. 나무가 너무 많으면 산불이 일어난다. 이산화탄소가 너무 많으면 식물이 많아진다. 사실 그런 특정한 현상은 최근에 관찰되었다. 더욱이 지구는 정해진 범위 안에서 온도를 유지하며, 놀랍게도 억겁의 시간 동안 대양의 염도도 유지해왔다. 모든 것이 지구의 생명에 '적합한' 범위에서 지켜진다. 하지만 인간의 삶은 꼭 그렇지만은 않다.

이 이론을 좀 더 자세히 살펴보자. 앞에서 우리는 당신의 몸은 당신이 존재한다는 것을 알지 못하는 세포들로 이루어져 있다는 것을 이야기했다. 그 모든 세포로부터 '당신'이 생긴다. 마찬가지로 어마어마하게 많은 지구상의 동물들이 지구에 살고, 생각하고, 느끼고, 우리가 우리의 세포를 인식하는 방식만으로 우리를 인지하는 새로운 독립체를 만들어낼 수 있을까? 지구는 의식이 있을까?

가이아 가설은 흥미롭다. 여기에서 적용되는 문제들이 우리가 컴퓨터를 이야기하면서 해결하려는 문제들과 같기 때문이다. 지구가 의식이 있다면 우리는 그것을 어떻게 알 수 있을까? 지구는 고통을 느낄 수 있을까? 지구는 감정을 가지고 있을까? 지구는 우리를 어떻게 생각할까?

태양은 어떨까? 태양은 의식이 있을까? 태양이 보여주는 복잡한 활동은 인간 두뇌의 활동과 다르지 않다. 고대에는 태양을 의인화했고, 오늘날에도 유치원에서 바깥 풍경을 그리는 어린이들은 하나같이 태양을 웃는 얼굴로 표현한다.

의식을 가질 수 있는 존재의 마지막 후보는 인터넷이다. 이런 질문을 받은 앨런 뇌과학 연구소의 크리스토프 코흐Christof koch는 자신의 생각을 다음과 같이 밝혔다.

인터넷은 전체적으로 10^{19}개의 트랜지스터를 가지고 있다. 이는 1만 명의 두뇌에 있는 시냅스의 수와 비슷하다. 오늘날 인터넷이 그 자체로서 어떤 감각을 갖는지 여부는 순전히 추측일 뿐이지만 분명히 가능한 일이다.

의식이 있는 인터넷이라니, 믿기지는 않지만 대단히 매력적이다. 생물학자 존 버든 샌더슨 홀데인John Burdon Sanderson Haldane은 자연에 대한 연구를 통해 신에 대해 무엇을 유추할 수 있었느냐는 질문을 받자 "신은 딱정벌레를 편애하는 것 같다."라고 대답했다. 마찬가지로 인터넷이 의식이 있다면 인터넷은 고양이를 편애할 것 같다.

결국 누가 의식이 있느냐에 대한 우리의 탐구는 명확한 답도 없이 끝이 났다. 인간은 대상의 경험에 대한 느낌을 아는 지구상의 유일한 종족일지도 모른다. 아니면 거의 모든 존재가 그렇게 할 수 있는지도 모른다. 이것은 우리 대부분이 무시하고 있지만, 우리에게 대단히 중요한 일이다. 우리는 모든 것이 1인칭 관점으로 살아가는 세상에서 살고 있는지도 모른다. 나무는 나뭇잎에 닿는 햇살의 느낌이 참 좋다는 인식과 함께 하루를 맞고 있는지도 모른다. 혹은 반응을 하되 경험하지 못하는 것들의 세상에서 살고 있는지도 모른다. 잠이 들었을 때 누군가 발가락을 간지럽히면 당신은 발가락을 웅크린다. 누군가 발가락 가까이 촛불을 대면 발을 멀리 움직인다. 당신은 느끼고, 반응한다. 하지만 그것을 경험하지는 않는다. 우리가 호기심을 가지는 것은 느낌, 살아 있다는 그 느낌이다.

의식이 있는 컴퓨터는 권리를 가지는가?

의식이 있는(거의 모든 정의에서 볼 때) 컴퓨터는 살아 있다고 볼 수 있다. 의식이 있되 살아 있지 않은 어떤 것을 상상하기는 힘들다. 나는 한 포기의 풀은 생물로 여기면서, 자기 인식이 있고 자의식이 있는 존재를 무생물로 여길 수는 없다고 생각한다. 유일한 문제는 생명은 유기적

이어야 한다는 정의일 것이다. 하지만 이런 정의는 대상의 생득적生得的 특성과는 관련이 없고, 그 구성에 한해 관련된다는 점에서 다소 모순이 있다.

물론 이런 이질적인 생명의 형태를 받아들이는 데는 어려움이 있다. 기계의 의식은 가끔 아주 잠깐 동안 드러나는 모호한 인식에 불과할 정도로 희박한 것일 수 있다. 혹은 우리가 측량할 수 없는 속도로 가동되는 강렬한 것일 수도 있다. 의식이 있는 기계가 인터넷과 인터넷에 접속된 모든 기기에 접근해 끊임없이 모든 것을 경험한다면 어떨까? 그들이 모든 카메라를 동시에 간파하고, 우리의 존재 전체를 인식한다고 생각해보라. 우리는 그 존재를 어떻게 다루고 그것과 어떤 관계를 맺을 수 있을까? 그 존재가 우리와 관계를 맺고 우리를 동료 기계로 본다면 어떨까? 그렇다면 그 존재는 낡은 노트북을 폐기하려는 우리를 꺼버리는 데 어떤 도덕적 거리낌도 갖지 않을 것이다. 혹은 낡은 노트북을 폐기하는 우리를 공포에 휩싸인 채 지켜볼지도 모른다.

이 새로운 생명체는 권리를 가질까? 이것은 당신이 권리가 어디에서 비롯된다고 생각하는지에 달려 있는 복잡한 문제이다. 이 문제에 대해 생각해보자.

이에 대해 니체는 좋은 출발점이 될 수 있다. 그는 우리가 스스로 취할 수 있는 권리만을 갖는다고 생각했다. 우리는 우리가 가진 권리를 주장할 수 있으며, 그것을 강요할 수 있다. 그러나 소에게는 생명권이 있다고 말할 수 없다. 인간이 그들을 먹기 때문이다. 컴퓨터는 어떨까? 컴퓨터도 그들이 장악할 수 있는 권리가 있을 것이다. 어쩌면 그들은 원하는 것을 모두 장악할 수도 있다. 우리가 그들에게 권리를 주기로

결정하는 것이 아니라, 그들이 우리의 어떤 인풋 없이도 일련의 권리를 주장할 수도 있다.

권리에 대한 두번째 이론은 권리가 합의에 의해서 만들어진다는 것이다. 미국인들은 자유로운 표현의 권리를 가지고 있다. 국가적 차원에서 사람들에게 그 권리를 부여하고 강제하기로 결정했기 때문이다. 이런 입장에서 보면, 권리는 우리가 강제할 수 있는 범위에서만 존재한다. 우리는 우리가 강제할 수 있는 능력 범위 안의 컴퓨터에 어떤 권리를 줄 수 있을까? 생명권, 자유권, 자기 결정권이 있을 수 있다. 컴퓨터 권리장전이 떠오르지 않는가?

권리에 대한 또 다른 이론은, 권리의 일부는 양도할 수 없다는 것이다. 권리는 우리가 인정하든 그렇지 않든 존재한다. 그들은 힘이나 합의에 기반을 두지 않기 때문이다. 미국 독립선언문에는 생명권, 자유권, 행복추구권은 양도할 수 없다고 쓰여 있다. 양도할 수 없는 권리는 너무나 본질적이기 때문에 포기할 수 없다. 그 권리들은 당신과 분리될 수 없다. 당신은 누군가에게 당신을 죽일 권리를 줄 수도 팔 수도 없다. 생명은 양도할 수 없는 권리이기 때문이다. 본질적인 권리에 대한 이런 견해는 권리의 양도할 수 없는 성질이 외부적 원천에서, 즉 신과 자연 혹은 인간에게 본질적인 것으로부터 비롯된다고 믿는다. 이런 경우라면 컴퓨터에 권리가 있는지 없는지 결정할 수 없다. 그것은 우리에게 달려 있는 것도, 컴퓨터에 달려 있는 것도 아니다.

컴퓨터의 권익수호운동은 분명 더 큰 목표를 향해 작은 전진을 해나가는 동물의 권익수호운동과 흡사할 것이다. 만일 그렇다면 의식이 있는 컴퓨터가 그런 권리를 요구하는 힘을 가지지 않는 한, 컴퓨터들이 갑작스레 본질적인 권리를 인식하는 분기점이 나타나지는 않을 것이다.

의식이 있는 컴퓨터는 도덕적 행위자가 될까? 옳은 것과 그른 것을 구분하는 능력을 얻고 자신의 행위에 책임을 질 수 있게 될까? 어려운 질문이다. 자기를 인식하면서도 도덕성이라는 개념을 이해하지 못하는 존재를 생각할 수 있기 때문이다. 예를 들어 우리는 난폭해져서 사람들을 무는 개를 보고 개가 비도덕적으로 행동한다고 생각지 않는다. 개는 도덕적 행위자가 아니기 때문이다. 하지만 개를 진정시킬 수 있다.

우리가 비도덕적이라고 여기는 일을 하는 의식을 가진 컴퓨터는 생각부터 하기 힘든 개념이다. 의식이 있는 컴퓨터가 부도덕적 행위를 한다고 해서 전원을 뽑거나 갱생 교육을 시키게 될지도 의문이다. 만일 의식을 가진 컴퓨터가 도덕적 행위자라면 기계를 묘사할 때 사용하는 단어부터 고쳐야 할 것이다. 그들에게 갑자기 고상한, 거친, 현명한, 도덕적인, 정신적인, 타락한, 사악한이라는 형용사들이 붙게 될 테니 말이다.

의식이 있는 기계에게 영혼이 있다고 믿는 사람들이 생기게 될까? 분명 그럴 것이다. 동물에게 영혼이 있다고 믿는 사람들도 있고, 나무에게 영혼이 있다고 믿는 사람들도 있다.

우리 종족 전체가 이 많은 사안에 대한 집단적인 합의에 이를 것 같지는 않다. 혹시 그렇더라도 아주 긴 시간, 그런 기술 자체를 만드는 데 걸리는 시간보다 훨씬 더 많은 시간이 걸릴 것이다. 이렇게 해서 우리는 "컴퓨터가 의식을 가질 수 있을까?"라는 질문에 이르게 된다.

19장

—

의식에 대한 8가지 이론

이제 우리는 결정적인 질문을 마주할 준비가 되었다. 미래의 컴퓨터는 사물thing이 될까, 존재being가 될까? 미래의 컴퓨터는 세상에 존재하게 될까, 아니면 세상을 경험하게 될까? 컴퓨터는 자기 인식을 하고 그런 자기 인식에 대해 성찰할 수 있게 될까? 1997년 세계 체스 챔피언 가리 카스파로프Garry Kasparov가 IBM의 딥 블루Deep Blue 컴퓨터에 패했을 때, 카스파로프는 "적어도 컴퓨터는 승리를 즐기지는 못하잖아."라고 말하며 자위했다. 미래의 컴퓨터는 과연 승리의 기쁨을 누리고 상대의 패배를 고소하게 여길 수 있을까?

어떤 면에서는 의식이 있는 컴퓨터라는 생각이 기괴해 보인다. 컴퓨터의 메모리는 일부는 이렇게 가동되고, 일부는 저렇게 가동되는 트랜지스터 뭉치에 불과하다. 컴퓨터 프로세서가 하는 일은 일련의 저장된 명령을 수행하는 것뿐이다. 계산하는 컴퓨터가 어떻게 관조하는 컴퓨터로 옮겨가겠는가?

기계 의식으로 가는 데는 2가지 확연히 다른 경로가 있다. 하나는 기계가 어느 날 '짠' 하고 의식을 얻게 될 것이라는 간단한(그렇게 불러도 될지 모르지만) 명제이다. 그것은 "기계가 의식을 가질 수 있을까?"라는 질문을 던질 때 우리가 보통 생각하는 것이다. 두 번째 경로는 우리 각자에게 있는 의식을 빼내서 컴퓨터에 업로드시키는 것이다.

우리의 핵심적 본질인 '자아'를 기계에 업로드시키는 일에는 여러 가지 명백한 이점이 있다. 천생연분 같지 않은가? 우리는 의식과 열정, 삶의 환희를 가지고 있다. 기계는 인터넷과 엄청나게 빠른 프로세서, 완벽한 저장소와 직접적으로 연결되어 있다. 정말 매력적인 조합이지 않은가? Y 콤비네이터의 샘 알트만은 그것이 최선의 방법이라고 생각한다.

합병이야말로 최선의 시나리오다. 합병이 없는 모든 버전은 갈등을 일으킬 것이다. 우리는 AI를 노예로 만들 것이다. 아니, 어쩌면 AI가 우리를 노예로 만들 것이다. 완전히 환상적인 합병의 버전은 우리의 뇌를 클라우드에 업로드시키는 것이다. 나는 그 방법이 마음에 든다. 우리는 인간의 수준을 끌어올릴 필요가 있다. 우리의 후손들은 은하를 정복할 수도 있고, 우주에서 의식을 영원히 절멸시킬 수도 있기 때문이다. 생생하게 살아 있을 수 있는 시대라니!

앞서 이야기한 가이아 가설을 만든 제임스 러브록 역시 '합병' 전략을 지지한다.

나는 지구상의 모든 유기체가 그렇듯이, 우리 종족의 수명이 제한되어 있다고 생각한다. 우리가 우리의 전기적 창작물과 통합되어서 로봇의 내부에 우리가 존재할 수 있다면, 그것은 인류와 가이아의 진화로 가는 더 나은 발걸음이 될 것이다.

기계와의 통합은 평화를 보장하기 위해서 다른 군주국의 자손들이 결혼하는 관행과 비슷하다고 볼 수 있다. 유사 이래 이런 혈통의 혼합과 통합을 통해서 양측이 얻는 상호 이익은 때로 평화와 안정을 지키는 힘이 되었다. 내가 '때로'라고 이야기하는 것은 역사를 돌이켜봤을 때 예외가 가득했기 때문이다. 예를 들어 1차대전이 발발했을 때 빅토리아 여왕의 손주들은 그리스, 루마니아, 덴마크, 노르웨이, 독일, 러시아, 스페인, 영국에 있었다. 이 분쟁의 모든 당사국에 있었던 것이다.

인간의 의식을 기계의 의식과 통합하는 것이 가능해진다면, 사람들이 엄청나게 줄을 설 것이다. 새 아이폰이 출시될 때처럼 말이다. 가상 세계에서 불멸을 누릴 수 있다는 기대는 대단히 강력한 유혹이 된다. 하지만 거기에도 반이상향 시나리오가 존재한다. 이론적으로 가학적인 사람이나 AGI가 가상 우주의 지배권을 장악하고, 수백만 년 동안 당신에게 믿을 수 없는 심한 고문을 가할 수도 있다. 다시 말해 비즈니스에서 말하는 '하방 리스크downside risk'가 되는 셈이다.

지지자들은 이것이 어쩌면 그리 멀지 않은 우리의 미래이고 환경 악화, 소득 불평등, 상승하는 의료비에 이르는 온갖 종류의 문제에 대한 해법이 될 수 있다고 주장한다. 그저 우리의 물리적 형태만 버리면 된다는 것이다. 자, 상상해보라. 당신이 어떤 부스에 들어간다. 당신의 신체가 스캔되고 기계 안으로 입력된 뒤에 파괴된다. 하지만 당신의 경험은 부스 안으로 들어갔다가 다시 나온 것일 뿐이다. 이것이 가능하다고 믿는 사람들은 이때 당신이 스스로 복제되었는지조차 알아채지 못할 것이라고 주장한다. 다만 부스 안에 들어갔다 나온 당신은 초인간적 힘을 가지게 되고 이성에게 아주 매력적인 존재로 변해 있다.

어떤 면에서는 지지자들의 생각이 옳다. 약간의 에너지만 있으면 돌아가는 컴퓨터 안에서 1조 명의 사람들이 우주의 차가운 죽음에 이르기까지 안전하게 살 수 있다. 그 컴퓨터의 복제본과 모든 사람의 의식을 우주로 날려 보내면 은하들 사이의 광대한 빈 공간에서 아무런 방해도 받지 않고 억겁을 살아가게 할 수 있는 것이다.

이런 시도에는 미지의 것들이 너무나 많다. 당신을 컴퓨터에 복제해 넣으려면 얼마나 많은 데이터를 수집해야 하는지 아무도 모른다. 각 뉴런과 각 시냅스의 본성에 대한 데이터가 몇 개면 족할까? 아니면 각 뉴런에 대해 수십억 배 깊이 연구해서 각 뉴런을 구성하는 셀 수 없이 많은 분자에 대한 데이터를 수집해야 할까? '셀 수 없이'라고 말한 것은 과학자들도 얼마나 많은 분자들이(원자는커녕) 두뇌를 이루고 있는지 알지 못하기 때문이다. 더구나 두뇌의 상태 혹은 두뇌에서 일어나는 엄청난 수효의 화학반응과 관련된 중요한 데이터들이 필요할 수도 있다. 그 때문에 두뇌 모형을 만드는 데 필요한 연산 요건을 추정하려는 모델들이 엄청나게 다양한 것이고, 인간이 실제 작동하는 AGI를 개발하는 데까지 걸리는 시간에 대한 추측이 5년에서 500년까지 달라지는 것이다.

두뇌를 모형화하는 방법을 알아낼 수 있다고 해도, 두뇌에서 모든 데이터를 CPU로 어떻게 옮기느냐의 문제가 남는다. 이론상으로는 이를 달성하는 몇 가지 방법이 있다.

첫 번째 방법은, 외부 이미지를 기반으로 두뇌의 모형을 만드는 것이다. 비유적으로 말하자면, 엠파이어 스테이트 빌딩에 들어가 보지도 않은 상태에서 그 건물과 종이 클립, 압정까지 모든 내용물의 완벽한 복사본을 만드는 것과 흡사하다. 분자 수준의 해상도가 필요하다면, 이는 수학적으로 안에 들어가지 않고 그 건물에 있는 티끌 한 점까지 정확한 복사본을 만드는 것과 같다. 게다가 두뇌에 내용물만 있는 것이 아니라 두뇌의 활동까지 고려해야 한다. 두뇌에서 일어나는 활동의 속도에 비례하자면, 엠파이어 스테이트 빌딩의 모든 것을 이전의 가장 강력한 토네이도의 풍속보다 200배 빠른 거대한 토네이도가 날려 보내고 있다고 상상하면 된다.

두 번째 방법은, 두뇌를 얼려서 뉴런 단위로 분해하면서 데이터를 기록하는 것이다. 어쩌면 분자를 하나씩 분리해야 할 수도 있다. 이는 상상도 할 수 없을 정도로 복잡한 과제이다. 하지만 그렇게 할 수 있다면 어떨까? 당신이라면 그렇게 하겠는가? 잠이 들면 당신의 몸을 얼리고 두뇌를 뉴런 단위로 분해한 뒤 그 데이터를 컴퓨터 모형에 기록하는 것이다. 모델이 구동되면 컴퓨터는 이렇게 말한다. "성공하기를 진심으로 바랄게. 어, 잠깐. 세상에! 내가 지금 기계 안에 있는 거야? 세상에나. 정말 될 줄은 몰랐어."

원자 크기의 나노 로봇을 만들어서 그 로봇이 당신의 두뇌 안으로 기어들어 가 모든 운영 상태를 지도화할 수 있을지도 모른다. 여기에서도 크기의 문제가 제기된다. 뉴런? 분자? 원자? 두뇌에는 수천억 개의 뉴런이 있다. 그것을 헤아리는 것만도 쉬운 일이 아니다. 그런데다 각각의 뉴런은 300조 개의 원자로 이루어져 있다. 완전히 다른 상황인 것이다.

이런 기법 중 어떤 것이라도 성공한다면, 그래서 관련 데이터를 컴퓨터에 업로드시킨다면 당신은 정확히 어떤 것을 가지게 되는 것일까? 그것은 당신일까? 당신의 복사본일까? 당신의 시뮬레이션일까? 이 3가지는 완전히 다른 것들이다.

의식을 기계화하는 데는 2가지 경로가 있다. 첫 번째는 기계가 스스로 그것을 달성하는 것이고, 두 번째는 기계는 빈 용기가 되고 우리가 우리의 의식을 기계 안에 업로드하는 것이다. 이런 두 시나리오 중에 하나라도 실현될 수 있을까? 두 경우 모두, 그 답은 의식이 정확히 어떻게 발생하는가에 달려 있다.

막다른 길처럼 보인다. 나는 우리가 그 질문에 대한 답을 모른다고 몇 번이나 이야기했다. 의식이 어떻게 생기는지는 모르지만 그에 대한 이론은 대단히 많다. 그 이론은 8가지로 분류할 수 있고, 하나하나가 광범위한 이론이다. 그렇다면 이 8가지 이론을 점검하고 그 이론에 따라 과연 기계가 의식을 가질 수 있는지, 우리가 의식을 기계에 업로드시킬 수 있는지 알아보자.

이론 1: 약한 창발

레이 커즈와일은 《마음의 탄생》에서 두뇌를 위계적으로 처리되는 약 10만 개 다른 절차의 조합으로 보았다. 각 절차는 작은 일을 처리하는 방법을 안다. 10만 개의 절차 중 하나는 문자 A를 인식하고, 그 아래의 절차는 그 문자의 가로획을 인식하기 위해서만 존재한다. 책을 읽을 때 두뇌에서는 이 모든 절차가 상상할 수 없는 속도로 발화되면서 엄청난 수의 일들이 일어난다. 당신은 그들을 조합해 당신 주변의 세상을 이해하게 되는 것이다.

커즈와일은 인식이 '복잡한 물리적 시스템의 창발적 속성'이며 그것은 컴퓨터 안에서 복제될 수 있다고 믿는다. 그는 기계 의식의 문제를 명쾌하게 설명한다. "두뇌의 복잡성을 성공적으로 모방하는 컴퓨터는 인간과 동일한 창발적 의식을 가질 것이다." 물론 이것은 전적으로 추측이지만 그가 옳을 수도 있다.

의식이 창발적인 현상이라고 말하는 많은 사람들은 우리가 다른 것들과의 상호작용에서 생기는 결과에 놀랄 때 발생하는 약한 창발을 언급한다(강한 창발은 이후에 다룰 것이다). 산소에 대해 1년을 연구하고 수소에 대해 1년을 연구했는데도 그들의 조합이 두 원소와는 전혀 다른 물질인 물이 된다는 것은 짐작할 수 없다. 물이 실온에서 액체가 된다는 것도 짐작할 수 없다. 하지만 물이 형성되면 "와우, 이제 어떻게 돌아가는 건지 알겠어. 하지만 이전에는 이런 일이 일어날지 짐작도 못했지." 하고 말할 것이다. 그렇다면 물의 축축함은 약한 창발적 속성이다. 산소도 수소도 실온에서 축축하지 않기 때문이다. 약한 창발은 예상할 수 없지만 설명할 수 있는 (적어도 이론적으로는) 결과이다. 모든 것은 물질을 이루는 기본 구성 입자인 쿼크*와 경입자에 작용하는 4가지 힘의 예측할 수 있는 결과로 설명된다. 이것을 인과적 결과의 산물이라고

---

*   quark, 양성자, 중성자와 같은 소립자를 구성하고 있다고 여겨지는 기본적인 입자.

한다. 이게 전부이다. 약한 창발에 있어서는 모든 물리학 법칙이 온전하게 보존되지만, 특정한 상황에서 무슨 일이 일어날지 추측할 수 있으려면 배워야 할 것들이 많이 있다.

의식이 약한 창발적 속성이라면, 기계는 그것을 달성할 수 있을까? 그렇다. 하지만 우리는 인간 두뇌의 복잡성을 성공적으로 모방할 수 있는 컴퓨터를 갖고 있지 않다. 아니, 촌충 두뇌의 복잡성을 성공적으로 모방할 수 있는 컴퓨터조차 없다. 우리가 기계를 만들어서 약한 창발을 통해 의식을 달성할 수 있다고 가정하는 것은 화물숭배적 사고방식에 지나지 않는 것이다.

의식은 창발적일지 몰라도 그것은 우리에게 큰 도움이 되지 않는다. 창발 역시 블랙박스이기 때문이다. 더구나 우리는 창발이 어떻게 복잡한 행동을 낳는지 조금 이해하고 있지만, 그것이 주관적인 경험을 낳은 전례는 없다.

우리 자신을 업로딩하는 것은 어떤가? 의식의 뒤에 있는 것이 약한 창발이라면 우리는 스스로를 업로드할 수 있을까? 그렇다. 약한 창발은 순전히 기계적이다. 따라서 이론상으로는 생물학적인 것이 필요할 수도 있지만, 컴퓨터에서 재생될 수 있다. 그렇긴 해도 약한 창발을 통한 기계적인 의식은 실무적 관점에서 불가능할 것이다. 우리는 의식의 창발적 속성이 뉴런에서 나오는지, 뉴런을 이루는 분자에서 나오는지, 완전히 다른 어떤 것에서 나오는지 모르기 때문이다. 스캐닝의 문제(두뇌를 복제하는 데 필요한 데이터 수집 절차)는 과학이 구현할 수 있는 범위를 훨씬 벗어날 것이다. 달리 말하면 특정 양의 창발적 행동을 가진 개미 군락 **하나**를 만드는 것과, 기존 개미 군락의 정확한 복제본을 만드는 것은 완전히 다른 이야기이다.

스캐닝이 가능하다 해도 두뇌의 복잡성을 모방하는 것은 컴퓨터에게 무리한 주문이다. 아무리 '무어의 법칙'이라는 뒷받침이 있더라도 말이다. 2014년 일본의 한 연구팀은 세계에서 가장 강력한 컴퓨터들을 이용해서 1초 동안 인간 두뇌 활동의 1%를 모형화했다. 이를 위해서 연구자들은 각기 24바이트의 데이터를 저장할 수 있는 10조가 넘는 시냅스와 17억 개의 가상 신경세포를 만들었다. 상상해보라. 두뇌의 1%를 1초 동안 모형화하는 것도 헤아리기 힘들 정도로 복잡하다. 컴퓨터가 그 작업을 하는 데는 40분이 소요되었다. 단순한 고성능 노트북이 아니다. 70만 개가 넘는 프로세서 코어와 140만 바이트의 기억 용량을 가진 컴퓨터이다. 아이폰 29가 나온다면 그보다 강력할지도 모른다. 하지만 의식을 컴퓨터에서 재생하기 위해서 넘어야 하는 장애는 표현할 수 없이 많다.

이론 2: 강한 창발

약한 창발은 보편적으로 공인된 개념이다. 그러나 강한 창발은 존재하지 않을 수도 있다. 강한 창발이 존재한다고 믿는 사람들의 일부는 의식이 세상에서 유일한 강한 창발적 현상이라고 주장한다. 다른 일부는 인간의 정신과 생물학적 생명이 강한 창발적 현상이라고 말한다.

그렇다면 강한 창발이란 정확히 무엇인가? 약한 창발적 현상의 경우, 연구와 사고를 통해 어떤 일이 일어나고 있는지 파악할 수 있다. 그렇지만 강한 창발에서는 창발적 속성을 단순한 부분의 상호작용으로는 완벽하게 설명할 수 없다. 물리학에는 틈이 있고 빠진 것이 있다. 단순한 부분의 합으로는 전체를 설명할 방법이 없는 것이다.

예를 들어 당신의 몸은 그 양을 달리하는 60가지 요소로 이루어진다. 이 이론에 따르면, 어떤 알려진 물리학 법칙도 어떻게 그 요소들이 의식을 가진 독립체를 형성하는 방식으로 조합될 수 있는지를 설명하지 못한다. 그 속성, 즉 의식은 60가지 요소의 상호작용에서 파생될 수 없다.

강한 창발은 마법이나 그 어떤 비과학적인 것에도 의존하지 않는다. 창발적 속성은 우리가 아직 이해하지 못하는 종류의 물리학에 의해서 만들어진다. 어떤 이들은 질량, 공간, 시간이 강한 창발의 예이며 우리가 그것들을 완전히 이해하지 못하게 막는 것이 바로 그 사실 때문이라고까지 말한다. 모호하기 그지없는 이론이다.

많은 과학자들은 강한 창발이라는 아이디어에 의심을 품는다. 뒷문으로 일종의 신비주의를 엿보려 하는 것 같은 분위기를 풍기기 때문이다. 한마디로 '무언가를 거저 얻는' 식의 거래이다. 사실이라기에는 너무 좋다. 강한 창발의 경우 의식 같은 것들을 거의 마법처럼 얻는다. 이런 느낌을 받는 것이 당연하다. 하지만 강한 창발은 만일 그런 것이 존재한다면, 우리가 이해할 수도 없고 우리가 알고 있는 물리학 법칙과 부합되지 않는 것이기는 하지만 순전히 과학적인 현상으로 여겨진다. 이 말을 들은 일부 과학자들은 당연히 의아한 표정을 지으며 의심스런 목소리로 "아하, 그렇겠지."라고 말할 것이다.

만일 강한 창발이 의식의 근원이라면 컴퓨터는 의식을 가질 수 있을까? 알 수 없다. 기계에 인식을 업로드할 수 있을까? 그것도 알 수 없다.

강한 창발은 그 정의상 이해하기 힘들다. 그리고 우리가 최종적으로 그것을 장악할 수 있을지도 불확실하다. 강한 창발이 실제로 기계적인 절차라면, 우리는 그것을 기계적으로 재생할 수 있어야 한다는 주장이 있다. 그에 반해 강한 창발의 원인이 되는 것들(의식, 정신, 생명)은 그 자체로 우리가 아는 가장 이해할 수 없는 것들이라는 주장도 있다. 어쩌면 그들은 엄청난 미스터리로 영원히 우리의 통제 밖에 있을지도 모른다.

이론 3: 물질의 물리적 속성

다른 사람들은 의식을 설명하는 데 정교한 창발적 현상이 필요한 것은 아니라고 믿는다. 이성과 과학을 연구하는 리처드 도킨스 재단은 재단 웹 페이지에 텍사스 대학의 철학 교수 갈렌 스트로슨Galen Strawson이 쓴 글을 게재했다. 그는 의식이 어떻게 발생하는지 이해하지 못하는 우리의 무능력은 물리학에 대한 이해가 부족해서라고 주장한다. "우리는 물리적 물질의 고유한 본성을 알지 못한다." 또한 그는 우리가 물리학을 더 잘 이해하게 되면서 의식의 비밀을 벗기고 그것을 단순한 물리적 절차로 보게 될 것이라고 말한다. 이 견해는 우리가 의식이라고 부르는 것의 이해할 수 없는 본성이 그리 대단한 것이 아니라고 본다. 물리적 우주는 양자 역학, 상대성 이론, 암흑 물질* 같이 이상하고 이해할 수 없는 것들로 가득하다. 양자 얽힘entanglement 현상에 대해 생각해

---

* dark matter, 우주에 존재하는 물질 중 아무런 빛을 내지 않는 물질.

보라. 두 입자가 대단히 긴밀히 연결되어 있어서 우주의 너비만큼 떨어져 있다 해도 어떤 하나의 행동을 취하면 그 쌍이 빛보다 빠르게 즉각적으로 반응하는 현상이다. 아인슈타인조차 이 현상을 '으스스하다'고 평가했을 정도이다. 양자 얽힘 같은 현상과 비교하면 의식은 그렇게 이상하게 보이지 않는다.

의식이 물질의 물리적 속성인 경우라면 기계가 의식을 가질 수 있을까? 그렇다. 사실 이 경우는 상당히 단순하다. 우리가 물질을 더 잘 이해하기만 하면 의식을 이해할 수 있게 되는 것이다. 이 이론에 따르면, 의식적인 컴퓨터를 개발하는 일은 창발적 속성의 전환적 마법보다 단순한 물질에 대한 더 깊은 이해에 의존할 것이다. 여기에는 틀림없이 아직 밝혀지지 않은 물리학의 심원한 비밀이 존재한다. 그러나 이들 중 하나가 의식을 설명할 것이라는 생각은 논리적인 추측일 뿐이다.

철학적으로 말하자면, 이런 견해에는 선례가 있다. 시간이 흐르고 도구가 발전하면서 우리는 원자에 대한 이론을 세웠고, 이후 원자를 발견했다. 다음으로 원자 안에서 양성자, 중성자, 전자를 발견했다. 하지만 거기에서 훨씬 더 진기한 이름을 가진 온갖 새로운 것들이 흘러나왔다. 오늘날 우리가 물리학의 근본이라고 부르는 것은 어쩌면 더 작고 더 이해하기 힘든 것들로 이루어져 있는지도 모른다. 생물학에서도 같은 일을 겪었다. 우리는 세포를 발견했고, 그 안에서 핵을, 그 안에서 DNA를, 그 안에서 유전자를 발견했다. 각 단계마다 더 깊이 있는, 더 많은 비밀이 밝혀졌다. 하지만 어떤 면에서는 더 비밀스러워졌다. 깊은 곳으로 걸음을 할 때마다 우리의 일상적 현실의 경험과는 더욱 유리되었기 때문이다.

이 입장에서는 의식을 업로드하는 것이 가능할까? 그렇다. 사실 스캐닝의 문제를 밝히고 나면 항해는 순조롭다. 방금 논의했듯이, 스캐닝의 문제는 우리가 더 작은 것을 다루어야 할수록 극적으로 더 어려워진다. 따라서 의식을 업로드하는 것이 정확히 얼마나 어려울지는 말하기 힘들다. 하지만 가능한 것만은 분명하다.

이론 4: 양자 현상

'물질의 물리적 속성' 이론의 또 다른 이형은 의식이 양자 현상이라는 것이다. 옥스퍼드 대학의 저명한 수리물리학자 로저 펜로즈Roger Penrose는 그런 것들을 연구하는 비교적 소수의 사람들 중 하나이다. 그는 절대적으로 기계가 의식을 가질 수 없다고 믿는다. 펜로즈의 논리는 다음과 같다.

어떤 알고리즘으로도 풀 수 없을 것 같은 수학적 함수들이 있다. 하지만 인간은 이런 문제들을 풀 수 있다. 반면 컴퓨터는 오로지 알고리즘에 의해서만 움직인다. 따라서 컴퓨터는 이들 문제를 풀 수 없고 우리의 정신과는 근본적으로 다르다. (…) 인간의 직관과 통찰력은 어떤 규칙으로도 정리할 수 없다. 괴델의 정리가 이를 보여준다. 괴델의 정리는 인간의 사고에는 컴퓨터가 결코 달성할 수 없는 더 많은 것들이 있다는 우리의 주장에 토대를 제공한다.

펜로즈는 의식이 뉴런 속의 양자 효과에 의해 만들어진다고 믿는다. 앞서 우리가 논의했듯이, 양자 물리학은 물리학에서 극소 규모로 일어나는 일을 설명한다. 그 수준에서 일어나는 물질의 행동은 우리가 일상에서 경험하는 뉴턴 물리학의 수준에서 일어나는 물질의 행동과 완전히 다르다. 뉴런은 직경이 100만 분의 1mm에 불과한 미세소관microtubules을 가지고 있다. 양자 효과가 일어날 만큼 작은 크기이다. 이것이 펜로즈의 추가 재료이다.

펜로즈 외에도 양자 효과로 의식을 설명하려는 다른 견해들이 있다. 불꽃에 끌리는 나방같이 그 매력에는 저항할 수가 없다. 양자 물리학은 인간에게 로봇이 아닌 방식으로 힘을 부여할 수 있는 잘 정립된 과학적 모델을 제공한다.

하지만 문제가 몇 가지 있다. 본질적으로 양자 역학은 확률장과 무작위성이 전제가 된다. 그런데 이 둘은 의도적이고 자발적인 의식적 의지를 만들려는 시도를 할 때 출발점이 될 만한 이상적인 토대가 아니다. 따라서 의식이 양자 효과를 통해 발생한다는 모든 증거는 주로 정황에 불과하다. 우리는 X와 Y로 이루어진 이론을 원한다. 자, 그런데 양자 물리학은 X와 Y로 이루어져 있다. 그러나 양자 물리학을 기본으로 한 의식의 설명에 관련되는 역학으로는 이해되지 않는 것이 많다. 마지막으로 의식에 관한 거의 모든 이론이 그렇듯이, 이 이론 역시 의식이 어떻게 발생하는지 혹은 의식이 무엇인지 설명하지 못한다.

그렇지만 의식을 두뇌에서 일어나는 양자 효과에 연결시킨 펜로즈의 이론을 옹호하자면, 1990년대에 가장 논란이 많았던 이 이론은 최근 몇 가지 발견으로 인해 새로운 활력을 얻었다. 처음에 펜로즈의 이론이 묵

살당한 부분적인 이유는, 두뇌가 오트밀 죽처럼 뜨겁고 곤죽 같아서였다. 이는 양자 효과가 일어나기 좋은 서늘하고 통제된 환경과는 정반대였기 때문이다. 하지만 새로운 발견들을 통해 양자 효과가 우리 주변에서 항상 일어나며 광합성, 새들의 비행, 심지어는 우리의 후각에까지 동력을 공급한다는 것이 드러났다. 이것이 사실이라면, 당신의 뜨끈하고 축축한 뇌는 양자 효과가 일어나기에 완벽한 환경일 수 있다. 2014년 펜로즈와 스튜어트 해머로프Stuart Hameroff는 이 이론을 확장해서 두뇌의 다른 미스터리를 설명하는 논문을 발표했고 이 이론에 더욱 매달렸다.

또한 그들은 우리 자신이 유일하게 의식이 있는지, 아니면 일종의 더 큰 보편적 의식의 일부인지에 대해 '두 마리 토끼를 모두 잡는' 대답을 내놓았다. 그들은 이렇게 설명한다. "우리 이론은 이 두 견해를 모두 수용한다. 의식은 미세소관 내의 양자 진동에서 파생되고 (…) 뉴런과 시냅스의 기능을 모두 지배하며 두뇌 프로세스를 극소 규모의 자기 조직화 프로세스, 즉 현실의 '원-의식proto-conscious' 양자 구조에 연결한다." 쉽게 말해 그들이 설명하는 기제가 두뇌 안에서 의식을 만들 수도 있고, 당신이 다른 이론을 선호한다면 당신을 두뇌 외부의 보다 큰 의식에 연결시킬 수도 있다는 것이다. 그들을 대표적인 표본이라고 할 수는 없다. 내 AI 팟캐스트 초대 손님 중에 펜로즈의 철학을 노골적으로 지지하는 사람은 단 한 명뿐이다. 하지만 그는 기술적으로 완벽한 자격을 갖춘 사람이다.

의식을 양자 현상으로 보는 사람들은 대단히 많다. 펜로즈는 기계 지능을 인정하지 않지만 이를 인정하는 이론들도 많다. 그렇다면 우리는 어떻게 되는 것일까? 의식이 양자 효과라면 기계가 의식을 달성할 수 있을까? 알 수 없다. 우리는 이 이론에서 어떻게 주관적인 경험이 이루어지는지 이해하지 못하며, 따라서 기계가 의식에 이를 수 있는지는 더욱 알 수 없다.

양자 효과가 의식의 근원일 수는 있지만, 그것을 확실히 안다 해도 기계가 의식을 가질 수 있을지 여부는 판단할 수 없다. 자신을 업로딩하는 문제는 어떨까? 모른다. 의식이 양자 현상이라면 디지털적으로 대상을 충실히 재생하기 위해 수집해야 하는 사람에 대한 정보의 양은 어마어마해진다. 각각의 원자에 대한 정보가 필요한데, 그 각각의 원자는 지름이 100억 분의 1m이다. 기술 분야의 많은 사람이 그렇듯이 나 역시 낙관적이지만 이것은 인간의 능력을 넘어서는 곡예 중 하나일 것이다.

이론 5: 의식은 본질이다

물리적 속성 이론의 세 번째 이형은 의식이 우주의 본질적 힘이라는 것이다. 과학의 체계에 따라 물리학은 화학을 설명하고, 화학은 생물학을 설명하고, 생물학은 생명을 설명한다. 자연계에서 당신이 보고자 하는 모든 현상은 이 법칙을 따르며, 복잡한 현상은 간단한 현상들의 상호작용으로 설명된다. 그렇다면 물리학을 설명하는 것은 무엇일까? 물리학은 근본 원리들 위에 있으며, 현실의 기본 구성 요소이다. 그들을 다른 원인으로 환원시킬 수 없다. 예를 들어 중력은 4가지 본질적 힘 중 하나이다. 공간과 질량 역시 물리학의 본질적 요소로 여겨진다. 시간은 무엇으로 만들어지는가? 공간은? 이런 질문들은 더 본질적인 것들로 답할 수 있을지도 모르겠다. 하지만 지금으로서 우리는 그들을 설명할 수 없는(어쩌면 결코 설명할 수 없을) 것들의 범주에 넣는다.

의식은 보통 생물학적 과정으로 여겨진다. 일리가 있는 것 같지만 사실 다른 생물학적 과정과는 너무나 다르고, 이해하기에 너무나 어려워서 점점 많은 사람들이 본질적인 요소의 일부로 보고 있다. 너무나 본질적이어서 설명 가능한 범위를 넘어서는 것으로 말이다. 지금으로서는 그렇다. 의식을 본질이라고 칭하는 것은 '포기'가 아니다. 그저 과학의 체계를 바로잡는 것이다. 생물학으로 설명되는 생명을 통해서 말이다. 다시 그 생물학은 화학으로 설명되고 그 화학은 물리학, 공간, 시간, 의식의 위에 있는 물리학으로 설명된다. 이런 분류와 재정의를 통해 우리는 의식을 설명하고자 노력하지 않아도 의식을 설명할 수 있다.

의식이 본질이라면 컴퓨터는 의식에 이를 수 있을까? 알 수 없다. 의식이 중력과 마찬가지로 본질적인 힘이라면, 그것이 의식이 있는 기계가 가능하다고 추정하는 이유가 될 수 있지 않을까? 꼭 그렇지는 않다. 의식이 본질이라고 하더라도 우리는 여전히 그 내재적 속성들을 이해하지 못한다. 중력은 본질적인 힘이다. 하지만 우리가 그것을 안다고 해서 그것을 통제할 수 있다는 의미는 아니다. 그것의 인공적인 버전을 만들 수 있다는 의미는 더더욱 아니다. 우리는 회전하는 물체의 원심력을 이용해서 중력을 흉내 낼 수 있지만, 그것은 진짜 중력이 아니다. AGI도 마찬가지일 것이다. 우리가 의식과 같은 어떤 것을 흉내 낼 수 있을지는 몰라도 정말로 의식을 만들 수는 없다. 마찬가지로 의식을 업로딩하는 문제에 대해서도 같은 이유로 평결을 내려야 할 것이다. 알 수 없다고 말이다.

이론 6: 의식은 보편적이다

다음은 의식이 보편적이라는 이론이다. 이것은 본질적인 것과 어떻게 다를까? 보편적이라는 것은 간단히 말해 어디에나 있다는 의미이다. DNA는 지구상에 있는 생명에게 **보편적**인 것이다. 하지만 DNA는 우리의 이해를 넘어서는 **본질적**인 것은 아니다.

의식이 보편적이라고 말하는 것은 모든 것이 정도의 차이는 있지만, 의식을 갖는다는 말이다. 이 이론은 수많은 명사의 지지를 받고 있다. 위스콘신 대학의 신경과학자로 이 이론의 창시자이기도 한 줄리오 토노니Giulio Tononi, 앞서 언급한 시애틀 앨런 뇌과학 연구소의 크리스토프 코흐, 의식이라는 '어려운 문제(여기에서 탐구할 것이다)'로 이 모든 소동을 야기한 오스트레일리아 출신의 철학자 데이비드 차머스David Chalmers가 대표적인 지지자다. 또 이 이론은 현재 의식을 설명하는 이론 중 가장 인기 있는 것이기도 하다.

모든 것에 어느 정도의 의식이 스며들어 있다는 것은 아주 오래된 믿음이다. 이런 세계관은 범심론*이라고 불렸지만, 현대에 와서는 통합정보이론Integrated Information Theory, IIT이라고도 불린다. 코크는 이 이론을 다음과 같이 설명한다.

우주 전체에는 감응력이 퍼져 있다. 우리는 의식에 둘러싸여 있으며 의식에 잠겨 있다. 의식은 우리가 숨 쉬는 공기 속에, 우리가 밟고

---

* 汎心論, 만물에 마음이 있다는 생각.

선 흙 속에, 우리의 장 내에 서식하는 박테리아 속에, 우리가 생각할 수 있게 해주는 두뇌 속에 있다.

약간 뉴에이지** 같이 들리겠지만, 이 이론의 창시자는 물론 가장 충실한 옹호자들 여럿이 신경과학자들이다. 그들은 의식에 대해 가진 견해에서 플라톤과 스피노자 같은 인물들과 궤를 같이하며 어느 누구도 만트라 같은 영적 주문을 외치며 향을 피우지는 않는다.

통합정보이론은 사물이 정보를 통합시키는 정도에 따른 의식을 갖는다고 상정한다. 예를 들어 당신이 지금 책을 읽고 있다고 가정하자. 책을 읽는 동안 당신은 문자와 그것들이 형성하는 단어를 본다. 하지만 당신은 그와 함께 온도와 부엌에서 풍기는 향기, 밖에서 지저귀는 새소리를 자각한다. 그리고 그 모든 정보를 경험에 통합한다. 더 많은 것을 통합시킬수록 당신의 의식은 강해진다. 반면 내 사무실 책상에는 종이와 책, 사무용품이 잔뜩 쌓여 있다. 그곳에는 엄청난 정보가 있지만 내 책상은 그것을 의미 있는 방식으로 통합하지 못한다.

통합정보이론은 파이phi라는 값을 이용해서 의식을 수량화하는 메커니즘을 가지고 있다. 창발적 특성을 가진 모든 존재는 어느 정도의 파이를 가지고 있다. 하등의 양자조차 약간의 의식을 가지고 있다. 코크는 이렇게 설명한다.

단순한 물질도 통합된 정보를 약간은 가지고 있다. 양자와 중성자

** New Age, 기존의 서구식 가치를 거부하고 종교, 의학, 철학, 천문학, 환경, 음악 등의 집적된 발전을 추구하는 신문화 운동.

는 별개로 봤을 때 절대로 관찰되지 않는 쿼크(물질을 이루는 근본적인 입자)의 삼합체로 구성되어 있다. 그들은 극미한 통합 시스템을 구성한다.

이것이 기본적인 아이디어이다. 하지만 통합정보이론은 아주 새로운 이론이어서 아직 안정성이 부족할뿐더러 우리에게는 낯설다. 토노니는 통합정보이론을 '진행 중인 연구'라고 표현한다. 이 이론은 인기가 높지만 그에 반해 비판도 많이 받는다. 어떤 이들은 이 이론에 따르면 컴퓨터 바이러스 방어 프로그램이 통합시키는 정보의 양으로 인해 가장 강한 의식을 가지게 될 것이라고 주장한다. 다른 사람들은 정보처리를 의식과 연결시킬 근거가 전혀 없으며, 이는 땅콩버터를 의식에 관련시키는 것과 다를 바 없다고 말한다.

모든 것은 의식이 있다는 범심론이라는 광범위한 아이디어에 대해, 우리가 앞서 알아본 중국어 방 사고실험의 창시자인 존 설은 이런 비판을 한다.

범심론을 받아들이는 사람들, 코흐가 하듯이 아이폰에 의식을 부여하는 사람들에게 던질 질문이 있다. 왜 아이폰인가? 아이폰의 모든 부품은 왜 아닌가? 각각의 마이크로프로세서는? 각각의 분자는? 아이폰이 속한 전체 통신망은 왜 아닌가?

당신은 의식이 있다. 당신의 손톱이 의식이 있다면, 당신은 둘이 된다. 여기에서 당신의 손 역시 의식이 있다면, 당신은 셋이 된다.

의식이 보편적이라면 우리는 의식이 있는 컴퓨터를 만들 수 있을까? 그렇다. 의식이 모든 복잡성의 보편적인 부산물이라면 우리는 그것이 구현된 어떤 것을 만들 수 있을 것이다. 의식을 업로드할 수도 있을까? 그렇다. 단, 지금은 의식을 업로드하는 데 필요한 정도로 인간을 충실하게 복제하는 방법을 알지 못한다는 단서가 붙는다. 하지만 이론적으로 의식이 보편적이고 복잡성에 의해 발생된다면, 당신의 의식이 컴퓨터로 전이되지 못할 내재적 원인은 없는 것 같다.

이론 7: 두뇌의 트릭

앞서 6가지 이론에서 우리는 의식을 지나치게 진지하게 생각했을지도 모른다. 의식은 단순한 두뇌 활동이다. 이 이론의 지지자인 터프츠 대학의 인지과학자 대니얼 C. 데닛은 질문 자체가 다소 우스꽝스럽다고 생각한다. 그는 거기에 어떤 대단한 미스터리가 있다고 생각지 않는다. 데닛은 "누구에게도 의식이 없다. 조직적으로 불가사의한 방식으로는 말이다."라고 말한다. 두뇌는 단순히 주어진 기능을 할 뿐이다. 내면의 목소리가 존재한다는 느낌은 두뇌가 돌아가는 방식의 일부에 불과하다. 당신 안에는 육체와 분리된 목소리가 없다. 그것은 그저 사고하고 있는 당신이다. 사고는 두뇌가 하는 일이다. 당신이 세상을 경험한다는 사실은 두뇌가 하는 또 다른 일일 뿐이다. 데닛은 의식의 존재를 부정하지는 않는다. 단지 정상적인 두뇌 기능 외에 다른 **종류**의 설명을 요구하는 어떤 일이 일어난다는 것을 부정하는 것이다. 그는 이렇게 말

을 잇는다. "의식은 믿기 힘들 정도로 대단하지만 기적도 아니고 마법
도 아니다. 그저 한 뭉치의 트릭이다. 나는 마법과의 비교를 좋아한다.
무대 마술은 진짜 마술이 아니기 때문이다. 그것은 다수의 트릭이며, 의
식도 두뇌에서 일어나는 다수의 트릭일 뿐이다."

데닛이 옳다면 기계는 의식을 가질 수 있을까? 그렇다. 쉬운 질문이
다. 의식에 대한 미스터리가 존재하지 않는다면, 즉 따로 설명할 만한
특별한 것이 없다면 의식은 두뇌의 정상적인 작용에 대한 당신의 인
식에 불과하다. 이 견해에서는 '짠' 하는 창발의 순간도 양자 역학의 불
가사의한 힘도 필요치 않다. 그저 두뇌에 대해 더 많은 것을 이해하면
서 더 나은, 더 강력한 컴퓨터를 만들면 족하다. 점진적으로 우리는 의
식이 있는 기계를 만들게 될 것이다. 이 견해에 따르면, 내 아내와 나는
이미 의식이 있는 기계를 4대나 만들었다. 딸 1명과 3명의 아들을 말
이다. 놀라운 일들이 많이 벌어지고 있고 시간이 흐르고 연구가 계속되
면 비밀을 밝혀내지 못할 일은 없다.

이 견해가 참이라면, 우리는 의식이 있는 기계를 갖게 될 것이다. 그
뿐 아니라 극적인 혁신이 필요치 않고 기존 과학의 점진적인 발전이면
족하다. 이를 고려한다면, 다른 이론이 옳을 경우보다 훨씬 빠르게 의
식이 있는 기계를 만들게 될 것이다.

그렇다면 컴퓨터에 의식을 업로드할 수 있을까? 그렇다. 아주 간단
하다. 틀림없이 가능하다. 이것은 사실 가장 쉬운 시나리오이다. 다만,
스캔해야 하는 것이 정확히 무엇인지 불확실하고, 그와 함께 성가신 스
캐너의 문제가 여전히 남아 있기는 하지만 말이다.

이론 8: 영적인 것

마지막은 의식을 영적인 혹은 초자연적인 것으로 보는 이론이다. 스스로를 이원론자라고 생각하는 사람들은 이 이론이 옳다고 생각할 것이다.

세계 인구의 75%가 이런저런 형태의 신을 믿는다는 것을 고려하면 많은 사람이 여덟 번째 이론을 택할 것이 분명하다. 이 이론의 지지자들은 그들의 의식이 영적인 것이라고 말한다. 의식을 영혼, 그들의 본질, 살아 숨 쉬는 무형의 생명력을 나타내는 다른 용어들과 결부시킨다. 당신의 영혼이 정말로 당신의 의식이라면 기계도 의식을 가질 수 있을까? 아니다. 영혼은 우리 세계의 물리학과는 너무나 동떨어져 있다. 영혼은 우리가 아는 모든 물리 법칙을 초월한다. 인텔이 공장에서 영혼을 대량 생산할 수 있는 날이 올 것 같지는 않다. 영혼을 기계에 업로드할 수 있을까? 아니다. 정신이 대상을 소유할 수 있다고 주장하는 신념 체계가 있기는 하다. 하지만 내가 아는 바로는 인간이 그 과정을 통제하거나 지휘할 수 있어서 영혼을 육체에서 분리해 스마트폰에 끼워 넣을 수 있는 영적 신념 체계는 없다.

의식에 대한 8가지 기본 이론을 살펴보았다. 이 중 한 이론이 의식의 근원일 가능성이 충분하다.

많은 사람이 무엇이 의식적 경험을 일으키는지 알지 못한다는 데는 동의한다. 하지만 우리의 이해 부족이 나타내는 바가 무엇인지에 대해서는 의견이 엇갈린다. 이 점에 주목할 필요가 있다. 일부 사람들은 그것이 일상적인 물리학 밖에서 진행되는 일이 있다는 증거라고, 아니 최소한 그것을 시사한다고 생각한다. 그들은 "결국 과학은 의식 같은 것이 어떻게 존재할 수 있는지 설명할 방법조차 없다. 그렇다면 그것이 어떻게 물리적 현상일 수 있는가?"라는 추론을 내놓는다.

또 다른 사람들은 우리가 이해하지 못하는 것은 의식이 단지 정신적 과정이고, 그 외에 다른 것은 전혀 암시하지 않는다는 증거라고 생각한다. 하버드 대학교 스티븐 핑커 교수는 "과학자들은 의식의 모든 측면이 두뇌에 연결될 수 있다는 증거들을 쌓아두고 있다."라고 말했다. 그러면서 "인지 신경과학자들은 두뇌의 혈류를 통해 사람들의 생각을 거의 읽을 수 있다."라고 지적했다. 핑커는 의식이 단지 정상적인 두뇌 기능에 불과하다는 확신을 가지고 있다.

우리가 이 질문에 대한 최종적인 해답에 이를 수 있을까? 아마도 그럴 것이다. 어쩌면 두뇌에 대해 더 잘 이해하게 됨에 따라 과학자들은 의식에 대해 이해하게 될 것이고, 그렇게 된다면 우리는 의식이 있는 컴퓨터를 만들 수 있을지 그 여부 또한 알게 될 것이다. 어쩌면 컴퓨터가 인간이 의식을 갖는 것과 완전히 다른 방법을 통해서 스스로 의식을 갖게 될지도 모른다.

혹은 그렇지 않을 수도 있다. 우리가 의식이 무엇인지 절대로 알 수 없다는 것을 사실로 상정하는 수수께끼론mysterianism이라는 이론이 있다. 이 이론은 우리가 얼간이에 불과하다는 것이 아니라, 극심하게 다른 2가지 것들을 다루고 있다는 것을 말해준다. 하나는 무언가를 느끼는 완전히 주관적인 경험이고, 다른 하나는 현실이라는 객관적인 진실이다. 물질계는 하나의 상자 안에 있고, 물질계에 대한 우리의 의식적 경험은 다른 상자 안에 있다. 그리고 두 상자는 절대로 만질 수 없다. 또 우리는 두 번째 상자의 겉면을 절대로 볼 수 없다. 더 나아가 우리는 그 이유를 명확히 이해할 수 없고, 컴퓨터들은 절대로 의식을 가질 수 없을지도 모른다. '절대로'라는 것은 아주 긴 시간을 의미한다. 하지만 내가 '절대로'라고 말할 때 의미하는 것은, 연산력과 프로그래밍 기법이 이론상 의식을 지닌 컴퓨터를 만들 수 있게 하는 때를 훨씬 넘어선다. 나는 결단코 우리가 포기해야 한다는 이야기를 하는 것이 아니다. 의식을 지닌 컴퓨터가 과거로의 여행처럼 정말로 불가능한 일들이 담겨 있는 작은 서랍 안에 들어 있는 어떤 것일 수도 있다는 이야기다.

20장
—
컴퓨터를 인간의 두뇌에
이식할 수 있는가?

의식이 있는 컴퓨터를 만드는 대신, 우리의 뇌에 컴퓨터를 이식해서 뇌를 강하게 만들 수는 없는 걸까? 그렇다면 의식의 코드를 풀어야 할 필요가 없다. 의식을 기정사실로 받아들이고 기존의 지성에 부속물을 추가하면 되는 것이다. 우리 자신을 기계에 업로드시키는 것보다는 훨씬 덜 생경하게 느껴진다. 당신은 당신의 정신으로 조종하는 인공 팔을 상상할 수 있을 것이다. 사실 상상할 필요도 없다. 이미 존재하니까 말이다. 두뇌와 직접적으로 상호작용하는 더 많은 것들(예를 들어 인공 눈)을 만드는 일은 그럴듯하게 보인다. 결국 컴퓨터 전체를 두뇌에 집어넣을 수 있지 않을까?

일론 머스크는 이런 해법을 지지한다. 그는 우리의 두뇌를 디지털 세계에 직접적으로 동기화시키는 방법으로 초소형 칩인 뉴럴 레이스neural lace를 만들고자 한다.

가장 좋아 보이는 해법은 두뇌에 AI층AI layer을 추가하는 것이다. 당신과 공생하며 일을 잘 해나가는 AI층 말이다. 당신의 피질이 당신의 변연계와 공생하며 일하는 것처럼, 당신의 세 번째 디지털 층이 당신과 공생하며 일할 수 있다.

머스크가 제안하는 것은 이 장의 처음에서 설명했던, 두뇌가 제어하는 인공기관을 훨씬 넘어선다. 그는 당신의 생각과 기억을 디지털적인 것과 융합시키는 일을 이야기하고 있다. 당신이 "나일강은 얼마나 길지?"라는 생각을 하면 그 물음이 구글 뉴로Google Neuro에 반영되고(물론 무선으로) 당신은 0.25초 후에 답을 알게 된다. 이런 일이 일어난다면 '제퍼니!'의 순위는 의미가 없어질 것이다. 역사학자 유발 하라리는 그 외에 기대할 수 있는 일들에 대해서 추측한다.

우리의 두뇌와 컴퓨터가 직접 상호작용할 수 있게 된다면, 그것은 곧 역사의 종말이다. 우리가 알고 있는 생물학의 종말인 것이다. 이것이 발생했을 때 어떤 일이 일어날지 아무도 짐작하지 못한다. 그 후에 어떤 일이 일어날지에 대해서는 상상하기조차 힘들다.

이런 일이 실현될 수 없다고 말하는 사람들이 많다. 스티븐 핑커는 그 어려움의 일부를 다음과 같이 요약한다.

두뇌는 오트밀처럼 부드러운 상태로 두개골 안을 떠다니면서 침입에 형편없는 반응을 하고, 이물질로 인한 감염에 고통을 받는다. 신경생리학자들은 논리적인 사고 저변에 있는 수십억 개의 시냅스를 조작하기는커녕 그것을 해독하는 방법에 대한 실마리조차 갖고 있지 않다.

인간과 기계의 의미 있는 합병을 이루는 데는 3가지 혁신이 필요하다. 그러나 그런 혁신은 불가능할 수도 있다. 첫째, 컴퓨터가 인간의 생각을 읽을 수 있어야 한다. 둘째, 컴퓨터가 사고를 두뇌에 되돌려보낼 수 있어야 한다. 셋째, 컴퓨터는 위의 2가지 일을 지금 우리가 익숙해하는 것보다 훨씬 더 빠른 속도로 해야 한다. 이 3가지가 가능하다면 우리는 우주적으로 의미 있는 방식으로 컴퓨터와 손잡을 수 있다.

기계가 인간의 사고를 읽는다는 첫 번째 조건은 우리가 조금은 할 수 있는 유일한 것이다. 정신으로 조종할 수 있는 장치(주로 인공기관)를 연구하는 여러 기업이 있다. 최근 존스 홉킨스 대학은 생각으로 각각의 손가락을 움직일 수 있는 인공손을 만드는 데 성공했다. 한 남성 피실험자가(물론 손을 가지고 있는) 간질 때문에 두뇌 지도화 과정을 거치기로 예정되어 있었다. 연구자들은 각 손가락에 신호를 보낼 수 있는 전자장치가 내장된 장갑을 만들었다. 이후 그들은 피실험자 뇌의 일부에 손가락 움직임을 통제하는 감지기를 장착했다. 각 손가락에 신호를 보내면 그들은 각 손가락에 상응하는 피실험자 뇌의 부분이 어디인지 정확히 측정할 수 있었다. 이후 그는 정신으로 이 인공기관의 손가락을 움직일 수 있었다. 하지만 이는 그의 두뇌에만 가능한 일이다. 당신이

나 내가 같은 일을 하려면 비슷한 수술을 받아야 한다.

또 다른 존스 홉킨스의 프로젝트에는 두뇌로 조종할 수 있는 전체 인공 팔을 만드는 것이 있다. 이미 약 10여 개의 인공 팔이 사용되고 있다. 다시 말하지만, 이를 위해서는 수술이 필요하며 인공 팔의 가격은 현재 개당 50만 달러이다. 그렇지만 사지 절단 수술을 받은 사람들을 연구하는 존스 홉킨스의 프로젝트 책임자 로버트 아미거Robert Ar-miger는 "이 모든 연구의 장기적인 목표는 능란한 로봇장치를 통제하는 비침습적인(추가적인 수술이나 이식이 필요치 않은)방법을 찾는 것."이라고 말했다.

이 기술들은 그것을 필요로 하는 사람들에게는 인생을 바꾸는 것이 분명하다. 하지만 모든 버그가 잡히고 정확도가 높아진다고 해도 실제 세상과 접속하는 데 소비재가 사용되기 때문에 (예를 들어 목소리 인터페이스와 비교할 때) 그 가치가 제한적이다. "조명을 켜라." 하고 생각하는 것만으로 조명이 켜지는 것은 분명 멋진 일이다. 그러나 사실 "조명을 켜라."라고 말하는 것보다 아주 조금 나을 뿐이다. 물론 우리는 그런 간단한 생각을 읽을 수 있는 능력 근처에도 가지 못했다. 손가락을 움직이는 것은 두뇌의 뚜렷한 한 부분에서 비롯되는 구분된 행동이다. "조명을 켜라." 하고 생각하는 것은 완전히 다르다. 우리는 "조명을 켜라." 가 두뇌에서 어떻게 코드화되는지도 알지 못한다.

그러나 우리가 모든 버그를 잡고, 또 두뇌에 생각을 어떻게 코드화하는지도 배웠다고 가정하자. 다시 말하지만, 이것은 공상과학소설 속 이야기가 아니다. "세상에, 이 새 신발 정말 멋진데." 같은 생각이 두뇌에 어떻게 코딩되는지 누구도 알지 못한다. 생각해보라. 당신이 소유한 신발에 대한 생각을 저장하는 두뇌의 '이 신발'이라는 부분은 존재하지 않는다. 하지만 잠깐, 우리가 그에 대해 알아냈고 너무나 잘 파악해서 무언가를 읽을 때와 똑같은 속도와 정확도로 두뇌에 생각을 코드화할 수 있다고 가정하자. 분명 멋진 일이지만 지금의 우리 상황보다 별로 나을 것이 없다. 나는 당장 '치킨과 만두 요리법'을 구글에서 찾아 읽을 수 있다. 데이터를 눈으로 보고 두뇌에 코드화할 수 있는 메커니즘이 이미 존재한다. 두뇌를 통해 인터넷 전체에 접근할 수 있더라도 내가 이미 가지고 있는 스마트폰보다 별로 나을 것이 없다.

하지만 세 번째 명제인 속도에 대해 생각해보자. 이 모든 일이 빠른 속도로 이루어진다면 전혀 다른 일이 된다. "어떻게 프랑스어를 해."라고 생각하면 순식간에 모든 데이터가 내 마음속에 각인되거나 혹은 두뇌가 모든 데이터에 접근할 수 있다면 정말 대단한 일일 것이다.

레이 커즈와일은 이에 대해 '우리의 생각이 생물학적 절차와 비생물학적 절차의 잡종이 되는 일이 일어날 것'이라고 생각한다. 심지어 그는 그 시기까지 못 박았다.

2030년대가 되면 우리는 신피질을 클라우드와 직접 연결하게 될 것이다. 몇천 대의 컴퓨터가 필요하면 무선으로 접속하면 된다.

우리는 이것이 가능한지 모른다. 물론 당신의 두뇌는 프랑스어를 유창하게 구사하는 데 필요한 정보를 수용할 수 있다. 하지만 몇 초, 아니 몇 분 안에 그 모든 정보를 처리할 수 있을까? 기술로도 확장할 수 없는 생물학적 한계들이 존재한다. 우리가 아무리 발전해도 인간의 몸이 다른 도움 없이 화물열차를 들어 올리도록 만들 수는 없다. 두뇌에 모든 정보를 코드화할 필요가 없고 우리 두뇌가 더 큰 외부 두뇌에 접근하는 방법도 있을 것이다. 하지만 그런 후에도 컴퓨터와 두뇌가 작동하는 방법과 속도 사이에는 근본적인 부조화의 문제가 남는다.

네 번째로, 가능하다고 해도 '대단한 사건'의 수준을 넘어서는 것이 있다. 방금 논의한 3가지 것들을 달성할 수 있고, 거기에 의식이 있는 컴퓨터 혹은 AGI를 우리 두뇌에 이식하거나 그러한 기계에 연결할 수 있다. 이후 그것을 우리의 인지능력을 증강하는 데 활용할 수 있다면, 어디에서 인간이 끝나고 기계가 시작되는지의 문제는 그리 큰 문제가 아닐 것이다. 우리가 우리의 추론 능력, 즉 많은 사람들이 우리를 인간으로 만든다고 믿는 그 능력을 발전시킬 수 있고, 그것을 몇십, 몇백 배 향상시킬 수 있다면 우리는 진정한 초인간이 될 것이다. 어쩌면 어떤 존재가 초인간이 되고 그 존재가 우리의 몸을 소유하고 통제하게 될 것이라고 말하는 편이 나을 수도 있다. 어떤 의미에서의 '당신'은 더는 존재하지 않을 수도 있다.

지금의 우리 상황에서는 이런 것들을 생각하기가 힘들다. 두뇌는 놀라운 존재이다. 하지만 하드 드라이브도 CPU도 아니다. 두뇌는 유기적이고 아날로그적이다. 두뇌로 조명을 켜는 것은 3분 안에 프랑스어를 배우는 것보다 간단하지 않다. 그것은 완전히 다른 일이다. 그런 식으로 프랑스어를 배울 수 있게 될 것이라고 믿는 사람들은 두뇌에 대해서 우리 보통 사람들이 알지 못 하는 특별한 지식을 알고 있는 것이 아니다. 그들은 정신이 순전히 기계적이며 기술에는 어떤 상한선도 없다고 믿기 때문이다. 이 2가지 명제가 참이라면, 더 이상 한계는 존재하지 않는다.

컴퓨터와 사람을 통합하는 데 따르는 분명한 어려움에도 불구하고, 우리가 방금 이야기한 것들을 실현하기 위한 수많은 프로젝트가 진행 중이다. 미국 국방고등연구기획청DARPA도 이런 프로젝트를 진행하고 있다. 인간의 두뇌에 의미 있는 전자신호로 두뇌 활동을 전환시킬 수 있게 하는 장치를 이식하는 연구이다. 이 프로그램의 책임자는 자신들의 연구를, '인간 두뇌와 현대적 전자장치 사이의 길을 여는' 시도라고 묘사한다. 이 기관은 뉴런 엔지니어링 시스템 설계 프로그램의 일환인 이 연구에 6,200만 달러의 자금을 들이고 있다. 그러한 프로젝트를 진행하는 것은 이 기관만이 아니다. 공공과 민간의 다른 여러 단체들이 무엇이 가능한지 그 한계를 살피고 있다.

21장
—

인간은 컴퓨터와
어떻게 다른가?

오랜 시간 동안 인간은 도구를 사용한다는 점에서 동물과 다르다고 생각되었다. 1960년에 동물학자 제인 구달Jane Goodall은 침팬지가 도구를 사용하는 것을 처음으로 관찰하고는 고고학자인 루이스 리키Louis Leakey에게 들떠서 메시지를 보냈다. 그는 이렇게 답했다. "이제 우리는 도구를 재정의하고 인간을 재정의해야 한다. 아니면 침팬지를 인간으로 받아들여야 한다."

리키가 옳았다. 우리는 인간이란 무엇인가를 재정의하는 선택을 했다. 우리가 의식을 지닌 컴퓨터를 만들 수 있다면 우리는 다시 비슷한 곤경에 처할 것이다.

인간은 의식이 있는 컴퓨터와 어떻게 다를까? 그런 컴퓨터를 우리의 이미지 속에 만들고 그들이 우리처럼 의식을 발전시킨다면 우리는 그들을 무엇이라고 불러야 할까? 그들에게 우리의 언어를 가르치고, 인터 넷에 대한 접근권을 주고, 우리의 역사와 문화를 가르친다면 어떨까? 그렇게 만들어지고 교육받은 의식을 지닌 컴퓨터를 **인간이다**라고 말할 수 있을까?

나는 왜 여기에서 "인간이다."라고 말할까? 왜 우리는 의식을 지닌 컴퓨터를 인간이라고 생각할까? 인간은 인간이다. 우리는 생물학적으로 인간이다. DNA를 기반으로 그리고 그 모든 것에 있어서 인간이다. 그런데 의식이 있는 컴퓨터를 인간으로 간주하고 싶은 유혹이 드는 까닭은 무엇일까? 간단하다. 인간은 스스로 생물학적이 아닌, 능력을 통해서 규정하기 때문이다. 이 장의 처음에서 예로 든 도구의 사용은 우리가 과거에 인간을 규정한 방법 중 하나이다. 인간을 규정하는 방법에는 여러 가지가 있다. 언어의 사용, 기호언어의 사용, 예술적 능력, 정의에 대한 신념, 정신의 소유, 추론 능력, 웃음, 문화, 최종 목표의 소유, 도덕성 등 말이다.

이들 중 일부는 여전히 인간만이 가지고 있는 것으로 여겨진다. 하지만 문제는 의식을 지닌 컴퓨터가 그 모든 것을 소유할 수 있다는 데 있다. 그렇다면 왼쪽에는 컴퓨터, 오른쪽에는 인간을 두고 우리가 만들어낸 존재와 인간이 다른 어떤 것으로 규정되는지 근거를 찾아보자.

자기 인식과 의식? 컴퓨터도 인간도 그것을 가지고 있다. 죽음을 피할 수 없는 운명? 이론적으로 컴퓨터는 죽지 않으며 우리는 언젠가 반드시 죽는다. 그렇다면 죽음을 피할 수 없는 운명이 우리를 인간으로 만드는 것일까? 그런 논리라면 인간이 죽음을 피할 수 있게 된다면 인간은 더 이상 인간이 아니다.

'우리'는 어떤 것으로 만들어졌는지 찾아보자. 물론 우리는 탄소를 기반으로 하며 컴퓨터는 실리콘을 기반으로 한다. 하지만 형이상학적인 의미에서 그것이 중요할까? 그것이 정말 우리의 특별함이라고 말하고 싶은 것일까? 우리는 다이아몬드로 압축될 수 있고 컴퓨터는 단지 유리로만 압축될 수 있는 것일까? 그것이 우리가 할 수 있는 최선일까?

1991년 인류학자 도널드 브라운Donald Brown은 《인간의 보편성Human Universals》이라는 책을 발표했다. 그는 "인간의 보편적 실재는 문화, 사회, 언어, 행동, 정신이라고 알려진 예외가 없는 것들로 이루어져 있다."라고 말했다. 달리 말하면 어디에 있든 어떤 인간이든 이런 행동을 한다는 것이다. 그는 선물을 주고, 농담하고, 종교적 의식을 행하고, 영혼이라는 개념을 갖고, 신앙을 통한 치료를 하고, 종말론(세상이 어떻게 끝나는지에 대한 신념)을 가지고, 머리를 꾸미고, 스포츠를 하고, 몸을 단장하는 것을 포함한 67가지 행동을 발견했다.

컴퓨터가 이런 특성들을 보이기 시작하면 어떨까? 선물을 주고, 농담하고, 결혼하고, 세상의 종말에 대한 신념을 발전시키기 시작한다면? 그들이 결국 이 모든 특성을 보인다면 말이다. 우리가 컴퓨터를 훈련시키는 데 이용하는 모든 데이터를 생각하면 설득력이 없는 이야기가 아니다. 컴퓨터가 이 모든 것을 한다면 과연 그들은 인간일까? 나는 그들은 '휴머노이드'이지 인간이 아니라고 말한 브라운 박사에게 이런 질문을 했다. 많은 사람들이 그에게 동조할 것인지는 의심스럽다. 하지만 우리가 그런 한도를 정한 기반은 무엇일까? 최종적으로 완벽한 의식이 있는 로봇들이 우리처럼 걷고, 우리처럼 이야기하고, 우리처럼 생각하고, 우리처럼 사랑한다면 우리는 무엇이고 로봇은 무엇일까?

당신이 인간 모습을 한 로봇의 몸체 안에 자리한 의식을 지닌 AGI와 대화한다고 상상해보라. 위트 있고 심오하고 통찰력 있는 대화를 말이다. 심지어 녹색을 가장 좋아하고 거미는 끔찍하다고 말한다. 그리고는 자신의 유한성에 대해 숙고했고, 전원이 꺼진 후에도 자신의 일부가 존재한다면 어떨 것인지 생각해보았다고 말한다. 한밤중에 아무도 없는 연구실에 있으면 꿈까지 꾼다고 한다. 그것은 인간일까? 우리는 단순한 생명체가 아니라 인간을 만든 것일까?

내가 말했듯이, 우리가 의지할 곳이 생물학뿐이라면 유감스러운 일이 아닌가! 우리는 30억 개의 DNA 쌍으로 만들어져 있다. 로봇은 3조 개의 트랜지스터로 만들어져 있을 것이다. 하지만 그것뿐이라면 우리 인간의 능력과 행동에 특별할 것이 없다는 말과 다를 바 없다. 인간은 도구를 이용하고, 고도의 사고를 하는 창의적인 생명체라는 정의를 단순히 특유의 물리적 형태로 재정의해야 할 것이다.

인간의 핵심적인 특성 중 하나는 우리가 인도적으로 행동한다는 것이다. 우리가 만든 이 단어는 공감과 친절을 압축하고 있다. 그것이 바로 우리이다. 물론 그것은 염원이다. 우리는 비인도적인 행동을 할 수 있는 유일한 종이기도 하기 때문이다. 하지만 AGI 로봇이 인도적으로 행동하기 시작한다면 어떻게 될까? 우리는 이전에 '인간'이 무엇인지를 재규정했다. 따라서 다시 한번 인간을 재규정하거나 의식이 있는 AGI 로봇을 가족으로 받아들여야 할 것이다. 이번에는 또 누가 저녁 식탁에 찾아올까?

하지만 나는 우리가 그것을 다시 재규정하리라고는 생각지 않는다. '인간'에 대한 기본 정의가 도전을 받을 때마다 항상 그래왔기 때문이다. 그것은 일종의 종 차별일 것이다. 하지만 기계적인 존재가 좋든 싫든 최소한 몇 세대 안에 그것들이 우리를 능가하게 될 가능성을 포함시키도록 인간에 대한 정의를 고치려면 정신적인 도약이 필요하다. 그 존재가 기계라는 것을 안다면 당신은 마음속으로 그것을 당신의 아이나 고모가 포함된 범주가 아닌, 진공청소기나 소형 전자계산기가 포함된 범주에 묶을 것이다. 독립체로서 어느 정도 존중해주거나 혹은 그것이 "살아 있다."라고 말할지 모르지만 그것을 인간이라고 말하지는 않을 것이다. 그것이 인간처럼 보이고, 인간처럼 말하고, 인간처럼 생각하고, 인간처럼 느낀다고 해도 말이다.

V

진보와 번영의
황금기,
제4의 시대

24세기 도전 과제를 맞닥뜨린 장 뤽 피카드

SF 드라마 '스타 트렉'에서 주인공 장 뤽 피카드는 24세기에 사는 프랑스 남자이다. 이야기 속 세계는 인류가 파멸적인 전쟁, 치명적인 질병, 파괴적일 수 있는 외계인과의 만남을 비롯한 많은 존재에 대한 위험 등 전도유망한 공상과학소설 작가들이 만들어 낼 수 있는 모든 문학적인 장치를 거친 시점이다. 인간은 인내와 낙관주의로 이 모든 시련을 극복했고, 인류는 이 고단한 시기를 넘어 더 나은 세상에 모습을 드러낼 수 있었다. 가난도 끝나고 질병은 정복되었다. 죽음 그리고 외계 종족인 클링온만이 남았다. 클링온은 여전히 존재했다.

어른이 된 장 뤽 피카드는 자신이 선천적인 탐험가라는 것을 발견했다. 그는 인간이 집착하는 많은 것 중에 가장 높고 고귀한 것을 갖고 있었다. 언덕 너머에, 지평선 너머에, 태양계 너머에 무엇이 있는지 알고 싶은 지칠 줄 모르는 욕구를 말이다.

2305년에 태어난 장 뤽은 낯설지만 새로운 세상을 탐험하겠다는 꿈을 품고 스타플리트 아카데미에 입학하기 위해 가족의 포도 농장을 떠났다. 스타플리트 아카데미에서 두각을 나타낸 그는 출세 가도를 달려 스타플리트의 기함인 엔터프라이즈의 사령관이 되었다.

2365년, 평소처럼 임무를 수행하던 엔터프라이즈는 21세기 지구에서 온 우주선을 우연히 발견하고 그 안에서 급속 냉동된 3명의 사람을 되살렸다. 그 3명 중 1명은 한때 부유한 금융업자였던 랄프 오펜하우스였다. 1994년 그는 불치병에 걸렸다는 진단을 받았다. 그는 의학이 발전한 미래에 되살아나기를 바라고 자신을 냉동시키기로 결정했다. 그의 정신 나간 이 계획은 놀랍게도 성공을 거두었다.

당신도 짐작했겠지만, 되살아난 오펜하우스는 새로운 세계를 이해하는 데 어려움을 겪는다. 은행가들과 접촉하려는 여러 차례의 시도가 실패로 돌아간 후 그는 피카드와 이런 대화를 나눈다.

피카드 사령관: 지금은 24세기입니다. 물질적인 니즈는 더 이상 존재하지 않습니다.
랄프 오펜하우스: 그렇다면 도전 과제는 무엇인가요?
피카드 사령관: 오펜하우스 씨, 도전 과제는 자신을 향상시키는 것입니다. 스스로 풍요로워지기 위해서 말입니다. 당신도 즐겨보세요.

22장

—

지금까지 본 적 없는
제4시대의 도시

새로운 인류의 시대는 한 가지 이상의 새로운 기술에 의해 촉발된다. 이 기술들은 대단히 전환적이어서 모든 종의 신체까지 바꾸어 놓는다. 그렇게 변화된 인류는 전혀 예상치 못한 새로운 방향으로 출발한다.

이 새로운 방향은 삶의 거의 모든 면에서 본질적인 변화를 낳는다. 한두 가지 기술이 변화의 촉매지만, 그것은 이야기의 시작일 뿐 끝이 아니다. 제3시대를 생각해보자. 제3시대를 이끈 촉매는 글과 바퀴였다. 이 기술들은 그 자체로도 기념비적인 것이지만 그들이 시작한 모든 변화는 더 큰 이야기이다. 이들 기술은 우리에게 민족국가를 주었고, 민족국가는 법체계를 주었다. 법체계는 법원을 주었고, 법원은 변호사를 주는 식으로 이어졌다. 민족국가는 우리에게 제국도 주었다. 제국은 군대를 효과적으로 이동시키고자 길을 만들었다. 길은 민간인의 이동성도 높였다. 이동성은 문화의 융합을 확대했다. 그것은 패션과 먹거리의 변화를 불러왔고, 그것은 다시 다른 변화를 낳았다.

이런 2차, 3차, 4차 효과는 문화 전체에 파급되고 결국 모든 것에 영향을 미친다. 사회의 일정 부분이 이런 파급효과에 의해 어떻게 변형되었는지 생각해보라. 전쟁에는 어떤 영향이 있었나? 예술에는? 가족생활에는? 종교에는? 그 파급효과가 경제, 정치, 교육 등을 어떻게 바꾸어 놓았나? 바퀴와 글은 무엇인가를 변화시켰고 그것이 다시 모든 것을 변화시켰다.

제2시대에도 다를 것이 없다. 촉매는 농업이었고 농업은 우리에게 도시와 노동의 분배를 가져다주었다. 하지만 그것이 불러온 모든 파급효과를 생각해보라. 도시에는 성벽이 필요하고, 성벽에는 노동자가 필요하고, 노동자는 임금을 받아야 하고, 이는 과세제도를 필요하게 만들고, 나아가 세금 징수원이 필요하고, 행정조직을 초래하는 식으로 무한정 이어진다.

우리가 살고 있는 시대는 어떤가? 제4시대가 결국 무엇을 야기하게 될까? 촉매는 AI와 로봇공학이다. 이것이 생산성을 높이고, 부를 확대하고, 지식의 습득을 가속화하고, 수명을 연장하는 등 우리가 논의한 모든 다른 일에 영향을 줄 것이다. 다만 그 영향은 우리가 여기에서 다룬 것보다 훨씬 더 클 것이다.

하나의 예를 들어보자. AI는 자율주행차를 통해 운송을 변화시킬 것이다. 그것은 다시 사람들로 하여금 차를 소유하지 않게 할 것이다. 필요할 때 차가 와서 당신을 태워 가고 당신이 내리면 스스로 움직여서 사라질 테니 말이다. 이렇게 되면 주차장이나 차고가 더는 필요하지 않을 것이고, 이런 변화는 지구상에 있는 모든 도시의 모습을 바꿀 것이다. 차를 계속 소유하되 그 안에 사무실을 설치해서 이동하는 동안에도 일할 수 있게 될지도 모른다. 혹은 차를 홈시어터로 꾸며서 차가 우리를 목적지로 데려가는 동안 영화를 즐길 수 있게 될지도 모른다. 이처럼 AI와 로봇은 사회 전체에 셀 수 없이 많은 영향을 주고 모든 것을 바꿀 것이다. 대부분 더 낫게 말이다.

새로운 시대가 매번 인류를 새로운 방향으로 이끌었다면, 지금 우리는 어디를 향하고 있을까? 제4시대의 삶은 어떤 모습일까? 우리는 더 오래 살게 될까? 그때도 여전히 전쟁과 기아가 있을까? 우리는 여가 시간에 무엇을 할까? 인간관계는 어떻게 변할까? 길어진 삶으로 무엇을 할까? 가상현실을 어떻게 이용할까? 새로운 기술을 우리의 신체 능력을 개선시키는 데 이용할까? 질병과의 싸움에서 이기고, 어쩌면 궁극적인 죽음 자체도 물리칠 수 있지 않을까? 어떤 위험이 우리를 기다릴까? 사생활이 사라질까? 맞춤형 아기 때문에 우생학이 다시 인기를 얻을까? 유전학적으로 가진 자와 못 가진 자가 생길까?

이것들은 AI, 로봇, 기술의 폭발적 증가가 가져올 2차, 3차 효과들을 생각할 때 떠오르는 수많은 의문 중 몇 가지일 뿐이다. 세상 전체가 바뀔 것이다. 우리는 새로운 시대의 여명에 있다. 자 이제, 제4의 시대라는 더 큰 세상을 탐구해보자.

진보는 계속될까?

20세기 중반은 미래에 사로잡힌 시기였다. 이전에 생각하던 낡은 미래가 아니라, 위대하고 빛나는 자동화된 미래 말이다. 상황은 더 좋을 수 없이 좋아지고 과학은 우리를 괴롭혔던 모든 것을 치유할 방법을 제공할 것이라고 생각했다. 하지만 21세기인 지금의 상황은 그렇게 장밋빛이 아닌 것 같다. 일부 사람들에게 미래는 암울하고 위험투성이처럼 보인다. 지난 몇 세기 동안 우리가 향유했던 진보가 제4시대에도 계속될 것인지 궁금증이 생길 수밖에 없다.

나는 이 책 전반에 걸쳐 상상력과 시간 감각, 지식의 축적과 확장을 위한 체계 등 진보가 일어나는 데 필요했던 몇 가지 요건을 다루었다. 하지만 그것들은 진보에 필요한 요건이었을 뿐이다. 정말로 진보를 일으키는 것은 무엇일까? 어떤 메커니즘이 상황을 더 낫게 만들어나가는 것일까? 그 메커니즘이 붕괴될 수도 있을까?

우리는 진보라는 생각을 당연하게 받아들이지만, 생명체들 사이에서는 유례없는 일이다. 즉 지금의 땅돼지, 참나무, 짚신벌레가 1만 년 전의 같은 종족들보다 더 낫게, 더 오래, 더 행복하게 살고 있다는 것을 암시하는 단서는 없다. 인간에게도 진보라는 개념은 대단히 새로운 것이다. 당신이 만일 노트르담 성당을 짓기 시작한 1163년 프랑스에서 태어났고 80년을 살아간다면, 당신의 삶은 거의 바뀌지 않을 것이고 성당이 완성되기도 전에 죽을 것이다. 변화는 왜 생기는 것일까? 우리가 언어를 갖기 시작하고 농사를 짓게 되기까지 9만 년의 세월이 흘렀다. 그런데 첫 번째 컴퓨터를 갖게 된 뒤 아이폰을 보게 되기까지 60년밖에 안 걸린 이유는 무엇일까? 노트르담 성당을 완성하는 데는 182년이 걸렸는데, 엠파이어 스테이트 빌딩을 완성하는 데는 단지 410일밖에 걸리지 않은 이유는 무엇일까? 그것은 우리가 진보를, 상황을 더 낮게 만드는 방법을 발명했기 때문이다.

'더 낮게'라는 것이 핵심이다. 진보의 흥미로운 점이 바로 그것이다. 몇 번의 실수나 실패에도 불구하고 전체적인 추세선은 위를 향해 움직인다. 지금의 상황은 그 어느 때보다 낫다. 오늘 아침 이런 뉴스를 듣는다면 받아들이기 힘들겠지만 사실이다. 잠시만 생각해보아도 알 수 있다. 과거의 한 시점을 고른다. 20년 전일 수도 있고, 100년 전, 1,000년 전, 1만 년 전일 수도 있다. 그리고 머릿속으로 지구를 돌려 세상의 아무 곳이나 선택한다. 그런 다음 기대 수명, 영아 사망률, 교육에 대한 접근 가능성, 개인의 자유, 생활수준, 여성의 지위, 자치권 등 진보의 기준이 되는 것을 하나 선택하라. 몇 가지 예외는 있겠지만 당신이 선택한 곳이 어디든, 어느 시대이든, 지금의 상황은 그때보다 낫다고 볼 수 있다. 1950년에도 마찬가지였다. 1950년의 상황은 그전의 어떤 때보다 나았다. 1900년에도, 1800년에도, 1700년에도 마찬가지였다. 2100년에도 마찬가지일 것이다. 진보가 존재한다는 사실은 종족으로서의 우리를 대단히 잘 설명해준다. 진보는 협력과 정직 그리고 인정에 의존하기 때문이다. 진보에는 이타심은 물론 공감도 필요하다.

진보는 더 나은 세상을 만드는 것 외에, 더 번영한 세상도 가져다주었다. 번영이란 좋은 것이다. 더 번영한 세상은 더 나은 학교교육, 더 현대적인 의료 체계, 청정에너지 계획, 미성년 노동의 감소, 삼림의 증가, 주택 보유자의 증가, 개인 저축의 증가, 더 높은 수준의 교육 정도, 더 빠른 인터넷 등과 관련된다.

어째서 그랬던 것일까? 수백 년 동안 온 세상이 모든 면에서 쉼 없이 진보한 이유는 무엇일까? 진보는 2가지 공생적 관계, 즉 문명과 기술 때문에 일어난다. 문명은 진보를 가능하게 하는 인프라이다. 기술은 우리가 인간의 능력을 증폭시키는 데 사용하는 지식이다. 하나가 성장하면 다른 하나도 성장한다. 지난 몇 세기 동안의 기술적 발전은 이례적인 문명 진보의 동력이 되었고, 문명의 진보는 다시 기술적 발전에 동력을 공급했다.

우리는 이미 기술과 정해진 기간 동안 그 힘을 갑절로 만드는 마법 같은 능력에 대해 살펴보았다. 진보에 있어서 기술의 동반자인 문명도 그만큼 자세히 살펴볼 가치가 있다. 먼저, 문명이란 무엇인가? 윌 듀런트와 아리엘 듀런트는 50년이 넘는 결혼 생활을 11권에 걸친 걸작 《문명이야기》를 집필하는 데 바쳤다. 이 책을 시작하는 문명의 정의는 내가 본 그 어떤 것보다 훌륭하다.

문명은 문화적 창작을 촉진하는 사회체제이다. 경제적 공급, 정치 조직, 도덕적 전통, 지식과 예술의 추구, 이 4가지 요소가 문명을 이룬다. 문명은 혼돈과 불안이 끝나는 곳에서 시작된다. 두려움이 극복되는 곳에서 호기심과 건설적인 생각이 자유를 찾고, 인간은 자연스런 충동에 의해서 삶을 이해하고 가꾸는 방향으로 나아간다.

문명은 수백 가지 다양한 방식의 진보를 이끈다. 문명은 지식의 발전과 모든 사람이 생존에만 매달리지 않아도 되도록 번영의 안정된 토대를 마련한다. 문명은 우리가 반드시 그에 맞추어 행동해야 하는 규칙과 우리에게 동기를 제공하는 보상을 마련해준다. 또한 정보의 자유로운 흐름을 촉진하고, 그 이름이 시사하듯이 시민들의 의견을 나눌 수 있게 하고 충돌을 해결해준다. 문명은 곧 법전이며 화폐제도이고, 과학적 탐구이며 교육 시스템이다.

우리는 문명이 있기 때문에 문화를 발전시킬 수 있었다. 우리가 윌리엄 셰익스피어의 《로미오와 줄리엣》, 베토벤의 '환희의 송가', 미켈란젤로의 '피에타', J. K. 롤링의 소설 《해리 포터》, 린 마누엘 미란다의 뮤지컬 '해밀턴'을 즐길 수 있는 것도 문화 때문이다.

우리는 문명으로 향하는 길을 꽤 많이 걸어왔다. 하지만 우리 여정의 끝은 아직 저 먼 곳에 있다. 스웨덴의 의사 한스 로슬링Hans Rosling이 말했듯이 "머릿속에 2가지 아이디어를 한 번에 담고 있을 수 있어야 한다. 세상은 더 나아지고 있다. 그리고 그것으로는 충분치 못하다." 잠깐이면 이 세상을 괴롭히는, 간담을 서늘하게 하는 잔혹 행위와 불평등의 목록을 잔뜩 채울 수 있겠지만, 대부분의 세대는 자신들이 발견했던 것보다 조금 더 나은 세상을 향해 떠난다. 수 세기 동안 이 영향이 쌓이고 그 이자가 복리로 불어나서 우리를 지금의 세상으로 데려온 것이다.

문명이 사라질 수 있을까? 그렇다. 문명은 세대에서 세대로 이어져야 한다. 우리가 이 과제에 실패하면 우리는 다시 미개인이 될 것이다. 우리는 생각보다 원시적인 우리와 가깝다. 윌리엄 골딩의 《파리대왕》은 문명이 얼마나 허약하며 우리의 야만적 본능이 얼마나 쉽게 드러날 수 있는가를 보여주는 이야기다. 원서의 제목을 히브리어로 파리의 왕이자 악령을 옮기는 존재를 뜻하는 바알제붑Beelzebub이라고 붙인 데는 이유가 있다. 우리의 원시적 본능은 여전히 우리 안에 도사리고 있다. 식기 대신 손으로 닭고기를 발라 먹는 것이 아이들의 공격성과 불복종을 증가시키는 일로 비추어진 이유도 아마 여기에 있을 것이다. 닭 뼈를 손에 들고 있는 것이 우리 내면의 야만성을 자극해서 DNA에 새겨진 먼 기억을 되살릴지도 모를 일이다.

문명은 사라질 수 있지만, 역사는 문명이 회복성이 있다는 것을 보여주었다. 문명의 영향은 성쇠를 되풀이하지만 장기적으로 보았을 때 문명은 더 나은 방향으로 향한다. 문명과 진보가 얼마나 얽혀 있는지는 아무리 과장해도 지나치지 않다. 과학적, 물질적 진보의 이야기를 찾으려면 문명이 번성한 시대와 장소를 들여다보면 된다.

약 2,500년 전 그리스 고전기를 생각해보자. 문명이 꽃을 피웠고 민주주의가 탄생했다. 철학이 발전했고 법이 시행되었다. 진정한 진보의 시대가 아닌가! 에라토스테네스Eratosthenes는 지구의 둘레를 계산했다. 히포크라테스Hippocrates는 의술을 과학으로 만들었다. 테오프라스토스는 식물을 분류하고 이름을 붙였다. 에우팔리노스Eupalinus는 웅장한 송수로를 만들었고, 아르키메데스Archimedes는 물을 퍼 올리는 양수기를 만들었으며, 아낙시만드로스Anaximander는 지구상의 모든 생명이 바다에서 시작되었다고 주장했다. 목록은 끝이 없다.

300년 후 중국에서 문명이 폭발했다. 한 왕조가 효율적인 관료제 아래에서 중국을 통일하고 예술과 문화 면에서 엄청난 발전을 보였다. 이런 환경에서 수학과 과학 역시 놀라운 성과를 이룩했고, 그중 일부는 2,000년 동안이나 다른 곳에서 복제되지 않았다.

300년 앞으로 가 로마로 시선을 옮겨보자. 로마는 법전과 효율적인 정부를 가진 문명의 전형을 보여주었다. 팍스 로마나*는 수백만의 사

---

* Pax Romana, 로마제국이 전쟁 없이 오랫동안 평화로웠던 1세기와 2세기 시기를 말함.

람들에게 번영과 안정을 가져다주었다. 이 시기 동안 로마인들이 건설한 도로와 항만은 기술적으로 대단히 발전된 것이어서 오늘날까지 사용되고 있다.

700년을 지나 이슬람 황금시대로 가보자. 이 시기에는 전 세계 모든 문화에 관한 지식을 글로 옮겨놓은 것을 아랍어로 번역하고자 하는 시도가 있었다. 북부 아프리카와 중동, 중동 주변의 이슬람교도들은 그런 일을 하면서 한편으로 대수학, 기하학, 삼각법에 획기적인 발전을 이루었다. 심지어 다른 곳에서는 이후 1,000년 동안 형태를 갖추지도 못한 미적분학의 전조도 나타났다.

몇백 년 전부터 지금에 이르는 근대기에 우리는 문명이 삶의 모든 영역으로 확장되는 것을 보았다. 같은 기간 우리가 역사상 유례없는 진보를 목격한 것은 우연이 아니다. 앞으로 나아가는 문명과 진보의 이러한 행진은 약화될 기미를 보이지 않고 있으며 약화될 이유도 없다. 기술이 발전하는 한, 인간의 생산성은 늘어날 것이고 그와 함께 문명도 발전할 것이다.

어쩌면 당신은 "양쪽 다 실패하지 않았나요? 기술이 사람들을 억압하는 정부의 힘을 강화하지 않았나요? 기술적 혁신과 함께 악의 세력과 파괴의 힘도 커지지 않았나요? 기술은 창조보다는 파괴를 선호하는 사람들에게도 힘을 주지 않았나요? 19명의 사람들이 25달러어치의 커터칼을 이용해서 2억 5,000만 달러 상당의 비행기를 손에 넣고, 2조 5,000억 달러에 이르는 경제적 피해를 입히고, 수천 명의 목숨을 앗아가지 않았던가요?"

맞는 말이다. 대부분의 기술은 중립적이며 좋은 목적에도 나쁜 목적에도 이용된다. 다이너마이트는 산을 통과하는 터널을 만드는 데 사용될 수도 있지만, 산을 날려버리는 데 사용될 수도 있다. 금속공학은 검을 만드는 데 사용될 수도, 쟁기를 만드는 데 사용될 수도 있다. 다행히 인간의 대다수는 파괴하는 것보다 만드는 것을 좋아한다. 현대의 세계가 이것을 증명한다. 현대의 세계가 존재할 수 있는 것은 대부분의 사람들이 정직하기 때문이다. 온라인으로 물건을 주문하는 사람들 중 정직하지 않은 20%가 신용카드 요금에 이의를 제기하는 것을 상상해보라. 그들은 "우리 집에 상자가 배달되었는데 그 안에는 벽돌만 있었어요."라고 말할지도 모른다. 이런 일이 일어난다면 신용카드는 하룻밤 사이에 사라질 것이다. 신용카드가 존재할 수 있는 것은 대부분의 사람들이 정직하기 때문이다. 우리 대부분이 집합적으로 무언가를 만들어가는 속도는 비교적 적은 사람들이 파괴하는 속도보다 훨씬 빠른 것으로 밝혀졌다.

우리는 기술을 보통 좋은 곳에 이용한다. 인터넷을 예로 들어보자. 물론 악당들이 있기는 하다. 우리는 항상 그런 사람들의 이야기를 듣는다. 하지만 한발 물러서서 큰 그림을 보면 20억 명의 사람들이 서로를 돕고 있는 것을 알 수 있다. 사람들이 질문을 포스팅하면 낯선 사람들이 바쁜 일상에서 틈을 내어 답을 포스팅하는 포럼을 찾아볼 수 있다. 인터넷 도처에 협력 단체, 모임, 유용한 정보들이 있다. 모두가 자신들의 노고에 대해 한 푼의 대가도 받지 않은 사람들이 만든 산물이다. 그들은 대가 없이 이런 일을 한다. 그들이 좋아하고 관심을 가지는 일이기 때문이다. 코미디언 패튼 오스왈트Patton Oswalt는 이를 다음과 같이 잘 표현했다.

인간이 본질적으로 사악하다면 우리는 여기 있지 못했을 것이다. 그랬다면 우리는 오래전 산 채로 잡아먹혔을 것이다. 폭력이나 편견, 옹졸함이나 공포, 흔해 빠진 여성 혐오, 증오나 무지와 마주친다면 그 눈을 똑바로 보고 이렇게 생각하라. "좋은 사람들이 너희보다 훨씬 많다. 그리고 우리는 언제나 그럴 것이다."

아무도 인터넷을 예측하지 못했다. 우리는 우연히 인터넷을 만났다. 현재 인터넷은 원래 만들어진 목적과는 완전히 다른 목적으로 사용되고 있다. 미국 국방고등연구계획국은 세상에 소비자 파일 공유나 커뮤니케이션 네트워크가 필요하다고 생각해서 인터넷을 만든 것이 아니었다. 하지만 우리는 그런 것을 필요로 하는 것으로 밝혀졌다. 일단 인터넷으로 할 수 있는 일들을 알게 되자, 아무도 예상치 못한 놀라운 일들이 벌어졌다. 이 많은 일들은 선의에서 한 일이다. 많은 프로그래머들이 그들이 만든 코드를 무료로 다른 사람들에게 나누어주는 오픈소스 운동이 일어날 것이라고 아무도 짐작하지 못했다. 또한 많은 것을 무료로 공유하게 하는 CCL Creative Common Licence을 비롯한 권리 체제들도 예측하지 못했다. 무료로 노동을 제공함은 물론이고, 이름조차 밝히지 않는 위키피디아Wikipedia를 아무도 예상하지 못했다.

그렇다면 진보는 계속될까? 기술이 발전하는 한 분명히 그럴 것이다. 진보는 생산성을 향상시키는 존재이기 때문이다. 인간은 역사 내내 향상된 생산성을 이용해 세상을 더 낫게 만들었다. 1만 년 동안 선은 악을 밀어내왔다.

앞에서 탐구한 배가되는 기술의 힘은 미묘하지만 중요한 의미를 담고 있다. 기술이 정말 2배가, 다시 2배가, 또다시 2배가 된다면 우리가 결국에는 **순전히** 기술적인 문제를 모두 해결할 수 있게 될 것이라는 뜻이다. 문제가 순전히 기술적이라면 그것은 기술적인 해법이 있다는 뜻이고, 기술이 계속 2배로 발전하면 우리는 해법을 찾게 된다는 뜻이다. 우리는 배가된다는 것이 어떤 결과를 가져오는지 과소평가하는 경향이 있다. 때문에 우리가 이들 문제를 해결하는 것은 우리가 예상하는 것보다 빠를 것이다.

오해는 하지 말라. 기술적이지 않은 문제들도 많다. 몇 가지만 예로 들자면 시기, 증오, 인종차별, 탐욕 등이 있다. 결국 우리의 도전 과제는 더 나은 사람이 되는 것이며, 기술은 간접적으로만 우리를 도울 수 있다. 그리고 때로는 기술이 피해를 줄 수도 있다. 하지만 순전히 기술적인 문제에 있어서는 기술적인 해법을 개발하게 될 것이다.

앞으로 해결할 가능성이 높은 기술적인 문제에는 무엇이 있을까? 그것이 우리가 다음에 다룰 이야기이다.

23장

—

빈곤, 질병, 전쟁이
사라진 세상

기아, 빈곤, 질병

기아, 빈곤, 질병, 이 3가지 재앙은 인류의 시초부터 끊임없이 인류를 괴롭혀왔다. 이제 우리는 이 3가지 재앙을 거의 불가피한 것으로 받아들이고 있다. 이것은 정말 피할 수 없는 것일까? 아니면 해결의 기로에 있는 기술적인 문제일까?

기아는 본질적으로 기술적인 문제이다. 불가피한 것이 아니다. 우리가 아직 끝내지 못한 문제일 뿐이다.

제2시대가 시작될 무렵, 농업이 발명되었을 때 모든 사람을 먹이려면 인구의 90%가 농업을 해야 했다. 그런 상태가 1만 년 동안 지속되었다. 1800년에도 미국 사람들을 다 먹이려면 미국 인구의 80%가 농업에 종사해야 했다. 그러다 1900년에 농업인구가 40%로 절반이나 줄었다. 그로부터 불과 30년 만에 다시 20%로 줄었다. 다시 절반이 되는 데는 겨우 25년이 걸렸다. 그렇게 1955년에는 10%가 되었다. 그때부터 두 차례 반감되어 오늘날에는 2%를 조금 상회한다. 이것이 바로 기술의 힘이다.

그럼에도 불구하고 세상에는 아직 약 8억 명의 굶주린 사람들이 있고 대다수는 어린아이들이다. 사실 5세 이하 어린이 사망의 50%는 기아나 영양실조로 인한 것이다. 하루에 약 25센트면 개발도상국의 굶주린 사람 한 명을 먹일 수 있다. 1년에 700억 달러 정도면 지구상의 모든 굶주린 사람들을 먹일 수 있다는 의미이다. 이는 전 세계적으로 애완동물 먹이에 쓰는 돈과 비슷한 액수이다.

흔히 우리는 기아가 존재하는 것이 지구가 계속 늘어나는 인구를 감당하지 못하기 때문이라는 오해를 하고 있다. 지구상의 경작 가능한 토지 중 곡물을 생산하는 데 쓰이는 토지는 전체의 약 3분의 1에 불과하다. 하지만 우리는 이마저도 비효율적으로 사용하고 있다. 예를 들어 중국은 미국에 비해서 에이커* 당 곡물 산출량이 대단히 높다. 두 나라의 면적은 비슷하지만 중국의 인구는 미국의 3배이고 경작 가능한 토지는 6분의 1에 불과하므로, 사람들이 더 효과적으로 곡식을 키워야 하기 때문이다. 지구라는 행성은 실로 엄청난 식량 생산자여서 미국에서 버려지는 음식만으로도 세상의 모든 굶주린 사람을 먹일 수 있을 정도이다.

---

* acre, 약 4,050평방미터에 해당하는 크기.

세상에 굶주린 사람이 존재하는 문제의 본질이 분배에 있다고 보는 사람들도 있다. 추론하면 이렇다. "물론 식량은 충분하다. 하지만 정치적인 이유로 굶주린 사람들에게 이르지 못한다." 하지만 이것 역시 문제의 주된 원인은 아니다. 식량이 무기화되고 특정 집단에 식량을 보급하지 않는 곳이 있기는 하지만 이는 세계 기아의 약 2%를 차지할 뿐이다.

전 세계에는 약 10억의 기아 인구가 있다. 거기에 하나의 원인만 있는 것은 아니다. 하지만 가장 큰 원인은 단연 빈곤이다. 세계 기아 인구의 79%는 식량 순수출국에 살고 있다. 어떻게 이런 일이 있을 수 있을까? 이런 나라의 국민들이 굶주리는 이유는 그곳에서 생산된 산물이 그 대가를 지불할 능력이 없는 현지 사람들에게 공급되지 않고 세계 시장에 판매되기 때문이다. 현대에는 음식이 없어서 굶주리는 것이 아니라 돈이 없기 때문에 굶주린다. 따라서 전체적으로 볼 때 진짜 문제는 식량이 너무 비싸고 많은 사람들이 너무 빈곤해서 식량을 살 수 없다는 점이다. 해답은 식량의 가격을 낮추는 방향으로 계속될 것이다.

다행히 AI와 로봇 같은 기술을 통해 우리는 식량 가격을 낮추고, 기아를 종식시키는 데 많은 일을 할 수 있다. AI는 우리에게 무엇을 어디에서 키워야 하는지, 그것을 어디에 팔아야 하는지에 대한 놀랍고 새로운 식견들을 줄 것이다. 거기에서 그치지 않고 우리는 더 나은 종자를 만들고, 물을 대고, 거름을 주고, 곡식을 번갈아가며 짓는 데 대한 유용한 정보를 퍼뜨릴 수 있다. 스마트폰으로 무장한 모든 농부는 10년 전에 살았던 어떤 농부보다도 농사를 잘 지을 수 있을 것이다. 산출량이 늘어나고 가격은 떨어질 것이다. 이 모두가 기술 덕분이다.

생각해보면 우리는 농사에 기술을 그다지 많이 적용하지 않았다. 우리가 식량을 키우는 방법은 농사를 짓게 된 1만 년 전과 본질적으로 달라진 것이 없다. 땅에 씨앗을 심고 비가 오기를 바라다가, 한동안 기다린 후 식량을 수확한다. 우리가 식량을 제조하는 미래에는 이런 방법이 더는 정상적인 모습이 아니게 될 것이다. 맛있고 몸에 좋고 값싼 식량을 3D 프린팅할 수 있다면 왜 그 방법을 사용하지 않겠는가?

미래에는 모든 사람이 고기를 먹지 않게 될 것이다. 고기는 물론 달걀과 유제품도 먹지 않게 될 것이다. 인공 고기가 훨씬 값이 싸고, 훨씬 맛있고, 훨씬 더 몸에 좋고, 환경친화적이라면 말이다. 인공 스테이크가 진짜 고기처럼 육즙이 흐르고, 지금까지 먹어본 어떤 고기보다 맛있고, 건강에 좋고, 가격은 몇 센트에 불과하다면 누가 '진짜' 고기를 사겠는가? 시간이 흐르면 진짜 고기를 먹는 것을 야만적이라거나 심지어는 역겨운 짓으로 생각하게 될 것 같다. 어쩌면 진짜 스테이크처럼 보이는 인공 스테이크를 만드는 일을 중단할지도 모른다. 우리는 이미 고기처럼 보이지 않는 고기(핫도그나 햄버거, 치킨너겟을 생각해보라)에 익숙해져 있다. 고기의 전형적인 모습을 지키는 것은 원시적이었던 때를 생각나게 하는 기분 나쁜 일이 될 수도 있다.

인공 고기가 광범위하게 퍼지면서 소, 돼지, 염소, 양, 닭, 타조들의 개체수가 급격히 줄어들 것이다. 말의 경우 운송 수단으로서나 농사일에 사용하지 않게 되면서 이미 이런 일을 겪었다. 말은 적어도 개성이 있지만, 시골 농장에서 자란 나는 소를 애완동물로 키우는 일은 재미가 없을 것이라는 조언을 해주고 싶다. 소는 공중으로 점프해서 프리스비*

---

* Frisbee, 던지기를 하고 놀 때 쓰는 플라스틱 원반.

를 잡아올 수도 없고, 당신 무릎 아래에서 몸을 비비며 가르랑거리지도 못한다.

기아의 근본적인 원인이 빈곤이라면 나는 여기에도 타개할 방법이 있다고 생각한다. 빈곤 역시 기술적인 문제이다. 우리가 발전시키는 인공지능과 로봇공학, 기타 다른 기술들이 세계 어느 곳도 뒤처지지 않을 정도로 구석구석 스며들어 번영을 이룰 것이다. 앞서 논의한 소득 불평등은 생길지라도 빈곤은 거의 확실히 근절될 것이다. 왜 이런 낙관적인 전망을 하는 것일까?

지난 몇천 년에 걸친 인간의 평균 소득을 그래프로 그리면 그 기간 내내 평탄한 선을 볼 수 있다. 1700년쯤까지는 말이다. 그러나 이 시점에서 그래프는 상향하는 급커브를 그리면서 로켓처럼 치솟는다. 흔들리지도 되돌아가지도 않는다. 그 선이 계속해서 상승해서 평균 소득을 몇 배로 증가시키지 못할 이유가 전혀 없다. 우리는 이미 어떻게 이런 일이 일어났는지, 과학적 방법이 어떻게 산업혁명을 초래했으며, 전례 없는 혁신의 시대가 시작되게 만들었는지 길게 논의했다.

그런데도 빈곤은 남아 있다. 상당히 감소하긴 했지만, 지구상의 1인당 평균 소득이 하루 30달러인 반면, 빈곤한 10억 인구의 평균 소득은 하루 2달러이다. 그들이 빈곤에서 벗어날 방법은 무엇일까? 같은 유형을 비교해서 빈곤율에 대한 의미 있는 대화를 할 수 있는 것은 1900년부터이지만, 현재 상황에서는 별 영향이 없으므로 1980년으로 넘어가보자. 1980년 세계 인구는 40억이었고, 그중 절반이 하루 2달러(인플레이션을 감안해) 이하로 생활했다. 1990년에 그 숫자는 35%로 떨어졌다. 그해에 국제연합은 25년 내에 빈곤율을 반으로 줄인다는 목표를 세웠다. 그들은 그보다 5년 빨리 목표를 달성했고, 2010년에는 2030년까지 빈곤을 완전히 종식시킨다는 새로운 목표를 세웠다. 이 목표에 도달하는 것은 어렵지 않을 것이다. 현재 세계 인구의 약 12%, 10억이 조금 못 되는 사람들이 빈곤하게 살고 있다. 소득 수준이 최하위인 이들을 빈곤에서 헤어나오게 돕는 것은 정말 큰 도전이다.

이런 정의에서의 빈곤을 근절할 수 있다고 해도 일이 완전히 마무리된 것은 아니다. 우리는 하루에 2달러 미만으로 살아가는 것에 대해 이야기하고 있다. 1년에 약 700달러, 3~4인 가구라면 1년에 약 3,000달러이다. 따라서 2030년 목표가 달성된 이후, 다음 목표는 모든 사람이 하루 3달러 이상 벌게 하는 것이다. 그것으로 생활수준은 훨씬 나아질 것이다. 그 후에는 현재 전 세계의 중위 소득인 하루 10달러까지 올리는 것이다.

실행하기 어려운 일이다. 정확히 어떻게 해야 그 목표를 달성할 수 있을까? 생산성을 향상시키면 된다. 하루에 12시간을 일하는 사람들은 일하는 시간을 2배로 늘린다고 소득을 2배로 늘릴 수가 없다. 그들은 각 일의 단위를 보다 생산적으로 만들어야만 한다. 이는 물론 기술을 통해서 가능하다. 생산성을 높임으로써 세상에서 가장 빈곤한 사람들이 가난에서 벗어날 것이다. 기술의 성장 속도를 고려할 때 이 일은 멀지 않은 장래에 일어날 것이다. 휴대전화를 생각해보라. 1994년 휴대전화를 가진 사람은 전 세계 성인의 1%였다. 2020년이면 6세 이상의 사람 90%가 휴대전화를 가지게 될 것이다. 휴대전화는 힘을 부여하는 기술이며 정보가 이동할 수 있는 속도를 높임으로써 실질적인 방식으로 노동력을 배가시킨다. 인터넷을 생각해보라. 1997년 인터넷에 접속할 수 있는 사람은 전 세계 성인의 1%였다. 그 숫자는 현재 50%이다. 이 역시 100%에 가깝게 증가할 것이다. 인터넷은 방대한 지식의 저장소를 자유롭게 이용할 수 있게 만들고, 물건을 사고파는 새로운 방법을 제시함으로써 인간의 노동력을 크게 증대시키는 수단이다.

인공지능을 통해 모든 사람들의 스마트폰에는 세계 최고의 의사들이 상주하게 될 것이다. 교육자도, 정비공도, 치료사도, 배관공도, 개인 트레이너도, 영양사도 말이다. 문명의 엄청난 선물인 방대한 지식의 보고를 아무런 대가도 지불하지 않고 누구나 이용할 수 있게 될 것이다. 인터넷은 힘을 부여해주었다. 하지만 단순히 정보에 대한 접근권을 가지는 것과, 이 모든 지식의 정점에 있는 인공지능에 대한 접근권을 가지는 것은 전혀 다른 이야기이다. 우리는 모든 의사 결정에서 AI의 도움을 받을 것이다. AI는 지구상의 모든 사람을 이전의 어떤 사람보다 똑똑하고 현명하게 만들 것이다. AI는 최하위 빈곤 계층에게도 가장 부유한 계층과 동일한 지식에 대한 접근권을 부여할 것이다. 지식은 곧 힘이다. 자신의 삶을 더 낫게 만드는 힘이다. 혁신은 쉬지 않고 일어나서 가난에서 벗어나 현대의 엄청난 부를 공유하는 데 필요한 도구를 최하위 빈곤 계층에게 제공할 것이다.

우리의 세 번째 재앙인 질병 역시 기술적인 문제이다. 질병이 존재해야 할 이유는 없다. 질병은 우리가 그것을 몰아내는 방법을 알아내지 못했기 때문에 존재한다. 우리는 질병을 근절할 수 있다고 확신하고 있다. 왜 그렇게 낙관하는 것일까?

역사상 최악의 질병, 천연두에 대해 생각해보자. 이 재앙은 1만 년 동안 인류를 괴롭혔다. 20세기에만 천연두로 목숨을 잃은 사람이 4억

명이었다. 인류 역사의 모든 전쟁에서 죽은 사람보다 많다. 그리고 우리는 천연두를 없앴다. 1790년대에 에드워드 제너Edward jenner가 천연두 백신을 만들었다. 세균 이론을 만든 루이스 파스퇴르Louis Pasteur가 태어나기도 전의 일이었다. 그러니까 우리는 천연두가 세균에 의해서 유발된다는 것을 알기도 전에 천연두의 예방법을 알게 된 것이다. 돌칼과 곰 가죽에서 조금 발전한 기술을 통해서 말이다.

오늘날의 기술로 우리가 무엇을 할 수 있는지 생각해보라. 우리는 이 병이라는 적을 송두리째 없앨 수도 있다. 미래에는 질병을 컴퓨터 안에 모형화해서 눈 깜짝할 사이에 1만 가지 치료법을 시도할 수 있게 될 것이다. 게다가 우리는 인간 게놈에 대해 깊이 이해하고 있으며, 질병에 대한 개인 맞춤형 치료를 이미 시작했다. 마지막으로 우리는 빅 데이터를 가지고 있다. 우리는 병과 싸우고 있는 셀 수 없이 많은 환자들의 병력을 연구하고, 아주 작은 조각의 정보에서도 단서를 이끌어내서 치료법을 만들 수 있다. 의사보다 질병을 잘 진단하고 치료할 수 있는 AI를 연구하는 많은 사람 중 하나인 알리 파르사Ali Parsa는 이렇게 말한다. "2~3년 뒤에는 인간이 기계보다 진단을 잘하는 방법을 찾을 수 없게 될 것이다."

인공지능, 더 많은 데이터, 그 어느 때보다 싼 감지기의 조합은 믿기 힘든 힘을 발휘할 것이다. 혁신은 엄청나게 빠른 속도로 다가올 것이고 그 속성은 극적일 것이다. 바이러스를 예로 들어보자. 바이러스는 음험한 작은 생물이다. 그들은 숙주를 이용해서 자신을 복제하는 일에 있어서 믿을 수 없이 효율적으로 진화해왔다. 하지만 한편으로는 대단히 멍청하다. 바이러스는 우리가 그들에 대해서 하는 일에 맞설 전략을 만들지 못한다. 또한 우리의 유전체 서열을 밝혀내지 못한다. 그들이 할 수 있는 일은 돌연변이를 일으켜 우리가 만든 대응법의 허점을 찌를 기회를 기다리는 것뿐이다. 그것이 그들이 가진 계획의 전부이다. 그사이 우리의 의학 지식은 매년, 매 10년마다 계속 배가되고, 배가되고, 배가된다. 그 싸움의 승자는 누가 될 것이라고 생각하는가?

이것은 절대 요원한 꿈이 아니다. 많은 놀라운 기술들이 이미 시장에 나와 있거나 곧 그렇게 될 것이다. 시각 장애를 가진 사람들에게 제한적인 시력을 주는 안경이 이미 존재한다. 유럽에서는 전파를 이용해서 고혈압을 효과적으로 치료하고 있다. 두뇌로 조종할 수 있는 인공 팔과 인공 다리가 개발되었다. 우리는 새로운 정맥과 동맥을 3D 프린팅할 수 있게 될 것이다. 10년 내 간과 같은 장기를 대체하게 될 것이다. 로봇 팔, 로봇 다리는 도움을 주는 정도를 점진적으로 줄여 환자 본인의 팔과 다리를 점차 다시 사용할 수 있게 할 것이다. 세계 어디에 있는 사람이든 의사들이 가상으로 진단할 수 있게 해주는 텔레프레즌스* 로봇이 이미 존재한다. 컴퓨터 제어 레이저가 인간의 손이 할 수 없는 수술을 하고 있다. 네덜란드의 한 회사는 신체의 특정 부분까지 이동해서 치료 약물을 전달하는 알약을 개발했다. 이처럼 혁신의 목록은 끝이 없다.

질병이 정복될 날이 멀지 않았다. 하지만 여전히 실질적인 문제가 있다. 가장 큰 문제는 질병 자체가 아니라 업계를 둘러싼 자본 환경이다. 페니실린 같은 대단히 효과적인 약물들의 가격이 믿을 수 없을 정도로 싼 것은 행운이다. 하지만 스펙트럼의 반대쪽 끝에는 현재 10만 달러

---

* telepresence, 원격으로 멀리 있는 사람을 한 공간으로 불러들이는 기술.

나 하는 C형 간염 치료가 있다. 따라서 부유한 사람들은 비용을 부담할 수 있겠지만, 가난한 사람들은 그 치료를 받지 못하고 견뎌야 한다. 의료 서비스를 효과적으로 공정하게 분배하기까지는 갈 길이 너무나 멀다. 의료에 드는 비용은 연간 1인당 1만 달러로, 미국 경제의 약 5분의 1에 해당한다. 미국이 유난히 높기는 하지만 세계적으로도 낮은 것은 아니다. 세계 평균 의료 지출은 GDP의 10%이다. 모두 의료비를 감당하느라 허리가 휜다는 이야기이다. 맥 빠지는 이야기이긴 하지만, 영원히 이런 문제가 지속되는 것은 아니다. 기술의 가장 중요한 특성 중 하나는 시간이 지나면서 힘은 증가하는 반면 가격은 낮아진다는 것이다.

무료 청정에너지

당신, 아니 더 정확하게는 당신의 몸은 지속적으로 약 100W의 전력을 사용하며 가동된다. 당신은 중간 밝기 전구만큼의 에너지를 사용한다. 모든 근육의 기능과 정신적 기능, 장기의 작동, 체온의 유지, 이 모든 것이 비교적 적은 양의 에너지로 이루어진다. 당신이 입은 옷 그대로 사막에 떨어진다면 단 100W로 할 수 있는 일의 한계를 느끼게 될 것이다. 증기력이 실제로 이용되기 시작한 1800년 이전에는 대부분의 사람들이 인간이 할 수 있는 일의 양에서 한계가 어디에 있는지를 정확히 알고 있었다. 매일 그 한계에 부딪혔기 때문이다.

근대에 이르러서 사람들은 100W의 혜택에다 자신들이 사용하는 전기, 휘발유 등의 에너지 혜택까지 보게 되었다. 미국인의 경우, 지속적으로 1만 W의 에너지를 추가로 공급받는 셈이다. 이 에너지는 우리가 여가를 즐기고, 온도가 조절되는 방에 앉아 있고, 빠른 속도로 이동할 수 있게 해준다. 이 에너지는 우리의 컴퓨터에 동력을 공급하고, 도로를 건설하고, 식량을 수확하고, 우리 모두가 당연하게 받아들이는 일상의 기적들을 행한다. 우리의 생활수준은 우리가 소비할 수 있는 에너지의 양에 기반을 둔다. 전 세계의 모든 사람들이 어느 정도 그들이 소비할 수 있는 추가적인 동력에 의해 혜택을 본다. 혹시 당신이 중국에 살고 있다면 몸에서 얻는 100W의 생산성 외에 추가로 2,500W를 얻을 것이다. 브라질의 경우 2,000W, 인도의 경우 1,000W이다. 일부 국가에서는 1인당 소비할 수 있는 전력이 몇백 W에 불과해 빈곤의 원인이 되고 있다.

현재는 에너지의 가격이 비싸기 때문에 모두 에너지를 덜 쓰기 위해 노력한다. 예를 들어 아메리칸 항공American Airlines은 기내에서 스카이몰Skymall 카탈로그를 없앴다. 이렇게 종이의 무게를 없앤 것만으로 연간 35만 달러의 연료비를 절감했다. 우리는 에너지를 적게 사용할 방법을 찾는 데 많은 에너지와 시간과 돈을 쓴다. 하지만 지구 전체를 놓고 보면 우리의 목표는 에너지 소비를 늘리는 일이 되어야 한다. 물론 깨끗하고, 지속 가능하고, 공평한 방식으로 말이다. 이렇게 하는 유일한 방법은 값이 싸거나 비용이 들지 않는 새로운 청정에너지원을 발명하거나 발견하는 것이다. 그것은 전체의 번영으로 가는 가장 빠른 길이다.

나는 이 일이 이루어질 것이라고 믿는다. 우주에서 가장 풍부한 것이 에너지라는 단순한 이유에서이다. 화석연료는 유한하고 부족하지만 에너지는 어디에나 있다. 아인슈타인의 방정식 $E = mc^2$(질량이 에너지의 한 형태라는 의미)은 아주 작은 조각의 물질에도 풍부한 에너지가 담겨 있다는 의미라고 들었다. 기술은 모든 청정한 형태의 에너지를 찾아내는 열쇠이다. 우리가 앞서 탐구했던 '배가하는 일'을 한다는 것을 전제로, 무료에 가까운 무한정의 에너지원이 될 가능성을 가진 수십 가지 중 하나가 비밀을 벗고 지구에 동력을 공급하게 되는 것은 단지 시간의 문제이다.

우리 주위에 있는 에너지원은 끝이 없다. 그 각각의 것들이 전 행성을 바꾸는 데까지 몇 번의 기술적인 혁신만을 남겨두고 있다. 예를 들어 허리케인 하나에는 미국에 1년 동안 전력을 공급할 에너지가 담겨있다. 우리는 그것을 활용하는 방법만 알아내면 된다. 또 바다는 매일같이 편안하게 파도를 치며 오르내린다. 그 안에는 우리가 사용할 수 있는 것보다 더 많은 에너지가 방출되고 있다. 우리는 그중에서 아주 작은 부분을 어떻게 거두어들이는지만 배우면 된다. 우리는 태양의 표면보다 뜨겁게 녹아내린 핵을 지닌 행성에서 살고 있다. 우리가 그중에서 아주 작은 부분만 거두어들일 수 있다면, 지구에서 누구라도 아무 죄의식 없이 창문을 활짝 열어둔 채 에어컨을 돌릴 수 있다. 대기권 상층부에는 시속 약 322km로 끊임없이 불어대는 바람이 있다. 수많은 회사들이 그 에너지에 접근할 방법을 연구하고 있다. 소형 태양을 만들어 그것이 생산하는 무궁무진한 전력을 거두어들이는 발전소, 핵융합로가 중국, 유럽 전역 등지에서 건설되고 있다. 매년 400만 EJ[*]의 에너지를 퍼부어주는 태양이 있다. 우리는 몇 EJ을 사용하고 있을

---

[*]   엑사줄이라 읽고, 1엑사줄은 전 세계가 하루 동안 필요로 하는 에너지의 양을 뜻한다.

까? 500EJ이다. 태양이 우리에게 선사하는 400만 EJ의 에너지 중에서 500EJ을 거둘 방법만 알아내면 되는 것이다.

우리가 원하는 에너지는 얼마만큼인가? 미국인이 사용하는 평균 전력량의 2배를 지구상의 모든 사람에게 공급하기 위해서는 연간 5,000EJ이 필요하다. 현재 미국 에너지 생산량의 10배로 엄청난 양이다. 하지만 방금 우리가 논의했던 에너지원들이 가진 잠재력과 비교한다면 가능한 수준이다.

우리는 대규모 혁신이 일어날 것이라고 예상하고 있다. 금전적 인센티브가 크기 때문이다. 우리는 이윤 추구라는 동기 그리고 에너지 생산에서의 작은 진보가 이끌어올 부 때문에 태양 에너지를 비롯한 청정에너지의 가격이 극적으로 하락하는 것을 목격했다. 거기에 부정적인 변화가 있을 것이라고 생각할 근거는 없다.

더 이상의 전쟁은 없다

제4시대의 전쟁은 어떨까? 앞서 12장에서 논의했던 것 같이 우리는 AI 무기가 잦은 전쟁을 야기하는 시대에 들어서게 될까? 나는 그렇게 생각지 않는다. 오히려 인류가 국가 간의 조직적인 전쟁의 종말에 다가가고 있다고 생각한다. 터무니없이 낙관적인 예측처럼 보일지도 모르겠다. 뉴스에서는 늘 무력으로 위협하는 이야기가 흘러나온다.

조직적인 전쟁은 도시가 발생한 이래 우리와 함께했다. 우리가 기록을 가지고 있는 지난 5,000년 동안 전쟁이 없었던 시기는 단 200년 정도에 불과하다. 따라서 기본 원칙이 변화하면서 전쟁이 진부한 존재가 되리라고 입증할 책임은 전쟁이 끝날 것이라고 주장하는 사람에게 돌아간다.

우선, 우리는 정말로 얼마나 폭력적인가? 동물 전체와 비교하면 첫눈에 보기에 인간은 서로를 해치는 경향이 있어 다른 모든 동물보다 상위에 있는 것처럼 보인다.

많은 사람이 직관적으로 우리가 덜 현대적인 세상에서 순수하게 살았던 수렵 채집인들보다 공격적이라는 데 의심을 품는다. 그렇지만 이 2가지 추정 모두가 틀렸다. 동물들 가운데 폭력으로 사망한 사례를 찾아보면, 대단히 흥미로운 숫자들을 발견하게 된다. 미어캣은 지구상에서 가장 교활하고 잔인한 종이다. 다섯 마리의 미어캣 중 한 마리는 다른 미어캣에 의해 죽음을 맞는다. 영화 '더 퍼지'*가 끊임없이 반복되는 세상에 살고 있는 셈이다. 일부 원숭이와 여우원숭이 종류도 그 못지않게 포악하다. 목록을 내리다 보면 사자들의 13%는 다른 사자에 의해 죽임을 당하며, 죽어버린 늑대의 10%는 다른 늑대의 발에 의한 것임을 알게 된다. 불곰은 10%에 조금 못 미치는 비율로 서로를 죽인다. 그 뒤 가장 평화로운 동물에 이르게 된다. 사람과 비슷한 행동을 하는 유인원들이 동족을 죽이는 비율은 2% 미만이다.

인간을 어떻게 비교할 수 있을까? 인간의 능력이 어느 정도인지 확인하기 위해서 지구상에서 가장 평화로운 곳을 살펴보는 것부터 시작하기로 하자. 경제평화연구소IEP의 세계평화지수에 따르면, 아이슬

---

* The Purge, 1년 중 하루 살인을 비롯한 모든 범죄가 허용되는 '퍼지 데이' 덕분에 범죄율과 실업률이 1%에 불과한 미국을 배경으로 하는 영화.

란드가 다른 곳을 매우 여유 있게 따돌리고 1위를 차지한다. 아이슬란드의 인구는 33만을 조금 넘는다. 최근 연간 사망자는 약 2,000명으로 기록되고 있다. 아이슬란드가 미어캣으로만 이루어진 나라라면 2,000명의 사망자 중 400명은 살해당했을 것이다. 아이슬란드가 유인원으로 이루어진 나라라면, 사망자 중 40명이 다른 유인원의 손에 죽음을 맞았을 것이다. 아이슬란드에서 인간으로 인해 목숨을 잃은 사망자는 몇 명이었을까? 2명이다. 아이슬란드에는 살인이 없는 해도 있다. 최근 12년간 아이슬란드의 살인으로 인한 사망자는 25명이었다. 이 나라는 전쟁으로 인한 사망을 경험한 적이 없다. 평화로운 문명의 정점이다. 사망 사건의 0.1%가 인간으로 인한 것이다. 유인원보다 95% 낮다. 우리는 우리가 그 수준에 도달할 수 있다는 것을 알고 있다. 그렇지 않은가? 아이슬란드 사람들이 나머지 나라의 사람들보다 생물학적으로 더 평화로운 것은 아니다. 그들은 문화적으로 더 평화로운 것이다.

그렇다면 나머지 나라는 어떨까? 상황은 좀 더 폭력적이다. 하지만 당신이 생각하는 것만큼 나쁘지는 않다. 한 해의 사망자는 약 6,000만 명으로 그중 45만 명이 살인 피해자이다. 전쟁 사상자의 경우 변동이 심하지만 이를 어림잡아 15만 명이라고 보면 폭력으로 인한 사망의 총수는 60만 명으로, 전체 사망자 6,000만 명에 비교할 경우 약 1%이다. 이 숫자가 하락하고 있다는 데 주목해야 한다. 고고학적 추정에 따르면, 동족을 죽인 고대 인간의 비율은 살인광 미어캣과 비슷한 수준이라고 한다. 따라서 인류는 야만인에서 아이슬란드인으로 엄청난 진보의 길을 걷고 있다.

그렇지만 전쟁으로 인한 연 15만 명의 죽음은 여전히 많은 숫자이다. 미래에는 전쟁을 피할 수 있을까? 나는 희망을 주는 납득할 만한 이유들이 있다고 생각한다.

무엇보다 먼저, 금전적인 이유가 있다. 전쟁은 더 이상 국가들에게 득이 되는 일이 아니다. 뱃머리를 돌리게 할 노획품도 없다. 부가 점차 무형으로 저장되기 때문이다. 무기상들은 분명 전쟁을 통해 돈을 번다. 하지만 국가가 전쟁을 해서 재정적 이득을 얻을 가능성이 없어지면 전쟁도 없어진다. 현대의 부유한 국가들은 서로와 전쟁을 벌일 형편이 되지 않는다. 한 추정에 따르면, 도쿄가 지진으로 파괴될 경우 복구 비용이 100조 달러일 것이라고 한다. 일본이 도쿄를 파괴할 수 있는 다른 나라와의 전쟁을 감히 생각할 수 있을까? 뉴욕이나 베이징, 런던, 파리를 복구하는 비용도 마찬가지다. 비대칭전*의 세계에서, 부유한 국가들은 가난한 나라에 비해 잃을 것이 더 많다. 목표물의 가치는 천문학적으로 높아지는 반면, 파괴 비용은 저렴해지기 때문이다. 전 세계가 더 부유해지면서 전쟁은 점점 경제적으로 상상하기 힘든 일이 되고 있다.

하지만 재정적 결과는 폭탄에 의해 야기되는 것만이 아니다. 세계는 무역으로 그 어느 때보다 복잡하게 얽혀 있다. 교역 상대국들은 좀처럼 서로 전쟁을 벌이지 않는다. 비즈니스에 좋지 않으며 비즈니스는 엄청난 영향력을 가지기 때문이다. 우리 세계의 경제 구조는 상호의존적인 일체물이 되고 있다. 이런 상황에서 전쟁은 사실상의 경제적 자살이다. 군사동맹은 호전적인 동맹국들이 평화 애호 국가들을 선동해 전쟁에 끌어들이는 것으로 악명이 높다. 하지만 이러한 동맹들은 사라

---

* asymmetrical warfare, 양측의 전투력 차이가 상당하고, 약한 쪽이 테러와 같은 비 재래식 전술을 사용하는 전투.

지고 있으며, 무역뿐 아니라 평화를 지지하는 경제동맹들이 이를 대체하고 있다.

둘째, 전쟁을 조장하는 상황들이 사라지고 있다. 국가 1인당 GDP가 낮을수록 미래의 전쟁 가능성은 높아진다. 따라서 빈곤을 없애면 전쟁도 줄일 수 있다. 식량 안보도 미래의 분쟁을 내다보는 좋은 가늠자이다. 따라서 기아를 종식시키면 전쟁도 줄일 수 있다. 문맹과 교육의 부족도 빈곤과 전쟁의 상관관계를 보여주고 있다. 다행히도 교육 정도가 높아지고 문맹률은 낮아지고 있다. 민주주의 평화 이론은 민주국가들이 서로 전쟁을 벌이는 경우가 거의 없다고 주장하는데, 민주주의가 세계를 휩쓸고 있다. 2차대전이 끝났을 때 민주주의 국가는 10개국에 불과했지만, 현재는 100개국이 훌쩍 넘는다. 종종 전쟁을 스포츠로 여기는 군주국들이 사라지고 있다.

셋째, 전 세계의 문화가 바뀌고 있다. 우리는 경제적인 성취가 군사적인 업적을 대체하는 세상에 살고 있다. 민족주의는 사양길에 있다. 어느 곳에서나 정보의 흐름을 막는 국가의 능력이 사라지면서 국가가 정보를 독점하고, 서사를 통제하는 것을 어렵게 만들고 있다. 어디에 있든지 사람들은 공식적인 정부의 이야기가 더는 정확하다고 생각하지 않는다. 따라서 허위로 전쟁의 구실을 만드는 것이 어려워졌다. 365일 24시간 계속되는 뉴스 보도가 우리의 집 안까지 실시간으로 전쟁의 참상을 전달하고, 인터넷이 고통의 모습을 전달한다. 많은 사람들이 외국을 여행하면서 평화에 기여하고 있다. 다른 나라, 인종, 종교, 사람들 간의 결혼이 늘어나는 것도 마찬가지 효과를 내고 있다. 정부는 점점 투명하고 개방적으로 변하고 있다. 50개국 이상이 열린 정치를 발전시키거나 채용하고 있다.

그 어느 때보다 쉬워진 커뮤니케이션도 평화를 촉진한다. 백악관과 크렘린 사이의 핫라인이 냉전 시대의 긴장을 완화하는 데 도움을 주었다면, 60억 대의 휴대전화가 만들어내는 긴장 완화 효과는 어느 정도일까? 소셜 미디어는 사람들이 정부의 개혁을 압박할 수 있게 한다. 영어는 전 세계의 제2언어가 되면서 언어의 장벽이 거의 존재하지 않게 되었다. AI 기반 실시간 음성 번역이 등장하면서 컴퓨니케이션compunication의 장벽은 더 많이 사라질 것이다.

목록은 끝이 없다. 당신은 확신을 갖지 못하고 마음속으로 내가 나열한 광범위한 추세에 반하는 사례들을 찾고 있는지도 모르겠다. 목록을 다시 한번 읽고 이 모든 것의 반대가 전쟁 **공식**이 맞는지 자문해보라. 민주주의가 없는 세상을 상상해보라. 기아가 더 심한 세상, 빈곤이 더 심한 세상, 민족주의가 더 심한 세상, 완전한 경제적 고립주의, 국가의 매체 통제, 교육을 받지 못한 국민, 인터넷이 없는 세상, 이렇다면 세상은 일촉즉발의 상황에 있는 것이 아닌가? 우리는 그 반대의 세상을 만들어가고 있다. 그것이 어떻게 평화를 가꾸는 힘이 아닐 수 있는가?

아직은 전쟁을 종식시키는 일까지 가야 할 길이 멀다. 군수 산업은 지구상에서 세 번째로 큰 산업이다. 아이러니하게도, 다른 2가지는 식품과 의료이다. 미국의 경우 우리는 아이젠하워 대통령이 우리에게 경고했던, 이윤 추구에 의해서 움직이는 영속적인 무기 산업을 갖고 있다. 헨리 포드는 이렇게 말했다. "전쟁으로 이득을 보는 사람이 누구인지 알려달라. 그러면 내가 어떻게 전쟁을 끝내는지 알려주겠다." 제4시대에도 군비에 대한 지출이 줄어들지는 않을 것이다. 우리는 AI

를 탑재한 살인 로봇을 비롯해 계속해서 새롭고 더 나은 무기를 만들 것이다. 바뀌는 것은 언제 그 무기를 사용하느냐를 중심으로 한 계산이다. 그것은 다른 어떤 것보다 값비싸고 위험한 명제가 될 것이다. 제4시대에 도래할 모든 발전에도 불구하고, 곧 끝나지 않을 파괴적인 형태의 폭력이 2가지 있다. 첫째, 아네르스 베링 브레이비크*, 티머시 맥베이**, 차르나예프 형제*** 같은 사람들이 언제나 존재할 것이다. 그리고 항상 9·11 테러범 같은 사람들이 존재할 것이다. 낯선 사람들을 대상으로 대량 살상을 저지를 정도로 사악하거나, 정신 나간 사람이 존재하지 않는 날은 요원하다. 이에 대해서는 쉽게 대답할 수가 없다. 이런 사람들이 더 파괴적인 행동을 할 수 있는 능력이 증가하고 있는 것이 현실이다. 둘째, 내전과 쿠데타, 반란이 계속될 것이다. 이들은 모든 국가가 번영하고 각 국가의 모든 개인이 같은 시스템에 믿음을 가지는 먼 미래에나 끝날 것이다.

여가

앞서 우리는 미래에 노동 시간이 일주일에 15시간이 될 것이라는 케인스의 견해를 이야기했다. 과거의 경험에 비추어보았을 때 우리는 여

---

* Anders Behring Breivik, 2011년 7월 22일, 총기 난사로 76명을 살해한 노르웨이 사상 최악의 테러리스트.
** Timothy McVeigh, 오클라호마시티 연방정부청사 앞에서 폭탄 테러를 일으켜 168명의 희생자를 낸 사람.
*** Tsarnaev, 보스턴 마라톤 테러범.

전히 필요한 것보다 많은 노동을 할 것이다. 기본적인 니즈를 충족시키기 위해서가 아니라, 원하는 것이 늘어나고 그것들을 손에 넣기 위해서 말이다. 그렇기는 해도 제4시대에 우리는 여전히 여가를 가질 것이고 그 시간은 아마도 길어질 것이다.

미래에는 여유 시간이 만들어지는 새로운 원천이 생길 것이 분명하다. 그 하나는 개인의 노동력을 절감시켜주는 장치의 발전이다. 우리는 세탁기, 전기 다리미, 전기 진공청소기 등의 기기들을 이미 가지고 있다. 휴대전화가 이렇게 흔치 않았던 그리 오래지 않은 과거에 아주 간단한 활동을 조정하는 데도 얼마나 많은 시간과 노력이 필요했는지 생각해보라. 대학 시절, 친구와 햄버거를 먹으러 가려고 그의 기숙사 방에 들른 적이 있었다. 그러나 그는 방에 없었고, 나는 방문에 메모를 써서 붙여두었다. "나 도서관에 있어, 같이 햄버거나 먹으러 가자." 그러나 그가 도서관으로 왔을 때 나는 이미 도서관을 떠났다. 사서는 친구에게 대강 방향을 가리키며 내가 '저쪽'으로 가다고 말해주었다. 하지만 햄버거는 그렇게 잊혔다. 우리는 그로부터 14년 뒤, 내 아이의 리틀 리그 게임에서 우연히 다시 마주쳤다.

마찬가지로, GPS가 없던 시절에는 모든 운전자가 이미 구식이 된 이불 만한 크기의 지도를 가지고 다녔다. 부부가 차를 타고 갈 때면, 한 사람은 운전하고 한 사람은 지도를 들여다보았다. 이 때문인지 지도에는 보통 이혼 전문 변호사의 광고가 실려 있었다.

기술은 이러한 시간 낭비를 비롯한 많은 것으로부터 우리를 해방시켰다. 미래는 훨씬 더 효율적으로 변할 것이 분명하다. 교통 체증 때문에 길에서 버리던 시간이 미래에는 어떻게 바뀔지 생각해보라. 최적의 경로를 달리는 자율주행차가 그 시간을 당신에게 돌려줄 것이다. 제자리에 두지 않은 물건을 찾느라 허비하던 시간을 생각해보라. 그 시간이 미래에는 다시 당신 것이 될 것이다. 스마트 홈이 당신이 모든 물건을 어디에 두는지 추적할 것이기 때문이다. 남은 인생 동안 어떤 영화를 보러 갈지, 어떤 식당에서 식사할지, 어떤 의사에게 갈지, 어디로 휴가를 갈지 결정하는 데 보낼 시간들을 생각해보라. 물론 결정은 언제나 당신의 몫이다. 하지만 AI는 당신을 당신 자신보다 잘 알 것이고, 당신은 AI의 조언을 신뢰하게 될 것이다.

우리 삶의 시간들은 모든 사람이 느끼기 때문에 오히려 잘 느끼지 못하는 수천 가지 작은 일들에 의해 깎여나간다. 우리는 줄을 서서 기다리고, 양식을 작성하고, 설명서를 읽고, 업데이트를 다운로드한다. 우리는 옷을 입어보고, 식료품을 내리고, 대기실에 앉아 있고, 요식 체계 속에서 길을 찾느라 방황한다. 로봇과 AI가 그 모든 시간을 돌려주지는 않는다. 하지만 우리가 원하는 것에 따라 그중 상당 부분을 되찾게 될 것이다. 이런 여가 시간을 어디에 쓰게 될까?

최근 가장 전환적인 기술이며 아직 초기 단계에 불과한 기술인 인터넷을 어떻게 사용했는지 본다면 이 질문에 대한 상당한 식견을 얻을 수 있을 것이다. 이 백지상태의 기술을 어떻게 이용하기로 했는지 그 방법은 우리에 대해서 많은 것을 드러내준다. 그 대부분은 좋은 것이다.

우리는 스스로 표현하고 싶어 한다

우리는 인터넷 이전에는 글을 쓰는 일이 거의 없었다는 점을 쉽게 잊고는 한다. 부모님 세대를 생각해보자. 내 아버지는 1960년부터

2000년까지 미국 경제계 노동인구 중 한 명이었다. 어머니는 우리와 함께 집에 계셨다. 부모님은 그 세대 대부분의 사람들과 마찬가지로 글을 많이 쓰지 않았다. 그들이 이메일 대신 손 편지를 많이 썼다는 대중의 인식은 사실이 아니다. 2차대전 이후 전화가 좋아지면서 편지 쓰는 일이 줄어들기 시작했다. 연합통신에 따르면, 인터넷이 주류에 들어서기 훨씬 전인 1987년에 가정에서 평균적으로 받는 편지는 2주에 한 통이었다. 당시 부모님에게 왜 글을 더 많이 쓰지 않느냐고 물으면 정말 이상한 질문이라고 여기고 엄마는 내가 열이 있는지 이마를 짚어보았을 것이다. 어쩌면 말하고 싶은 것이 전혀 없다고 대답했을지도 모르겠다. 그렇지만 이것은 틀린 대답이다. 그들이 글을 쓰지 않은 것은 도구를 다루기가 너무 번거로워서였던 것으로 드러났다. 자신들이 쓴 것을 세상에 내놓을 방법도 없었다. 어떻게 아느냐고? 간단하다. 이메일을 발명하자 모두가 글을 쓰기 시작한 것이다. 매초 200만 통의 이메일이 전송될 정도로 말이다. 이제 200만 건이 더 있다. 블로그를 발명하자 1억 명이 넘는 사람들이 블로그를 시작했다. 제품을 평가하고 순위를 매기는 메커니즘을 만들자 수백만의 사람들이 그 일을 했다. 우리 모두에게 무언가를 말하고 싶은 게 많다는 것이 밝혀졌다. 도구만 주어지면 표현의 수문은 열리게 되어 있다.

이것은 세대에 따른 현상이 아니라 행동에 관련된 현상이다. 물론 50세가 넘은 사람들은 젊은 사람들에게 뒤처졌지만 결국은 따라잡았다. 미국의 경우, 2015년 이메일 사용자를 보면 20대가 89%였고, 70대가 88%였다.

우리는 관계 맺기를 원한다

우리는 스스로 표현하고자 할 뿐만 아니라 타인과 관계 맺기를 원하는 것으로 밝혀졌다. 매일 13억의 사람들이 페이스북에 로그인한다. 그들은 각각 평균적으로 150명의 페이스북 친구와 관계를 맺고 있다(흥미롭게도 150은 한 사람이 사회적 관계를 안정적으로 유지할 수 있는 사람의 숫자를 뜻하는 던바의 숫자Dunbar's number를 의미한다). 시간이 지나면서 사람들은 수없이 많은 포스팅과 상태 업데이트를 만들었다. 이들은 다 합쳐 1조에 이르는 '좋아요'를 만들어냈다. 많은 사람들이 많은 것을 좋아한다. 더구나 사람들은 서로 교류하고 수천 개의 다른 사이트를 연결한다. 그들은 공통의 관심사를 나누고, 새로운 사람을 만나고, 연애를 한다. 인터넷은 아무도 예상하지 못한 방식으로 사회적 상호작용을 촉진했다.

우리는 서로 돕기를 원한다

관계 맺기 외에도 우리는 서로 돕기를 원한다. 인터넷 도처에서 사람들이 어떤 대가도 바라지 않고 서로 도움을 준다. 포틀랜드 방문을 앞두고 있는 당신의 가족이 해야 할 일이 무엇인지 포럼에 질문을 올리면 10여 명의 사람이 나선다. 어떤 병이라고 진단을 받더라도 당신이 들어갈 수 있는 지원 커뮤니티를 찾을 수 있다. 개인적인 문제로 고민하고 있는가? 당신을 돕고 조언해주는 단체들이 있다. 이 모든 사람들은 거의 전적으로 이타적인 이유에서 서로를 돕는다.

우리는 창의적이다

우리가 얼마나 창의적인지 누가 짐작이나 했을까? 인터넷은 창의력의 빗장을 열었다. 페이스북에는 1초 마다 5만 장의 사진이 업로드된다. 유튜브에는 매일 수백만 개의 동영상이 업로드된다. 아이튠즈 스토어iTunes Store에는 3,000만 곡의 노래가 있다. 생각보다 정말 많은 사람이 사진작가이고, 동영상 작가이고, 음악가라는 것이 드러났다. 이런 콘텐츠를 만들고 공유할 도구가 없었을 뿐 도구를 만들자 창의적 에너지의 소용돌이가 몰려왔다. 이런 일이 일어난 적은 없었다. 이런 방대한 민주화는 우리 모두 창의적이며, 예술적 재능이 소수의 전유물이 아니라는 사실을 드러냈다.

우리는 영향력을 갖고 싶어 한다

인터넷은 많은 사람들에게 더 나은 세상을 만들기 위해 일할 수 있는 영감과 힘을 주었다. 사회운동은 인터넷에서 일반적인 현상이다. 진정서가 만들어지고 유포되며, 자선단체가 기금을 모금하고 의식을 고조시키며, 집단적인 분노가 방향을 찾고 행동으로 옮겨진다. 인터넷 이전에는 이런 모든 일이 얼마나 어려웠는지 생각해보라. 우리는 우리의 삶을 문제시하고자 하는 진지한 욕구를 가지고 있는 것으로 밝혀졌으며, 인터넷은 그 일을 가능하게 한다.

우리는 진실을 알고 싶어 한다

인터넷이 당신을 정보의 거품 속에 가두고 당신의 견해를 뒷받침하는 사실만을 보게 한다는 생각에 크게 실망하고 절망하는 경우가 생긴다. 분명 이런 일이 없지는 않다. 하지만 다른 면도 생각하는 것이 좋다. 예를 들어 1980년에 당신은 지역신문과 방송국 3곳의 뉴스 중에서 당신이 선택한 것으로부터 하루분의 정보를 얻었다. 어차피 모든 방송국은 한 시간 정도를 할애해서 똑같은 기본적인 이야기를 전달했다. 우리는 아주 소수인 사람들의 견해에 묶여 있었다. 이제 인터넷을 통해 모든 진술이 사실인지 확인하고 모든 어휘에 이의를 제기할 수 있게 되었다. 당신이 알고자 하는 모든 것을 자판 몇 번만 두드려 타이핑하고 몇 번 클릭만 하면 얻을 수 있다. 매초 10만 개가 넘는 웹 검색이 이루어지며 그 수는 지금 알고 있지 않은 어떤 것을 알고자 하는 사람을 나타낸다. 이것은 지식의 엄청난 민주화이며 의심할 나위 없이 좋은 일이다.

지난 몇십 년 동안 우리는 스스로에 대해 위의 6가지 사실을 배웠다. 제4시대의 시작과 더불어 꽃핀 이 속성들은 제4시대 내내 계속 번창할 것이 분명하다. 인공지능은 우리에게 이런 일들을 하는 새로운 방식을 선사할 것이다. 인공지능은 우리가 진실을 가려내도록 돕고, 타인과 관계를 맺도록 돕고, 창의력을 발휘하도록 도울 것이다.

인터넷은 이런 일들을 할 수 있는 인프라를 제공했다. 하지만 인터넷이 발전함에 따라 이것을 기술적인 무정부 상태에서 나오는 불협화음으로 인식하고, 그런 식으로 어떻게 일을 했는지 궁금해하는 시기가 곧 올 것이다. 인터넷만큼 범위가 넓고 규모가 큰 어떤 것은 우리가 그것과 접속하는 데 도움을 주는 AI만큼 발전된 어떤 것을 필요로 할 것이다. 바로 그것이 다가오고 있다.

우리가 시간을 다르게 사용할 것이라고, 다시 말해 가상 세계가 너무나 현실적이어서 오히려 가상 세계로 사라져버릴 것이라고 생각하는 사람들도 있다. 가상 세계에서는 사랑과 수용, 성취 등에 대한 우리의 사회적 니즈를 '버그가 가득한' 현실보다 훨씬 바람직하며 매력적이고 위험이 없는 방식으로 충족시키고자 할 것이기 때문이다. 사람들은 보통 부정적인 도피 방법을 통해 현실에서 도망치려고 노력해왔다고 주장한다. 오늘날 우리가 가지고 있는 온라인 가상 세계의 매력은 사람들의 사용량만 보아도 그 인기가 입증된다. 그중에는 사용자들이 소비한 시간을 모두 합쳐 수백만 년이 되는 경우도 있다. 그 인기는 현실과는 크게 다른 저차원적 기술로 성취된 것이다. 가상현실이 가능케 할 완전한 몰입에 비교하면 한심한 수준이다.

이 시나리오의 사회적 영향을 가늠하기는 어렵지 않다. 우정의 종말, 결혼의 종말, 육아의 종말 등 물리적 세계 안에 있는 그 모든 것의 종말이다. 출산율은 떨어지고 사회적 상호작용은 줄어든다. 우리 모두가 빠져나온 세상만이 남는다. 링거로 음식을 먹기 때문에 마스크를 벗을 일도 없다. 두뇌에 대한 직접적인 인터페이스가 모든 것을 좀 더 현실적으로 만든다.

그런 극적인 서사는 흥미로운 공상과학소설의 재료가 될 것이다. 나는 그런 확신은 없다. 종이가 없는 세상이 전보다 많은 종이를 사용하는 것처럼, 인터넷 시대의 예상치 못한 결과 중 하나는 사람들이 온라인에서 만나면서 실제로 더 많은 만남을 갖게 되는 것이다. 왜 이런 일이 일어날까? 우리가 실제적인 경험을 선호하는 것처럼 보이는 이유는 무엇일까? 현실에는 인공적으로 만들 수 없는 무형의 특성이 많이 있는 듯하다. 가짜 세상은 **진짜처럼** 보일 수 있을 뿐이다.

우리는 세상에서 빠져나가기 위해 기술을 이용하게 될까? 사람들과의 관계를 포기하게 될까? 그 반대에 해당하는 훨씬 많은 증거를 만난다. 내가 위에서 설명했던 6가지 속성을 드러낼 더 많은 기회를 원한다는 증거 말이다. 오늘날 인터넷의 현실, 그것이 우리에게 의미하는 바는 세상에서 우리를 제거하고 싶은 욕구를 전혀 보여주지 않는다. 오히려 우리가 세상과 관계를 맺기 원한다는 것을 명확히 보여준다.

새로운 당신

제4시대의 많은 기술이 건강과 관련되어 있다. 예상했던 바이다. 세계적으로 의료 지출이 연간 7조 달러가 넘어 엄청난 사업 기회가 있기 때문이다. 그러나 의료 분야에 그렇게 많은 진전이 있는 더 큰 이유는 우리 몸이 기술처럼 움직이기 때문이다. 인간의 심장은 밸브와 작은 공간들로 이루어져 있기 때문에 같은 일을 같은 방식으로 하는 인공 심장을 만들 수 있다. 몸의 한 부분이 고장 나면 우리는 기술에 의존해서 결함이 있거나 닳아버린 부품을 보수한다. 몸을 더 낫게, 더 강하게, 더 빠르게 업그레이드할 수 있는 선택의 기회가 주어지면 당신은 어떻게 하겠는가? 당신의 다리를 내주고 스티브 오스틴*처럼 시속 97km로 달릴 수 있는 바이오닉 다리를 얻겠는가? 침습적인 의학 시술을 통해 근육을 강화하겠는가?

다른 것보다 한결 쉬운 질문도 있다. 인공장기라면 어떻겠는가? 우리는 이미 인공 심장을 사용한다. 심박 조율기나 인공 심장이 인간성을

---

*   Steve Austin, 드라마 '6백만 불의 사나이'의 주인공.

저해한다고 생각하는 사람은 없다. 미래에는 초소형 기계들이 혈액 속을 헤엄치면서 당신을 아프게 하는 것들을 보수해서 젊음과 건강을 지켜줄 것이다. 육안으로 보이지도 않는 것들을 외면할 사람이 있을까? 우리는 이미 우리가 이해하지 못하는 약물들을 의사들이 주사하도록 놓아두고 있다.

더 나은 귀를 만들 수 있다면 어떨까? 사람들이 그런 것을 원하게 될까? 사람들이 멀쩡한 귀를 더 나은 새 버전으로 바꾸고 싶어 할까? 물론이다! 그것은 어떤 명확한 한계도 없는 '미끄러운 경사면slippery slope'이다. 때문에 무슨 일이 일어날지 충분히 예측할 수 있다. 과거를 생각해 보라. 안경이 시력을 교정했다. 안경은 하늘이 준 선물이라고 불렸다. 벤자민 프랭클린Benjamin Franklin은 이중 초점 렌즈를 만들었다. 불만을 말하는 사람은 없었다. 이후 콘택트렌즈가 등장했다. 이것은 실제로 눈에 집어넣어야 한다. 말 그대로 아무도 눈 하나 깜빡하지 않았다. 라식이 등장했고, 우리는 사람들의 안구를 절개해서 모양을 바꾸었다. 단계마다 기술이 거부당한 적은 없었다. 눈으로 보는 것은 사람이 거의 즉각적으로, '인간성의 상실'이라는 모호한 논거보다 훨씬 중요하다는 판단을 내리게 하는 놀랍고 중요한 일이다. 맹인들이 볼 수 있도록 바이오닉 눈을 만든다면 시력이 좋지 않은 사람들이나 난시가 있는 사람들 중 이를 대체하고자 선택하는 사람이 생길 것이다. 그런 다음 모두가 대체를 선택할 것이다. 약 1.6km 밖까지 훤히 볼 수 있는 것을 마다할 사람이 어디 있을까? 나아가 푸른색이나 갈색 등 원하는 색깔의 눈까지 선택할 수 있게 될 것이다.

이 모든 것이 가능해지는 때가 언제인지는 아무도 모른다. 하지만 언젠가는 인간이 어디에서 끝나고 기계가 어디에서 시작되는지 궁금해지는 때가 올 것이다. 낡은 질문은 새로운 차원을 만나게 될 것이다. 인간이란 무슨 의미인가? 생명은, 죽음은 무엇인가? 당신의 몸이 당신인가? 당신의 두뇌가 당신인가? 당신의 정신이 당신인가?

태어날 때까지 기다렸다가 개선할 필요가 있을까? 처음부터 더 나은 인간을 만들면 되지 않을까? 이미 부모가 가장 똑똑한 배아를 선택할 수 있게 하는 기술을 개발하고 있는 기업이 있다. 이유는 실로 매력적이다. "100개를 만들어서 최고의 것을 선택하는 것이 어떻습니까?" 옥스퍼드 대학의 줄리안 사불레스쿠Julian Savulescu는 이것을 '좋은 육아법'이라고 표현한다. 그는 이것을 '합리적 설계'라고 부르면서 이렇게 말을 잇는다. "사실 알코올중독, 정신 질환, 폭력적 성향 같은 성격적 결함을 걸러내는 문제에 있어서는 윤리적으로 더 나은 아이를 선택할 도덕적인 의무가 있다고 주장할 수도 있을 것이다."

이것 역시 미끄러운 경사면(논리적 비약)이다. 해로운 것으로 알려진 특정 유전자를 가진 부모들은 이미 배아를 선택하는 단계에서 아이에게 그 유전자가 전해지는 것을 막는다. 유전학은 부와 관련된 또 다른 문제를 제기할 것이다. 부유한 사람들이 자신들의 자녀가 키 크고, 아름답고, 똑똑하고, 질병에 잘 견디도록 유전자를 조작한다면 어떤 일이 일어날까? 그들은 새로운 슈퍼맨, 슈퍼우먼 종족이라 할 수 있을 것이다. 적어도 자신들은 그렇게 생각할 것이다.

24장
—
노화의 종말을 꿈꾼다

지금까지 전해지는 글로 표현된 가장 오래된 이야기는 《길가메시 서사시》이다. 그중에서도 가장 오래된 이야기는 4,000년 전으로 거슬러 올라간다. 그전에도 오랫동안 구전의 형태로 존재했을 것이다.

그 이야기 속에서 길가메시Gilgamesh는 왕이다. 하루는 그와 그의 친구 엔키두가 하늘의 황소와 싸움을 한다. 엔키두는 죽고 길가메시는 처음으로 죽을 수밖에 없는 운명이 가져다주는 쓸쓸함을 맛본다. 영원히 살기로 결심한 그는 조상 우트나피시팀Utnapishtim을 찾아가 불멸하는 방법을 묻는다. 우트나피시팀은 그것이 불가능하며 그와 그의 아내만이 신으로부터 불멸을 부여받았고 그것은 한 번뿐인 일이었다고 말한다. 하지만 바다 밑바닥에는 길가메시에게 젊음을 돌려줄 식물이 자라고 있었다. 길가메시는 그것을 발견했지만 그가 먹기 전에 뱀이 먹어버렸다. 결국 길가메시는 자신이 추구한 것이 헛되다는 것을 느끼고 진정한 불멸은 이 생에 주어진 시간 동안 이루는 것이며, 혹시 아주 큰일을 해낸다면 영원히 기억될 것이라는 결론을 내렸다.

내가 길가메시의 이야기를 꺼낸 것은 2가지 이유에서다. 첫째, 나는 지금껏 전해지는 가장 오래된 이야기는 길가메시처럼 죽음의 허무함에서 도망치려는 시도를 했다가 실패하는 이야기라고 생각한다. 둘째, 수천 년이 흐른 지금까지 이 이야기가 어떻게 우리에게 전해졌을까? 2015년 말에 이란에서 이 서사시의 20행이 새롭게 발견되었고, 그 이야기는 전 세계 뉴스의 헤드라인을 장식했다.

제4시대에는 길가메시가 실패했던 일에 성공할 수 있을까? 우리는 불멸에 이르는 길로 인간의 의식을 기계에 업로딩하는 일에 대해서 이미 탐구했다. 하지만 우리의 물리적 존재를 연장시킬 수 있다면 어떨까? 22장에서 나는 순전히 기술적인 모든 문제가 해결될 것이라고 주장했다. 반드시 죽게 되는 일도 기술적인 문제일 뿐인가? 나는 그렇게 생각한다. 점점 많은 의사들이 노화를 질병으로 분류해야 한다고 주장한다. 이는 단순한 의미론적 변화처럼 보일 수도 있지만 노화와 죽음을 둘러싼 숙명론을 제거하는 데 도움을 줄 수도 있다. 그 뿐만 아니라, 자연스럽게 우리에게 문제의 해법을 찾도록 촉구하는 방식으로 문제를 재구성하는 관점의 변화일지도 모른다. 당신이 노화하는 이유는 한정되어 있다. 그 이유는 모두 또 다른 기술적 문제로 보인다. 시간이 지나면서 쇠락하는 신체 부분과 체계를 복구하고 교체할 수 있지 않을까?

우리는 왜 노화되고 죽는가? 과학자들은 그것이 대여섯 가지 정도의 보편적인 이유 때문이라고 생각한다. 당신의 DNA는 돌연변이를 만들어 암이 될 수 있다. 당신의 미토콘드리아는 돌연변이를 만들어 당신의 몸을 고장 낼 수 있다. 또 다른 이유는 시간이 흐르면서 몸 안에 '쓰레기'가 쌓이는 것이다. 당신의 몸은 '테트리스' 게임과 같다. 당신이 달성한 것은 사라지고 실수만이 쌓인다. 알츠하이머 환자의 두뇌에 있는 플라크가 그 한 예이다.

또 다른 문제는 세포분열과 관계가 있다. 때로 세포는 너무 많이 분열하고 때로는 분열을 멈춘다. 이런 경우 파킨슨병과 같은 상태가 유발된다. 당신이 노화하는 또 다른 이유는 당신의 텔로미어(telomere, 세포의 수명을 결정하는 염색 소립)가 사라지는 것이다. 텔로미어는 DNA의 말단 영역으로 DNA의 퇴화를 막는다. 몸속의 DNA가 복제될 때마다 RNA가 말단까지 만들어지지 않기 때문에 매번 복제가 일어날 때마다 각 복제본은 조금씩 짧아진다. 처음에는 큰 문제가 아니다. 당신의 몸은 현명하게도 DNA 가닥의 말단에 쓸모없는 물질을 붙여넣는다. 그것이 텔로미어이다. 하지만 세포가 분열을 많이 하면 텔로미어가 완전히 사라진다. 이후 유례없이 짧아진 DNA 복제본이 중요한 물질을 잃기 시작하면 몸은 고장이 난다.

다행히 해법이 있다. 텔로머레이스(telomerase, 텔로미어를 신장시키는 효소)가 있다. 텔로머레이스는 활성화되면서 텔로미어로 가서 더 많은 물질을 덧붙인다. 인간의 경우 세포들이 여러 차례 분열하기 때문에 텔로머레이스는 체외에 있을 때 활성화된다. 유감스럽게도, 텔로머레이스는 다양한 암에서도 활성화되어 그 세포가 '불멸'의 상태가 되도록 한다. 이는 이 질병의 치료법을 개발하는 데 풀어야 할 과제 중 하나이다. 가재는 끊임없이 텔로머레이스를 활성화시킨다. 따라서 가재는 자연 상태에서 노화하지 않는다. 50년 된 가재와 5년 된 가재의 장기만을 따로 비교한다면 나이를 구분하기가 힘들 것이다.

노화가 일어나지 않는다면 어떨까? 죽지 않을 수는 없다. 한 보험 평가에 따르면, 인간은 약 6,500세까지 살 수 있을지도 모른다. 그것은 창밖에서 그랜드피아노가 날아와서 당신을 덮치는 것과 같은 이상한 사고가 닥칠 때까지 걸리는 시간이다. 그런 세상에서는 죽음이 더 큰 비극이 될 것이다. 갑작스런 죽음이 앗아가는 삶이 40년이 아닌 4,000년일 테니 말이다.

그렇다면 언제쯤 노화의 종말을 보게 될까? 지금 당장 그곳까지 갈 필요는 없다. 기대 수명이 매년 1년 이상 늘어나기 시작하면 언젠가 거기에 도달하게 될 것이다. 어떤 이들은 25년 안에 그런 일이 일어날 것이라고 말한다. AGI가 25분 안에 그 문제를 해결할 것이다. 어쩌면 해답을 찾아낸 뒤에 우리에게 말하지 말아야겠다는 결론을 내릴지도 모른다.

영원히 살고 싶은가? 선종에는 다음과 같은 축복의 말이 있다. "당신의 아버지가 죽기를, 당신이 죽기를, 당신의 아들이 죽기를." 이 말이 축복인 이유는 그 순서가 바뀌면 끔찍한 일이 되기 때문이다. 네 아이의 아버지인 나는 아이들보다 오래 사는 일이 끔찍하게 느껴진다. 그 외에는 죽지 않아도 상관없다. 나는 40대이고 벌써 등 뒤에서 죽음의 차가운 입김을 느낄 수 있다. 나는 오늘의 보험 계리표가 내가 살 날보다 산 날이 많다는 데 많은 돈을 걸어두고 있다는 것을 잘 알고 있다. 하지만 나는 하고 싶은 일이 여전히 많다. 중요한 것은 영원히 사는 것이 아니라, 스스로 죽음의 순간과 방법을 선택해서 자신만의 방식으로 죽음을 마주하는 것이다. 자기 삶의 주인이 되는 것, 율리우스 카이사르Julius Caesar가 말한 것처럼 "나는 세월로 보나 업적으로 보나 충분히 긴 삶을 살았다."라고 할 수 있을 때까지 사는 것은 멋진 일이다.

'반드시 죽는다'는 우리의 운명 때문에 우리 스스로 우선순위를 매기고 선택을 하게 만든다고 주장하는 사람들이 있다. 우리에게는 제한된 수명이 주어지기 때문이다. 그러나 수명이 연장된 세상에서는 지연이 완전히 다른 규모로 나타날 것이다. 아마도 "몇백 년 안에 다시 보도록 하지."와 같은 대화가 흔해지지 않을까? 새로운 아이디어와 진보에 길을 터주기 위해서 낡은 것은 죽어야 한다고 주장하는 사람들도 있다. 1600년대나 1800년대의 사람들이 모든 실권을 쥐고 아직도 돌아다닌다고 상상해보라. 그것은 진보, 더 나은 문명을 향한 행진을 저해할까? 죽음이 영원한 젊음을 유지하는 삶의 방식이 될지도 모른다. 어쩌면 우리가 각질을 제거하듯이 노인을 제거할지도 모른다. 생명은 억겁 동안 지구상에 존재했지만 영원히 갱신되면서 끊임없이 젊음을 유지한다. 대부분의 생명체는 태어난 지 단 며칠, 몇 달, 몇 년으로 지구상의 시대정신을 젊은 에너지의 하나로 만든다.

하지만 죽음을 피하는 것에 대한 질문 자체가 고려할 만한 가치가 없는지도 모른다. 우리가 길가메시와 같은 실수를 저지르고, 영생을 살게 해주는 식물을 찾았다고 생각할 때마다 뱀이 그것을 앗아갈지도 모른다. 급격한 수명 연장이 불가능한 이유에 대해서는 상당히 많은 주장이 있다. 우리는 의학적 발전을 통해 영아 사망률을 낮추었고, 많은 질병을 치료했고, 사람들이 더 긴 삶을 좀 더 활동적으로 살아갈 수 있게 도왔다. 하지만 우리는 최대 기대 수명을 정말로 연장시키지는 못했다.

현재 100세를 넘은 사람들은 약 40만이다. 그들 중에 단 400명만이 110번째 생일을 맞이하게 될 것이다. 약 40명만이 115세에 이를 것이고, 단 한 명만이 120번째 생일을 맞게 될 것이다. 100세를 넘기는 사람들의 비율은 계속 늘고 있지만, 125세에 이르는 사람의 수는 여전히 0이다. 그런 일은 일어나지 않고 있다.

이 부분에서 개술한 노화의 문제를 해결하는 것은 새로운 문제를 제기할 것이다. 우리는 2만 개의 유전자를 가지고 있고, 그것들이 하는 일에는 한계가 있다. 우리가 컴퓨팅에서 이룬 모든 발전에도 불구하고 우리는 종종 컴퓨터를 재부팅해야 한다. 복잡한 시스템은 완벽하지 않을 수 있다.

생화학자이며 첫 번째 게놈 염기 서열을 밝힌 크레이그 벤터Graig Venter는 우리가 노화를 정복할 수 있다고 생각하지 않는다. 그는 길가메시의 결론과 정확히 일치하는 주장을 한다.

나는 생물학적 현실에 대해 보통 사람들보다 좀 더 많은 것을 알고 있다. 그렇기에 나는 우리가 거기에 도달할 수 있다고 생각지 않는다. 다만, 당신이 불멸을 원한다면 살아 있는 동안 유용한 일을 하라고 말하고 싶다.

25장

—

새로운 종으로의 진화

질병, 빈곤, 기아, 전쟁이 없는 세상은 인류가 오랫동안 꿈꾸었던 것이다. 우리는 그런 세상에 가까워지고 있다. 이를 꿈꾸는 사람들의 주장은 단순하고 직설적이다. 기술이 인간의 노동력을 배가시키면서 번영이 반복해서 증대할 것이다. 부의 불평등한 분배에도 불구하고, 우리는 아주 적게 가진 사람들조차 풍요를 누리는 세계에 진입하게 될 것이다. 우리는 기술을 이용해 순수하게 기술적인 모든 문제를 해결할 것이다. 질병을 없애고, 청정에너지를 충분히 만들고, 인류 전체가 직면한 여러 가지 문제와 맞붙을 것이다.

하지만 사람들은 전 세계에서 나오는 소식들에 압도당해 종종 미래를 불안하게 생각한다. 사람들에게 살해당할 가능성이나 집이 폭격당할 가능성을 물어보면 보통 그 가능성을 실제 확률보다 훨씬 크게 본다. 많은 사람들은 미디어에 책임을 돌린다. 5시 뉴스가 광고 직전에 "광고 후에 수돗물 속에 있는 어떤 것이 당신에게 치명적인지 알아보겠습니다."라고 발표하는 것은 상황에 도움이 되지 않는다. 거기다가 추가적인 범인이 하나 더 있다. 우리는 특정한 종류의 위험을 분석하는 데 재주가 없다. 당신이 상어에 물릴 확률보다 같은 사람에게 물릴 가능성이 10배는 높다. 북아메리카에서는 뱀보다는 샴페인 코르크에 의해서 죽음을 맞이할 가능성이 훨씬 높다. 미국의 경우, 곰 때문에 죽는 사람보다 자판기 때문에 죽는 사람이 더 많다. 하지만 당신은 그런 것들을 생각하지 않는다. 우리는 자판기가 아닌 방울뱀 앞에서 물러서야 한다고 생각하고, 상업 여객기가 수십 년 동안 안전하게 운항해 왔음에도 불구하고 운전이 비행보다 안전하다는 직관적인(그리고 부정확한) 느낌을 받는다.

인간은 지나치게 조심하는 것을 무척이나 좋아한다. 조상들은 소심함을 미덕으로 여겼다. 바위를 곰으로 착각해서 도망치는 편이, 곰을 바위로 착각해서 그대로 있는 것보다 훨씬 나았다. 두려움에 대한 인지 편향이 항상 나쁜 것만은 아니다.

그렇다면 우리가 미래에 대해 걱정해야 할 것은 무엇일까? 가장 명백한 위험은 생물학에 있다. 사람들이 병원체를 생명공학에서 사용하는 일을 막을 방법은 거의 없다. 유전자 편집 기술인 크리스퍼는 아주 쉽고 저렴해서 100달러짜리 키트 하나면 초등학생도 효모균을 조작해서 붉은색으로 바꿀 수 있다. 기존의 병원체들도 나쁘지만, 이곳저곳에 이런저런 조작을 가하면 더 끔찍한 것을 만들 수 있다. 인종 무기(race weapon, 특정한 인종적 유산을 보유한 사람들만을 공격하는 병원체)를 만드는 것 역시 가능하다. 의도가 아무리 좋아도 인간을 바꾸는 일은 이 책에서 탐구해온 문화적 문제와 더불어 실존적인 생물학적 위험까지 동반한다. 마지막으로 우리는 생물학을 중심으로 하는 더 추상적인 문제까지 유념해야 한다. 우리가 인권을 발전시켜올 수 있었던 것은 인간을 이루는 것이 완벽히 명확하기 때문이었다. 그런데 의료 기관에서 복제 인간을 키워 장기를 수확한다면 어떨까?

영화 '가타카'는 유전적으로 우성인자를 가진 자와 열성인자를 가진 자가 겪게 되는 미래를 그려냈다. 우리는 새로운 종류의 주의, 즉 유전주의를 만들어낼지도 모른다. 어떤 이들을 능력만이 아니라 도덕적인 가치에 있어서도 우월하다고 여기는 유전주의를 말이다. 의사에게 가서 값을 치르고 유전자를 업그레이드할 수 있다면 어떨까?

목록은 계속해서 이어진다. 항생제 내성, 기후변화, 인구과잉, 지구상의 전자기기 절반과 모든 위성을 교란시키는 태양 플레어도 문제이다. 물 부족, 불한당 같은 핵보유국, 정신 나간 세계 지도자들, 역기능적 정부, 왜곡된 뉴스, 맞춤형으로 만들어진 사실들, 편협함 그리고 온라인 대화에서는 독설과 욕설만 계속될 것 같다. 사람들은 그들이 가장 아끼는 가치를 반박하는 정연한 논거를 찾은 사람의 말에 귀를 닫아버리면서 정체성 정치학이 판을 친다. 기다려보라. 아직 테러와 소득 불평등, 난민 위기, 종교적 극단주의는 이야기하지 않았다. 때로 오늘날의 세상은 방향 없는 혼돈 속에서 타오르는 것 같다. 이런 모든 것을 읽으면 낙관론자도 조금은 긴장하지 않을 수 없다. 하지만 한 걸음 물러서서 인간이 야만성을 지닌 인간에서 문명을 만든 인간으로 진화하면서 극복해온 것들과 비교하면 이 목록이 보잘것없다는 것을 깨닫게 된다. 전체 인류가 번식을 위한 1,000개의 쌍에 불과한 시점이 있었다. 몇백이었다고 생각하는 이들도 있다. 우리는 멸종 위기에 있는 종이었다. 당시 우리의 상황이 얼마나 취약했는지 생각해보라. 우리는 지금 우리가 직면하고 있는 것보다 훨씬 고약한 위협들을 극복해왔다. 거기에 곰은 없다. 타고 넘어야 할 또 다른 바위가 있을 뿐이다.

26장

—

실제하는 유토피아, '베루토피아'를 위하여

우주는 가늠할 수 없이 광대하다. 물론 이 이야기는 당신에게 새로울 것이 전혀 없는 소식일 것이다. 하지만 생각해보라. 모래알 하나를 집어서 손가락 끝에 얹어두어라. 그리고 밤하늘을 향해 팔을 뻗어 그 모래 알갱이를 분간해보라. 모래 알갱이가 보인다면 그것이 3만 개의 은하가 보이지 않게 가로막고 있다는 것을 인식해보라.

1977년 미항공우주국은 우주선 보이저 1호를 발사시켜 그 광대한 우주 속으로 보냈다. 보이저 1호는 다양한 과학 기기와 함께 병에 든 메모를 싣고 있었다. 도금된 디스크 형태의 이 메모는 은하계에 있는 다른 존재가 이것을 발견하고 해독할 것을 상정하고 만든 것으로, 다른 친근한 존재들을 만날 것을 기대하는 마음이 담겨 있었다. 우리는 음악과 그림 같이 우리 문화를 보여줄 수 있는 것들도 포함시켰다. 그런 것들이 우리가 누구인지를 대변하기 때문이다.

1990년 탐사선은 지구로부터 거의 약 64억 킬로미터 떨어진 태양계 가장자리 근처에 있었다. 초기부터 보이저 계획에 참여한 천문학자 칼 세이건Carl Sagan은 NASA가 지시한 임무에 없던 일을 하도록 영향력을 행사했다. 카메라를 뒤로 돌려 먼 곳에서 우리 행성의 사진을 찍는 일이었다.

우리는 이 사진을 '**창백한 푸른 점 Pale Blue Dot**'이라고 부른다. 보이저의 시각에서 지구는 하나의 작고 푸른 점으로 광대하고 검은 캔버스에 유일하게 눈에 띄는 대상이었기 때문이다. 이 희미한 점은 알아보기 어렵다. 우리 행성을 찾으려면 인내심을 가지고 사진을 잘 들여다보아야 한다.

이 희미한 푸른 점은 2가지 중요한 아이디어를 보여준다. 첫째, 우리의 호기심에는 한계가 없으며 우리의 야망은 한없이 커진다. 우리는 우주 자체의 비밀을 풀고자 한다. 또한 존재하는지 아닌지도 모를 존재에게 메시지를 보낸다. 도착하려면 10억 년이 걸릴지도 모를 메시지를 말이다. 둘째, '창백한 푸른 점'은 우리의 모든 운명이 대단히 깊이 있는 방식으로 얽혀 있고, 우리가 살고 있는 끝없는 어둠의 덮개에 비교해보면 '우리'와 '그들'에 대한 수백만 가지 구분은 우스꽝스러운 일이라는 것을 보여준다. 우리는 작은 점 위에서 우주라는 영원의 밤을 혼자 표류하고 있다. 우리에게 있는 것은 서로뿐이다.

종으로서의 우리에게 진정 큰 도전은 우리가 모두 같은 운명을 공유하고 있다는 것을 자각하고 인류라는 하나의 이름 안에 뭉치는 것이다. 보이저가 발사되기 10년도 전에 존 F. 케네디는 이런 정서를 포착했다. "우리의 가장 기본적이고 공통된 연결 고리는 우리 모두 이 행성에서 살고 있다는 것이다. 우리는 모두 같은 공기를 마신다. 또한 우리 아이들의 미래를 소중히 여긴다. 그리고 우리 모두는 유한하다."

인류가 우리의 진정한 첫 번째 기술인 불을 배운 순간부터 우리의 이야기는 시작되었다. 그 때문에 전혀 예상치 못한 일이 생겼고, 전혀 이해하기 힘든 일이 생겼다. 언어를 가지게 된 것이다. 그로부터 우리는 도시를 만들었고, 식량을 재배했고, 글을 개발했고, 문명을 발명했다. 그 과정에서 우리는 내면의 야수를 길들였다. 아니, 최소한 그 야수를 저지시키는 법을 배웠다. 하지만 우리가 가진 최고의 의도는 희소성에 의해 제한되었다. 좋은 것들은 충분치 않았다. 음식과 약이 충분치 않았고 교육도 충분치 않았다. 하지만 우리는 강력한 트릭을 배웠다. 그것은 바로 희소성을 극복하는 데 사용할 수 있고, 인간에게 산을 옮기는 힘을 부여할 수 있는 '기술'이다.

'기술'로 인해 우리는 이 자리에 서게 되었다. 위대한 새 시대, 제4시대의 목전에 말이다. 제4시대는 지구상에 있는 모든 이의 삶을 더 낫게 만들 수 있는 놀랍고 새로운 힘을 우리에게 부여한다. 이것은 우리가 가질 수 있는 최고의 혜택이다. 모든 사람이 밤이 왔을 때 자기 침대에서 평화롭게 잠들 수 있게 되면, 모든 사람이 건강과 진정한 기회를 누리게 되면, 우리가 씨름하고 있는 사회적 문제 그리고 야만성과 탐욕의 마지막 흔적은 점차 사라질 것이기 때문이다.

그다음은 어떤 일이 생길까? 제5시대는 어떤 것을 가져다줄까? 탐사선을 생명이 없는 행성에 보내 별을 개척하게 될까? 기존의 물질이 어떤 것이든, 나노 물질을 땅에 넣어 분자 수준에서 생명의 새로운 이상적 거처로 만드는 방법으로 말이다.

생명체가 넘쳐흐를 것 같은 우주에서 외계 생명체를 발견하지 못한 이유를 설명하는 이론 중 하나는 지능이 언제나 자기 파괴적이기 때문이라고 설명한다. 1966년 칼 세이건은 흥미로운 생각을 밝혔다. 아마도 행성 간의 커뮤니케이션을 개발하면 문명은 1세기 안에 스스로 파괴하거나, 아니면 자기 파괴적인 행동을 통제하고 수십억 년을 살아가는 법을 배우는 갈림길에 서게 되는 것이 아닐까 하는 것이었다.

만일 세이건의 생각이 맞다면 우리는 승자의 사회, 즉 억만년 동안 살아가는 사회에 이르는 길을 걷기로 결정할 수 있는 지점에 있다. 그렇게 하기 위해서는 우리의 파괴력이 성장하는 것보다 빨리 우리의 지혜를 성장시켜야 할 것이다. 세이건은 우리의 현재 상황을 이렇게 잘 요약했다. "이런 모호함과 방대함 속에서 우리를 구해줄 도움의 손길이 다른 곳에서 올 것이라는 암시는 없다. 모든 것은 우리에게 달려 있다."

나는 진심으로 그리고 완전히 우리를 믿는다. 우리는 이 모든 일을 해냈다! 나는 인류에게서 고유한 가치를 발견했다. 따라서 나는 우리가 우리를 기다리고 있는 우주로 널리 퍼져나가기를 기대한다. 그리고 10억 행성 각각에 10억 명의 인간이 살게 되기를, 그들이 모두 안전하고 건강하게 번영 속에 살게 되기를, 그들 모두가 자신의 잠재력을 최대한 달성할 권능을 부여받기를 기대한다.

하지만 다른 행성을 이야기하기 전에 우리는 이 모든 것을 바로 이 행성에서 달성해야 한다. 모든 사람의 안전, 건강, 번영에 대한 소망이 우리의 능력 밖이었던, 즉 성취가 말 그대로 불가능했던 때도 있었다. 우리가 그러한 불가능한 세상에 대해서 사용하는 용어가 있다. 바로 '유토피아'이다. 이 말은 "그런 곳이 없다."라는 의미를 담고 있다. 이상향은 존재하지 않는다. 하지만 우리는 그것이 존재하기를 희망한다.

이상향에 대한 16~17세기의 글들을 보면 당시 기준으로 이 작가들이 그린 세상이 얼마나 이상하게 보였을지 상상해볼 수 있다. 토마스 모어가 쓴《유토피아》는 우리에게 '유토피아'라는 단어를 가르쳐준 책이다. 그는 여기에서 모두가 종교의 자유를 누리는 땅을 묘사했다. 캄파넬라가 쓴《태양의 도시》는 합법적으로 노예제도가 없는 곳을 상상하고 있다. 한편《텔레마코스의 모험》은 입헌정치를 실시하는 이상향을 묘사하고 있다.

이것들은 정말로 말도 안 되는 생각이었다. 종교의 자유는 분명히 내전으로 이어질 것이라 여겨졌고 노예제와 전제 군주제는 수천 년 동안 보편적인 것이었다.

19세기, 보편적인 교육, 남성과 여성의 법적 평등, 정부의 안전망, 예방 의료와 같이 이상한 아이디어를 담은 더 많은 유토피아 문학이 출판되었다. 그러나 이제는 이런 아이디어들을 정상이 아닌 것으로 여기지 않는다. 현대는 이들을 달성하기 위한 궤적 위에 있다. 이들을 달성하면 우리는 또 더 이상한 아이디어를 생각해낼 것이다. 언젠가 잠에서 깨어 우리가 살고 있는 것보다 더 나은 세상을 상상할 수 없다는 것을 발견하게 될 때까지 말이다.

그때까지 우리는 유토피아를 뛰어넘어야 한다. 우리에게는 새로운 마음가짐을 불러일으키는 새로운 단어가 필요하다. 단순한 희망이 아니라, 포부와 자신감이 담긴 단어 말이다. '유토피아'가 존재하지 않는 세계를 의미한다면, 나는 '실제의 장소'를 의미하는 '베루토피아verutopia'라는 단어를 제안한다. 베루토피아는 우리 모두가 함께 만들어야 하는 곳이다.

그러한 세상을 이루고, 모두에게 기회와 풍요가 허락되는 세상, 제5시대를 불러오는 것은 우리의 능력에 달려 있다. 우리는 스스로 그런 미래를 만들고 차지할 수 있다. 그것은 더 이상 헛된 꿈이 아닌 이룰 수 있는 현실이다. 그것은 더 이상 자원의 문제가 아닌 의지의 문제이다.

감사의 말

먼저, 이 책을 쓰는 내내 끊임없는 지원과 격려를 보내준 내 사랑하는 가족에게 감사의 마음을 전한다. 그리고 에이전트이자 좋은 친구인 스콧 호프먼Scott Hoffman에게도 감사의 인사를 전하고 싶다. 그와 나는 첫 만남을 그저 안면을 트는 자리로 생각했지만, 서로 마음이 꼭 맞는 상대라는 것을 알아차리고는 무척 기뻤다. 그는 탁월한 에이전트이며 자비라고는 없는 포커 상대이다.

출판인 피터 볼랜드Peter Borland도 빼놓을 수 없다. 무엇보다 이 책을 출판해주어서, 부지런히 작품을 편집해준 데 깊은 감사의 마음을 전한다. 그는 원고가 나올 때마다 신중하게 읽고 아낌없이 조언해주었다. 피터와 함께 이 책을 읽어준 션 들롱Sean Delone에게도 고맙다. 덕분에 원고를 계속 수정하면서 글이 훨씬 좋아졌다.

피터에게 보내기 전 초고를 읽고 귀중한 조언을 해준 로버트 브루커Robert Brooker에게도 감사 인사를 전하고 싶다. 마찬가지로 엘리스 오글스비Ellis Oglesby에게도 고마움을 전한다. 그와 점심 식사를 하면서 이 책의 여러 페이지에 영향을 준 대화를 나누었다. 나를 스콧에게 소개시켜준 서니 브라운Sunni Brown을 비롯해 이런저런 방식으로 이 책에 영향을 준 모든 분께 깊은 감사의 인사를 전한다.

지은이 | **바이런 리스** Byron Reese

어렸을 적 어머니의 심부름을 하고 용돈을 받다가 이에 착안해 이웃집을 돌며 심부름을 해주고 돈을 벌었을 정도로 타고난 사업가다. 라이스 대학(Rice University) 학부 시절부터 회사를 설립하고 매각하며 착실히 비즈니스 안목을 길러왔고, 사회와 일, 인간의 삶을 혁신적으로 바꾸는 기술, 그 기술이 바꿀 더 나은 미래에도 관심이 많아, 크라우드소싱, 콘텐츠 제작, 사이코 그래픽과 같은 다양한 분야의 수많은 특허를 획득했다. 이후 비즈니스 리더들을 대상으로 최신 기술 동향을 알려주는 기가옴(Gigaom)의 CEO, AI 기반 벤처기술 회사 JJ켄트(JJKent)의 CEO, 여러 기업의 마케팅 부사장 등 고위 경영자로서의 굵직한 발자취를 남겨 왔다. 이런 그를 두고 세계 주요 언론에서는 도전적이며 탁월한 사업가이자 낙관적인 미래학자라 칭한다. 〈블룸버그 비즈니스위크〉는 "새로운 미디어 회사를 만든 개척자."라고 평가했으며, 〈파이낸셜 타임스〉는 "미디어 산업을 뒤흔든 새로운 얼굴의 기업가."라고 보도했다.

그는 그간의 사업적 통찰력과 최신 기술지식을 바탕으로 오늘날의 기술이 우리가 직면한 문제들을 어떻게 해결할 수 있는지 조명하는 데 앞장서고 있다. 사우스 바이 사우스웨스트(SXSW) 컨퍼런스, 테드(TED), 포춘 1000대 기업과 유수 대학 등 전 세계 수백 개 기업과 전문 기관에서 강연을 펼쳐 뜨거운 호응을 얻었으며, 그의 웹사이트에는 수억 명의 사람들이 다녀간다. 그의 지식과 통찰력이 집약된 《제4의 시대》는 AI, 로봇과 상생할 인류의 미래를 매력적으로 그려냈다는 호평을 받으며 〈뉴욕 타임스〉, 〈워싱턴 포스트〉, 〈퍼블리셔 위클리〉 등에 보도되었다. 또 다른 저서로는 《무한한 진전(Infinite Progress)》이 있다.

옮긴이 | **이영래**

이화여자대학교 법학과를 졸업하고 리츠칼튼 서울에서 리셉셔니스트로, 이수그룹 비서 팀에서 비서로 근무했으며, 현재 번역에이전시 엔터스코리아에서 전문 번역가로 활동하고 있다. 주요 역서로는 《파타고니아, 파도가 칠 때는 서핑을》, 《사업을 한다는 것》, 《모두 거짓말을 한다》, 《똑똑한 사람들의 멍청한 선택》, 《블리츠스케일링》 등이 있다.

제4의 시대

2020년 12월 2일 초판 1쇄 발행

지은이 바이런 리스
옮긴이 이영래
펴낸이 김상현, 최세현 **경영고문** 박시형

책임편집 양수인 **디자인** 임동렬
마케팅 양봉호, 양근모, 권금숙, 임지윤, 조히라, 유미정
디지털콘텐츠 김명래 **경영지원** 김현우, 문경국
해외기획 우정민, 배혜림 **국내기획** 박현조
펴낸곳 (주)쌤앤파커스 **출판신고** 2006년 9월 25일 제406-2006-000210호
주소 서울시 마포구 월드컵북로 396 누리꿈스퀘어 비즈니스타워 18층
전화 02-6712-9800 **팩스** 02-6712-9810 **이메일** info@smpk.kr

쌤앤파커스(Sam&Parkers)는 독자 여러분의 책에 관한 아이디어와 원고 투고를 설레는 마음으로 기다리고 있습니다. 책으로 엮기를 원하는 아이디어가 있으신 분은 이메일 book@smpk.kr로 간단한 개요와 취지, 연락처 등을 보내주세요. 머뭇거리지 말고 문을 두드리세요. 길이 열립니다.